Das Gebot religiös-weltanschaulicher Neutralität als Interpretationsgebot

ERLANGER SCHRIFTEN ZUM ÖFFENTLICHEN RECHT

Herausgegeben von Andreas Funke, Max-Emanuel Geis, Heinrich de Wall, Markus Krajewski, Jan-Reinard Sieckmann und Bernhard W. Wegener

Band 14

Sanarya Weissi

Das Gebot religiös-weltanschaulicher Neutralität als Interpretationsgebot

PETER LANG
Berlin · Bruxelles · Chennai · Lausanne · New York · Oxford

Bibliografische Information der Deutschen Nationalbibliothek
Die Deutsche Nationalbibliothek verzeichnet diese Publikation in der Deutschen Nationalbibliografie; detaillierte bibliografische Daten sind im Internet über http://dnb.d-nb.de abrufbar.

Zugl.: Erlangen-Nürnberg, Univ., Diss., 2023

D 29
ISSN 2192-8460
ISBN 978-3-631-92693-2 (Print)
E-ISBN 978-3-631-92694-9 (E-PDF)
E-ISBN 978-3-631-92695-6 (EPUB)
DOI 10.3726/b22357

Verlegt durch Peter Lang GmbH, Berlin (Deutschland)
info@peterlang.com

Diese Publikation wurde begutachtet.

www.peterlang.com

Für Daya und Baba

Vorwort

Die vorliegende Arbeit wurde im Sommersemester 2023 von der Rechts- und Wirtschaftswissenschaftlichen Fakultät der Friedrich-Alexander-Universität Erlangen-Nürnberg als Dissertation angenommen. Rechtsprechung und Literatur konnten bis Oktober 2024 berücksichtigt werden.

Meinem Doktorvater Prof. Dr. Andreas Funke danke ich für die Erstellung des Erstgutachtens und die sehr gute Betreuung. Es war eine lehrreiche Zeit. Prof. Dr. Heinrich de Wall danke ich für die zügige Erstellung des Zweitgutachtens.

Auf diesem Weg wurde ich von Familie und Freunden begleitet. Besonderer Dank gebührt meinen Eltern Sirwa und Rozgar für die liebevolle Unterstützung von Anfang an. Ohne sie wäre diese Arbeit nicht möglich gewesen. Ihnen die Arbeit zu widmen, ist mir deshalb ein Herzensanliegen. Mein Ehemann Manuel hielt mir stets den Rücken frei und hatte ein offenes Ohr für meine Gedanken und Ideen. Meinen Geschwistern Bawan und Tschawan und meinem Onkel Shalau bin ich für die motivierenden Gespräche sehr dankbar. Schließlich möchte ich meiner guten Freundin Marion danken, die für manch wichtigen Perspektivenwechsel sorgte.

München, im Oktober 2024
Sanarya Weissi

Inhaltsverzeichnis

Einführung

A. Gegenstand der Arbeit und Problemstellung

Kreuze, Kruzifixe, Kopftücher – diese Symbole bestimmen die religionsverfassungsrechtliche Diskussion in Deutschland. Darf ein Kreuz in einem staatlichen Klassenzimmer, in einem Gerichtssaal oder am Eingang einer Behörde hängen? Darf eine Richterin oder Lehrerin, die dem Islam zugehörig ist, im Dienst sichtbar ein Kopftuch tragen? Mit zunehmender Bedeutung des Islam hierzulande, der steigenden Anzahl gut ausgebildeter muslimischer Akademikerinnen, die in diese Berufe streben, und der zugleich stetig sinkenden Mitgliederzahl der christlichen Großkirchen dürften die Fragen im Zweifel zahlreicher und drängender werden. Diese Fragen werden in der religionsverfassungsrechtlichen Debatte, die zum Teil auch emotional geführt wird, höchst unterschiedlich beantwortet. Im Mittelpunkt steht dabei regelmäßig der Neutralitätsgrundsatz, dessen Gehalt, Umfang und Normstruktur selbst nach jahrzehntelanger Forschung und Rechtsprechung noch umstritten sind, wohl auch deshalb, da der Grundsatz nicht explizit im Grundgesetz geregelt, sondern vom Bundesverfassungsgericht (BVerfG) in seiner Rechtsprechung entwickelt worden ist.[1]

Man könnte sogar von einem Streit über eine inhaltliche Neuausrichtung betreffend das künftige Verhältnis des Staates zu Religion und Weltanschauung sprechen.[2] Dieser Konflikt ist im Wesentlichen auf die religiös-weltanschauliche Pluralisierung in der Gesellschaft zurückzuführen, die in den letzten Jahren bzw. Jahrzehnten stark vorangeschritten ist. Die Prognose, dass Religion mit der Zeit langsam an Bedeutung verliere, hat sich nicht bewahrheitet, vielmehr ist und bleibt es ein bedeutendes und umstrittenes Thema. Gesellschaftliche Gewissheiten und Standards im Umgang mit Religion lösen sich auf, die sich herausgebildet hatten, als die Bevölkerung in dieser Hinsicht noch relativ homogen war. Vieles, das in Zeiten religiös-weltanschaulicher Homogenität selbstverständlich erschien, ist nun häufig Gegenstand von Konflikten.[3] Folglich wird Religion in der Öffentlichkeit zumeist als Problem wahrgenommen, vor allem dann, wenn sie in Gestalt gläubiger Staatsdiener in den hoheitlichen Bereich drängt oder der Staat selbst

1 Zuerst in BVerfGE 12, 1, 4 verwendet; siehe auch BVerfGE 12, 45, 54.

2 *Bornemann*, Die religiös-weltanschauliche Neutralität des Staates, 2020, S. 1. Laut Bornemann wird dieser Streit in seiner Tiefe und Komplexität allerdings nur selten wahrgenommen.

3 *Bornemann*, Die religiös-weltanschauliche Neutralität des Staates, S. 2.

religiös-weltanschauliche Äußerungen tätigt. Es wird dann gefragt, ob sich diese neuen gesellschaftlichen Problemkonstellationen mit dem hergebrachten verfassungsrechtlichen Instrumentarium lösen lassen.

Das Staatskirchenrecht – oder konkreter – Religionsverfassungsrecht[4] des Grundgesetzes und der über Art. 140 GG inkorporierte Teil der Weimarer Reichsverfassung bilden dafür eine solide und freiheitliche Grundlage, um sachangemessene Lösungen für religionsverfassungsrechtliche Konflikte zu bieten, und zwar so, dass die Religionsfreiheit des Einzelnen, das Selbstbestimmungsrecht der Religionsgemeinschaften und die Gemeinwohlinteressen des Staates in ein angemessenes Verhältnis gebracht werden können.[5] Diese Parameter spielen im Rahmen dieser Problemkonstellationen eine herausragende Rolle und vor allem die Frage danach, *wie* sie in ein angemessenes Verhältnis gebracht werden können. Wie fügt sich dann das Gebot religiös-weltanschaulicher Neutralität in die Prüfung ein und wie sieht dessen Verhältnis zu den oben genannten Instituten aus? Das Neutralitätsgebot taucht immer wieder als Argument in rechtswissenschaftlichen Beiträgen oder in Entscheidungsbegründungen auf, doch selten wird die konkrete Anwendungsweise begründet oder das Gebot von anderen verwandten Rechtsinstituten wie etwa dem Toleranzgebot abgegrenzt.

Das BVerfG neigt dazu, das Neutralitätsgebot bei der Religionsfreiheit zu verorten. Zudem sind in seinen Entscheidungsbegründungen häufig Abwägungen kollidierender Verfassungsgüter zu finden, beispielsweise die Glaubensfreiheit gegen den staatlichen Erziehungsauftrag nach Art. 7 Abs. 1 GG oder die sog. positive gegen die negative Religionsfreiheit.[6] Ein gutes Beispiel, um das zu verdeutlichen, ist die zweite Kopftuchentscheidung aus dem Jahr 2015. Laut der Begründung des Mehrheitsvotums steht der staatliche Erziehungsauftrag, der unter Wahrung der Pflicht zu religiös-weltanschaulicher Neutralität zu erfüllen ist, der Betätigung der positiven Glaubensfreiheit der Lehrkräfte durch das Tragen eines islamischen Kopftuchs nicht generell entgegen. Dann erläutert das Mehrheitsvotum den Inhalt

---

4 Im Folgenden wird der Begriff des Religionsverfassungsrechts verwendet, um die Gesamtheit aller Verfassungsnormen mit religiös-weltanschaulichem Bezug zu umschreiben. Dieser Begriff ist für die vorliegende Arbeit treffender, da er das verfassungsrechtliche Verhältnis des Staates zu allen Religionen und Weltanschauungen beschreibt und sich nicht nur auf die christlichen Kirchen beschränkt, vgl. dazu *Campenhausen/de Wall*, Religionsverfassungsrecht, 5. Aufl. 2022, § 11, S. 44ff.

5 *de Wall*, in: Ziebertz (Hg.), Religionsfreiheit. Positionen – Konflikte – Herausforderungen, Würzburg 2015, S. 50f.; *Campenhausen/de Wall*, Religionsverfassungsrecht, § 11, S. 45f.: „Ausgleichsordnung".

6 *Dreier*, Staat ohne Gott, 2. Aufl. 2018, S. 136f.

des Neutralitätsgebotes und definiert diese als eine offene und übergreifende, nicht distanzierende Trennung von Staat und Religion und bezeichnet den Staat als Heimstatt aller Staatsbürger.[7] Im Rahmen dieser Ausführungen zum Neutralitätsgebot und dem staatlichen Erziehungsauftrag folgt in einem nächsten Schritt die Äußerung, dass Art. 4 Abs. 1 und 2 GG auch im positiven Sinne gebiete, den Raum für die aktive Betätigung der Glaubensüberzeugung und die Persönlichkeitsentfaltung auf religiös-weltanschaulichem Gebiet zu sichern.[8] Folglich kann hier von einem Bruch der Argumentationsstruktur gesprochen werden, denn die Überlegungen werden mit Ausführungen zum Neutralitätsgebot eingeleitet, während in einem nächsten Schritt auf die Glaubensfreiheit Bezug genommen und konstatiert wird, dass grundsätzlich nichts gegen das Tragen eines Kopftuchs im Dienst einzuwenden sei.[9]

Ähnlich verhält es sich mit der ersten Kopftuchentscheidung aus dem Jahr 2003; auch dort werden in der Begründung der Senatsmehrheit die Ausführungen zum Neutralitätsgebot in die Prüfung der Glaubensfreiheit integriert und im Rahmen des staatlichen Erziehungsauftrages verortet.[10] Zudem wird eine Lösung des Konflikts über eine Abwägung konkurrierender Verfassungsgüter angestrebt, die positive Glaubensfreiheit der Lehrerin auf der einen und der staatliche Erziehungsauftrag (Art. 7 Abs. 1 GG), das elterliche Erziehungsrecht (Art. 6 Abs. 2 GG) und die negative Glaubensfreiheit der Schulkinder auf der anderen Seite (Art. 4 Abs. 1 GG).[11] In der Kruzifix-Entscheidung 1995 verortet das BVerfG das Neutralitätsgebot ebenfalls in die Dogmatik des Art. 4 Abs. 1 GG, wodurch auch hier wieder eine Zäsur des Argumentationsstranges zu beobachten ist.[12] Die Glaubensfreiheit wird im Anschluss erneut unter anderem mit dem staatlichen Erziehungsauftrag abgewogen.[13] Das BVerfG löst demnach religiös-weltanschauliche Konfliktfälle im Wesentlichen über die Glaubensfreiheit und die Abwägung derselben mit anderen Verfassungsgütern; dem schonenden Ausgleich wird in der Rechtsprechungspraxis eine enorme Bedeutung zugesprochen, währenddessen die Konturen des Neutralitätsgebotes weiterhin unklar bleiben.

7 Vgl. BVerfGE 138, 296, 338f.
8 BVerfGE 138, 296, 339.
9 BVerfGE 138, 296, 340ff. Die Ausnahme bestünde dann in dem Vorliegen einer konkreten Gefährdung des Schulfriedens durch das Kopftuch der Lehrerin; *Bornemann*, Die religiös-weltanschauliche Neutralität des Staates, S. 257.
10 BVerfGE 108, 282, 298ff.
11 BVerfGE 108, 282, 299ff.
12 BVerfGE 93, 1, 16f.
13 BVerfGE 93, 1, 21ff.

Der Abwägungsvorgang leidet allerdings an mangelnder Nachvollziehbarkeit und der Abhängigkeit von subjektiven Vorverständnissen und eigenen Wertungen des einzelnen Richters, was dem gesamten Vorgang einen etwas willkürlichen Charakter verleiht.[14] Fraglich ist, ob das eine auf Dauer angemessene Lösung darstellt, gerade im Hinblick auf die steigende Relevanz solcher Konfliktfälle, und ob es nicht doch zusätzlicher Instrumentarien bedarf, die sachangemessene Lösungen bereitstellen, aber nicht zugleich an den oben genannten Makeln leiden.

B. Religiös-weltanschauliche vs. ethische Neutralität

Die vorliegende Untersuchung beschränkt sich auf den religiös-weltanschaulichen Teilbereich des Neutralitätsgrundsatzes. Das Gebot ethischer Neutralität reicht viel weiter und beschäftigt sich mit dem Verhältnis des Staates zu allen Bereichen des guten Lebens seiner Staatsbürger, etwa Ehe und Familie und nicht nur Religion und Weltanschauung. Stefan Huster untersucht in seiner Habilitationsschrift umfassend den Grundsatz ethischer Neutralität und stellt ein eigenes Neutralitätskonzept vor.[15] Die religiös-weltanschauliche Neutralität ist folglich ein Teilaspekt der ethischen Neutralität des Staates; lediglich dieser Teilbereich wird Gegenstand der folgenden Arbeit sein. Der Grund hierfür ist die starke Präsenz der religiös-weltanschaulichen Konflikte in Rechtsprechung und Wissenschaft und diese das Verhältnis des Staates zu Religion und Weltanschauung betreffenden Fragen sind konfliktgeladener und drängender, zumal noch keine zufriedenstellenden Lösungen für sie gefunden worden sind. Wie oben bereits ausgeführt, geht es um nichts Geringeres als einen Streit über eine inhaltliche Neuausrichtung des geltenden Religionsverfassungsrechts.

C. Die religionsverfassungsrechtlichen Grundlagen

Das Neutralitätsgebot kann nicht ohne die spezifischen Eigenheiten des deutschen Religionsverfassungsrechts betrachtet werden, einem Kooperationssystem zwischen Staat und Religion. Neben der Glaubensfreiheit nach Art. 4 Abs. 1 und 2 GG gibt es weitere freiheitliche Gewährleistungen der Weimarer Reichsverfassung, die über Art. 140 GG inkorporiert und damit vollgültiges Verfassungsrecht sind. Des Weiteren enthält das Grundgesetz mit Art. 3 Abs. 3, Art. 33 Abs. 3 und Art. 140 GG i. V. m. Art. 136 Abs. 1 und 2 WRV mehrere gleichheitsrechtliche Bestimmungen, die die Diskriminierung, welche an die Glaubenszugehörigkeit

14 So auch *Dreier*, Staat ohne Gott, S. 137f.

15 *Huster*, Die ethische Neutralität des Staates, 2. Aufl. 2017.

anknüpft, verbieten. In Art. 140 GG i. V. m. Art. 137 Abs. 1 WRV wird festgelegt, dass es keine Staatskirche gibt; dennoch sieht die Verfassung Berührungspunkte zwischen Staat und Religion vor, etwa die Regelung nach Art. 7 Abs. 3 GG, wonach Religionsunterricht ein ordentliches Lehrfach an staatlichen Schulen ist und in Übereinstimmung mit den Grundsätzen der Religionsgemeinschaften erteilt wird.

Weiterhin sehen die Art. 140 GG i. V. m. Art. 137 Abs. 5–7 WRV die Möglichkeit vor, Religions- und Weltanschauungsgemeinschaften den Status einer Körperschaft des öffentlichen Rechts zu verleihen.[16] Die Feststellung allein, dass es sich um ein Kooperationssystem handelt, verschafft allerdings noch keine Antworten für die oben gestellten Fragen.

Das Religionsverfassungsrecht des Grundgesetzes regelt bestimmte Themenbereiche, aber aus dem Identifikationsverbot und den oben geschilderten Berührungspunkten zwischen Staat und Religion lassen sich noch keine Maßstäbe dafür ableiten, ob und unter welchen Umständen Kreuze in öffentlichen Räumen zulässig sind oder ob eine Amtsträgerin religiöse Symbole im Dienst tragen darf. Diese Lücke führt zum eingangs beschriebenen Zentrum dieser Debatten: dem Gebot religiös-weltanschaulicher Neutralität des Staates. Mit diesem Begriff wird versucht, das Verhältnis des Staates zur Religion nach der geltenden Verfassungsordnung zu beschreiben. Die Frage, die sich daher stellt, ist die: Kann das Gebot religiös-weltanschaulicher Neutralität für die verfassungsrechtliche Lösung dieser Konflikte fruchtbar gemacht werden und wenn ja, wie?

Im Übrigen beschäftigt sich diese Arbeit ausschließlich mit dem nationalen Verfassungsrecht. Das Unionsrecht als auch die Entscheidungen des EGMR zu diesen Themenkomplexen bleiben weitgehend außer Betracht, weil der Europäischen Union zurzeit keine Regelungskompetenz für das Religionsverfassungsrecht zugewiesen ist, was aber aufgrund des Grundsatzes der begrenzten Einzelermächtigung aus Art. 5 EUV und Art. 4 Abs. 1 EUV notwendig wäre, um einheitliche religionsrechtliche Regelungen zu erlassen. Vielmehr ist die EU nach Art. 4 Abs. 2 S. 1 EUV dazu verpflichtet, die nationale Identität der Mitgliedstaaten zu achten, wozu auch das jeweilige religionsverfassungsrechtliche System gehört. Zudem hat das BVerfG in seinem Lissabon-Urteil betont, dass eine Übertragung der Regelungskompetenz für das Verhältnis des Staates zu den Religions- und Weltanschauungsgemeinschaften nicht mit dem Demokratieprinzip vereinbar ist.[17]

16 Vgl. *Campenhausen/de Wall*, Religionsverfassungsrecht, § 18, S. 151ff.

17 Vgl. BVerfGE 123, 267, 358; *Bornemann*, Die religiös-weltanschauliche Neutralität des Staates, S. 10f. Fn. 29; *Campenhausen/de Wall*, Religionsverfassungsrecht, § 12, S. 58f. und S. 393f.

D. Steigende Bedeutung des Neutralitätsgebotes und abnehmender Konsens

Der Neutralitätsgrundsatz zählt heute unbestritten zu den Eckpfeilern des Religionsverfassungsrechts.[18] Klaus Schlaich hat das Gebot religiös-weltanschaulicher Neutralität bereits in seiner Habilitationsschrift 1972 als „Schlüsselbegriff" bezeichnet.[19] Die Überlagerung des Paritätsgrundsatzes durch den Grundsatz der Neutralität ist ein weiteres Zeichen für die allmähliche Anpassung des Religionsverfassungsrechts an geänderte religionssoziologische Rahmenbedingungen.[20]

An diesem Stellenwert für religionsrechtliche Konflikte hat sich seitdem nichts geändert, vielmehr ist mit der steigenden Anzahl an Streitfällen die Relevanz sogar noch gestiegen.

Die Bedeutung dieses Gebotes für religionsrechtliche Konflikte wird also schnell deutlich, zumal das BVerfG in seinen letzten Entscheidungen zu Kreuzen und Kopftüchern in öffentlichen Räumen darauf stets als zentrales Argument in der Entscheidungsbegründung Bezug genommen hat.[21] Die Konfliktträchtigkeit dieses Rechtsbegriffs hat zwei Ursachen, nämlich einerseits die fortschreitende religiös-weltanschauliche Pluralisierung und damit einhergehend die Verschärfung der religionsrechtlichen Konflikte und andererseits die noch immer vorherrschende Uneinigkeit, was denn mit diesem Rechtsbegriff eigentlich gemeint sei und welche Handlungsmaßstäbe sie dem Staat an die Hand gebe.[22] Das hat mehrere Gründe: Zunächst ist aufgrund der fehlenden Verankerung im Text des Grundgesetzes eine inhaltliche Rückkoppelung oder unmittelbare Interpretation des Verfassungstextes nicht möglich; zudem wurden die religionsverfassungsrechtlichen Vorschriften des Grundgesetzes in einer Zeit erlassen, in der die Mehrheit der Bevölkerung einer der beiden christlichen Kirchen angehörte und somit einige der Vorschriften ein Stück weit auf sie zugeschnitten sind. Schließlich führt die Offenheit des deutschen Religionsverfassungsrechts dazu, dass kein Konsens bzgl. des Gehalts des Neutralitätsgebotes besteht, weil gerade eine

18 *Walter*, in: Handbuch des Staatskirchenrechts, Bd. 1, 3. Aufl. 2020, § 18, Rn. 1.

19 *Schlaich*, Neutralität als verfassungsrechtliches Prinzip, 1972, S. 129.

20 *Walter*, in: Handbuch des Staatskirchenrechts, Bd. 1, § 18, Rn. 1.

21 Natürlich taucht das Neutralitätsgebot auch schon in früheren Entscheidungen als tragendes Argument auf, etwa in der Entscheidung zur christlichen Gemeinschaftsschule badischer Überlieferung (BVerfGE 41, 29), doch schwerpunktmäßig sollen in dieser Arbeit nur die Entscheidungen zu Kreuzen in öffentlichen Räumen und zu Kopftüchern von Amtsträgerinnen untersucht werden.

22 *Heinig*, JZ 2009, 1136: „hochgradig klärungsbedürftig"; vgl. auch *Bornemann*, Die religiös-weltanschauliche Neutralität des Staates, S. 12ff.

Grundsatzentscheidung zugunsten eines strikten Trennungs- oder Staatskirchensystems fehlt, das eindeutige theoretische Anknüpfungspunkte für das Verhältnis von Staat und Religion bieten könnte.[23]

Auch das Bundesverfassungsgericht hat wenig dazu beigetragen, dass der Begriff klare Konturen erhält. Zwar wird das Neutralitätsgebot in seiner Rechtsprechung regelmäßig als Argumentationstopos verwendet, jedoch wird der Inhalt nicht umfassend bestimmt und die konkrete Falllösung wird schwerpunktmäßig auf eine Abwägung zwischen positiver und negativer Glaubensfreiheit verlagert.[24]

Durch die zunehmende Relevanz des Neutralitätsbegriffs und den zugleich abnehmenden Konsens in der Diskussion bzgl. seines Inhalts besteht folgende Gefahr: Der „offene" Begriff der Neutralität kann durch die Wahl eines bestimmten geschichts-, sozialphilosophischen oder staatstheoretischen Vorverständnisses in die eine oder andere Richtung aufgeladen werden. Die besondere Gefahr liegt dann in der Möglichkeit der Selbstermächtigung des Interpreten; indem bestimmte Wertungen in den Neutralitätsbegriff hineingelegt werden, kann der Bereich des verfassungsrechtlich Zulässigen oder Unzulässigen modifiziert werden. Der Interpret kann folglich auf verfassungsrechtlicher Ebene Entscheidungen vorwegnehmen, die eigentlich dem demokratisch legitimierten Gesetzgeber zustünden.[25]

E. Das Neutralitätsgebot als Interpretationsgebot

Die Untersuchung und Aufklärung des verfassungsrechtlichen Neutralitätsgebots ist in der rechtswissenschaftlichen Forschung eine noch immer nicht umfassend erfüllte Aufgabe.[26] Es gibt zwar zahlenmäßig genügend Literatur, die religiös-weltanschauliche Konflikte zum Thema hat und dabei auch Bezug zum Neutralitätsgebot nimmt, die Anzahl an Werken allerdings, die sich mit dem Neutralitätsgebot als solchem beschäftigen und jenes umfassend bzgl. seines Inhalts, Umfangs

---

23 *Bornemann*, Die religiös-weltanschauliche Neutralität des Staates, S. 13f.

24 Vgl. *Dreier*, Staat ohne Gott, S. 13; *Nolte*, JöR n.F. 48 (2000), 87, 113f. Vgl. hierzu die Ausführungen des Zweiten Teils ab S. 73ff.

25 Vgl. *Schlaich*, Neutralität als verfassungsrechtliches Prinzip, S. 223; *Bornemann*, Die religiös-weltanschauliche Neutralität des Staates, S. 16.

26 Vgl. *Czermak*, Das bayerische Kruzifix-Gesetz und die Entscheidung des BayVerfGH vom 1.8.1997, DÖV 1998, 107, 113, Fn. 53: „Eines der nach wie vor am wenigsten erforschten verfassungsrechtlichen Prinzipien"; *ders.*, Zur Unzulässigkeit des Kreuzes in der Schule aus verfassungsrechtlicher Sicht, in: Brugger/Huster (Hg.), Der Streit um das Kreuz in der Schule, 1998, S. 13, 16; so auch *Huster*, Die ethische Neutralität des Staates, S. 42 und *Walter*, in: Handbuch des Staatskirchenrechts, Bd. 1, § 18, Rn. 25.

und seiner Normstruktur untersuchen, ist gering. In den meisten Arbeiten wird der Inhalt des Neutralitätsgebots lediglich kurz erläutert und begründet, warum gerade dieses Verständnis vertreten wird, um dann unmittelbar auf die Analyse religionsverfassungsrechtlicher Sachverhalte überzugehen. Die Ausnahmen bilden freilich die Habilitationsschriften von Klaus Schlaich und Stefan Huster.[27] Huster etwa vertritt die Auffassung, dass das Neutralitätsgebot des Grundgesetzes als ein Begründungsgebot verstanden werden muss (Begründungsneutralität).

Diese zwei Werke, die von Elias Bornemann 2020 erschienene Dissertation und die Untersuchung Gerhard Czermaks von 2023 sind die bisher einzigen umfassenden monografischen Arbeiten zum Gebot religiös-weltanschaulicher Neutralität.[28] Czermak stellt die dynamische Entwicklung der Diskussion dar und bereitet die dogmatischen Probleme des Neutralitätsgebotes kompakt auf. Huster stellt ein eigenes Konzept des grundgesetzlichen Neutralitätsgebots vor, während Bornemanns wissenschaftlicher Beitrag darin besteht, die unterschiedlichen vorherrschenden Neutralitätskonzepte und die sie tragenden Argumente, Prämissen und Konsequenzen systematisch auszuwerten, voneinander abzugrenzen und zu ordnen. Dabei gelangt Bornemann zu der Erkenntnis, dass das Neutralitätsgebot ein Grundsatz ohne eigenen Gehalt ist, weshalb er nur zwei Schlussfolgerungen zulässt: Die erste mögliche Konsequenz ist der Abschied von der religiös-weltanschaulichen Neutralität als Rechtsbegriff. Die zweite mögliche Konsequenz ist dagegen die Beibehaltung als heuristischer Begriff.[29]

Das führt zu folgenden Fragen für die vorliegende Untersuchung: Was ist, wenn das Neutralitätsgebot als interpretationsleitender Begriff bzw. als Interpretationsgebot verstanden wird? Wie kann es als Interpretationsgebot begründet und auf religiös-weltanschauliche Sachverhalte angewendet werden? Was sind dann die grundrechtsdogmatischen Konsequenzen und was lässt sich über die Normstruktur und das Verhältnis zu anderen Auslegungsregeln sagen? Grundlage für diese Überlegungen war die Lumpensammler-Entscheidung des BVerfG aus dem Jahre 1968, in der es heißt:

27 *Schlaich*, Neutralität als verfassungsrechtliches Prinzip, 1972 und *Huster*, Die ethische Neutralität des Staates, 2. Aufl. 2017.

28 *Bornemann*, Die religiös-weltanschauliche Neutralität des Staates, 2020; *Czermak*, Religiös-weltanschauliche Neutralität, 2023.

29 Vgl. *Bornemann*, Die religiös-weltanschauliche Neutralität des Staates, S. 243ff.

> Zwar hat der religiös-neutrale Staat grundsätzlich verfassungsrechtliche Begriffe nach neutralen, allgemeingültigen, nicht konfessionell oder weltanschaulich gebundenen Gesichtspunkten zu interpretieren [...].[30]

Verfassungsrechtliche Begriffe sind also nach neutralen Gesichtspunkten zu interpretieren. Diese Aussage kann als Ausgangspunkt für die These des Neutralitätsgebotes als Interpretationsgebot angesehen werden. Das BVerfG hat das Neutralitätsgebot in seiner Rechtsprechung entwickelt, die Literatur hat es aufgegriffen und ergänzt oder auch kritisiert. Die vier oben genannten Werke stellen entweder ein eigenes Konzept vor oder liefern eine umfängliche, allerdings nur abstrakte Analyse möglicher Neutralitätsverständnisse und deren Anwendungsweisen. Doch bisher gibt es keine umfassende Untersuchung des Neutralitätsgebots, welche sich schwerpunktmäßig mit der konkreten Anwendung dieses Gebotes auf Fallbeispiele aus der Praxis und deren Konsequenzen für Dogmatik und Normstruktur beschäftigt und dabei die Eigenschaft als Interpretationsgebot zugrunde legt. An diese Lücke setzt die vorliegende Untersuchung an.

F. Gang der Untersuchung

Begonnen wird im ersten Teil der Arbeit mit der Begründung des Neutralitätsgebotes. Zunächst werden unterschiedliche Ansätze in der Literatur erörtert und ihre Vor- und Nachteile diskutiert. Dann werden die dem Neutralitätsgebot zugrunde liegenden Verfassungsartikel näher beleuchtet und die Frage untersucht, ob das Gebot einen eigenständigen Gehalt hat.

Daran schließt sich die Darstellung der methodischen Vorgehensweise an, also wie das Neutralitätsgebot als Interpretationsgebot sinnvoll in die Grundsätze der Verfassungsinterpretation integriert und dann auf die Fallbeispiele angewendet werden kann. Dabei wird eine Selbsteinordnung und Abgrenzung von den anderen besprochenen Ansätzen vorgenommen.

Im zweiten Teil werden die klassischen Anwendungsfälle untersucht, das Kreuz in öffentlichen Räumen und das islamische Kopftuch von Amtsträgerinnen. Dabei wird zwischen den öffentlichen Räumen der Schule, der Justiz und den Behörden unterschieden und im Rahmen der Kopftuch-Debatte zwischen Schule und Justiz bzw. zwischen Lehrkräften und Richterinnen, Staatsanwältinnen

---

30 BVerfGE 24, 236, 247f. Siehe auch BVerfGE 12, 45, 54: „Verfassungsbegriffe sind daher für alle Bekenntnisse und Weltanschauungen gleich zu interpretieren.“

und Rechtsreferendarinnen abgegrenzt.[31] Die Diskussion über Inhalt und Bedeutung des Neutralitätsgebots wird vor allem fallorientiert geführt, weshalb diese Anwendungsbeispiele ausführlich auf die Frage hin untersucht werden, inwiefern das Neutralitätsgebot als Lösungsmechanismus fungieren kann.

Im dritten Teil der Arbeit wird geprüft, wie das Neutralitätsgebot als Interpretationsgebot in die grundrechtliche Dogmatik integriert werden kann. Dabei lassen sich gewisse Wiederholungen nicht vermeiden. Im zweiten Teil sollen religionsverfassungsrechtliche Spannungsfelder mithilfe des Neutralitätsgebotes analysiert und rekonstruiert werden und im dritten Teil werden dann diese Ergebnisse in die Grundrechtsprüfungen integriert und nach den Konsequenzen für die Normstruktur des Gebotes gefragt. Der Fokus im dritten Teil liegt daher auf einer dogmatischen Ebene. In einem weiteren Schritt wird ein Vergleich zu anderen Interpretationsprinzipien gezogen und die Gemeinsamkeiten und Unterschiede herausgearbeitet; diese Erkenntnisse werden dann noch einmal ausgewertet und reflektiert werden. Zuletzt soll das Verhältnis zu verwandten Rechtsinstituten, beispielsweise dem Toleranzgebot, geklärt werden, bevor die Erkenntnisse der Untersuchung insgesamt in einem Fazit zusammengefasst und die Konsequenzen dieser Arbeit für die Neutralitätsdebatte und die Verfassungsinterpretation reflektiert werden.

31 Die Fälle von kopftuchtragenden Amtsträgerinnen, die in einer Behörde angestellt sind, werden mangels tatsächlicher Relevanz nicht berücksichtigt. Die wichtigsten Entscheidungen des BVerfG hierzu beschäftigen sich ausschließlich mit Amtsträgerinnen in Schule und Justiz, weshalb sich die vorliegende Untersuchung auf diese Anwendungsfälle beschränkt.

Erster Teil: Begründung des Neutralitätsgebotes

Das Neutralitätsgebot, dessen Gehalt und Grenzen noch höchst umstritten sind, muss zunächst einmal hergeleitet bzw. begründet werden. In der Literatur[1] werden hierzu unterschiedliche Ansätze vertreten, wie man dieses Gebot, welches ein Schlüsselbegriff des Religionsverfassungsrechts ist, begründen und für die juristische Prüfung fruchtbar machen kann.

A. Ansätze in der Literatur

I. Toleranzmodelle: Die Privilegierung des Christentums

Eine Richtung in dieser Diskussion gestaltet das Neutralitätsgebot als Toleranzmodell aus und rechtfertigt auf diese Weise eine Privilegierung des Christentums. Der erste Beitrag hierzu war von Paul Kirchhof in den Essener Gesprächen zu Staat und Kirche 2005[2] zu lesen, andere Autoren sollten folgen. Begründet wird der Ansatz, der im Wesentlichen die Differenzierung zwischen den Religionen zum Gegenstand hat, auf unterschiedliche Weise.

Ladeur und Augsberg beispielsweise sind der Auffassung, dass das vorherrschende Neutralitätsverständnis angesichts der neuen religiösen Herausforderungen zu undifferenziert ist und daher einer Neukonturierung bedarf. Der Ausgangspunkt ihrer Kritik ist der, dass das Neutralitätsgebot, so wie es die Gerichte in ihrer Rechtsprechung verwenden, nichts anderes sei als eine Chiffre für Indifferenz.[3] Nach einer soziologischen Sichtweise wird die postmoderne Gesellschaft als eine in verschiedene Subsysteme ausdifferenzierte Gesellschaft begriffen, in der Religion nur ein soziales System unter vielen ist. Die verschiedenen Grundrechtsgarantien, die genau diese Ausdifferenzierung widerspiegeln, haben demnach die Aufgabe, im Sinne einer „Entdifferenzierungssperre" die Eigenständigkeit der unterschiedlichen Sozialsphären rechtlich abzusichern;[4] bzgl. der Glaubensfreiheit bedeutet das konkret, dass die grundrechtliche

1 Zum Richtungsstreit um die Neutralität in der Literatur *Walter*, in: Handbuch des Staatskirchenrechts, Bd. 1, § 18, Rn. 26ff.

2 *Kirchhof*, Essener Gespräche zum Thema Staat und Kirche 39 (2005), S. 105ff.

3 *Ladeur/Augsberg*, Der Mythos vom neutralen Staat, JZ 2007, 12, 13.

4 Vgl. hierzu vertieft und zu den funktionalen Aspekten der Religionsfreiheit *Augsberg*, Noli me tangere, Der Staat 48 (2009), S. 239ff.

Ausübung ebendieser Freiheit nur so weit reichen kann, wie die Ausübung nicht auf die übrigen Sozialsphären übergreift.[5] Staatliche Neutralität wird also nach diesem Verständnis als „aktive Politik der variablen Grenzziehung gegenüber anderen Teilsystemen einschließlich der Religion" verstanden.[6] Infolgedessen wird die Neukonturierung des Neutralitätsgebotes auf eine Bewertung der Leistungen von Religionen gestützt, wobei hier insbesondere die kollektive Dimension der Religion in den Blick genommen wird. Religion sei demzufolge nicht nur eine Sache der individuellen Wahl, sondern leiste auch einen Beitrag zur kollektiven kulturellen Identifikation und Orientierungsbildung. Insbesondere die christlichen Religionsgemeinschaften hätten diese „kulturellen Leistungen" erbracht und so einen gemeinsamen Bestand von Gedanken, Verhaltensmustern, Werten etc. erzeugt, der einer solch ausdifferenzierten Gesellschaft als Navigation und Orientierung gilt.[7] Nach diesem Ansatz wird also ein allein auf das Individuum konzentriertes und „unterkomplexes" Religionsverständnis zurückgewiesen.[8] Daher sei eine undifferenzierte Gleichbehandlung von Religionen nicht möglich und nicht geboten, sondern es müsse eine Bewertung derselben anhand der erbrachten produktiven Leistungen der Religionen für Individuum und Gesellschaft erfolgen, die unter Umständen eine Ungleichbehandlung rechtfertigt; diese Leistungen hätten minoritäre Religionen (noch) nicht erbracht.[9] Auf diese Weise wird das Neutralitätsgebot im Sinne eines Toleranzmodells interpretiert, welches als Abgrenzungskriterium die „Sozialverträglichkeit" einer Religion zugrunde legt.[10]

---

5 *Ladeur/Augsberg*, JZ 2007, 12, 15.

6 *Ladeur/Augsberg*, JZ 2007, 12, 15.

7 *Ladeur/Augsberg*, JZ 2007, 12, 16f.

8 *Ladeur/Augsberg*, JZ 2007, 12, 17.

9 *Ladeur/Augsberg*, JZ 2007, 12, 17. Hier wird dann ein Beispiel aus dem Parteienrecht dargestellt: Parteien würden in der Darstellung im öffentlich-rechtlichen Fernsehen bei der Vergabe von Sendezeiten für Wahlkampfzwecke nicht formal gleichbehandelt, sondern die Wahlsendezeit wird ihnen entsprechend ihrem Gewicht in der Öffentlichkeit zugeteilt. So solle auch mit Religion im öffentlichen Raum umgegangen werden.

10 *Ladeur/Augsberg*, JZ 2007, 12, 18; ausführlich nachzulesen in *Ladeur/Augsberg*, Toleranz-Religion-Recht, 2007. In diese Richtung auch *Hillgruber*, Staat und Religion, 2007, S. 47ff.; *ders.*, JZ 1999, 538ff.; *Uhle*, Freiheitlicher Verfassungsstaat und kulturelle Identität, 2004; *Korioth/Augsberg*, JZ 2010, 828ff.; *Ress*, in: Böhr (Hg.), Die Verfassung der Freiheit und das Sinnbild des Kreuzes, 2016, 45, 64f.; *Müller*, Religion im Rechtsstaat, 2017. Bei der Verleihung des Körperschaftsstatus seien Religionsgemeinschaften an ihrem konstruktiven Beitrag zu Staat und Gesellschaft zu messen, vgl. *Marx*, in: FS Kirchhof, Bd. 2 Staat und Bürger, 2013, § 129, 1407, 1414.

Dieser Ansatz geht in die Richtung einer Kulturadäquanzklausel, die das BVerfG in einer Entscheidung aufgestellt, aber später wieder verworfen hat.[11] Die Ähnlichkeit besteht darin, dass zwar nicht direkt auf die Kultur bzw. Herkunft einer Religion Bezug genommen wird, sondern auf die Leistung einer Religion in einer bestimmten Kultur. Da allerdings Religion und Kultur in einem unmittelbaren wechselseitigen Zusammenhang stehen, liegt der Schluss nahe, welche Religion in diesen Breitengraden die „größte" Leistung erbracht hat und somit eine Privilegierung gegenüber anderen Religionen rechtfertigt. Eine Frage muss dennoch erlaubt sein: Wie soll eine Religion dauerhaft ihre Leistungsfähigkeit für Gesellschaft und Individuum unter Beweis stellen, wenn sie permanent benachteiligt wird? Chancengleichheit bei der Entfaltung der „Sozialverträglichkeit" einer Religion ist ein Zustand, der nach diesem Ansatz nur schwer herzustellen ist.

Dieser Ansatz leidet also an einem argumentativen Zirkelschluss. Eine Minderheitsreligion soll sich ihren Platz in Gesellschaft und Recht erst erarbeiten, um gleichbehandelt zu werden. Zugleich aber werden ihr aufgrund der Differenzierung und Ungleichbehandlung die hierfür notwendigen Ressourcen versagt, was dafür sorgt, dass sie die geforderten „kulturellen Leistungen" – welche das auch immer sein mögen – gar nicht erst erbringen kann und als Konsequenz weiterhin benachteiligt wird.[12] Vielmehr sind die religionsverfassungsrechtlichen Regelungen von einem Versprechen gleicher Chancen zur religiösen Entfaltung geprägt und gerade davon hängt es ab, wie sich Religionsgemeinschaften ihrerseits zu den gesellschaftlichen Erwartungen bzw. zur verfassungsrechtlichen Ordnung insgesamt verhalten.[13]

Ein weiterer Ansatz begründet die Privilegierung des Christentums, indem eine kulturell geprägte Verfassungsinterpretation befürwortet wird. Ausgehend von dem Dilemma der staatlichen Verpflichtung, den grundrechtlichen Schutzbereich einerseits konkret zu bestimmen, andererseits das Bewerten des Glaubens bzw. Unglaubens der Bürger zu vermeiden, sei eine staatliche Definitionskompetenz wegen des normativen Anspruchs der Verfassung dennoch unverzichtbar.[14]

11 Vgl. etwa BVerfGE 12, 1, 4; 24, 236, 245f.

12 Diese Problematik wurde im Beitrag von *Korioth/Augsberg*, JZ 2010, 828, 832 gesehen, aber es wird nicht näher darauf eingegangen, wie der Umgang mit „fremden" Religionen im Rahmen des Toleranzmodells auszusehen hat, ohne dass die oben beschriebenen exkludierenden Wirkungen eintreten.

13 *Heinig*, ZevKR, Bd. 53 (2008), 235, 254.

14 *Schwarz*, in: FS Starck, 2007, 419, 423ff. Zur staatlichen Letztentscheidung in religiös-weltanschaulichen Fragen s. *Muckel*, Religiöse Freiheit und staatliche Letztentscheidung, 1997.

Diese Definitionskompetenz beziehe sich allerdings nur auf den allgemeinen, weltlichen Rahmen des Schutzbereichs.[15] Die Gewährleistung und Inanspruchnahme der Grundrechte erfolge daher gerade losgelöst von der kulturellen Verwurzelung des freiheitlichen Verfassungsstaates,[16] dennoch sei dadurch eine bestimmte Wertprägung der Verfassung nicht ausgeschlossen. Der Rückgriff auf einen ethischen Standard des Grundgesetzes ermögliche eine Verfassungsinterpretation, die geeignet sei, dem Grundrechtsschutz in einer der christlich-abendländischen Tradition des Grundgesetzes verpflichteten Weise Rechnung zu tragen. Grundrechte seien eine Konkretisierung der durch Art. 1 GG geschützten Menschenwürde und die Wurzeln und Voraussetzungen der Menschenwürdegarantie seien im Christentum zu finden, welches folglich das Fundament der gesamten Grundrechtsinterpretation darstelle. Die Pflicht zu staatlicher Neutralität verpflichte den Verfassungsinterpreten gerade nicht zur Indifferenz.[17]

Da die Geschichte dem Staat und seiner verfassungsmäßigen Ordnung bestimmte politische und kulturelle Überzeugungen mitgebe, die nicht zwingend eine Entsprechung im Verfassungstext fänden, sei es daher Aufgabe der Verfassungsinterpretation, diese freizulegen.[18] Insoweit dürften auch religiös geprägte Vorstellungen Eingang in Gesetzgebung und Rechtsanwendung finden, solange dabei Toleranz gegenüber Anders- und Nichtgläubigen gewahrt werde.[19]

Das christlich-abendländische Fundament des Grundgesetzes, welches von Schwarz befürwortet wird, wird also als Topos der Verfassungsinterpretation begriffen. Die Behauptung allerdings, wonach sich dieses Ergebnis in der Grundrechtsdogmatik verankern lasse, wird nicht weiter belegt.[20] Daher wird nicht ganz klar, wie sich dieser Topos grundrechtsdogmatisch verarbeiten lassen soll.

Nach den oben vorgestellten Hierarchisierungs- bzw. Toleranzmodellen soll Religion demnach vom Staat nicht um ihrer selbst willen gefördert werden, sondern nur, weil und soweit sie einen Beitrag zum Gemeinwohl bzw. zur kulturellen Identität als Verfassungsvoraussetzung leistet.[21] Die Vertreter der Hierarchisierung gehen davon aus, dass das Religionsverfassungsrecht des Grundgesetzes

---

15 *Schwarz*, in: FS Starck, 419, 429.

16 *Schwarz*, in: FS Starck, 419, 426.

17 *Schwarz*, in: FS Starck, 419, 432f.

18 *Schwarz*, in: FS Starck, 419, 433.

19 *Schwarz*, in: FS Starck, 419, 434. Zum Einfluss christlicher Traditionen auf die Auslegung des einfachen Rechts als verfassungsrechtliches Gleichheitsproblem s. den Beitrag von *Britz*, JZ 2000, 1127ff.

20 Siehe *Schwarz*, in: FS Starck, 419, 432.

21 Ablehnend *Heinig*, JZ 2009, 1136, 1139; *ders.*, ZevKR, Bd. 53 (2008), 235, 242.

auf religionskulturellen Voraussetzungen beruht, die aufgrund der Pluralisierung nicht mehr selbstverständlich gegeben sind; die Folge daraus ist, dass Religionsgemeinschaften – wollen sie an der religionsverfassungsrechtlichen Förderung teilhaben – einen zwar im Grundgesetz unbenannt gebliebenen, aber doch scheinbar selbstverständlichen Beitrag zum Funktionieren des Gemeinwesens leisten sollen. Dies rechtfertige daher auch ihre unterschiedliche Behandlung, je nachdem, ob und wie der geleistete Beitrag aussieht.[22] Diese Unterscheidung in bevorzugungswert und nicht bevorzugungswert wird gemeinhin mit einem „Säkularisierungstheorem" verbunden, welches davon ausgeht, dass die beiden christlichen Kirchen den Anforderungen an Religionsgemeinschaften als Gemeinwohlförderer von vornherein genügen, weil der moderne Verfassungsstaat ohnehin christliches Kulturgut und auch auf eine christliche Grundlage angewiesen sei.[23]

Aus dieser Perspektive müssen „fremde" Religionen wie der Islam beispielsweise als Teilhaber der Instrumente des Religionsverfassungsrechts zwangsläufig ausscheiden, weil sie historisch betrachtet nichts zum Auseinandertreten von säkularem Staat und Kirchen beigetragen haben.[24]

Dadurch wird allerdings das Böckenförde-Diktum, wonach der freiheitliche säkulare Staat von Voraussetzungen lebt, die er selbst nicht garantieren kann, vollständig konterkariert, denn durch die selektive Förderung bestimmter Religionen – vor allem des Christentums – kann der Staat durchaus seine eigenen Voraussetzungen zwar nicht garantieren, aber wesentlich mit beeinflussen.[25] Außerdem stellen diese Modelle einen Widerspruch zu geltendem Verfassungsrecht in Gestalt der Gleichbehandlungsgebote bzw. Diskriminierungsverbote dar, vgl. z. B. Art. 3 Abs. 1 und Abs. 3 GG.[26] Die selektive Förderung liefe faktisch auf die Etablierung einer Staatskirche hinaus, der Art. 140 GG i. V. m. Art. 137 Abs. 1 WRV ebenfalls entgegensteht.[27] Zwar wird gesagt, dass nicht die Bekenntnisse als solche privilegiert würden, sondern nur deren jeweiliger Beitrag zum Gemeinwohl,

22 *Heinig*, JZ 2009, 1136, 1139; *ders.*, ZevKR, Bd. 53 (2008), 235, 242.

23 *Heinig*, ZevKR, Bd. 53 (2008), 235, 243.

24 *Heinig*, ZevKR, Bd. 53 (2008), 235, 243.

25 *Heinig*, JZ 2009, 1136, 1139; *ders.*, ZevKR, Bd. 53 (2008), 235, 242f. Böckenförde selbst lehnt einen solchen Kulturvorbehalt ab, s. *Böckenförde*, Der säkularisierte Staat, S. 34 und dazu *Künkler/Stein*, in: Anter/Frick (Hg.), Politik, Recht und Religion, 2019, S. 137, 146.

26 So auch *Sacksofsky*, VVDStRL 68 (2009), S. 7, 24 und 34 und ebenfalls ablehnend *Walter*, in: Handbuch des Staatskirchenrechts, Bd. 1, § 18, Rn. 29.

27 *Dreier*, Staat ohne Gott, S. 128.

allerdings läuft das im Ergebnis auf das Gleiche hinaus. Dieser Ansatz widerspricht folglich dem Inhalt des Identifikationsverbotes, da sich Religionen faktisch einer Bewertung durch den Staat ausgesetzt sehen. Die Freiheit der Religionen gründet sich aber gerade auf den Ausschluss irgendwelcher Nützlichkeitserwägungen.[28]

Das Religionsverfassungsrecht steht vielmehr im Dienst der Freiheit an der Religion, weil nur auf diese Weise die Religion ihrerseits einen Dienst an der Freiheit leisten kann, wie man an den Regelungen zum staatlichen Religionsunterricht, der Anstaltsseelsorge, dem Körperschaftsstatus und den mit ihm verbundenen Rechten erkennen kann.[29] Das Religionsverfassungsrecht ist vielmehr – wie Heinig treffend ausdrückt – eine Ordnung der Freiheit, geprägt vom Versprechen gleicher Chancen zur religiösen Entfaltung. Nur dies sichert dessen Zukunftsfähigkeit.[30]

Der Grundfehler dieser Ansätze liegt außerdem laut Waldhoff darin, dass Verfassungsvoraussetzungen in das geltende Recht transportiert werden, was die freiheitliche weltliche Ordnung „paternalistisch beengt und verfremdet".[31]

Dies hat dann auch eine Überfrachtung der Verfassung zur Folge, wenn man sie im Sinne partikularer religiöser, kultur- oder rechtspolitischer Vorstellungen interpretiert.[32] Auf diese Weise wird Religion in freiheitsbedrohender Art zu rechtspolitischen Zwecken vereinnahmt; auch aus Sicht der Religion stellt es eine beträchtliche Freiheitszumutung dar, als Teil einer Verfassungskultur homogenisiert und profanisiert zu werden.[33] Daher erteilt das Grundgesetz den Hierarchisierungsmodellen eine klare Absage, zumal diese ohnehin keinen Anhaltspunkt im Verfassungstext finden.

---

28 *Dreier*, Staat ohne Gott, S. 128ff.; *ders.*, in: Graf/Hartmann (Hg.), Religion und Gesellschaft, 2019, S. 49, 75; *Korioth*, in: Anter/Frick (Hg.), Politik, Recht und Religion, S. 11, 16.

29 *Heinig*, ZevKR, Bd. 53 (2008), 235, 246ff.

30 *Heinig*, ZevKR, Bd. 53 (2008), 235, 254. So auch *Weber*, NJW 2010, 2475, 2476 und *de Wall*, in: Ziebertz (Hg.), Religionsfreiheit. Positionen – Konflikte – Herausforderungen, 2015, S. 35ff.

31 *Waldhoff*, Neue Religionskonflikte und staatliche Neutralität, Gutachten D zum 68. Deutschen Juristentag, 2010, S. 49.

32 *Waldhoff*, Neue Religionskonflikte und staatliche Neutralität, S. 49f. Ebenfalls ablehnend *Möllers*, VVDStRL 68 (2009), S. 47, 59ff. und *Ehlers*, in: FS Kirchhof, Bd. 2, § 130, 1417, 1420.

33 *Möllers*, VVDStRL 68 (2009), S. 47, 63 und 89.

II. Abschied vom Neutralitätsgebot?

In Anbetracht dessen, dass der Gehalt des Neutralitätsgebotes weiterhin stark umstritten ist und bisher auch keine zufriedenstellenden Lösungen für religiös-weltanschauliche Konflikte gefunden worden sind, werden immer mehr Stimmen laut, die für eine Verabschiedung des Neutralitätsgebotes Stellung beziehen. Das Gebot, welches sich nicht einmal im Verfassungstext findet und im Wege einer Zusammenschau durch das BVerfG konstruiert worden ist,[34] schaffe mehr Fragen als Antworten und daher solle gänzlich auf dessen Anwendung verzichtet oder diese zumindest rationalisiert bzw. „eingehegt" werden.

Für Möllers beispielsweise ist Demokratie zwangsläufig parteilich und daher könne ein demokratisch verfasstes Gemeinwesen nie gänzlich neutral sein; zudem sei es verwunderlich, wie ein Staat, der den Sonntag verfassungsrechtlich schützt und vor Sekten warnen darf, als religiös-weltanschaulich neutral bezeichnet werden könne.[35] Daher sollte auf diesen Grundsatz gänzlich verzichtet werden, zumal er nicht erforderlich sei: Unparteilichkeit und individuelle Freiheit würden im demokratischen Prozess über das Rechtsstaatsgebot und die Grundrechte, insbesondere die Glaubensfreiheit und die Diskriminierungsverbote, hinreichend geschützt werden.[36] Das Neutralitätsgebot liefere kaum neue Inhalte, da es sich gegenüber den einschlägigen Grundrechten nie dogmatisch verselbstständigt habe.[37] Vielmehr bestehe bei diesem Gebot als Objektivierung der Glaubensfreiheit

---

34 Vgl. zum Beispiel BVerfGE 138, 296, 338f. m. w. N. zur stRspr und BVerfGE 143, 161, 192f.

35 *Möllers*, VVDStRL 68 (2009), S. 47, 57. Ebenfalls zweifelnd *Baldus*, in: Anter/Frick (Hg.), Politik, Recht und Religion, S. 219, 221, in Bezug allerdings auf die Frage, ob dem Grundgesetz nicht selbst eine Weltanschauung zugrunde liege, dergestalt, dass das Individuum im Mittelpunkt der politischen Ordnung stehen soll. Gegen einen Abschied des Neutralitätsgebotes *Walter*, in: Handbuch des Staatskirchenrechts, Bd. 1, § 18, Rn. 30f. Entscheidend ist laut Walter nur, dass dem Neutralitätsgebot keine eigene Normativität zukommt, sondern bei der Rechtsanwendung die zugrunde liegenden Einzelnormen maßgeblich bleiben.

36 *Möllers*, VVDStRL 68 (2009), S. 47, 58. So auch *Holzke*, NVwZ 2002, 903ff. Holzke ist der Auffassung, dass der Begriff der Neutralität keinen eigenen Inhalt hat und besser verabschiedet werden soll, da er überflüssig und irreführend ist. Vielmehr genügten die positiven Bestimmungen des Grundgesetzes, und die gäben hinsichtlich der Religionsförderung lediglich gewisse Gestaltungsspielräume für den Gesetzgeber vor, *Holzke*, NVwZ 2002, 903, 913f.

37 *Möllers*, VVDStRL 68 (2009), S. 47, 58.

die Gefahr, dass die individuellen und politischen Geltungsansprüche im Namen eines abstrakten Prinzips unangemessen aufgelöst werden.[38]

Heinig dagegen ist der Auffassung, dass man gut daran tut, an dem verfassungsrechtlichen Grundsatz religiös-weltanschaulicher Neutralität festzuhalten. Dieser Grundsatz bilde also nicht nur eine „Reflexfigur der gleichen Freiheit",[39] sondern vielmehr eine „Reflexionsfigur für die Ausbuchstabierung dessen, was gleiche Freiheit in der konkreten Verfassungsordnung des Grundgesetzes bedeutet".[40] Durch das Neutralitätsgebot werde die Rede von der gleichen Freiheit konkreter und anschaulicher, da es besondere religionsverfassungsrechtliche Normen miteinschließt, die diesen Gehalt spezifizieren.[41] Als Beispiel wird das Verbot der Staatskirche angeführt, welches in Art. 140 GG i. V. m. Art. 137 Abs. 1 WRV verankert ist. Die Norm sei doppeldimensional zu verstehen, institutionell und ideell. Sie wirke nicht nur einer institutionellen Verflechtung von Staat und Religionsgemeinschaften entgegen, sondern auch der Identifikation des Staates mit einer bestimmten Religion.[42] Die Norm sei also auch als ein Verbot der Staatsreligion bzw. Staatsweltanschauung zu lesen.[43] Neutralität sei demnach als eine eigenständige positive Verpflichtung einer konkreten Verfassung zu verstehen und in diesem Sinne könne auch ein Staat, der den Sonntag schützt und vor Sekten warnt, religiös-weltanschaulich neutral sein.[44] Allerdings sei die Neutralität keine Supernorm, die über dem geltenden Recht schwebe; vielmehr müsse sie an konkrete Normen des Verfassungsrechts rückgebunden werden. Kern der normativen Neutralitätsidee sei nämlich die Garantie gleicher bürgerlicher und staatsbürgerlicher Freiheit ungeachtet ihrer Religion oder Weltanschauung.[45]

Außerdem ist das Neutralitätsgebot mittlerweile ein konstanter Bestandteil in der Rechtsprechung des Bundesverfassungsgerichts und als Schlüsselbegriff des Religionsverfassungsrechts nicht mehr wegzudenken.

Waldhoff wiederum kritisiert die Überbetonung bzw. Fehldeutung der staatlichen Neutralität und dass aus einem „hintergründigen" Prinzip eine subsumtionsfähige Regel gemacht wird, die obendrein verfassungsrechtsdogmatisch

---

38 *Möllers*, VVDStRL 68 (2009), S. 47, 58f.

39 *Möllers*, VVDStRL 68 (2009), S. 47, 58.

40 *Heinig*, JZ 2009, 1136, 1140.

41 *Heinig*, JZ 2009, 1136, 1140.

42 *Heinig*, JZ 2009, 1136, 1140.

43 Ebd.

44 *Heinig*, JZ 2009, 1136, 1140. So insgesamt auch *Morlok*, in: Dreier, GG Art. 4, 3. Aufl. 2013, Rn. 162.

45 *Heinig*, Säkularer Staat – Viele Religionen, 2018, S. 20.

absolut gesetzt wird.[46] Neutralität des Staates bedeute nicht Bindungslosigkeit, sondern sei vielmehr die Konsequenz einer ethischen Bindung in Form einer respektvollen Nicht-Identifikation.[47] Laut Waldhoff ist die staatliche Neutralität keine Meta- oder Übernorm, die der Verfassung vorgelagert ist und der für die Auslegung und Anwendung der Verfassung Leitlinien entnommen werden können, weshalb es sich zum Beispiel beim verfassungsrechtlichen Schutz des Sonntags nach Art. 140 GG i. V. m. Art. 139 WRV auch um keinen Neutralitätsverstoß im eigentlichen Sinne handelt.[48] Vielmehr bestehe beim Argumentationstopos religiös-weltanschaulicher Neutralität die Gefahr, dass aus einer Zusammenschau konkreter Verfassungsnormen „Oberkategorien mit normativem Anspruch konstruiert werden", die eine Eigendynamik entwickeln bzw. sich derart verselbstständigen, dass sie von den ihnen zugrunde liegenden Rechtsnormen ablenken.[49] Daher sollte grundsätzlich an dem Konzept einer fördernden Neutralität festgehalten werden, jedoch sei es Sache des Gesetzgebers, daraus konkrete und anwendbare Kriterien zu entwickeln, wobei das „religiöse Minimum" über das Grundrecht der Glaubensfreiheit hinreichend geschützt werde.[50] Zudem sei Recht als „in Normen gegossene politische Entscheidungen" im demokratischen Verfassungsstaat von vornherein nicht neutral. Rechtsstaatlichkeit erfordere allerdings, dass diese Normen mit juridischer Sachlogik und diskriminierungsfrei angewendet werden; Vorverständnisse oder religiöse Überzeugungen, die durch den politischen Prozess Eingang in diese Rechtsnormen gefunden haben, würden durch ihre Transformation in Rechtsnormen gleichsam neutralisiert.[51] Zahlreiche Normen der deutschen Rechtsordnung seien durch religiöse und weltanschauliche Positionen geprägt, allerdings „übersetzt" in politische Konzepte.

Rechtsnormen müssten daher diskriminierungsfrei auf religiös imprägnierte Sachverhalte angewendet werden, dabei könne es auch zu verschiedenen

---

46 *Waldhoff*, Neue Religionskonflikte und staatliche Neutralität, S. 44. Zustimmend *Campenhausen/de Wall*, Religionsverfassungsrecht, § 13, S. 103f.

47 *Waldhoff*, Neue Religionskonflikte und staatliche Neutralität, S. 44.

48 *Waldhoff*, Neue Religionskonflikte und staatliche Neutralität, S. 45. In diese Richtung auch *Grzeszick*, in: Heinig/Walter (Hg.), Staatskirchenrecht oder Religionsverfassungsrecht, 2007, S. 131, 144.

49 *Waldhoff*, Neue Religionskonflikte und staatliche Neutralität, S. 45.

50 *Waldhoff*, Neue Religionskonflikte und staatliche Neutralität, S. 48. Bzgl. der Verantwortung des Gesetzgebers zustimmend *Holzke*, NVwZ 2002, 903, 911ff.

51 *Waldhoff*, Neue Religionskonflikte und staatliche Neutralität, S. 50.

Auswirkungen auf die unterschiedlichen Religionsgemeinschaften kommen, was jedoch unschädlich sei.[52]

III. Weitere Ansätze

1. Krüper: Neutralität als Verbot staatlicher Aneignung religiös-weltanschaulicher Gehalte

Krüper entwickelt anhand der Analyse wesentlicher religionsverfassungsrechtlicher Entscheidungen, welche sich des Neutralitätsgebotes bedienen, eine Inhaltsbestimmung der Neutralität. Um diesen Begriff, der zu einer „funktionalen Leerformel" verkommen sei, zu konturieren, bedürfe es eines klaren Bildes von dessen Verwendung und Funktion in der Rechts- und Rechtsprechungsentwicklung.[53]

Dabei wird als unveräußerlicher Kern des Neutralitätsgebotes das Identifikationsverbot festgelegt und ausgehend davon wird untersucht, was genau unter Identifikation durch den Staat zu verstehen ist. Das Neutralitätsgebot zerfalle in drei Teilgehalte, nämlich die Indifferenz staatlichen Rechts gegenüber den Überzeugungen seiner Bürger, die institutionelle Trennung von Staat und Religionsgemeinschaften und die Säkularität des Rechts, wobei der zentrale Gehalt das Identifikationsverbot hinsichtlich religiöser Inhalte sei.[54]

Dem Staat sei es folglich verwehrt, derartige Inhalte sowohl „zu haben" als auch nach außen hin den Anschein einer Identifikation zu erwecken.[55] Identifikation in diesem Sinne bedeute daher einen „Akt der Selbstzurechnung bestimmter oder bestimmbarer Vorstellungen, Ideen, Konzepte und Werte einer (juristischen) Person oder die konsentierte (objektive) Zurechnung solcher Inhalte zu einem Objekt".[56] Damit der staatliche Identifikationsakt rechtlich erheblich werde, bedürfe es zudem einer Außenwirksamkeit dieses Aktes. Krüper bringt letztlich mit folgender Formulierung die Definition der Identifikation auf den Punkt: „Eine neutralitätspflichtverletzende Identifikation des Staates setzt einen materiellen außenwirksamen Aneignungsakt voraus."[57] Nach diesem Ansatz wird also eine Verletzung des Neutralitätsgebotes durch einen staatlichen Aneignungsakt religiös-weltanschaulicher Inhalte begründet, der Schwerpunkt der

---

52 *Waldhoff*, Neue Religionskonflikte und staatliche Neutralität, S. 51.

53 *Krüper*, Die grundrechtlichen Grenzen staatlicher Neutralität, in: Häberle (Hg.), Jahrbuch des Öffentlichen Rechts der Gegenwart n.F., Bd. 53 (2005), 79, 82ff.

54 *Krüper*, JöR n.F. 53 (2005), 79, 99.

55 *Krüper*, JöR n.F. 53 (2005), 79, 99.

56 *Krüper*, JöR n.F. 53 (2005), 79, 101.

57 *Krüper*, JöR n.F. 53 (2005), 79, 101.

Begriffsbestimmung liegt folglich auf dem Identifikationsverbot, das auf oben beschriebene Weise spezifiziert wird.

Hier wird demnach nicht auf „positive" Weise versucht, den Neutralitätsbegriff zu konturieren, sondern erst über die Verletzung des Gebotes Rückschlüsse auf den Inhalt des Begriffs zu ziehen. Dabei werden die Erkenntnisse bereichsspezifisch erarbeitet, genauer gesagt im Beamtenverhältnis bzw. in der staatlichen Schule.

Im Folgenden untersucht Krüper im Rahmen des Kopftuch-Streits die Frage, ob eine Einstellung einer Beamtin, die religiöse Inhalte für sich als verbindlich betrachtet und dies nach außen darstellt, ein solcher materieller und außenwirksamer Aneignungsakt ist oder zumindest den Anschein eines solchen erzeugt. Er kommt dann zu dem Schluss, dass weder die Einstellung noch der Einsatz im Schuldienst einen solchen Aneignungsakt darstellen.[58] Genauso wenig begründe der Einsatz einer kopftuchtragenden Lehrerin im Schuldienst den Anschein eines Aneignungs- und damit staatlichen Identifikationsaktes.[59] Das Gebot staatlicher Neutralität sei nicht schon durch das Zulassen des förmlichen religiösen Bekenntnisses verletzt.[60]

Krüpers Ansatz stellt zwar einen logischen und interessanten Weg dar, den Neutralitätsbegriff näher auszuleuchten und seine Gehalte freizulegen. Dennoch leidet er an Einseitigkeit. Zum einen ist nicht ganz klar, woraus der Schluss abgeleitet wird, dass das Identifikationsverbot der zentrale Gehalt schlechthin ist bzw. in welchem Verhältnis die einzelnen Teilgehalte zueinander stehen. Andererseits mutet es einseitig an, dass lediglich über einen Verstoß gegen das Identifikationsverbot – gleichsam in einem negativen Sinne – Rückschlüsse auf den Neutralitätsbegriff gezogen werden sollen, wobei dennoch nicht ganz deutlich wird, zu welchen konkreten Erkenntnissen die Bejahung oder Verneinung eines Verstoßes führt, was die Inhaltsbestimmung angeht. Zudem wird in den Ausführungen zum staatlichen Aneignungsakt durch die Einstellung, den Einsatz oder den Anschein nicht gesagt, an welcher Stelle dieser Ansatz grundrechtsdogmatisch zum Tragen kommen soll. An welchem Punkt der Grundrechtsprüfung spielt dieser Ansatz eine Rolle? Damit verbunden fehlt eine Klassifizierung des normtheoretischen Charakters des Neutralitätsgebotes. Zwar wird die Frage geprüft, ob beispielsweise der Einsatz einer kopftuchtragenden Lehrerin einen Verstoß gegen das Identifikationsverbot – also

58 *Krüper*, JöR n.F. 53 (2005), 79, 102ff. Selbstverständlich für den Fall gesprochen, dass die betreffende Lehrerin im Schuldienst nicht missionarisch tätig wird oder aktiv für ihren Glauben wirbt.

59 *Krüper*, JöR n.F. 53 (2005), 79, 105ff.

60 *Krüper*, JöR n.F. 53 (2005), 79, 109.

das Neutralitätsgebot in diesem Sinne – darstellt, allerdings wird nicht weiter begründet, warum es sich nun um ein Prinzip handeln soll,[61] wogegen ein Verstoß vorliegen könnte oder wie schwer dieser Verstoß wiegen würde.

2. Volkmann: Leitbildorientierte Verfassungsanwendung

Volkmanns Ansatz der leitbildorientierten Verfassungsanwendung geht von der Prämisse aus, dass gewisse Hintergrundvorstellungen das Verfassungsrecht und seine Anwendung dirigieren, gleichsam als „Verfassung hinter der Verfassung", und Entscheidungen vorstrukturieren. Diese Hintergrundvorstellungen sind die Leitbilder, die er versucht, in seinen Beiträgen inhaltlich zu konkretisieren, abzugrenzen und methodisch zu rationalisieren bzw. für die Verfassungsanwendung fruchtbar zu machen.[62]

Als Beispiel wird unter anderem die Abgeordnetenentscheidung des BVerfG[63] angeführt, in der der Begriff des Leitbildes ausdrücklich fällt und der die Entscheidung im Wesentlichen trägt. Volkmann sieht diese Entscheidung hauptsächlich vom Streit des „richtigen" Leitbildes eines Abgeordneten geprägt.[64] Das Leitbild selbst lasse sich durch ein rechtlich-normatives und ein ethisch-moralisches Moment beschreiben; zunächst gebe es einen textlichen Anknüpfungspunkt, an den die Gewinnung des Leitbildes anknüpft, in diesem Beispielfall die Vorschrift über den Abgeordnetenstatus im Nebentätigkeitsfall. Das Leitbild sei allerdings vom ethisch-moralischen Moment am stärksten geprägt, da sich in ihm eine allgemeine Ordnungs- und Gerechtigkeitsvorstellung für den jeweils in den Blick genommenen Sachbereich ausdrücke, also die Beschreibung dessen, wie eine bestimmte Einrichtung der Verfassung oder des sonstigen Rechtslebens idealerweise beschaffen sein soll, hier etwa das Idealbild eines Abgeordneten. Dies werde dann als Maßstab für die Auslegung herangezogen.[65] Ergänzt werden diese beiden Momente um ein drittes, welches empirisch-soziologischer Natur sei und das

---

61 Vgl. *Krüper*, JöR n.F. 53 (2005), 79, 99.

62 Vgl. *Volkmann*, Grundzüge einer Verfassungslehre, 2013, § 5, S. 147ff. und *ders.*, Leitbildorientierte Verfassungsanwendung, AöR 134 (2009), 157ff.

63 BVerfGE 118, 277ff., vor allem 326f.

64 *Volkmann*, in: Krüper/Merten/Morlok (Hg.), An den Grenzen der Rechtsdogmatik, 2010, S. 77, 80f.

65 *Volkmann*, in: Krüper/Merten/Morlok (Hg.), An den Grenzen der Rechtsdogmatik, S. 77, 82f.; *ders.*, Grundzüge, § 5, S. 148.

vorgefundene Sachstrukturen, also bestimmte Gegebenheiten des Realbereichs, in die Betrachtung miteinbezieht.[66]

Der Unterschied von Leitbildern zu den Vorverständnissen liege darin, dass Letztere den Charakter von etwas Subjektivem und Individuellem nicht ablegen könnten und dass sie weiterhin auf den einzelnen Rechtsanwender bezogen und von ihm abhängig seien; den Leitbildern dagegen komme objektive Geltung zu.[67] Der Hauptunterschied zwischen Leitbildern und Vorverständnissen bestehe weiterhin darin, dass Leitbilder ihrerseits zu Recht gerinnen, indem sie in die Entscheidungen miteinfließen, darin verarbeitet werden und dadurch auch Bedeutung für nachfolgende Entscheidungen erlangen.[68] Abzugrenzen seien Leitbilder außerdem von den Prinzipien im Sinne der Prinzipienlehre Robert Alexys; Prinzipien oder auch Werte wiesen zwar Berührungspunkte zu Leitbildern auf, denn beide nähmen eine Vorstellung des Guten in sich auf und stellten eine Verschränkung von Recht und Moral bzw. Recht und Wirklichkeit dar.[69] Demokratie könne laut Volkmann also sowohl Prinzip als auch Leitbild sein: In der Eigenschaft als Prinzip bedeute es, dass es sich hierbei um etwas Fundamentales handele, das verteidigt und ggf. optimiert werden müsse, und das Leitbild gebe dagegen an, was mit Demokratie inhaltlich gemeint sei.[70] Dennoch seien sie nicht identisch, denn das Leitbild stehe quasi hinter dem Prinzip als rückwärtige Verfassungsschicht und vermittele diesem gleichsam erst seinen Inhalt.[71] Beide wirkten sich im Rahmen der Rechtsanwendung unterschiedlich aus, speziell für den Fall der Abwägung: Das Prinzip sei das, was auf der Waagschale liege, und das Leitbild könne als Maßstab für die Abwägung betrachtet werden, diese gebe sozusagen die Richtung vor, in die die Abwägung ausfallen soll.[72] Jedenfalls sind keine der bisher bekannten Kategorien auf die Leitbilder anwendbar, sie stellen

66 *Volkmann*, in: Krüper/Merten/Morlok (Hg.), An den Grenzen der Rechtsdogmatik, S. 77, 84; *ders.*, Grundzüge, § 5, S. 148.

67 *Volkmann*, in: Krüper/Merten/Morlok (Hg.), An den Grenzen der Rechtsdogmatik, S. 77, 84.

68 *Volkmann*, Grundzüge, § 5, S. 150.

69 *Volkmann*, Grundzüge, § 5, S. 150.

70 *Volkmann*, Grundzüge, § 5, S. 150.

71 *Volkmann*, in: Krüper/Merten/Morlok (Hg.), An den Grenzen der Rechtsdogmatik, S. 77, 84f.; *ders.*, Grundzüge, § 5, S. 150.

72 *Volkmann*, in: Krüper/Merten/Morlok (Hg.), An den Grenzen der Rechtsdogmatik, S. 77, 85; *ders.*, Grundzüge, § 5, S. 150.

etwas ganz Eigenes dar und müssen daher noch rationalisiert und deren Bildung bzw. Anwendung nachvollziehbar gemacht werden.[73]

Die Frage, die sich nun stellt, ist die, worin der Bezugspunkt zur Diskussion um den Neutralitätsbegriff zu sehen ist. Man könnte die Ansicht vertreten, dass das Neutralitätsgebot ebenso ein grundgesetzliches Leitbild, eine Hintergrundvorstellung ist, die die Verfassungsinterpretation beeinflusst. Es gibt einen Anknüpfungspunkt im Verfassungstext, genauer gesagt im Art. 140 GG i. V. m. Art. 137 I WRV („Es besteht keine Staatskirche."), und auch das ethisch-moralische Moment wäre erfüllt, denn staatliche Neutralität könnte eine Ordnungsvorstellung im Religionsverfassungsrecht darstellen, die, ausgehend von der gleichen Freiheit der Grundrechtsträger, dem Staat die Pflicht auferlegt, Religionsgemeinschaften gleichzubehandeln und Distanz zu ihnen zu wahren, um den gesellschaftlichen Frieden nicht von sich aus zu gefährden. Allerdings ist das zu kurz gedacht, denn das Neutralitätsgebot ist nicht eine bloße explizite oder implizite Hintergrundvorstellung, die zu Recht geronnen ist, sondern geltendes Verfassungsrecht. Es wurde aus einer Zusammenschau verschiedener Grundgesetznormen entwickelt und findet regelmäßige Anwendung in den Entscheidungen des BVerfG zu religionsverfassungsrechtlichen Konflikten. Es steht demnach nicht hinter einem verfassungsrechtlichen Prinzip, sondern könnte selbst eines sein, was noch zu klären ist.

Zudem sind die Grenzen zwischen Leitbildern und Prinzipien fließend und um der Klarheit und Verständlichkeit willen sollte für die Verfassungsanwendung besser auf die „bekannten und bewährten" Kategorien zurückgegriffen werden. Die Formulierung folgenden Leitbildes aus der Demokratie als eines „geistig-bewusstseinsmäßigen Anerkennungs-, Interaktions-, Erfahrungs- und Verantwortungszusammenhanges der Bürger, der diese in den Vorgängen der politischen Willensbildung einander zuordnet und miteinander verbindet",[74] könnte letztendlich auch als Beschreibung bzw. Definition des Demokratie*prinzips* verstanden werden.

---

73 Volkmann entwickelt hierzu Arbeitsregeln und Prüfroutinen, vgl. *Volkmann*, Grundzüge, § 5, S. 150ff., wobei er sich im Rahmen der Argumentationsregeln im Wesentlichen auf *Hesse*, Grundzüge des Verfassungsrechts, § 2, S. 26ff. bezieht, s. insbesondere S. 151. Positiver Kommentar zu Volkmanns Ansatz von *Huber*, in: Krüper/Merten/Morlok (Hg.), An den Grenzen der Rechtsdogmatik, S. 91, 91f.

74 *Volkmann*, AöR 134 (2009), 157, 164.

IV. Huster: Neutralität als Begründungsneutralität

1. Zentrale Aussagen

Husters Modell der staatlichen Neutralität ist maßgeblich durch die politische Philosophie des Liberalismus, vor allem des frühen John Rawls, geprägt. Das Neutralitätsgebot fordere demnach für jede staatliche Maßnahme religiös-weltanschaulich neutrale Begründungen. Folglich komme es für die Zulässigkeit staatlichen Handelns darauf an, dass die Maßnahmen auf Argumente gestützt werden, denen prinzipiell jede Person in einem säkularen und pluralen Gemeinwesen zustimmen könne. Ausgehend vom Faktum des Pluralismus seien nämlich Gründe, die sich auf sog. „letzte Wahrheiten" beziehen, nicht mehr konsensfähig und könnten daher nicht mehr in den politischen Diskurs eingebracht werden. Nur auf diese Weise könne der Staat allen Bürgern mit gleicher Achtung begegnen, weil so keine Vorstellung des guten Lebens bevorzugt werde.[75]

Die Wirkungen staatlichen Handelns müssten allerdings nicht neutral sein, eine sog. Wirkungsneutralität sei demnach weder geboten noch möglich.[76]

Es sei nur natürlich, dass sich unterschiedliche staatliche Maßnahmen unterschiedlich auf die jeweiligen Religions- und Weltanschauungsgemeinschaften auswirken, was notwendige Konsequenz des Meinungswettbewerbs in einer Demokratie sei. Der Staat stehe nicht in der Verantwortung, den Bestand solcher Gemeinschaften zu garantieren.[77] Außerdem arbeite die Wirkungs- oder Ergebnisneutralität mit irrealen Annahmen, denn sie negiere auch das

---

75 Vgl. dazu ausführlich *Huster*, Die ethische Neutralität des Staates, insb. S. 47ff.; *ders.*, Der Grundsatz der religiös-weltanschaulichen Neutralität des Staates – Gehalt und Grenzen, Vortrag vom 19.05.2004, S. 5ff.; *ders.*, Die Bedeutung des Neutralitätsgebotes für die verfassungstheoretische und verfassungsrechtliche Einordnung des Religionsrechts, in: Heinig/Walter (Hg.), Staatskirchenrecht oder Religionsverfassungsrecht?, 2007, S. 107ff.; *ders.*, Das Prinzip der religiös-weltanschaulichen Neutralität des Staates – Gehalt und Dogmatik, in: Krüper/Merten/Morlok (Hg.), An den Grenzen der Rechtsdogmatik, 2010, S. 5ff.; *ders.*, Gleichheit statt Freiheit, in: Heinig/Walter (Hg.), Religionsverfassungsrechtliche Spannungsfelder, 2015, S. 203ff.

76 *Huster*, Die ethische Neutralität des Staates, S. 99ff. So auch *Dreier*, Staat ohne Gott, S. 103ff.; a. A.: *Müller*, in: Krüper/Merten/Morlok (Hg.), An den Grenzen der Rechtsdogmatik, S. 43, 58f.

77 *Huster*, Die ethische Neutralität des Staates, S. 100f.; *ders.*, in: Krüper/Merten/Morlok (Hg.), An den Grenzen der Rechtsdogmatik, S. 5, 12f.; *ders.*, in: Heinig/Walter (Hg.), Religionsverfassungsrechtliche Spannungsfelder, S. 203, 217.

Wesenselement der Demokratie, nämlich den „Kampf um die Mehrheit für bestimmte Vorstellungen zur Gestaltung der gesamtgesellschaftlichen Ordnung“.[78]

2. *Kritik*

Husters Modell der Begründungsneutralität stößt allerdings auf Kritik. Heinig kritisiert, dass auf diese Weise versucht wird, den Einfluss der Religion auf die Politik zwar zu begrenzen, aber zugleich den Einfluss der Politik auf die Entfaltung der Religion zu entgrenzen.[79] Durch das Gebot der Begründungsneutralität würden religiös-weltanschauliche Überzeugungen aus dem Prozess demokratischer Willensbildung herausgefiltert. So werde Religion aus dem öffentlichen Raum verdrängt, aber eine solche weitreichende Verbannung religiöser Auffassungen könne man dem Grundgesetz nicht entnehmen.[80] In der Demokratie gehe es nicht nur um Vernunft und Diskurs, sondern auch um Wille und Entscheidung und dieses voluntative Element könne ebenso gut religiös motiviert sein; seine Grenze finde es nur in den Grundrechten und dem Verbot der Staatskirche.[81]

Nach Heinig bleibt außerdem offen, warum gerade religiös-weltanschauliche Motive aus dem Diskurs ausscheiden sollen und wer in einer Demokratie über die Zulässigkeit oder Unzulässigkeit der Motive entscheidet.[82] Problematisch sei das Huster'sche Modell zudem für die religionsverfassungsrechtliche Konzeption des Grundgesetzes; danach gelte eigentlich eine Regelvermutung zugunsten einer offen-kooperativen wechselseitigen Zugewandtheit von Staat und Religionsgemeinschafen, was man etwa an dem „Präambelgott“,[83] dem staatlichen Religionsunterricht, dem öffentlich-rechtlichen Körperschaftsstatus für Religions- und Weltanschauungsgemeinschaften und der Anstaltsseelsorge erkennen

---

78 *Dreier*, Staat ohne Gott, S. 104.

79 *Heinig*, JZ 2009, 1136, 1138.

80 *Heinig*, JZ 2009, 1136, 1138. In diese Richtung auch *Walter*, in: Handbuch des Staatskirchenrechts, Bd. 1, § 18, Rn. 32f. A. A. *Morlok*, in: Dreier, GG Art. 4, 3. Aufl. 2013, Rn. 163.

81 *Heinig*, JZ 2009, 1136, 1138.

82 *Heinig*, JZ 2009, 1136, 1138.

83 Nach Germann sei der Gottesbezug in der Präambel des Grundgesetzes als *Identifikationsangebot* an den Bürger zu verstehen und daher von einer Identifikation des Staates mit der religiösen Bedeutung unterscheidbar, vgl. *Germann*, in: Handbuch des Staatskirchenrechts, Bd. 1, § 7, Rn. 90.

könne.[84] Zwar seien gesetzliche Abweichungen von dieser Regel zugunsten einer distanzierteren Ausgestaltung zulässig, aber zumindest rechtfertigungsbedürftig. Die Konsequenz aus der Konzeption der Begründungsneutralität sei ein distanzierteres Neutralitätsverständnis, da es dem Gesetzgeber einen weitreichenden Spielraum zur Abwehr des Religiösen aus dem öffentlichen Raum ermögliche,[85] da es gerade nicht auf die Wirkungen staatlichen Handelns ankommen solle, solange vernünftige Gründe gefunden würden, beispielsweise die Beiträge der Religion zum Gemeinwohl oder deren Konfliktpotenzial.[86] Die Argumentationslast liege also bei den Befürwortern einer solchen Konzeption.[87] Auf diese Weise werden Gefährlichkeit und Nützlichkeit einer Religion zum Maßstab des Religionsverfassungsrechts, wodurch der gesellschaftliche Eigenwert und die vom Grundgesetz anerkannte Selbstzweckhaftigkeit der Religion aus dem Blick geraten. Das Huster'sche Neutralitätsverständnis wirkt daher laut Heinig nicht – wie beabsichtigt – freiheitsschützend, sondern vielmehr freiheitsverzerrend und freiheitsbeschneidend.[88]

3. *Dreier: Begründbarkeits- statt Begründungsneutralität*

Dreier greift den demokratietheoretischen Kritikpunkt an Husters Konzeption auf und modifiziert diese. In einer liberalen Demokratie schulden politisch aktive Bürger einander im Endeffekt nichts, daher kann nicht verlangt werden, dass religiös-weltanschauliche oder ethische Überzeugungen aus dem politischen Diskurs herausgefiltert werden. Parlamentarische Rechtsetzung sei im Wesentlichen das Produkt von politischem Wettbewerb und Mehrheitsentscheidungen, aus denen

---

84 *Böckenförde*, Der säkularisierte Staat, S. 15f. und S. 35; *Künkler/Stein*, in: Anter/Frick (Hg.), Politik, Recht und Religion, S. 137, 145ff. Vgl. z. B. auch BVerfGE 153, 1, 36f.

85 Zum Gestaltungsspielraum des Gesetzgebers *Huster*, in: Heinig/Walter (Hg.), Religionsverfassungsrechtliche Spannungsfelder, S. 203, 226f.

86 *Heinig*, JZ 2009, 1136, 1138.

87 *Heinig*, JZ 2009, 1136, 1138. In diese Richtung auch *de Wall*, in: de Wall/Antes (Hg.), Religions- und Weltanschauungsfreiheit – Verfassungsrechtliche Grundlagen und konfessionelle Perspektiven, 2018, S. 9, 13, speziell für den Bereich öffentlicher Einrichtungen.

88 *Heinig*, JZ 2009, 1136, 1138f. Vgl. die Erwiderung von Huster auf diesen Beitrag von Heinig: JZ 2010, 354ff.; Heinig wiederum reagiert auf die Erwiderung Husters in JZ 2010, 357ff.: Hier liege eine Verzerrung der Freiheitskonzeption des Religionsverfassungsrechts vor, s. JZ 2010, 357, 359f. Vgl. auch *Huster*, in: Heinig/Walter (Hg.), Religionsverfassungsrechtliche Spannungsfelder, S. 203, 228f.

derartige Motivationen nicht herausgehalten werden können.[89] Der Demokratie wohne unweigerlich ein voluntaristisches Element inne und das Grundgesetz normiere gerade keine Verpflichtung, ausschließlich für alle nachvollziehbare Gründe für politische Entscheidungen zu geben, weswegen an dieser Stelle verfassungsrechtliche und politisch-philosophische Anforderungen auseinanderklaffen.[90]

Begründungsneutralität könne daher nur bedeuten, dass sich Gründe zur Rechtfertigung einer Norm bzw. staatlichen Maßnahme grundsätzlich finden lassen, die dem Neutralitätsgebot gerecht werden, nicht jedoch, dass solche Gründe tatsächlich in den Entscheidungsprozeduren vorgebracht worden sind. Folglich komme es auf die Begründ*bar*keit und nicht auf die tatsächliche Begründung oder Nichtbegründung an.[91] Danach sei das Neutralitätsgebot laut Dreier nichts anderes als ein verfassungsrechtlicher Maßstab, der in einer verfassungsgerichtlichen Überprüfung an Normen oder staatliche Handlungen angelegt werde, genau wie bei einer Prüfung anhand der Grundrechte oder des Rechtsstaatsprinzips.[92] Der politische Entscheidungsprozess werde also nicht durch das Neutralitätsgebot reguliert oder beschränkt, denn Demokratie beruhe gerade auf dem Gedanken eines offenen Austauschs der Meinungen, dem Pluralismus der Interessen und Überzeugungen.[93] Der Grundsatz demokratischer Gleichheit erfordere zudem gleiche Mitwirkungsmöglichkeiten für alle Bürger bei der Gestaltung des politischen Gemeinwesens, zumal nicht ganz klar sei, warum gerade religiöse oder weltanschauliche Standpunkte weniger rational sein sollten als andere profane.[94] Das Neutralitätsgebot fordere also weder eine „Übersetzung" religiöser Beiträge in eine säkulare Sprache noch deren Filterung aus dem gesamtgesellschaftlichen Diskurs, vielmehr müsse eine neutrale Begründung lediglich „möglich und leistbar [sein]; das wird nur ganz selten nicht der Fall sein".[95]

Genau dieser Aspekt ist allerdings problematisch, denn theoretisch sind die meisten staatlichen Maßnahmen neutral begründ- und rechtfertigbar. Wer soll die

---

89 *Dreier*, Staat ohne Gott, S. 107; *ders.*, in: Graf/Hartmann (Hg.), Religion und Gesellschaft, S. 49ff.

90 *Dreier*, Staat ohne Gott, S. 107f. Pointiert auf den Punkt gebracht auf S. 108: „Der demokratische Wettbewerb hat nicht die Gestalt eines philosophischen Oberseminars."

91 *Dreier*, Staat ohne Gott, S. 108. Als Beispiel für eine fehlende Begründbarkeit wird in der Fn. 56 die BVerfG-Entscheidung zum Eheverbot bei Geschlechtsgemeinschaft angeführt, vgl. BVerfGE 36, 146, 163.

92 *Dreier*, Staat ohne Gott, S. 108.

93 *Dreier*, Staat ohne Gott, S. 109f.

94 *Dreier*, Staat ohne Gott, S. 110; *Heinig*, JZ 2009, 1136, 1138.

95 *Dreier*, Staat ohne Gott, S. 112.

Plausibilität der Argumentation überprüfen?[96] Das Parlament selbst, welches die Entscheidung gerade so und nicht anders getroffen hat? Wenn allein die hypothetische Begründung und nicht eine konkret gegebene Begründung zählt, dann stellt sich erneut die Frage, wie leistungsfähig dieser Ansatz in der Praxis tatsächlich ist, denn *irgendeine* neutrale Begründung ist regelmäßig auffindbar. Huster erkennt den Einwand und versucht diesen zu widerlegen, indem er sagt, dass dort, wo der Staat eine neutrale politische Begründung reklamiert, überprüft werden kann, ob die betreffende Maßnahme der Begründung praktisch entspricht; letztlich lässt sich vieles begründen, aber eben nicht alles, so Huster.[97]

Diese Verteidigung kann allerdings leicht widerlegt werden: Dieses Neutralitätsverständnis führt dazu, dass vom Gesetzgeber allenfalls eine geschickte Konstruktion gefordert wird, um eigentlich diskriminierende Regelungen neutral zu verpacken.[98] Ein Beispiel soll diesen Gedankengang verdeutlichen: Wenn es das eigentliche Ziel ist, muslimischen Lehrerinnen das Tragen eines Kopftuches zu untersagen, Nonnen dagegen, die Religionsunterricht erteilen, ihren Habit weiterhin tragen dürfen sollen, so könnte dann geregelt werden, dass jegliche individuellen Glaubenssymbole unzulässig seien, externe Dozentinnen ihre Berufskleidung weiterhin anbehalten dürfen, um sie von der etwaigen Pflicht, Ersatzkleidung zu beschaffen, zu befreien. Dies ist eine augenscheinlich ethisch neutrale, allerdings versteckt diskriminierende Regelung, die dem Erfordernis einer Begründungs- bzw. Begründbarkeitsneutralität gerecht würde. Dass die verschiedenen Bekenntnisse unterschiedlich von der Regelung betroffen sind, ist nach diesem Ansatz unerheblich, da gerade keine Wirkungsneutralität gefordert ist.[99] Laut Huster macht es allerdings einen Unterschied, ob Betroffene gezielt oder nur wegen eines unbeabsichtigten Nebeneffekts benachteiligt werden.[100] Aus der Sicht der Betroffenen dürfte es allerdings keinen Unterschied machen, ob sie unmittelbar oder unter dem Deckmantel einer vermeintlich neutralen Begründung diskriminiert werden; maßgeblich ist für sie nur, dass sie diskriminiert werden, und davor scheint ein Mechanismus, der nur Vorgaben für die Begründung bzw. Begründbarkeit einer staatlichen Maßnahme bereithält, nicht hinreichend zu schützen.[101]

---

96 Auch in diese Richtung *Bornemann*, Die religiös-weltanschauliche Neutralität des Staates, S. 230.

97 *Huster*, Die ethische Neutralität des Staates, S. 665ff.

98 *Bornemann*, Die religiös-weltanschauliche Neutralität des Staates, S. 231.

99 *Bornemann*, Die religiös-weltanschauliche Neutralität des Staates, S. 231f.

100 Vgl. *Huster*, Die ethische Neutralität des Staates, S. 100f.

101 *Bornemann*, Die religiös-weltanschauliche Neutralität des Staates, S. 232.

Außerdem wird gerade durch das Erfordernis der bloßen Begründbarkeit der Spielraum des Gesetzgebers zulasten des Religiösen noch zusätzlich erweitert. Wie Heinig bereits dargelegt hat, werden auf diese Weise Nützlichkeit und Gefährlichkeit des Religiösen zum Maßstab im Religionsverfassungsrecht, wodurch die Selbstzweckhaftigkeit der Religion missachtet wird und dem Grundgesetz, welches von seiner eigentlichen Konzeption eher offen und kooperativ ausgestaltet ist, zudem ein distanziertes Neutralitätsverständnis zugrunde gelegt wird.[102]

V. Fazit

Die oben vorgestellten Ansätze bilden im Wesentlichen die Diskussion um den Gehalt und den Umfang des Neutralitätsgebotes ab. Während die Hierarchisierungs- bzw. Toleranzmodelle den religionssoziologischen Status quo zum Ausgangspunkt nehmen und ihn durch eine Privilegierung der christlichen Mehrheitsreligion erhalten wollen, befürworten manche Vertreter, wie beispielsweise Möllers, den Abschied vom Neutralitätsgebot und setzen vielmehr auf das verfassungstextlich Geregelte.

Vertreter der Begründungs- bzw. Begründbarkeitsneutralität setzen dagegen auf den demokratisch legitimierten Gesetzgeber und reformulieren das Gebot als einen verfassungsrechtlichen Maßstab für staatliches Handeln. Andere Ansätze wiederum – etwa der von Krüper – betonen spezielle Teilgehalte des Neutralitätsgebotes, namentlich das Identifikationsverbot. Gemeinsam haben alle diese Ansätze, dass sie versuchen, das Neutralitätsgebot, das aus einer Zusammenschau von Grundgesetzartikeln durch das BVerfG entwickelt worden ist, für das staatliche Handeln handhabbar zu machen.

Der wesentliche Unterschied zwischen den Toleranzmodellen und dem Neutralitätsgebot als Begründungsmaßstab ist der, dass Letzterer eine strikte Gleichbehandlung der Religionen fordert, wohingegen die Hierarchisierungsmodelle – sei es basierend auf einem Kulturvorbehalt oder einer Sozial- bzw. Gemeinwohlverträglichkeit – eine Differenzierung zwischen den Religionen je nach ihrer Kompatibilität oder Nützlichkeit mit dem hier verfassten Gemeinwesen befürworten. Nach den Toleranzmodellen baut das Religionsverfassungsrecht auf religionskulturellen Voraussetzungen auf, die nun in die verfassungsrechtliche Betrachtung miteinbezogen werden sollen, wobei danach gefragt wird, welche Religion den Erfordernissen einer funktional ausdifferenzierten Gesellschaft am ehesten gerecht wird. Hierbei fungiert Neutralität als Toleranz im herkömmlichen Sinne, das heißt, der Staat macht sich durch die Privilegierung des Christentums

---

102 Vgl. oben S. 33f.

einen bestimmten Standpunkt faktisch zu eigen und toleriert, erträgt abweichende Überzeugungen lediglich, was allerdings einen Verstoß gegen die verfassungsrechtlichen Gleichbehandlungsgebote aus Art. 3 GG darstellt.[103]

Die Begründungsmodelle knüpfen wiederum genau daran an und danach soll sich der Staat gegenüber allen religiös-weltanschaulichen Überzeugungen gleich verhalten und grundsätzlich keine Überzeugung privilegieren oder benachteiligen. Beide jedoch führen zu der Konsequenz, dass dem Grundgesetz ein distanzierteres Neutralitätsverständnis[104] zugrunde gelegt wird, denn sowohl durch die Differenzierung nach der Gemeinwohldienlichkeit als auch durch die Möglichkeit für den Gesetzgeber, aus ethisch neutralen Gründen (z. B. dem Konfliktpotenzial von Religionen) Religionen aus dem öffentlichen Raum zurückzudrängen, wird Religion nicht mehr um ihrer selbst willen, sondern nur noch dann gefördert, wenn sie bestimmte Voraussetzungen erfüllt.[105] Dem Grundgesetz liegt aber ein offen-kooperatives Verständnis zum Verhältnis zwischen Staat und Religionsgemeinschaften zugrunde.[106] In gewisser Weise stellen die Hierarchisierungsmodelle ebenfalls Versuche einer begründungsneutralen Differenzierung dar, weil sie gerade nicht an die religiösen Lehren selbst anknüpfen, sondern lediglich an die gesellschaftliche Bedeutung einer Religion.[107] Solange also die Begründungsneutralität keine weiteren Kriterien oder Rationalitätsmaßstäbe als *irgendeine* ethisch neutrale Begründung – etwa Gemeinwohldienlichkeit – fordert, werden derart begründete Maßnahmen dem Neutralitätsgebot in diesem Sinne regelmäßig gerecht werden, da gerade keine Wirkungsneutralität gefordert ist und die Auswirkungen auf die Religionsgemeinschaften unerheblich sind.[108] Auf diese

---

103 Vgl. die Darstellung der unterschiedlichen Ansätze in der Literatur auf den S. 29–50 und zu den Toleranzmodellen insbesondere die S. 29–34.

104 Die Begriffe „offene" und „distanzierende" Neutralität wurden deshalb hier nicht als eigene Kategorien bzw. Ansätze vorgestellt, weil sie keinen eigenen Gehalt aufweisen und nichts zur Begriffsklärung des Neutralitätsgebotes beitragen können. Sie sind entweder die Konsequenz aus oben vorgestellten Ansätzen (Begründungsmodelle, distanzierend) oder aber weisen lediglich einen beschreibenden Charakter auf, was die Grundgesetzvorschriften zum Religionsunterricht, dem Körperschaftsstatus von Religionsgemeinschaften oder etwa der Anstaltsseelsorge angeht, die einen „offenen" bzw. „fördernden" Charakter der Regelungen nahelegen.

105 *Heinig*, JZ 2009, 1136, 1139. Vgl. dazu *Huster*, Die ethische Neutralität des Staates, S. 635f.

106 *Heinig*, JZ 2009, 1136, 1140.

107 *Bornemann*, Die religiös-weltanschauliche Neutralität des Staates, S. 232.

108 *Bornemann*, Die religiös-weltanschauliche Neutralität des Staates, S. 232.

Weise können versteckt diskriminierende staatliche Maßnahmen wesentlich leichter begründet werden.

Die oben dargestellten Ansätze kranken allerdings an verschiedenen Defiziten. Die Toleranzmodelle sind aufgrund des Verstoßes gegen die Gleichbehandlungsgebote nicht verfassungskonform und stehen überdies der Integration von insbesondere muslimischen Bürgern im Wege. Auf das Neutralitätsgebot gänzlich zu verzichten ist ebenfalls keine angemessene Lösung, zumal es aus der religionsverfassungsgerichtlichen Rechtsprechung des BVerfG nicht mehr hinwegzudenken ist.

Die Begründungsmodelle als Distanzierungsoption werden der offen-kooperativen Konzeption des grundgesetzlichen Religionsverfassungsrechts nicht gerecht und außerdem leiden sie an einer argumentativen Schwäche, nämlich, dass sich grundsätzlich für die meisten staatlichen Maßnahmen augenscheinlich vernünftige bzw. gemeinwohldienliche Argumente finden lassen, ohne dass klar ist, wer deren Plausibilität überprüft.[109] Dreiers These, das Neutralitätsgebot gleichsam als verfassungsrechtlichen Prüfungsmaßstab wie die Grundrechte oder das Rechtsstaatsprinzip zu verwenden, geht möglicherweise zu weit in Anbetracht der Tatsache, dass dieser Grundsatz im Gegensatz zu den Grundrechten oder Staatsstrukturprinzipien nicht einmal verfassungstextlich geregelt und dessen normtheoretischer Charakter ebenso wenig geklärt ist.

Die religiös-weltanschauliche Neutralität läuft stets Gefahr, geschichtsphilosophisch oder staatstheoretisch aufgeladen zu werden.[110] Vor allem die Hierarchisierungs- und Begründungsmodelle neigen dazu; allerdings können verfassungstheoretische Argumente nur insoweit Berücksichtigung finden, als sie sich in die konkrete positive Verfassungsrechtsordnung übersetzen und von dort aus auch korrigieren lassen.[111] Notwendig ist also eine „Entschlackung" der vorherrschenden verfassungstheoretisch angeleiteten Debatte um das Neutralitätsgebot und dessen stärkere Rückbindung an die Verfassung.[112]

B. Die zugrunde liegenden Vorschriften des Neutralitätsgebotes

Daher lohnt zunächst ein vertiefter Blick auf die dem Gebot zugrunde liegenden Normen des Grundgesetzes und deren Gehalte. Das Neutralitätsgebot wurde vom

109 Vgl. S. 46ff.

110 *Heinig*, JZ 2009, 1136, 1140.

111 *Heinig*, JZ 2009, 1136, 1140.

112 *Heinig*, JZ 2009, 1136, 1140; *ders.*, JZ 2010, 357, 358.

BVerfG aus einer Zusammenschau folgender Artikel entwickelt: Art. 4 Abs. 1, Art. 3 Abs. 3 S. 1, Art. 33 Abs. 3 sowie Art. 140 Abs. 1 GG in Verbindung mit Art. 136 Abs. 1 und 4 und Art. 137 Abs. 1 WRV.[113] In der Kruzifix-Entscheidung 1995 liest man auch Art. 33 Abs. 1 GG.[114] Wie die obigen Ansätze zeigen, leidet das Neutralitätskonzept unter einer fragwürdigen Verselbstständigung gegenüber den Einzelnormen, die dahinter stehen.[115] Heinig gibt dafür ein kritisches Beispiel, nämlich die mündliche Verhandlung über das Berliner Ladenschlussgesetz vor dem BVerfG; dort soll gesagt worden sein, dass Art. 139 WRV nicht religionsspezifisch verstanden werden könne, weil dies ansonsten einen Verstoß gegen die religiös-weltanschauliche Neutralität darstelle. Heinig schreibt dazu: „[…] die Norm in ihrer textlichen Fassung bedeutet nichts, das ungeschriebene Prinzip bedeutet alles."[116]

I. Art. 4 Abs. 1 GG Glaubens-, Gewissens- und Bekenntnisfreiheit

Art. 4 Abs. 1 und 2 GG normieren ein einheitlich und umfassend zu verstehendes Grundrecht, wonach sowohl die Freiheit des Glaubens, des Gewissens und die Freiheit des religiösen und weltanschaulichen Bekenntnisses gewährleistet sind.[117] Darunter fällt nach Abs. 2 auch die ungestörte Religionsausübung; Abs. 2 ist demnach im Begriff der Glaubens- und Bekenntnisfreiheit enthalten.[118] Geschützt sind also das *forum internum* und das *forum externum*, das Recht des Einzelnen, seinen Glauben zu bekennen, zu verbreiten und sein gesamtes Leben nach den Glaubenssätzen auszurichten;[119] auch das Recht, keinen Glauben zu haben, ist umfasst.[120] Dieses Freiheitsgrundrecht kann nur durch andere kollidierende Verfassungsgüter eingeschränkt werden wie beispielsweise Grundrechte Dritter oder

---

113 Bei der erstmaligen Erwähnung des Neutralitätsgebotes in BVerfGE 12, 1, 4 wurden die einzelnen Vorschriften noch nicht zitiert, die Rede war nur vom „weltanschaulich neutrale[n] Staat". Vgl. nun etwa BVerfGE 153, 1, 36 zum Kopftuch von Rechtsreferendarinnen; *Heinig*, in: Huber/Voßkuhle, GG Art. 4, 8. Aufl. 2024, Rn. 102.

114 BVerfGE 93, 1, 17.

115 *Heinig*, JZ 2009, 1136, 1140; *Waldhoff*, Neue Religionskonflikte und staatliche Neutralität, S. 44f. Vgl. noch mal insbesondere S. 35–38.

116 *Heinig*, JZ 2009, 1136, 1140.

117 *Heinig*, in: Huber/Voßkuhle, GG Art. 4, Rn. 45; *Sydow*, in: Dreier, GG Art. 4, 4. Aufl. 2023, Rn. 94.

118 *Heinig*, in: Huber/Voßkuhle, GG Art. 4, Rn. 45f.

119 *Heinig*, in: Huber/Voßkuhle, GG Art. 4, Rn. 45 und Rn. 47; *Sydow*, in: Dreier, GG Art. 4, Rn. 94, Rn. 112f.

120 Vgl. *Heinig*, in: Huber/Voßkuhle, GG Art. 4, Rn. 57.

andere bedeutende Güter von Verfassungsrang.[121] Das Bundesverfassungsgericht interpretiert den Schutzbereich in einer extensiven Weise unter besonderer Berücksichtigung des Selbstverständnisses des jeweiligen Grundrechtsträgers und seiner Religionsgemeinschaft. Dem Selbstverständnis kommt deshalb eine maßgebende Rolle zu, weil der Staat keine Kompetenz hat bzw. allenfalls eingeschränkt dazu befugt ist, zu definieren, was Religionsausübung ist und was nicht. Genauso wenig darf er diese als „gut", „schlecht", „richtig" oder „falsch" bewerten.[122] Er kann lediglich die Plausibilität der fraglichen Handlung überprüfen.[123]

Bei der Auslegung des Art. 4 GG sind auch die Weimarer Kirchenartikel zu berücksichtigen;[124] je stärker das Grundrecht zugunsten aller Religionen und Weltanschauungen ausgestaltet ist, desto stärker ist zugleich die Trennung von Staat und Kirche.[125] Dem Grundgesetz liegt daher eine „positive" Trennung von Staat und Religion zugrunde, wonach zwar organisatorische und ideelle Entflechtung verlangt ist, aber freundschaftliche Zusammenarbeit möglich bleibt.[126] Nach Starck stellt Art. 4 Abs. 1 GG insofern objektives Recht dar, als er mit den anderen o. g. GG-Vorschriften die religiös-weltanschauliche Neutralität des Staates festlegt, wodurch die subjektiv-rechtlichen Verbürgungen des Art. 4 Abs. 1 und Abs. 2 GG gestützt werden.[127]

Neutralität bedeutet insoweit nicht Indifferenz, der Staat darf nicht die religiösen und weltanschaulichen Interessen seiner Bürger missachten.[128]

Es wäre verfehlt, den Neutralitätsgrundsatz ausschließlich mit der Glaubensfreiheit zu begründen; zwar setzt umfassende Religionsfreiheit zwangsläufig eine bestimmte Form staatlicher Neutralität voraus, denn der Staat ist sozusagen nicht für das Seelenheil seiner Bürger verantwortlich, sondern nur für deren „irdisches Wohl". Nur ein solcher Staat kann echte Glaubensfreiheit garantieren.[129] Allerdings lassen sich mit dieser alleinigen Verbindung Glaubensfreiheit-Neutralität auch andere Systeme gut beschreiben wie z. B. das Staatskirchensystem in

121 Zustimmend *Heinig*, in: Huber/Voßkuhle, GG Art. 4, Rn. 66ff.; *Sydow*, in: Dreier, GG Art. 4, Rn. 168.

122 Vgl. auch *Sydow*, in: Dreier, GG Art. 4, Rn. 83.

123 *Sydow*, in: Dreier, GG Art. 4, Rn. 86.

124 *Starck*, in: v. Mangoldt/Klein/Starck, GG Art. 4, 7. Aufl. 2018, Rn. 8.

125 *Starck*, in: v. Mangoldt/Klein/Starck, GG Art. 4, 7. Aufl. 2018, Rn. 8.

126 *Starck*, in: v. Mangoldt/Klein/Starck, GG Art. 4, 7. Aufl. 2018, Rn. 8.

127 *Starck*, in: v. Mangoldt/Klein/Starck, GG Art. 4, 7. Aufl. 2018, Rn. 22; so auch *Morlok*, in: Dreier, GG Art. 4, 3. Aufl. 2013, Rn. 48 und Rn. 161.

128 *Starck*, in: v. Mangoldt/Klein/Starck, GG Art. 4, 7. Aufl. 2018, Rn. 22.

129 *Bornemann*, Die religiös-weltanschauliche Neutralität des Staates, S. 99.

England, in dem ebenfalls Glaubensfreiheit gewährleistet wird. Um das deutsche religionsverfassungsrechtliche System und das spezifische Verhältnis von Staat und Religion angemessen zu beschreiben, muss Art. 4 GG daher in Beziehung zu den anderen oben genannten Vorschriften gesetzt werden.[130]

Ein weiteres Argument gegen den alleinigen Bezug auf die Glaubensfreiheit ist der drohende argumentative Zirkelschluss. Wenn der Neutralitätsgrundsatz allein aus Art. 4 GG gewonnen wird, gleichzeitig aber wiederum zur Interpretation des Schutzbereichs der Glaubensfreiheit herangezogen und damit entschieden wird, was als Religion oder Weltanschauung zu gelten habe, gegenüber denen sich der Staat neutral verhalten muss, so dreht sich die Argumentation im Kreis.[131] Zur Vermeidung dieses Zirkelschlusses ist es daher sinnvoll, auf die alleinige Anwendung des Art. 4 GG zu verzichten und die Begründung des Neutralitätsgebotes auf eine Zusammenschau von Grundgesetznormen zu stützen, die dessen Gehalt angemessen umschreiben können. Gleichwohl kann die Religionsfreiheit als Wurzel des Neutralitätsgedankens bezeichnet werden.[132]

II. Art. 3 Abs. 3 S. 1 GG Diskriminierungsverbot

Das Freiheitsgrundrecht aus Art. 4 Abs. 1 GG wird von einem speziellen Gleichbehandlungsgebot flankiert, wonach niemand wegen seines Glaubens oder seiner religiösen oder politischen Anschauungen benachteiligt oder bevorzugt werden darf. Art. 3 Abs. 3 GG benennt konkrete „gleichheitsrechtliche Gefährdungslagen“;[133] damit ist Abs. 3 ein Abwehrrecht gegen Diskriminierung, mithin gegen Bevorzugung als spezifischer Privilegierung und gegen Benachteiligung wegen bestimmter personengebundener Merkmale.[134] Es stellt zudem entweder ein Begründungs- oder ein Anknüpfungsverbot für den Staat auf.[135] Der Staat darf beim Erlass von

---

130 *Bornemann*, Die religiös-weltanschauliche Neutralität des Staates, S. 99f.

131 *Bornemann*, Die religiös-weltanschauliche Neutralität des Staates, S. 119f. In diese Richtung auch *Walter*, in: Handbuch des Staatskirchenrechts, Bd. 1, § 18, Rn. 16 in Bezug auf BVerfGE 105, 279, 294, 298ff. (Osho).

132 BVerfGE 93, 1, 16 (Kruzifix); *Walter*, in: Handbuch des Staatskirchenrechts, Bd. 1, § 18, Rn. 14.

133 *Baer/Markard*, in: Huber/Voßkuhle, GG Art. 3, Rn. 387.

134 *Baer/Markard*, in: Huber/Voßkuhle, GG Art. 3, Rn. 405; *Jarass*, in: Jarass/Pieroth, GG Art. 3, 18. Aufl. 2024, Rn. 136f.

135 Diese begriffliche Kontroverse ist allerdings nicht ergiebig. Maßgeblich ist vielmehr, ob eine Ungleichbehandlung zugleich eine Diskriminierung darstellt, so *Baer/Markard*, in: Huber/Voßkuhle, GG Art. 3, Rn. 426. Dazu auch *Boysen*, in: v. Münch/Kunig, GG Art. 3, 7. Aufl. 2021, Rn. 125ff.

Maßnahmen oder Normen diese nicht auf Glaubenswahrheiten stützen oder insbesondere bei belastenden Akten dabei nicht an die Glaubensüberzeugungen seiner Bürger anknüpfen. Die Diskriminierungsverbote wegen des Bekenntnisses in Art. 3 Abs. 3 und Art. 33 Abs. 3 GG ziehen also die Konsequenz aus der Freiheitsgarantie. Wer wegen seines religiösen oder weltanschaulichen Bekenntnisses benachteiligt wird, erleidet zugleich einen Eingriff in sein Grundrecht auf Glaubensfreiheit. Die Prüfungsmaßstäbe der Art. 4 und Art. 3 Abs. 3 GG stehen daher in einem engen Zusammenhang. Eine unerlaubte Differenzierung nach Art. 3 Abs. 3 bzw. nach Art. 33 Abs. 3 GG bzgl. des Glaubens ist gleichsam ein verbotener Eingriff in das Freiheitsgrundrecht des Art. 4 GG.[136]

III. Art. 33 Abs. 3 GG Diskriminierungsverbot im Berufsbeamtentum

Der gleichheitsrechtliche Schutz aus Art. 3 Abs. 3 S. 1 GG wird durch Art. 33 Abs. 3 GG beim Genuss bürgerlicher und staatsbürgerlicher Rechte sowie der Zulassung zum öffentlichen Dienst verstärkt.[137] Danach ist die Zulassung zu öffentlichen Ämtern unabhängig vom religiösen Bekenntnis; niemandem darf gemäß Satz 2 ein Nachteil aus der Zugehörigkeit oder Nichtzugehörigkeit zu einem Bekenntnis oder einer Weltanschauung erwachsen. Gleichzeitig enthält Abs. 3 eine „objektive Wertentscheidung" zugunsten der religiös-weltanschaulichen Neutralität; Sinn und Zweck der Norm besteht also darin, diese Neutralitätsverpflichtung des Staates zu betonen.[138] Art. 33 Abs. 3 GG wiederholt das Begründungs- und Rechtfertigungsverbot des Art. 3 Abs. 3 S. 1 GG in einer eigenen Vorschrift.[139]

Folglich sind glaubensbezogene Ungleichbehandlungen, die zu einem Nachteil für den Betroffenen führen, unzulässig.[140] Die besonderen Gleichheitssätze sind grundsätzlich nebeneinander anwendbar, da eine nach mehreren verpönten Kriterien differenzierende Behandlung auch mehreren Gleichheitsnormen entsprechen muss.[141] Die Verknüpfung von Neutralität und Gleichheit drängt sich geradezu auf:

---

136 *Starck*, in: v. Mangoldt/Klein/Starck, GG Art. 4, 7. Aufl. 2018, Rn. 151; *Morlok*, in: Dreier, GG Art. 4, 3. Aufl. 2013, Rn. 116.

137 A. A. *Kaiser*, in: Huber/Voßkuhle, GG Art. 33, Rn. 24b.

138 *Kaiser*, in: Huber/Voßkuhle, GG Art. 33, Rn. 24b. Zustimmend *Jarass*, in: Jarass/Pieroth, GG Art. 33, Rn. 31 und *Bickenbach*, in: v. Münch/Kunig, GG Art. 33, Rn. 88.

139 *Battis*, in: Sachs, GG Art. 33, 10. Aufl. 2024, Rn. 42.

140 *Jarass*, in: Jarass/Pieroth, GG Art. 33, Rn. 35f.

141 *Boysen*, in: v. Münch/Kunig, GG Art. 3, Rn. 205.

Wenn alle Bürger ohne Ansehen ihrer religiösen oder weltanschaulichen Überzeugung gleich sein sollen, dann folgt daraus die Verpflichtung des Staates, nicht nach diesen Kriterien zu differenzieren.[142] Der Staat soll laut BVerfG „Heimstatt aller Bürger" sein.[143]

IV. Art. 140 GG i. V. m. Art. 136 Abs. 1 und 4 und Art. 137 Abs. 1 WRV

Nach Art. 140 GG werden unter anderem die Art. 136 und Art. 137 WRV in das Grundgesetz als geltendes und gleichrangiges Verfassungsrecht inkorporiert.[144] Nach Art. 136 Abs. 1 und 4 WRV werden die bürgerlichen und staatsbürgerlichen Rechte und Pflichten durch die Ausübung der Religionsfreiheit weder bedingt noch beschränkt; zudem darf niemand zur Teilnahme an religiösen Übungen oder zur Benutzung einer religiösen Eidesform gezwungen werden. Nach Art. 137 Abs. 1 WRV besteht keine Staatskirche mehr. Diese Norm ist der Dreh- und Angelpunkt des Neutralitätsgebotes, sie hat sowohl institutionelle als auch ideelle Bedeutung. Sie wirkt nämlich nicht nur einer institutionellen Verflechtung von Staat und Religionsgemeinschaften entgegen, sondern auch der Identifikation des Staates mit einer bestimmten Religion oder Weltanschauung.[145] Das schließt aber die bestehende Zusammenarbeit im Erziehungs- und Sozialwesen nicht aus.[146] Diese Trennung sorgt auch für die Freiheit der Religionsgemeinschaften vor Einflussnahmen durch den Staat.[147]

V. Inhalt des Neutralitätsgebotes

Wenn man die o. g. Grundgesetz-Artikel in einer Gesamtschau betrachtet, kann nun folgender Inhalt „herausdestilliert" werden: Das Neutralitätsgebot basiert auf dem Gedanken der *gleichen Freiheit* für alle Grundrechtsträger bzw. Religions- und Weltanschauungsgemeinschaften; Kehrseite dieser gleichen Freiheit ist auf staatlicher Seite das *Identifikationsverbot* aus Art. 137 Abs. 1

---

142 *Walter*, in: Handbuch des Staatskirchenrechts, Bd. 1, § 18, Rn. 13.

143 BVerfGE 19, 206, 216 (Kirchenbausteuer).

144 *Ehlers/Jasper*, in: Sachs, GG Art. 140, Rn. 2.

145 *Heinig*, JZ 2009, 1136, 1140; *ders.*, JZ 2010, 357, 359; *Walter*, in: Handbuch des Staatskirchenrechts, Bd. 1, § 18, Rn. 10f.; *Ehlers/Jasper*, in: Sachs, GG Art. 137 WRV, Rn. 1f. Vgl. dazu auch *Campenhausen/de Wall*, Religionsverfassungsrecht, § 14, S. 104ff.

146 *Walter*, in: Handbuch des Staatskirchenrechts, Bd. 1, § 18, Rn. 10.

147 *Walter*, in: Handbuch des Staatskirchenrechts, Bd. 1, § 18, Rn. 11; *de Wall*, in: de Wall/Antes (Hg.), Religions- und Weltanschauungsfreiheit, S. 9, 12; *Campenhausen/de Wall*, Religionsverfassungsrecht, § 14, S. 110.

WRV i. V. m. Art. 140 GG, wonach es weder eine institutionelle noch eine ideelle Verflechtung von Staat und Religion geben darf.[148] Vielmehr liegt eine freundschaftliche und kooperative Trennung vor. Zudem ist es dem Staat untersagt, glaubensbezogene *Ungleichbehandlungen* vorzunehmen, die zu Nachteilen bei den Grundrechtsberechtigten führen können. Diese Gehalte sind unmittelbar aus dem Grundgesetz selbst herauszulesen.[149]

Folglich handelt es sich nicht um ein bloßes verfassungstheoretisches Konstrukt, eine Idee, die allenfalls hinter den grundgesetzlichen Normen steht;[150] der Inhalt des Neutralitätsgebotes kann unmittelbar aus oben genannten Vorschriften dogmatisch begründet werden.

Aus der Rückbindung an diese Grundgesetznormen lassen sich folglich drei Teilgehalte ableiten: gleiche Freiheit, Identifikationsverbot und das Verbot von glaubensbezogenen, nachteilsbehafteten Ungleichbehandlungen. Der Gedanke der gleichen Freiheit kann auch systematisch abgeleitet werden: Die unverletzliche Freiheit des Glaubens und der Religionsausübung kann im Zusammenhang mit Art. 3 Abs. 1 GG gesehen werden, wonach dieses Grundrecht jedem grundsätzlich in gleichem Umfang zusteht (was sich eigentlich schon aus Art. 4 GG selbst als Jedermann-Grundrecht ergibt) und in dieser Hinsicht keine unerlaubten Differenzierungen vorgenommen werden dürfen.[151] Aus Art. 3 Abs. 3 und Art. 33 Abs. 3 GG ergibt sich wortlautgetreu ein Benachteiligungs- bzw. ein Differenzierungsverbot aus glaubensbezogenen Gründen. Und letztlich gibt der Wortlaut der Art. 140 GG i. V. m. Art. 137 Abs. 1 WRV verbindlich und deutlich vor, dass keine Staatskirche bestehen darf. Damit kann selbstverständlich nicht nur die Trennung in organisatorischer Hinsicht von Staat und Religion gemeint sein, sondern auch in inhaltlicher Hinsicht:[152] Der Staat selbst darf keine eigene Religion oder Weltanschauung haben und somit fremde nicht bewerten oder sich mit einer identifizieren. Nach alledem kann festgehalten werden, dass das Neutralitätsgebot

---

148 Nicht-Identifizierung folgt laut Bielefeldt aus dem Strukturprinzip der Nicht-Diskriminierung, vgl. *Bielefeldt*, FH 2011, 24, 24f.

149 Warum eine solche Konzeption von Neutralität unter Rückbindung an die verfassungsrechtlichen Normen ohne Inhalt sein soll, erschließt sich nicht, vgl. *Heinig*, JZ 2010, 357, 359 und zur diesbezüglich geäußerten Kritik *Huster*, JZ 2010, 354, 355.

150 Vgl. *Mückl*, in: HStR VII, 3. Aufl. 2009, § 159, Rn. 67. So aber *Kukuczka/Herbolsheimer*, DÖV 2020, 724, 725f. Zum Neutralitätsgebot als Argument im Rahmen von Abwägungsvorgängen vgl. *dies.*, ZevKR 63 (2018), 367, 369ff.

151 *Walter*, in: Handbuch des Staatskirchenrechts, Bd. 1, § 18, Rn. 14.

152 *Ehlers/Jasper*, in: Sachs, GG Art. 137 WRV, Rn. 2.

die Summe aus diesen drei Teilgehalten ist.[153] Zusammenfassend bedeutet also religiös-weltanschauliche Neutralität, dass der Staat allen Grundrechtsträgern die gleiche Freiheit in Sachen Religionsausübung gewährleisten muss, sich selbst andererseits jeglicher Identifikation oder Bewertung enthalten und auf Gleichbehandlung achten bzw. gegebenenfalls bestehende Nachteile ausgleichen muss.

Hierbei wird eine gleichheitszentrierte Gehaltsbestimmung des Neutralitätsgebotes deutlich. Dieser Neutralitätsbegriff besteht folglich aus zwei negativen (Identifikations- und Differenzierungsverbot) und einer positiven Komponente (gleiche Freiheit). In gewisser Weise lässt sich das geforderte staatliche Handeln pointiert mit „heraushalten, gleichbehandeln und fördern" umschreiben. In der gleichen Freiheit ist ein gewisser Förderungsaspekt mitenthalten. Den Teilgehalten sind folgende Grundgedanken gemeinsam: Kooperation und religiös-weltanschaulicher Frieden, den der Staat nicht von sich aus gefährden darf.[154]

Nun ist noch zu der Frage Stellung zu beziehen, ob der Neutralitätsgrundsatz einen eigenständigen Gehalt hat oder lediglich die Inhalte der zugrunde liegenden Grundgesetzvorschriften wiedergibt. Denn in diesem Fall ist die Frage berechtigt, ob es dieses Grundsatzes überhaupt bedarf.

Der eigenständige Gehalt ist allerdings zu befürworten, weil es für die Neutralität eines Staates wesentlich darauf ankommt, alle diese Teilgehalte zu verwirklichen. Die Glaubensfreiheit allein enthält kein Identifikationsverbot, die Art. 3 und Art. 33 GG jeweils für sich keinen freiheitlichen Förderungsaspekt und kein Identifikationsverbot und die Art. 140 GG i. V. m. Art. 137 Abs. 1 WRV enthalten ebenso wenig den Gedanken der Freiheit der Religion noch den Gleichbehandlungsaspekt. Erst in der systematisierenden Zusammenschau und der Summierung dieser Teilgehalte lässt sich ein „Mehr" entwickeln, durch welches die religionsverfassungsrechtliche Ordnung angemessen beschrieben wird. Subjektivrechtliche Verbürgungen oder das Verbot einer Staatskirche allein genügen nicht, um das religionsverfassungsrechtliche System des Grundgesetzes zu beschreiben. Dieses Plus an Gehalt zeigt sich vielmehr gerade in der Zusammenschau dieser positivrechtlichen Normen, welches gleichsam den Charakter des Staates des Grundgesetzes als einen säkularen ausmacht. Religiös-weltanschauliche Neutralität des Staates beinhaltet also nicht nur gewisse Ge- und Verbote, sondern auch ein Plus in Gestalt einer säkularen Charakterbeschreibung, ein säkulares Moment.

---

153 Vgl. die vier Dimensionen des Neutralitätsgrundsatzes bei *Bornemann*, Die religiös-weltanschauliche Neutralität des Staates, S. 100f. oder vgl. auch die vier Konsequenzen aus dem Neutralitätsgebot nach *Mückl*, in: HStR VII, § 159, Rn. 69ff.

154 BVerfGE 108, 282, 300.

Diese Säkularität ergibt sich auch nicht unmittelbar aus den einzelnen zugrunde liegenden Vorschriften, sondern ist erst das Ergebnis der Zusammenschau.

Insbesondere Art. 140 GG i. V. m. Art. 137 Abs. 1 WRV enthalten nichts zur Säkularität des Staates, sondern regeln lediglich die institutionelle und ideelle Trennung von Staat und Kirche. Diese Trennung ist das Ergebnis der Interpretation des Satzes „Es besteht keine Staatskirche"[155] und zugleich Voraussetzung für Säkularität. Diese ergibt sich, wie gesagt, als „überschießender Inhalt" erst aus der Zusammenschau der zugrunde liegenden Vorschriften. Neutralität nach dem Grundgesetz bedeutet demnach Glaubensfreiheit, Gleichbehandlung, Trennung von Staat und Religion als auch Säkularität.[156] Der Neutralitätsgrundsatz ist folglich nicht nur ein unselbstständiges verfassungsdogmatisches Konstrukt,[157] sondern bestimmt das Verhältnis des Staates zu Religionen und Weltanschauungen.[158] Diese Verhältnisbestimmung ist auch notwendig, um im Einzelnen die Grenzen staatlichen Handelns im religiös-weltanschaulichen Bereich festlegen zu können. Dem Neutralitätsgebot kann daher ein eigenständiger Gehalt entnommen werden, wodurch es ein selbstständiges verfassungsrechtliches Gebot und in seiner Existenzberechtigung von den zugrunde liegenden Verfassungsvorschriften unabhängig ist.

---

155 Vgl. *Mückl*, in: HStR VII, § 159, Rn. 64.

156 Vgl. zur Säkularisierung des Staates *Dreier*, Säkularisierung und Sakralität, 2013, S. 15.

157 So aber *Kukuczka/Herbolsheimer*, DÖV 2020, 724, 725ff.

158 Man könnte hier auch von einem Wesensmerkmal des Religionsverfassungsrechts sprechen, das überdies den Rechtsstaat des Grundgesetzes prägt, ohne dass gleich ein Staatsstrukturprinzip im Sinne des Art. 20 GG vorliegen muss, vgl. *Walter*, in: Handbuch des Staatskirchenrechts, Bd. 1, § 18, Rn. 1: „Der Grundsatz der Neutralität zählt heute zu den Eckpfeilern des Religionsverfassungsrechts" und Rn. 48: *„idée directrice"*. Walter sieht darin eine zentrale Zielvorstellung des Religionsverfassungsrechts bzw. ein Ideal, wie sich das staatliche Recht bzgl. Religionen und Weltanschauungen verhalten soll. Vorliegend wird das Neutralitätsgebot nicht als bloße Idee oder als Zielvorstellung aufgefasst, etwas, das zu verwirklichen ist oder sein *soll*, sondern als ein Charakteristikum des geltenden Religionsverfassungsrechts gesehen, also etwas, das bereits *ist* und einen eigenständigen Regelungsgehalt besitzt. Siehe dazu die Ausführungen im Dritten Teil auf den S. 256ff. und den S. 268ff. und auch *Campenhausen/de Wall*, Religionsverfassungsrecht, § 13, S. 103.

C. Das Neutralitätsgebot als Interpretationsgebot

Je stärker religiös-weltanschauliche Konflikte ins öffentliche Bewusstsein dringen, desto stärker wird auch der Ruf nach dem Neutralitätsgebot des Staates. Es gibt kaum einen bekannten religionsrechtlichen Rechtsstreit, wie etwa das Schulkreuz oder das Kopftuch einer Amtsträgerin, bei dem dieser Grundsatz keine maßgebliche Rolle spielt, wodurch es gleichsam zum Zentrum des staatskirchenrechtlichen Gesamtsystems aufgestiegen ist. Problematisch an dieser Entwicklung ist, dass sich das Gebot von seinen positiv-verfassungsrechtlichen Grundlagen verselbstständigt hat.[159] Diese Eigendynamik zeigt sich am besten an einem weiteren von Heinig aufgeführten Beispiel einer BVerfG-Entscheidung zu staatlichen Sektenwarnungen.[160] Der Schutzbereich der Glaubensfreiheit solle nur eröffnet sein, soweit der Staat sich durch diese Warnungen nicht neutral verhält. In dieser Konstellation ist nicht mehr die gleiche Freiheit in Glauben und Religionsausübung Grundlage für die Idee einer religiös-weltanschaulichen Neutralität des Staates, sondern der Neutralitätsgrundsatz bestimmt erst, was vom Schutzbereich der Glaubensfreiheit umfasst und wann dieser berührt ist. „Fundierung und Folge verkehren sich."[161]

Um dieser zweifelhaften Verselbstständigung des Gebotes gegenüber den Normen, die es tragen, zu begegnen, sollte das Neutralitätsgebot als Interpretationsgebot verstanden werden oder mit den Worten Heinigs: „eine für die Norminterpretation regulative Idee."[162] Religionsrechtliche Konflikte beruhen regelmäßig auf einer Kollision von Rechtspositionen, die es im Wege einer praktischen Konkordanz auszugleichen gilt. Diese Rechtspositionen wiederum finden ihre Grundlage in Normen der Verfassung, die interpretiert und für den konkreten Fall angewendet werden müssen. An dieser Stelle hilft das Neutralitätsgebot als heuristischer Maßstab weiter: Danach soll die zu interpretierende Verfassungsnorm gerade im Hinblick auf den religiös-weltanschaulichen Charakter des Sachverhaltes konkretisiert werden. So lassen sich effektiv problem- und fallorientierte Lösungen entwickeln. Zudem ist dadurch eine einende Wirkung zu beobachten; auf diese Weise werden Verfassungsnormen nämlich im Gleichklang mit Grundentscheidungen der Verfassung interpretiert und angewendet.[163] Außerdem entfaltet der Begriff der Neutralität an sich schon

159 *Heinig*, JZ 2009, 1136, 1137.
160 BVerfGE 105, 279ff.
161 *Heinig*, JZ 2009, 1136, 1137.
162 *Heinig*, JZ 2009, 1136, 1140.
163 Vgl. *Schlaich*, Neutralität als verfassungsrechtliches Prinzip, S. 232.

eine Integrationswirkung: Auch wenn keine Einigkeit darüber besteht, was Neutralität bedeutet, so besteht doch immerhin ein Konsens darüber, dass der Staat überhaupt neutral sein muss.[164]

Schon das BVerfG hat in seiner sog. Lumpensammler-Entscheidung ausgeführt, dass „verfassungsrechtliche Begriffe nach neutralen, allgemeingültigen, nicht konfessionell oder weltanschaulich gebundenen Gesichtspunkten zu interpretieren"[165] sind. Auch Schlaich hat in seinem viel zitierten Werk „Neutralität als verfassungsrechtliches Prinzip" das Neutralitätsgebot als heuristischen Begriff bzw. Interpretationsmittel angesehen. Neutralität rege zur Offenlegung und Sinnerhellung dessen an, was bereits in der Verfassung angelegt ist.[166] Neutralität sei demzufolge ein Programm, dessen Inhalt sich erst vollständig in der Konkretisierung von Normen zeigt, bzw. ein Hilfs- und Interpretationsmittel zur Erkenntnis von Normen und deren Inhalt.[167]

Das Neutralitätsgebot hat die einzelnen verfassungsrechtlichen Regelungen in ihrem spezifischen Sinngehalt zur Geltung zu bringen als auch „das Ganze und die Einheit der Verfassung gegenüber diesen Einzelregelungen zu Wort kommen zu lassen".[168] Auf diese Weise vermittelt Neutralität zwischen Staatsverständnis, Grundgesetz und geschichtlich gewordener Verfassungswirklichkeit, indem sie den neutralen Ausgleich der verschiedenen Schichten anstrebt. Folglich steht Neutralität so dem „Prinzip der Einheit der Verfassung als einem Prinzip der Interpretation und dem Prinzip der Harmonisierung als einem Gebot aller Verfassungsauslegung nahe".[169]

Die Möglichkeit, das Neutralitätsgebot als Interpretationsgebot zu verwenden, weist folgende Gemeinsamkeiten mit der Forderung auf, den Begriff gänzlich zu verabschieden:[170] Beiden liegt zum einen die Einsicht zugrunde, dass eine pauschale verfassungsrechtliche Antwort auf die Frage nach dem Verhältnis von Staat

---

164 *Schlaich*, Neutralität als verfassungsrechtliches Prinzip, S. 226; *Bornemann*, Die religiös-weltanschauliche Neutralität des Staates, S. 249.

165 BVerfGE 24, 236, 247f.

166 *Schlaich*, Neutralität als verfassungsrechtliches Prinzip, S. 230. So auch *Heinig*, Säkularer Staat – Viele Religionen, S. 25f. („verfassungsrechtlicher Reflexionsbegriff"). Weiter: Neutralität „bringt vorhandene Konflikte nicht zum Verschwinden, sondern hilft als Leitfaden zur fairen und freiheitsgerechten Konfliktbewältigung (…).", S. 21.

167 *Schlaich*, Neutralität als verfassungsrechtliches Prinzip, S. 231.

168 *Schlaich*, Neutralität als verfassungsrechtliches Prinzip, S. 232.

169 *Schlaich*, Neutralität als verfassungsrechtliches Prinzip, S. 232f. Zum Hintergrund dieser Lehren s. *Smend*, Verfassung und Verfassungsrecht, in: Staatsrechtliche Abhandlungen, 1955, S. 119, 239.

170 Vgl. oben S. 35ff.

und Religion nicht möglich ist. Während Möllers daher zum Schluss kommt, besser ganz auf den Begriff zu verzichten, und eher die Rolle des demokratischen Gesetzgebers betonen will, plädiert Schlaich für eine reflektierte Interpretationsarbeit an der Verfassung. Beide Ansätze betrachten die religiös-weltanschauliche Frage – gleichsam die Gretchenfrage in einem pluralistischen Gemeinwesen – als etwas Unabgeschlossenes und dem Staat dauerhaft Aufgegebenes.[171] Dennoch weisen sie keine Beliebigkeit oder Willkür auf, da sie trotz ihrer größeren Flexibilität im Vergleich zu inhaltlich voll determinierten Neutralitätskonzepten auf werthaltige Einzelbestimmungen der Verfassung verweisen, denen bei entsprechender Interpretation bestimmte Grundaussagen entnommen werden können.[172] Dennoch ist das Beibehalten des Neutralitätsbegriffes vorzugswürdig, wie oben bereits erläutert wurde.

Dieser Ansatz mag zwar auf den ersten Blick nicht sehr eindrucksvoll erscheinen, jedoch bietet er sachangemessene Lösungsalternativen für die in der Regel komplexen religionsrechtlichen Konfliktfelder. Die Idee, das Neutralitätsgebot mit der Verfassungsinterpretation zu verknüpfen, wurde zwar in der Vergangenheit bereits angedeutet, aber bisher gab es noch keine umfassende Untersuchung zu der Frage, wie das Neutralitätsgebot als Interpretationsgebot in die Lösung religionsverfassungsrechtlicher Konflikte integriert werden kann und welche Folgen das für die Grundrechtsdogmatik und Normstruktur des Gebotes hat. Diese These macht es einmal mehr erforderlich, die religionsverfassungsrechtliche Rechtsprechung des BVerfG im Hinblick auf das Neutralitätsgebot gründlich zu untersuchen.

Ein Interpretationsgebot braucht allerdings auch einen eigenen Inhalt, um ein tauglicher Maßstab für die Auslegung von Verfassungsnormen und dem Interpreten eine Hilfestellung sein zu können. Der Inhalt des Neutralitätsgebotes wurde oben erläutert.

Auf diese Weise kann auch der Kritik von der Selbstermächtigung des Interpreten begegnet werden, die bemängelt, dass der Neutralitätsbegriff höchst interpretationsbedürftig sei und der Interpret ihn mit selbst gewählten Inhalten anreichern könne und somit den Gestaltungsspielraum des demokratischen Gesetzgebers einenge.[173] Denn vorliegend wurde der Begriff nicht wahllos mit verfassungstheoretischen oder sozialphilosophischen Wertungen angereichert, sondern unmittelbar anhand der Verfassung begründet. Durch diese

---

171 *Bornemann*, Die religiös-weltanschauliche Neutralität des Staates, S. 250.

172 *Bornemann*, Die religiös-weltanschauliche Neutralität des Staates, S. 250.

173 Vgl. dazu *Schlaich*, Neutralität als verfassungsrechtliches Prinzip, S. 223; *Bornemann*, Die religiös-weltanschauliche Neutralität des Staates, S. 16.

Rückanbindung an die Verfassung kann der Gefahr begegnet werden, dass beliebige Wertungen in den Neutralitätsbegriff hineingelegt und dass religionsrechtliche Konflikte ergebnisorientiert gelöst werden. Durch die Eigenschaft als Interpretationsgebot kann zudem die Kritik an der Verselbstständigung des Neutralitätsgebotes entkräftet werden. Auf diese Weise kann das Neutralitätsgebot nicht zu einer absoluten Übernorm aufsteigen, an der andere Verfassungsnormen gemessen werden sollen. Als Interpretationsgebot hat es lediglich modale Wirkung bzw. eine Steuerungsfunktion im Verfahren der Verfassungsinterpretation und ist daher ein Instrument zur Erkenntnisgewinnung.

Aus der vermeintlichen Gehaltlosigkeit des Neutralitätsbegriffs schlussfolgert Bornemann beispielsweise, dass das Neutralitätsgebot als Rechtsbegriff entweder verabschiedet oder als heuristischer Begriff beibehalten werden soll.[174] Aus der Eigenschaft eines Interpretationsmittels kann nicht zwangsläufig die Konsequenz gezogen werden, dass das Neutralitätsgebot keinen eigenen Gehalt habe. Vielmehr wurde schon erläutert, dass das Gebot nicht nur die Inhalte der zugrunde liegenden positivrechtlichen Normen des Grundgesetzes in sich vereinigt, sondern auch ein Plus an Inhalt aufweist.[175]

Dies ist der „Grundgehalt" des Neutralitätsgebotes und in der Eigenschaft als Interpretationsgebot wird es durch seine Anwendung bereichsspezifisch und je nach zu interpretierender Verfassungsnorm und Sachverhalt noch weiter konkretisiert; wie Schlaich bereits gesagt hat, entfaltet das Neutralitätsgebot seinen vollständigen Inhalt erst durch die Konkretisierung von Normen.

Folglich kann der Neutralitätsbegriff niemals vollständig, umfassend und allgemeingültig definiert werden. Aus der Tatsache, dass der vollständige Inhalt erst bereichs- und fallspezifisch entwickelt werden muss, lässt sich auch der Schluss ableiten, dass zumindest vorher *irgendetwas* da sein muss, was die Konkretisierung der Normen anleitet und deren Inhalt vollständig erfasst; dieses Etwas ist der oben dargestellte Grundgehalt, der als Maßstab der Interpretation fungieren soll.

Nun stellt sich die Frage, wie das Neutralitäts- als Interpretationsgebot methodisch sinnvoll eingesetzt werden kann, an welcher Stelle es in der juristischen Prüfung religiös-weltanschaulicher Konflikte zum Tragen kommt und welche dogmatischen Konsequenzen daraus zu ziehen sind. Daran anknüpfend stellen sich weitere Fragen, deren Antworten sich erst im weiteren Verlauf der Untersuchung herauskristallisieren werden: Ist das Neutralitätsgebot ein Rechtsprinzip im normtheoretischen Sinne? Und ist es möglicherweise subjektiv-rechtlich bewehrt?

---

174 *Bornemann*, Die religiös-weltanschauliche Neutralität des Staates, S. 243ff.

175 Vgl. S. 57f.

Auch ist noch zu klären, wie das Verhältnis des Neutralitätsgebotes zum Toleranzgebot und zum Grundsatz der Parität ausgestaltet ist.

I. Methodik nach F. Müller/R. Christensen: Verfahren der Normkonkretisierung[176]

Zunächst muss der Begriff der Konkretisierung näher beleuchtet werden. Damit ist nicht im herkömmlichen Sinne gemeint, dass die zu interpretierende Rechtsnorm bereits „da" ist und sie lediglich auf den zu lösenden Rechtsfall mittels Subsumtion angewendet werden, quasi nur noch zurechtgestutzt und auf den Sachverhalt hin konkretisiert werden muss.[177] Die Interpretation einer Norm beinhaltet bis zum Ergebnis viele einzelne Entscheidungsschritte; diese Arbeitsvorgänge werden „Konkretisierung" genannt.

Dieser Begriff meint daher das *Erzeugen* einer allgemeinen Rechtsnorm im Rahmen der Falllösung, wobei der Ausgangspunkt dieser Normkonstruktion der Normtext ist, der gleichzeitig eine Grenzfunktion innehat. Es besteht also keine Identität zwischen dem Normtext (der auszulegenden Rechtsvorschrift) und der zu erzeugenden Rechtsnorm am Schluss der Konkretisierung.[178]

Folglich wird hier eine Norm erst erzeugt und nicht nur „nachvollzogen" bzw. auf den Fall angewendet (normtextorientierte Rechtsnormschöpfung). Die bloße Textauslegung ist also ein Element unter vielen in dem Arbeitsvorgang der Normkonkretisierung.[179] Normkonkretisierung bezeichnet also den Gesamtvorgang des Entscheidungsprozesses, in dem der Normtext zur Rechtsnorm und die Rechtsnorm zur Entscheidungsnorm hin „konkreter" gemacht, quasi verengt wird.[180]

---

176 Vgl. als Grundlage der folgenden Ausführungen *Müller/Christensen*, Juristische Methodik, Bd. 1, 11. Aufl. 2013, S. 181ff. (die Begrifflichkeiten sind ebenfalls aus diesem Werk entnommen) und *Hesse*, Grundzüge des Verfassungsrechts der Bundesrepublik Deutschland, 20. Aufl. 1995, § 2, S. 20ff. Weitere Ansätze zur Verfassungsinterpretation: *Häberle*, Die offene Gesellschaft der Verfassungsinterpreten, JZ 1975, 297ff.; dazu ablehnend *Starck*, in: HStR XII, 3. Aufl. 2014, § 271, Rn. 28. Siehe auch *Seiler*, Auslegung als Normkonkretisierung, 2000, S. 38ff. und S. 59ff.; *Wolff*, Ungeschriebenes Verfassungsrecht, 2000, S. 162ff.; *Hillgruber*, Wehrhafte Verfassungsinterpretation, JZ 2007, 209ff.; *ders.*, in: Depenheuer/Grabenwarter (Hg.), Verfassungstheorie, 2010, § 15 Verfassungsinterpretation, S. 505ff.; *Volkmann*, Grundzüge einer Verfassungslehre, 2013, S. 129ff.

177 *Müller/Christensen*, Juristische Methodik, Bd. 1, S. 280.

178 *Müller/Christensen*, Juristische Methodik, Bd. 1, S. 280f.

179 *Müller/Christensen*, Juristische Methodik, Bd. 1, S. 281f.

180 *Müller/Christensen*, Juristische Methodik, Bd. 1, S. 282f.

Ausgangspunkt sind der zu lösende Fall (Sachverhalt) und die für einschlägig gehaltenen Normtexte. Durch Auslegung der Normtexte mittels der herkömmlichen Auslegungselemente (*canones*) wird das sogenannte Normprogramm gewonnen. Von diesen Normtexten her werden die dort geregelten Sachbereiche dann zu Fallbereichen verengt. Der Fallbereich bildet gegenüber dem größeren Sachbereich eine Art „fallbezogenen Filter", der die für den jeweiligen Fall erhebliche Teilmenge aus den Tatsachen der Sachbereiche der ausgewählten Normtexte enthält.[181] Mithilfe des Normprogramms wird dann aus dem Sach- bzw. Fallbereich[182] die Teilmenge der normativ wirkenden/relevanten Tatsachen ausgewählt, welche den Normbereich darstellen. Normprogramm und Normbereich ergeben zusammen die Rechtsnorm, aus der durch Zuspitzen auf den konkreten Fall hin die Entscheidungsnorm abgeleitet wird.[183]

Der Fall wird letztlich durch die Entscheidungsnorm gelöst, die aus der auf die oben genannte Weise erzeugten Rechtsnorm abgeleitet worden sein muss. Diese wiederum muss, methodisch nachvollziehbar, bestimmten Normtexten des geltenden Rechts zugerechnet werden können.[184] In die Normkonkretisierung werden also nicht nur durch Auslegung der Normtexte gewonnene sogenannte Sprachdaten miteinbezogen, sondern auch Realdaten, empirische Sachgesichtspunkte, da die Norm nicht unabhängig von dem Wirklichkeitsausschnitt, den sie regelt, interpretiert werden kann.[185]

1. Normprogramm und Normbereich

Zunächst ist das sog. Normprogramm näher zu bilden. Da dieses im Wesentlichen im Text der zu interpretierenden Norm enthalten ist, ist dessen Bedeutungsgehalt im Wege der Textinterpretation zu erfassen, wobei hier die herkömmlichen Auslegungscanones zum Tragen kommen. Durch Wortlaut-, historische, genetische

181 *Müller/Christensen*, Juristische Methodik, Bd. 1, S. 530.

182 Meist ist es der Fallbereich, vgl. *Müller/Christensen*, Juristische Methodik, Bd. 1, S. 530f.

183 *Müller/Christensen*, Juristische Methodik, Bd. 1, S. 283f. Vgl. insbesondere die grafische Darstellung des Verfahrens der Normkonkretisierung auf S. 287.

184 *Müller/Christensen*, Juristische Methodik, Bd. 1, S. 286. Normkonkretisierung ist also die Konstruktion einer Rechtsnorm, aus der die Entscheidungsnorm noch abzuleiten bleibt, und nicht Rekonstruktion, wobei das Erarbeiten dieser Rechtsnorm nicht rechtsfrei geschieht: Es besteht eine Bindung an die so erarbeitete Rechtsnorm, d. h., die Entscheidungsnorm muss zwingend aus ihr folgen.

185 *Müller/Christensen*, Juristische Methodik, Bd. 1, S. 517f., 529f.

und systematische Interpretation werden im vom Wortlaut abgesteckten Spielraum mögliche Bedeutungsvarianten herausgearbeitet bzw. konkretisiert.[186]

Eine hinreichend genaue Konkretisierung kann durch bloße Textinterpretation und das Herausarbeiten des Normprogramms nicht gewährleistet werden. Vielmehr müssen als Nächstes problembezogene Gesichtspunkte des Normbereichs herausgearbeitet werden, d. h., an dieser Stelle gilt es, die konkreten Lebenssachverhalte in ihrer rechtlich und sachlich geformten Gestalt und Eigenart zu erfassen, und das hinsichtlich der vom Normprogramm bestimmten Fragestellung.[187] Der Normbereich ist also der Ausschnitt sozialer Wirklichkeit, den das Normprogramm aus dem allgemeinen Regelungsbereich – dem Sach- bzw. Fallbereich – der Rechtsvorschrift bestimmt.[188] Der Normbereich ist folglich ein Ausschnitt aus dem Sach- bzw. Fallbereich, das durch Interpretation ermittelte Normprogramm „schneidet" ihn quasi heraus.[189] Ganz konkret sind damit z. B. Voraussetzungen, Rahmenbedingungen, Ziele, Mittel, Unsicherheitsfaktoren, Trends, Revisionsmöglichkeiten im Bereich der Regelungsmaterie gemeint.[190]

Der Normbereich ist nicht mit den sachlichen Einzelheiten des Sachverhalts identisch; die am Normprogramm ausgerichtete und begrenzte Ermittlung dieser Realdaten ergibt den Normbereich als Sachbestandteil der Rechtsvorschrift, was bedeutet, dass jene Sachgehalte nicht willkürlich in diesen Konkretisierungsvorgang eingehen.[191] Es dürfen nur solche tatsächlichen Faktoren aus dem Fallbereich herangezogen werden, die zum einen in einem Fall wie diesem immer heranzuziehen sind und die zum anderen dem vorher durch Interpretation aller Sprachdaten erarbeiteten Normprogramm nicht widersprechen, mit anderen Worten: Nur solche Faktoren, die generalisierbar sind und sich im verbindlichen Rahmen des Normprogramms halten.[192]

Indem bei diesem Vorgehen die Besonderheiten der konkreten Lebensverhältnisse – der zu ordnenden Wirklichkeit – in die Argumentation miteinbezogen werden, wird ein höheres Maß an Konkretisierung und Kontrollierbarkeit der Begründung gewährleistet als auch für eine sachgemäße Problemlösung gesorgt.[193]

---

186 *Hesse*, Grundzüge des Verfassungsrechts, § 2, S. 26.

187 *Hesse*, Grundzüge des Verfassungsrechts, § 2, S. 27; BayVerfGH NVwZ-RR 2020, 273, 289. Mit „Normzusammenhang" könnte ebenfalls der Normbereich gemeint sein.

188 *Müller/Christensen*, Juristische Methodik, Bd. 1, S. 240 und S. 527.

189 *Müller/Christensen*, Juristische Methodik, Bd. 1, S. 529.

190 *Müller/Christensen*, Juristische Methodik, Bd. 1, S. 243 Fn. 183.

191 *Müller/Christensen*, Juristische Methodik, Bd. 1, S. 251.

192 *Müller/Christensen*, Juristische Methodik, Bd. 1, S. 256.

193 *Hesse*, Grundzüge des Verfassungsrechts, § 2, S. 27.

Auf diese Weise werden der unmittelbare Bezug zum eigentlichen Konflikt und die Verbindung zwischen der zu konkretisierenden Norm und der zu ordnenden Wirklichkeit sichergestellt.[194]

2. *Prinzipien der Verfassungsinterpretation*

a. *Einheit der Verfassung*

Eine maßgebliche Bedeutung für die Problemlösung und die Interpretation von Verfassungsnormen kommt den Prinzipien der Verfassungsinterpretation zu, etwa dem Prinzip der *Einheit der Verfassung*.[195] Die einzelnen Verfassungsnormen sind nicht jede für sich allein, sondern in einem Gesamtzusammenhang zu betrachten, da die einzelnen Elemente der Verfassung eine Interdependenz aufweisen, sprich: Alle Verfassungsnormen sind so zu interpretieren, dass Widersprüche zu anderen Verfassungsnormen vermieden werden. Nur eine solche ganzheitliche Verfassungsinterpretation verspricht eine sachgemäße Problemlösung und sorgt dafür, dass Interpretationsergebnisse auch im Einklang mit den Grundentscheidungen einer Verfassung stehen.[196]

Die Prüfung des Neutralitätsgebots als Interpretationsgebot kann aufgrund der Nähe zum Prinzip der Einheit der Verfassung hier verortet werden: Es ist ein Hilfs- und Interpretationsmittel zur Erkenntnis von Normen und deren Inhalt. Das Neutralitätsgebot hat die einzelnen verfassungsrechtlichen Regelungen in ihrem spezifischen Sinngehalt zur Geltung zu bringen als auch das Ganze und die Einheit der Verfassung gegenüber diesen Einzelregelungen im Blick zu haben.[197]

Folglich steht Neutralität so dem „Prinzip der Einheit der Verfassung als einem Prinzip der Interpretation und dem Prinzip der Harmonisierung als einem Gebot aller Verfassungsauslegung nahe".[198]

---

194 Vgl. auch BVerfGE 34, 269, 288: „(…) Die Norm steht ständig im Kontext der sozialen Verhältnisse und der gesellschaftlich-politischen Anschauungen, auf die sie wirken soll; ihr Inhalt kann und muß [sic!] sich unter Umständen mit ihnen wandeln."

195 *Hesse*, Grundzüge des Verfassungsrechts, § 2, S. 27; *Ehmke*, Prinzipien der Verfassungsinterpretation, VVDStRL 20 (1963), 53, 77ff. Vgl. grundlegend dazu *Smend*, Verfassung und Verfassungsrecht, 1928, S. 128ff. Auch in der Rechtsprechung des BVerfG kam das Prinzip bereits zur Anwendung: BVerfGE 1, 14, 32f.; 6, 55, 82; 19, 206, 220; 101, 361, 385f.; 105, 1, 10f.

196 *Hesse*, Grundzüge des Verfassungsrechts, § 2, S. 27; *Müller/Christensen*, Juristische Methodik, Bd. 1, S. 404f.

197 *Schlaich*, Neutralität als verfassungsrechtliches Prinzip, S. 232.

198 *Schlaich*, Neutralität als verfassungsrechtliches Prinzip, S. 232f.; *Smend*, Verfassung und Verfassungsrecht, in: Staatsrechtliche Abhandlungen, S. 119, 239.

Müller sieht darin einen Gesichtspunkt systematischer Interpretation. Der Grundsatz der Einheit der Verfassung habe insoweit selbstständigen Charakter, als dass er fordere, Verfassungsrecht so zu interpretieren, dass Widersprüche zu anderen Verfassungsnormen und verfassungsrechtlichen Grundentscheidungen vermieden werden; als ein Leitbild verfassungsrechtlicher Methodik solle das Ganze der Verfassung sowohl als Ausgangspunkt als auch als Ziel der Interpretation dienen.[199] Da aber das Prinzip der Einheit der Verfassung aus der Weimarer Zeit[200] stamme und als Argumentationsquelle die „Totalität des Staates" habe, „neigt [es] zur Macht und ungestörten Handhabung". Daher genüge das Argumentieren aus der Einheit der Verfassung her nicht demokratisch gebundenen und rechtsstaatlich geformten Methoden wie den Geboten der Rechts- und Verfassungsbindung, Tatbestandsbestimmtheit, Methodenklarheit und dem Erfordernis der rationalen Begründung.[201] Vielmehr sei auch die Verwendungsweise „Einheit der Verfassung" überflüssig, da sich diese Einheit bereits aus der Positivität der Verfassung ergebe. Zudem sei „Einheit der Verfassung" ein schillerndes Argument, welches die Grenze zwischen normorientierten und normgelöst rechtspolitischen Argumenten verwische, weshalb er laut Müller vollständig aufgegeben werden soll.[202]

Dem ist entgegenzuhalten, dass dieses Prinzip nicht ungestört gehandhabt wird. Zum einen werden bei der Anwendung dieses Prinzips nicht wahllos (rechts-)politische Argumente in die Interpretation miteinbezogen, sondern die zu interpretierende Verfassungsnorm wird in den Gesamtzusammenhang der geltenden Verfassung gestellt, welche auch gleichzeitig die Grenzen dieses Vorgehens aufzeigt, und dabei geprüft, ob der Inhalt dieser Norm mithilfe anderer verfassungsrechtlicher und vor allem sach- und problembezogener Gehalte konkretisiert werden kann.

---

199 *Müller/Christensen*, Juristische Methodik, Bd. 1, S. 404f. Als Unterfall der systematischen Interpretation ohne selbstständigen Charakter *Starck*, in: HStR XII, § 271, Rn. 20. Kägi kritisiert die Minderung der Normfestigkeit und -bestimmtheit, die aus dieser Art der Verfassungsauslegung, die vor allen Dingen die Dynamik und das Ganze der Verfassung im Blick hat, folge, die einzelne Verfassungsnorm verblasse zur Konturenlosigkeit, vgl. *Kägi*, Die Verfassung als rechtliche Grundordnung des Staates, 1945, S. 144ff.

200 Vgl. hierzu vor allem *Smend*, Verfassung und Verfassungsrecht, 1928.

201 *Müller/Christensen*, Juristische Methodik, Bd. 1, S. 405. Zustimmend *Kägi*, Die Verfassung als rechtliche Grundordnung, S. 144ff. bzgl. der Verfassungsauslegung im Allgemeinen bei Smends Integrationslehre.

202 *Müller/Christensen*, Juristische Methodik, Bd. 1, S. 406f.

Folglich ist es ein klar umgrenztes Vorgehen, da nur solche Gehalte zur Konkretisierung herangezogen werden dürfen, die in der Verfassung selbst verankert sind und einen sachlichen Zusammenhang zum Problem aufweisen. Auch das Gebot der Methodenklarheit wird nicht verletzt, wenn man dieses Vorgehen ehrlicherweise offenlegt. Wenn man dieses Vorgehen außerdem als Unterfall der systematischen Interpretation betrachtet, so hat es seinen Platz im Rahmen der Textauslegung zur Gewinnung des Normprogramms. Wenn man dies verneint und als selbstständiges Prinzip betrachtet, so kann die Einheit der Verfassung nach der Normbereichsanalyse zur Bildung und Konkretisierung der Rechts- und Entscheidungsnorm zum Tragen kommen. Die Eigenständigkeit dieses Prinzips ist allerdings zu befürworten, weil – wie Müller sagt – das Ganze bzw. die Einheit der Verfassung gleichsam als Ausgangspunkt und Interpretationsziel fungieren soll, was spezieller gegenüber der systematischen Interpretationsmethode ist, die die Gesamtheit der Verfassung nicht auf diese Weise im Blick hat.[203]

b. Maßstab funktioneller Richtigkeit

Ein weiteres Prinzip der Verfassungsinterpretation ist der Maßstab *funktioneller Richtigkeit*. Aufgaben und das Zusammenwirken der Träger staatlicher Funktionen werden von der Verfassung auf eine bestimmte Weise geordnet und durch die Verfassungsinterpretation darf der Interpret die Funktionsverteilung nicht verschieben, muss sich also an die ihm zugewiesenen Aufgaben und Funktionen halten. Das gilt vor allem für das Verhältnis von Verfassungsgericht und Gesetzgeber; dem Verfassungsgericht kommt lediglich eine kontrollierende Funktion im Verfassungsgefüge zu und daher darf es durch die Art und Weise seiner Interpretation von Verfassungsnormen oder durch Interpretationsergebnisse nicht die Gestaltungsfreiheit des Gesetzgebers einengen.[204]

---

203 Bislang fehlt eine tiefergehende Verhältnisbestimmung zwischen dem Interpretationsprinzip „Einheit der Verfassung" und der systematischen Interpretationsmethode, vgl. etwa BVerfGE 99, 1, 12f. und *Müller/Christensen*, Juristische Methodik, Bd. 1, S. 53.

204 *Ehmke*, VVDStRL 20 (1963), 53, 73ff.; *Hesse*, Grundzüge des Verfassungsrechts, § 2, S. 28; *Müller/Christensen*, Juristische Methodik, Bd. 1, S. 402; *Volkmann*, Grundzüge einer Verfassungslehre, § 7, S. 267f. Vgl. zum Zusammenhang zwischen dem Maßstab der funktionellen Richtigkeit und der Topik *Müller/Christensen*, Juristische Methodik, Bd. 1, S. 146ff. Vgl. zur Gestaltungsfreiheit der Landesgesetzgeber BVerfGE 53, 185, 196; 59, 360, 377; 75, 40, 67 und *Brosius-Gersdorf*, in: Dreier, GG Art. 7, Rn. 61 und Rn. 64.

c. *Maßstab integrierender Wirkung*

Der Verfassung geht es um die Herstellung und Erhaltung von politischer Einheit und Integration, daher ist ein Maßstab für die Bewertung der Problemlösungsgesichtspunkte hinsichtlich ihrer Leistungsfähigkeit der Maßstab *integrierender Wirkung*.

Dieser gibt vor, dass bei der Lösung verfassungsrechtlicher Konflikte denjenigen Gesichtspunkten der Vorrang einzuräumen ist, die einheitsstiftend/-erhaltend bzw. integrierend wirken.[205] Dabei sollen diese Gesichtspunkte sich ebenfalls in den Bahnen der geltenden Verfassung bewegen.[206] Müller sieht in diesem Maßstab allerdings kein selbstständiges Prinzip verfassungsrechtlicher Methodik, sondern lediglich einen Unterfall der systematischen Interpretation.[207]

d. *Normative Kraft der Verfassung*

Als weiterer Maßstab der Verfassungsinterpretation wird die *normative Kraft der Verfassung* genannt. „Da die Verfassung aktualisiert werden will, die geschichtlichen Möglichkeiten und Bedingungen dieser Aktualisierung sich aber wandeln, ist bei der Lösung verfassungsrechtlicher Probleme denjenigen Gesichtspunkten der Vorzug zu geben, die unter den jeweiligen Voraussetzungen den Normen der Verfassung zu optimaler Wirkungskraft verhelfen."[208] Damit sollen beispielsweise Wandlungen in den Regelungsbereichen verfassungsrechtlicher Vorschriften so integriert werden, dass die Verfassungsvorschrift auch unter geänderten Verhältnissen möglichst viel von ihrer „ordnenden Kraft" behält. Auch dieser Maßstab ist kein eigenständiges Prinzip der Verfassungsinterpretation, zumal die hier angewandte Methodik die Sachgehalte verfassungsrechtlicher Normbereiche ohnehin in den Interpretationsvorgang mit einbezieht, weshalb es dieses Prinzips nicht bedarf.[209]

---

205 *Hesse*, Grundzüge des Verfassungsrechts, § 2, S. 29.

206 *Müller/Christensen*, Juristische Methodik, Bd. 1, S. 404. A. A. *Smend*, Verfassung und Verfassungsrecht, in: Staatsrechtliche Abhandlungen, S. 119, 190.

207 *Müller/Christensen*, Juristische Methodik, Bd. 1, S. 404. Starck warnt hierbei vor einer Überbeanspruchung der Verfassung, da die Integrationsaufgabe vom Gesetzgeber auf die Verfassungsauslegung und damit auf die Verfassungsgerichtsbarkeit verschoben würde, was der Grundidee von der Verfassung als Integrationsordnung immanent sei, vgl. *Starck*, in: HStR XII, § 271, Rn. 31.

208 *Hesse*, Grundzüge des Verfassungsrechts, § 2, S. 29.

209 *Müller/Christensen*, Juristische Methodik, Bd. 1, S. 415f.

e. *Praktische Konkordanz*

Die *praktische Konkordanz* als Prinzip der Verfassungsinterpretation stellt bei Grundrechtskollisionen die Aufgabe, allen beteiligten grundrechtlichen Schutzgütern die Grenzen so verhältnismäßig zu ziehen, dass beide Güter zu optimaler Wirksamkeit gelangen können.[210] Somit ist eine Optimierung aller beteiligten Normen und Schutzgüter gemeint, welche der Konkretisierung lediglich im negativen Sinne Grenzen ziehen kann: Die Konkretisierung soll nicht pauschal einer Norm den Vorrang zuerkennen, die andere Norm nicht pauschal zurücktreten lassen.[211]

Das Prinzip sagt allerdings nichts darüber aus, was im Einzelnen verhältnismäßig ist, es gibt nur die im Rechtsstaatsprinzip enthaltene Richtung vor, nach welchem Maßstab eine verfassungsgemäße Lösung bei Grundrechtskonflikten gesucht werden darf.[212] Laut Müller ist das Prinzip der praktischen Konkordanz aber lediglich als formale Zielbestimmung zu sehen, welche keine positiven, sondern allenfalls negative Maßstäbe setzt, also nur als verfassungspolitischer Appell betrachtet werden kann. Folglich sei dies nach seiner Auffassung eine methodische „Leerformel“.[213]

3. *Grenzen der Verfassungsinterpretation*

Die Grenze der Verfassungsinterpretation ist der Normtext selbst. Dort, wo keine verbindliche Setzung der Verfassung vorhanden ist, es keine Möglichkeit gibt, den Normtext sinnvoll zu verstehen, oder dort, wo eine Lösung in Widerspruch zum Normtext treten würde, sind die Grenzen einer ganzheitlichen Verfassungsinterpretation erreicht.[214] Diese Grenze dient der machtbegrenzenden Funktion der Verfassung und schließt einen Verfassungswandel durch Interpretation mit ein.[215] Auf diese Weise wird das Problemdenken im Verfassungsrecht limitiert und die „Breite der Verständnismöglichkeiten des Textes steckt das Feld ihrer topischen Möglichkeiten ab“.[216]

---

210 *Hesse*, Grundzüge des Verfassungsrechts, § 2, S. 28.

211 *Müller/Christensen*, Juristische Methodik, Bd. 1, S. 410.

212 *Hesse*, Grundzüge des Verfassungsrechts, § 2, S. 28.

213 *Müller/Christensen*, Juristische Methodik, Bd. 1, S. 409f.

214 *Hesse*, Grundzüge des Verfassungsrechts, § 2, S. 29.

215 *Hesse*, Grundzüge des Verfassungsrechts, § 2, S. 30.

216 *Hesse*, Grundzüge des Verfassungsrechts, § 2, S. 30. Anders *Starck*, in: HStR XII, § 271, Rn. 26, der den Normtext als äußere Grenze als nicht ausreichend für den Schutz der Normativität der Verfassung erachtet.

Norm und Normtext sind nicht identisch, der Wortlaut hat vielmehr in positiver Hinsicht Indizwirkung.[217] Dennoch umschreibt der Wortsinn den Spielraum einer normtextorientierten Konkretisierung, hat also auch negativ gesprochen eine Grenzwirkung.[218] Der Wortlaut steckt die Grenzen möglicher Sinnvarianten ab, was angesichts der offenen Formulierung gerade von Verfassungsnormen besonders schwierig ist (z. B. Art. 7 Abs. 1 GG: „Das gesamte Schulwesen steht unter der *Aufsicht* des Staates."); folglich können nur solche Annahmen als normgemäß gelten, die im Wortlaut der zu interpretierenden Vorschrift eine Rechtfertigung finden.[219] Eine Entscheidung verstößt dann gegen die Grenzfunktion des Wortlauts, wenn Rechts- und Entscheidungsnorm nicht mehr bestimmten Normtexten methodisch zugerechnet werden können; die Entscheidung muss sich zwar nicht unmittelbar aus dem Wortlaut ergeben, muss aber mit diesem jedenfalls noch vereinbar sein.[220] Dieser Spielraum möglicher Sinnvarianten ist durch Textauslegung zu ermitteln, weshalb die Wortlautgrenze vielmehr eine Normprogrammgrenze darstellt.[221]

II. Erkenntnisse

Im vorausgegangenen Teil wurden verschiedene Neutralitätskonzepte beleuchtet, diskutiert und letztlich aus verschiedenen Gründen abgelehnt.[222] Als weitere Grundlage für die Untersuchung fungiert daher der vorgestellte Ansatz, das Neutralitätsgebot als selbstständiges Interpretationsgebot zu verstehen. Zwar formulieren die zugrunde liegenden Verfassungsnormen dieses Gebot nicht explizit, aber durch die Zusammenschau der einzelnen Vorschriften ergibt sich ein eigener Gehalt des Neutralitätsgebotes, der die Anforderung aufstellt, Verfassungsnormen neutral zu interpretieren, folglich dem Charakter des religionsverfassungsrechtlichen Systems des Grundgesetzes entsprechend.[223] Der Vorteil dieses Ansatzes

---

217 *Müller/Christensen*, Juristische Methodik, Bd. 1, S. 303; zustimmend *Volkmann*, Grundzüge einer Verfassungslehre, § 5, S. 157ff.

218 *Müller/Christensen*, Juristische Methodik, Bd. 1, S. 305. Die Grenzfunktion des Wortlauts ergibt sich aus seinen normativ geforderten Wirkungen für Rechtssicherheit, Normklarheit, Publizität und für die Unverbrüchlichkeit der Verfassungsordnung, vgl. S. 307.

219 *Müller/Christensen*, Juristische Methodik, Bd. 1, S. 306f.

220 *Müller/Christensen*, Juristische Methodik, Bd. 1, S. 308; ähnlich *Volkmann*, Grundzüge einer Verfassungslehre, § 5, S. 137ff.

221 *Müller/Christensen*, Juristische Methodik, Bd. 1, S. 309.

222 Siehe S. 29–50.

223 Vgl. S. 50–63.

ist die Rückbesinnung auf die Verfassung und dass mit der Eigenschaft als Interpretationsgebot kein abstraktes, der Verfassung vorgelagertes Neutralitätsprinzip vorliegt, an dem die übrigen Verfassungsnormen gemessen werden sollen. Die Gefahr, dass dem Interpreten die Deutungshoheit über das Neutralitätsgebot und damit über die gesamte Verfassung zukomme,[224] ist hier unbegründet. Das Neutralitätsgebot wurde anhand der zugrunde liegenden Verfassungsnormen entwickelt und seine Anwendung ist in das klar umgrenzte Verfahren der Strukturierenden Rechtslehre integriert. Dabei werden die Grenzen der Verfassungsinterpretation beachtet.

Abzugrenzen ist der vorliegende Ansatz insbesondere von der Begründungsneutralität Husters insoweit, als die Begründungsneutralität die Ziele bzw. Zwecke einer staatlichen Maßnahme untersucht und das Neutralitäts- als Interpretationsgebot dagegen nach dem neutralen Verständnis einer Verfassungsnorm fragt. Die Begründungsneutralität ist also ein Maßstab für die Begründung einer staatlichen Maßnahme und das Neutralitäts- als Interpretationsgebot ist ein Maßstab für die Verfassungsinterpretation.

Das Neutralitätsgebot soll nun im Verfahren der Normkonkretisierung zur Anwendung kommen. Hierzu werden religionsverfassungsrechtliche Spannungsfelder zum Kreuz in öffentlichen Räumen und zum Kopftuch von Amtsträgerinnen analysiert und dabei die Fragen aufgeworfen, ob und welchen Einfluss das Neutralitätsgebot in seiner Anwendung als Interpretationsgebot auf die verfassungsrechtliche Lösung dieser Konflikte hat und welche Rückschlüsse dadurch auf die Grundrechtsdogmatik und die normtheoretische Struktur des Gebots zu ziehen sind. Der vorausgegangene Teil stellt lediglich eine erste Annäherung an das Neutralitätsgebot dar. Eine genaue Einordnung soll und kann daher erst im dritten Teil erfolgen. Im Folgenden soll die Untersuchung mit dem Anwendungsfeld „Das Kreuz in öffentlichen Räumen" beginnen.

---

224 Vgl. in dieser Richtung *Bornemann*, Die religiös-weltanschauliche Neutralität des Staates, S. 242.

Zweiter Teil: Anwendungen und Lösungsansätze – Religiöse Symbole in öffentlichen Räumen

A. Einführung in die Schulkreuzproblematik

Im Jahr 1995 entschied der Erste Senat des BVerfG, dass die Anbringung eines Kreuzes oder Kruzifixes in den Unterrichtsräumen einer staatlichen Pflichtschule, die keine Bekenntnisschule ist, gegen Art. 4 Abs. 1 GG verstoße. § 13 Abs. 1 S. 3 der Schulordnung für die Volksschulen in Bayern sei demnach mit Art. 4 Abs. 1 GG unvereinbar und nichtig.[1]

Die Senatsmehrheit begründet dies mit dem Grundsatz der religiös-weltanschaulichen Neutralität, welcher seine Grundlage in Art. 4 Abs. 1, Art. 3 Abs. 3 S. 1, Art. 33 Abs. 1 sowie Art. 140 Abs. 1 GG in Verbindung mit Art. 136 Abs. 1 und 4 und Art. 137 Abs. 1 WRV findet. Danach dürfe der Staat „den religiösen Frieden in einer Gesellschaft nicht von sich aus gefährden" und untersagt wird auch die „Privilegierung bestimmter Bekenntnisse ebenso wie die Ausgrenzung Andersgläubiger".[2] Durch die Anordnung, ein Kreuz in den Schulräumen anzubringen, seien die Schüler allerdings aufgrund der allgemeinen Schulpflicht dazu gezwungen, „unter dem Kreuz" zu lernen.[3] Das Kreuz, welches das Glaubenssymbol des Christentums schlechthin sei, könne nicht auf ein bloßes Symbol für abendländische Bildungs- und Kulturwerte reduziert werden, zudem habe es appellativen Charakter.[4] Die Anordnung, Kreuze in Schulräumen anzubringen, überschreite demzufolge die danach gezogene Grenze der religiös-weltanschaulichen Neutralität und aufgrund der Zwangswirkung liege ein Eingriff in die Glaubensfreiheit vor.[5] Diese Entscheidung stieß auf erhebliche Kritik in der Forschung und viele nahmen sie zum Anlass, eigene Lösungsansätze zu entwickeln. Im Folgenden soll der Forschungsstand zur Kruzifix-Entscheidung dargestellt und erörtert werden.

---

1 BVerfGE 93, 1.
2 BVerfGE 93, 1, 16f.
3 BVerfGE 93, 1, 18.
4 BVerfGE 93, 1, 19f.
5 BVerfGE 93, 1, 17f.

B. Meinungsstand in der Schulkreuzdiskussion

I. Schutzbereich der Glaubensfreiheit

Befürworter des Beschlusses gehen wie der Erste Senat davon aus, dass das Kreuzsymbol unproblematisch vom traditionell weiten Schutzbereich der Glaubensfreiheit umfasst und dass der Staat verpflichtet ist, den Bürgern einen Betätigungsraum auf religiös-weltanschaulichem Gebiet ohne staatliche Einmischung zu gewährleisten.[6] Die extensive Erstreckung des Schutzbereichs des Art. 4 Abs. 1 GG entspreche der bisherigen Judikatur und Lehre und gerade in besonderen Gewaltverhältnissen dürfe die unausweichliche Konfrontation mit religiösen oder weltanschaulichen Symbolen nicht aus dem sachlichen Schutzbereich ausgeklammert werden.[7]

Dem wird vielfach entgegengehalten, dass nicht der Schutzbereich der negativen, sondern der positiven Glaubensfreiheit tangiert sei. Es gehe daher nicht um das Recht, seine eigene Überzeugung nicht offenbaren zu müssen oder an religiösen Übungen teilnehmen zu müssen, sondern um die „Freiheit, einen Glauben zu haben [und] die Freiheit, nach den eigenen Glaubensüberzeugungen zu leben und zu handeln".[8] Folglich könne sich der Anspruch, von fremden Glaubenssymbolen verschont zu werden, nur aus der positiven Glaubensfreiheit ergeben, allerdings berechtige dies den Einzelnen nicht dazu, auf das Handeln Dritter (Staat oder Bürger) Einfluss dergestalt zu nehmen, dass denjenigen die Religionsausübung verwehrt wird.[9]

Alternativ wird die Kreuz-Problematik beim Grundrecht der negativen Glaubensfreiheit nach Art. 140 GG i. V. m. Art. 136 Abs. 3 WRV verortet. Dieses schütze das Recht, die eigene religiöse oder weltanschauliche Überzeugung nicht offenbaren zu müssen, und durch einen etwaigen Widerspruch durch Schüler und/oder Eltern würden diese zwangsläufig ihre persönliche Überzeugung offenbaren, womit der Schutzbereich dieses Grundrechts eröffnet wäre.[10] Die Prüfung des Elternrechts nach Art. 6 Abs. 2 GG und des staatlichen Erziehungsauftrages

6 *Czermak*, in: Brugger/Huster (Hg.), Der Streit um das Kreuz in der Schule, S. 13, 18f.

7 *Czermak*, in: Brugger/Huster (Hg.), Der Streit um das Kreuz in der Schule, S. 13, 22.

8 BVerfGE 93, 1, 15; *Geis*, in: Brugger/Huster (Hg.), Der Streit um das Kreuz in der Schule, S. 41, 44.

9 *Geis*, in: Brugger/Huster (Hg.), Der Streit um das Kreuz in der Schule, S. 41, 44; *Gut*, Kreuz und Kruzifix in öffentlichen Räumen, 1997, S. 78; *Rathke*, Öffentliches Schulwesen und religiöse Vielfalt, 2005, S. 129.

10 So etwa *Mick-Schwerdtfeger*, Kollisionen im Rahmen der Religionsausübung, 2008, S. 187.

sei in dem Beschluss nahezu völlig außer Acht gelassen worden, obwohl Ersteres nicht hinter Art. 4 GG zurücktrete.[11] Denkbar wäre auch eine Beeinträchtigung der Gewissensfreiheit[12] gewesen, die vom BVerfG nicht in Betracht gezogen worden ist.

Neben dem Betroffensein anderer Grundrechte wird zum Teil vorgebracht, dass das BVerfG ein Verhalten für schutzwürdig erkläre, welches gar nicht von der Glaubensfreiheit umfasst sei, nämlich die Freiheit, von einem missliebigen Anblick verschont zu werden. Danach sollen Schüler in ihrer unausweichlichen Position im Klassenraum vor optischer Konfrontation mit dem Kreuz geschützt werden, wo doch der Erste Senat gleichzeitig einräumt, dass der Einzelne in einer religiös pluralen Gesellschaft nicht das Recht hat, von fremden Glaubensbekundungen und religiösen Symbolen verschont zu bleiben.[13] Jedoch dürften weder Schüler noch Eltern das Recht haben, einseitig über die Ausstattung des Schulraums zu bestimmen, da dies von vornherein kein grundrechtliches Thema für ein Abwehrrecht sei.[14] Da die Raumausstattung zur Selbstdarstellung des Schulträgers Staat gehöre, die weder der positiven noch der negativen Glaubensfreiheit unterliege, können Schüler und Eltern nicht über Symbole im Klassenzimmer verfügen bzw. verlangen, dass diese auf- oder abgehängt werden.[15] Eine Berührung des religiösen Empfindens anderer, nicht christlicher Schüler sei außerdem durch den Anblick eines Kreuzes ausgeschlossen und die Schüler seien auch durch die bloße Anbringung keinem Zwang unterworfen.[16] Zwang setze ein aktives Tun,

---

11 *Geis*, in: Brugger/Huster (Hg.), Der Streit um das Kreuz in der Schule, S. 41, 45; *ders.*, RdJB 1995, 373, 377; nur bzgl. Elternrecht *Isensee*, ZRP 1996, 10, 11.

12 *Geis*, RdJB 1995, 373, 377; *Rathke*, Öffentliches Schulwesen und religiöse Vielfalt, S. 129.

13 *Isensee*, ZRP 1996, 10, 12; BVerfGE 93, 1, 16.

14 *Isensee*, ZRP 1996, 10, 12.

15 *Isensee*, ZRP 1996, 10, 13.

16 *Wiedemann*, Der Streit um das Schulkreuz, 2012, S. 235f.; *Isensee*, ZRP 1996, 10, 12; *Geis*, in: Brugger/Huster (Hg.), Der Streit um das Kreuz in der Schule, S. 41, 45.

beispielsweise die Teilnahme an einer religiösen Übung, voraus und durch die bloße Anwesenheit eines Kreuzes ist ein solcher noch nicht gegeben.[17]

II. Eingriffsqualität

Eine einseitige staatliche Beeinflussung im Vorfeld der eigentlichen Überzeugungsbildung in religiös-weltanschaulichen Fragen verstoße gegen die Glaubensfreiheit, da die Freiheit, einen oder keinen Glauben zu haben, unbeschränkt geschützt und es dem Staat schlechthin verwehrt sei, mittelbar, unmittelbar oder tatsächlich Einfluss auf die Bildung von Glaubensüberzeugungen zu nehmen.[18] Grundlage für diese These ist ein bestimmtes Verständnis von Neutralität, wonach sich der Staat aus den Fragen der Verwirklichung der autonomen Persönlichkeit im weltanschaulich-religiösen Bereich weitestgehend herauszuhalten habe und dass mit dem staatlich etablierten Kreuz zwangsläufig eine zumindest auch religiöse Bedeutung und damit mittelbare Beeinflussung einhergehe.[19]

Die Argumentation hinsichtlich der Eingriffsqualität orientiert sich bei Befürwortern der Entscheidung also an der Frage, ob mit der Anordnung zur Anbringung des Kreuzes gegen das Neutralitätsgebot verstoßen wird.[20] Folglich spielen Kriterien wie die Wirkung des Kreuzes oder die Intensität des Eingriffs im Einzelfall keine Rolle, sondern die Unausweichlichkeit der Situation, die auf einer staatlichen Anordnung beruht, sei vielmehr maßgebend.[21]

---

17 *Wiedemann*, Der Streit um das Schulkreuz, S. 237. Ein weiterer Punkt, den die Kritiker vorbringen, ist der nach der fehlenden Plausibilitätskontrolle durch das Gericht. Die Beschwerdeführer behaupteten, aufgrund ihrer anthroposophischen Gesinnung durch den Anblick des Kreuzes in ihrem Recht auf negative Glaubensfreiheit verletzt zu sein. Dabei distanzierten sich Vertreter dieser Gesinnung und auch die Waldorfschulen von der Klage. Das Kreuz spiele in der Anthroposophie eine wichtige Rolle und die ablehnende Haltung demgegenüber sei ein nicht nachvollziehbares Missverständnis der Beschwerdeführer von der Lehre Rudolf Steiners, vgl. dazu *Maier*, Das Kreuz im Widerspruch, 1996, S. 55; *Isensee*, ZRP 1996, 10, 13; *Mick-Schwerdtfeger*, Kollisionen im Rahmen der Religionsausübung, S. 184f.; *Rathke*, Öffentliches Schulwesen und religiöse Vielfalt, S. 129. Das Selbstverständnis des einzelnen Grundrechtsträgers allein sei nicht ausreichend, so *Geis*, RdJB 1995, 373, 376.

18 *Czermak*, in: Brugger/Huster (Hg.), Der Streit um das Kreuz in der Schule, S. 13, 30f.

19 *Czermak*, in: Brugger/Huster (Hg.), Der Streit um das Kreuz in der Schule, S. 13, 31f.

20 *Czermak*, in: Brugger/Huster (Hg.), Der Streit um das Kreuz in der Schule, S. 13, 32; *Neumann*, ZRP 1995, 381, 383.

21 *Neumann*, ZRP 1995, 381, 383.

Die Eingriffsqualität des Schulkreuzes wurde andererseits vielfach infrage gestellt oder gänzlich verneint.[22] Da das Kreuz an der Wand gegenüber Schülern keine rechtlich verbindliche, finale und unmittelbare Regelungswirkung entfalte, stelle es keinen Grundrechtseingriff im klassischen Sinne dar.[23] Nach dem erweiterten Eingriffsbegriff gilt als Eingriff jedes der öffentlichen Gewalt zurechenbare staatliche Handeln, das dem Einzelnen ein Verhalten, das in den Schutzbereich eines Grundrechts fällt, unmöglich macht, unabhängig davon, ob diese Wirkung final, unmittelbar oder mittelbar, rechtlich oder tatsächlich oder mit Zwang erfolgt. Um diesen Eingriffsbegriff nicht uferlos werden zu lassen, bedarf es eines Korrektivs. Zum Teil wird an dem Kriterium der Finalität festgehalten oder die Eingriffsqualität an der individuellen Betroffenheit gemessen. Eine dritte Möglichkeit wäre, dass die Einwirkung eine schwere Beeinträchtigung zur Folge haben müsste;[24] das Kreuz an der Wand erfülle keine dieser Kriterien, denn es beabsichtige weder eine psychologische Beeinträchtigung von Nicht-Christen noch sei es gegen eine bestimmte Person im Klassenraum gerichtet und es handele sich auch nicht um eine Beeinträchtigung von einigem Gewicht.[25]

Teilweise wird vertreten, dass sich die Schulkreuz-Problematik außerhalb der Grundrechtsdogmatik bewege und die Anordnung des Staates, ein Kreuz an der Schulwand anzubringen, sei vielmehr Ausdruck staatlicher Selbstdarstellung.[26] Des Weiteren gehe die Annahme einer Zwangswirkung durch den Anblick des Kreuzes an der Realität vorbei, denn dies unterliege dem Fehlschluss, dass dem

---

22 So etwa *Geis*, in: Brugger/Huster (Hg.), Der Streit um das Kreuz in der Schule, S. 41, 45ff.; *Weilert*, in: Danz/Ritter (Hg.), Zwischen Kruzifix und Minarett, 2012, S. 95, 100f.; *Müller-Volbehr*, JZ 1995, 996ff.; *Isensee*, ZRP 1996, 10ff.; *Heckmann*, JZ 1996, 880, 888f.; *Gut*, Kreuz und Kruzifix in öffentlichen Räumen, S. 21ff., 65ff.; *Mick-Schwerdtfeger*, Kollisionen im Rahmen der Religionsausübung, S. 188ff. Eine gute Übersicht über den Forschungsstand in dieser Streitfrage bieten *Rathke*, Öffentliches Schulwesen und religiöse Vielfalt, S. 127ff. und *Wiedemann*, Der Streit um das Schulkreuz, S. 232ff. mit einem Vergleich mit der italienischen Rechtslage.

23 *Geis*, in: Brugger/Huster (Hg.), Der Streit um das Kreuz in der Schule, S. 41, 45; *ders.*, RdJB 1995, 373, 377.

24 *Geis*, RdJB 1995, 373, 377f.; *ders.*, in: Brugger/Huster (Hg.), Der Streit um das Kreuz in der Schule, S. 41, 45f.

25 *Geis*, RdJB 1995, 373, 377f.; *ders.*, in: Brugger/Huster (Hg.), Der Streit um das Kreuz in der Schule, S. 41, 46f.; *Kalb/Potz/Schinkele*, Das Kreuz in Klassenzimmer und Gerichtssaal, 1996, S. 67f.; *Link*, NJW 1995, 3353, 3356; *Müller-Volbehr*, JZ 1995, 996, 998 insofern, dass das Gewicht der Beeinträchtigung auch von Ausweichmöglichkeiten abhängt.

26 So *Isensee*, ZRP 1996, 10, 13.

Kreuz nicht auch eine säkularisierte Bedeutung zukommen könne und dass mit dem Anbringen eines Kreuzes automatisch eine Identifikation mit dem christlichen Glauben vorliege.[27] Dem Staat werde vielmehr die Befugnis zugesprochen, sich außerstaatlicher Symbole zu bedienen und ihnen einen eigenen staatsspezifischen Gehalt beizumessen, der zwar auf die ursprüngliche Bedeutung hinweisen kann, aber nicht deckungsgleich sein muss.[28] Es fehle also an einer materiellen Freiheitsbeschränkung und die Verordnung, die das Anbringen eines Kreuzes regele, habe nur „staatsinterne Wirkung".[29] Kritisiert wird zudem die einseitige Auslegung des BVerfG. Der Senat hätte der Rechtsfindung nicht nur die inkriminierte Auslegung zugrunde legen dürfen, da nicht allein die Betrachtungsweise des vorgeblich Verletzten maßgeblich sei.[30] Zudem seien Ausweichmöglichkeiten wie Wegschauen, Größe oder das Anbringen an weniger auffälligen Stellen gegeben.[31]

III. Das Kreuz als ausschließlich religiöses Symbol?

Bedeutsam ist außerdem die Antwort auf die Frage, ob das Kreuz ein ausschließlich religiöses Symbol ist oder ob es zumindest auch ein säkulares bzw. kulturelles, der „abendländischen Tradition" entsprechendes Symbol darstellt.

Dass das Kreuz für gläubige Christen das zentrale Glaubenssymbol schlechthin ist, schließe nicht aus, dass ihm in einem anderen Zusammenhang nicht auch eine säkulare Bedeutung zukommen könne.[32] Symbole seien unterschiedlichen Interpretationen zugänglich[33] und der Staat sei nicht an das Selbstverständnis des

---

27 *Geis*, RdJB 1995, 373, 378f.; *ders.*, in: Brugger/Huster (Hg.), Der Streit um das Kreuz in der Schule, S. 41, 47, 49; *Gut*, Kreuz und Kruzifix in öffentlichen Räumen, S. 23f., 67f., 69; *Link*, NJW 1995, 3353, 3356; *Müller-Volbehr*, JZ 1995, 996, 997f.; *Isensee*, ZRP 1996, 10, 14.

28 So *Geis*, RdJB 1995, 373, 379; *ders.*, in: Brugger/Huster (Hg.), Der Streit um das Kreuz in der Schule, S. 41, 48.

29 *Isensee*, ZRP 1996, 10, 13.

30 *Geis*, RdJB 1995, 373, 381; *ders.*, in: Brugger/Huster (Hg.), Der Streit um das Kreuz in der Schule, S. 41, 50f.; *Isensee*, ZRP 1996, 10, 14 („verfassungs*non*konforme Interpretation"); *Gut*, Kreuz und Kruzifix in öffentlichen Räumen, S. 24. Maßgebend sollte nach Gut vielmehr eine objektive Interpretation aus Sicht eines durchschnittlichen und tolerant gesinnten Betrachters sein.

31 *Müller-Volbehr*, JZ 1995, 996, 998; *Isensee*, ZRP 1996, 10, 14.

32 So *Geis*, in: Brugger/Huster (Hg.), Der Streit um das Kreuz in der Schule, S. 41, 47; *Gut*, Kreuz und Kruzifix in öffentlichen Räumen, S. 15; *Kalb/Potz/Schinkele*, Das Kreuz in Klassenzimmer und Gerichtssaal, S. 34; *Jestaedt*, in: HStR VII, § 156, Rn. 73.

33 „Das unausschöpfbare Sinnpotential des Kreuzes", vgl. *Isensee*, ZRP 1996, 10, 14.

Christentums gebunden, vielmehr könne er dem Kreuz einen eigenen „staatsspezifischen“ Gehalt beimessen; es komme also darauf an, wie der Staat selbst sein Handeln sieht und begründet, und nicht darauf, wie das Handeln von Dritten interpretiert werde.[34] Vielfach berufen sich Kritiker der Entscheidung zudem auf das Argument der christlichen Gemeinschaftsschule. Danach sei das Anbringen des Kreuzes in Schulräumen in erster Linie vor dem Hintergrund der Bildungsziele einer christlichen Gemeinschaftsschule rechtlich zu würdigen und zudem werde durch das Toleranzgebot nach Art. 136 Abs. 1 BV die Verabsolutierung christlicher Bekenntnisse verhindert.[35]

Dass das Kreuz in der öffentlichen Schule lediglich ein Kultursymbol sei, sei bisher eine unübliche Interpretation gewesen, zumal es als Symbol des „christlichen Abendlandes“ als einer sehr vielfältigen Gesamtkultur nie existiert habe, obwohl das Abendland weitgehend durch das Christentum geprägt sei.[36] Das Kreuz sei zumindest auch ein Glaubenssymbol und folglich stelle das Anbringen auf staatliche Veranlassung auch einen ständigen Versuch mittelbarer staatlicher Beeinflussung in christlicher Richtung dar.[37] Das Kreuzsymbol lasse sich auch nicht gesetzlich zu einem ausschließlichen Kultursymbol umdefinieren.[38] Czermak betont, dass es in der juristischen Diskussion um das Kreuzverständnis nicht darum geht, ob das Kreuz von Nichttheologen unter Verstoß gegen die richterliche Kompetenz theologisch „richtig“ interpretiert wird,[39] sondern darum, wie der Sachverhalt verfassungsrechtlich zu beurteilen ist, wenn ein Kreuz auf staatliche Veranlassung in öffentlichen Schulen aufgehängt werden soll.[40] Hierbei spielt die Frage nach der Rechtfertigung eine besondere Rolle.

---

34 So *Jestaedt*, in: HStR VII, § 156, Rn. 73.

35 *Müller-Volbehr*, JZ 1995, 996, 997; *Link*, NJW 1995, 3353, 3355.

36 *Czermak*, in: Brugger/Huster (Hg.), Der Streit um das Kreuz in der Schule, S. 13, 25.

37 *Czermak*, in: Brugger/Huster (Hg.), Der Streit um das Kreuz in der Schule, S. 13, 28; *Neumann*, ZRP 1995, 381, 384. Vgl. auch *Oebbecke*, in: Handbuch des Staatskirchenrechts, Bd. 2, 3. Aufl. 2020, § 41, Rn. 8.

38 *Heckmann*, JZ 1996, 880, 883.

39 Vgl. dazu *Gregor*, Das Kreuz im „Kruzifix-Beschluß“ des Bundesverfassungsgerichts, 1999.

40 *Czermak*, in: Brugger/Huster (Hg.), Der Streit um das Kreuz in der Schule, 13, S. 24. Siehe zur bayerischen Rechtslage S. 85ff.

IV. Rechtfertigungsebene

1. Befürworter der Entscheidung

a. Ungeeignetheit der positiven Glaubensfreiheit als Kollisionsgut

Die Kollision und Unterscheidung in negative und positive Religionsfreiheit und die damit verbundene Güterabwägung seien nicht geeignet, den Konflikt aufzulösen. Bei dieser Herangehensweise werde nicht klar zwischen Rechtspositionen und bloßen rechtlichen Interessen unterschieden. In Wahrheit handele es sich nicht um zwei verschiedene und unterschiedlich zu gewichtende Arten von Glaubensfreiheit, sondern nur um verschiedene weltanschauliche Gruppierungen, die sich jeweils auf ein und dasselbe Grundrecht positiv berufen. Mangels Grundrechtskollision lasse sich aus der positiven Glaubensfreiheit auch keine Rechtfertigung für den Eingriff herleiten.[41]

Ein weiteres Argument für die Ungeeignetheit dieser Gegenüberstellung ist, dass die öffentliche Schule kein Austragungsort von individuellen Grundrechtskonkurrenzen sei. Ansonsten würde das Eltern und Schülern Einwirkungsmöglichkeiten mit Anspruchscharakter eröffnen, die die staatliche Schulaufsicht erheblich relativieren.

Es gehe nicht darum, einen Grundrechtskonflikt zwischen Staatsbürgern zu lösen, sondern vielmehr um die Frage, ob und inwieweit es dem staatlichen Schulträger erlaubt sei, im Schulbetrieb (auch) religiöse Symbole zu verwenden.[42]

b. Zum Spannungsverhältnis zwischen Art. 4 GG und Art. 7 GG

Im Rahmen des Art. 7 Abs. 1 GG sei dem Landesgesetzgeber zwar die Einführung christlicher Bezüge gestattet, jedoch nur unter der Voraussetzung, dass er dabei religiös-weltanschauliche Zwänge in jeglicher Hinsicht vermeide. Das Kreuz überschreite dieses zulässige Minimum, da es nicht völlig losgelöst von seiner religiösen Bedeutung auf ein lediglich kulturelles Symbol reduziert werden könne.[43] Folglich müsse die Einschränkbarkeit der Glaubensfreiheit durch Art. 7 Abs. 1 GG unter diesem Aspekt verneint werden. Die staatliche Schulhoheit sei bereits strukturell als Schranke der Glaubensfreiheit ungeeignet, da sie kein Mandat für die Länder bereithalte, öffentliche Schulerziehung nach religiösen oder

41 *Czermak*, in: Brugger/Huster (Hg.), Der Streit um das Kreuz in der Schule, S. 13, 33f. In diese Richtung auch *Neumann*, ZRP 1995, 381, 385.

42 *Renck*, ZRP 1996, 16, 18.

43 *Neumann*, ZRP 1995, 381, 385; *Czermak*, in: Brugger/Huster (Hg.), Der Streit um das Kreuz in der Schule, S. 13, 35f.

ideologischen Mustern auszurichten.[44] Das Schulrecht und die kulturstaatliche Länderzuständigkeit seien vielmehr in den übergreifenden Zusammenhang der bundesstaatlichen Grundrechtsordnung eingebunden und könnten deswegen die Geltung der Glaubensfreiheit nicht mindern.[45] Hingen diese von partikularen Besonderheiten ab, so hätte man eine Mehrklassen-Religionsfreiheit.[46]

Das staatliche Erziehungsmandat umfasst nach Czermak nicht die religiös-weltanschauliche Erziehung der Kinder; auch wenn das Erziehungsrecht des Staates unstrittig neben das der Eltern tritt, so umfasse es doch „nur" Bildung und Ausbildung und nicht Gesamterziehung des Kindes.[47] Allein aus Neutralitätsgesichtspunkten dürfe der Staat in diesen Bereich elterlicher Erziehung nicht eingreifen, sondern nur die Essentialia der „grundgesetzlichen Ideologie" propagieren, etwa Prinzipien wie das der Nicht-Identifikation und der Gleichheit aller religiös-weltanschaulichen Gruppierungen.[48]

2. *Kritik an der Entscheidung*

a. *Der staatliche Erziehungsauftrag als verfassungsimmanente Schranke*

Der staatliche Bildungs- und Erziehungsauftrag sei nicht nur auf die Vermittlung von Wissen beschränkt, sondern solle dem Schüler Werte vermitteln, die die Gesellschaft identitätsstiftend geprägt haben. Dabei dürfen aus verfassungsrechtlicher Sicht auch christliche Elemente in der Erziehung eine Rolle spielen, soweit sie sich auf das Christentum als einen Kultur- und Bildungsfaktor beschränken.[49]

Der in Art. 7 Abs. 1 GG verankerte staatliche Erziehungsauftrag genieße genau wie das Grundrecht auf Glaubensfreiheit Verfassungsrang und Letzteres gehe dem Erziehungsauftrag rangmäßig nicht vor. Zudem unterliege die konkrete Ausgestaltung dieses Erziehungsauftrages nach der Kompetenzordnung der Kulturhoheit der Länder und diese dürften bei der Ausgestaltung des Unterrichts und ihrer Ziele auch die landesspezifischen kulturellen Traditionen – worunter

---

44 *Czermak*, in: Brugger/Huster (Hg.), Der Streit um das Kreuz in der Schule, S. 13, 36.

45 *Renck*, ZRP 1996, 16, 18.

46 *Renck*, ZRP 1996, 16, 19.

47 *Czermak*, in: Brugger/Huster (Hg.), Der Streit um das Kreuz in der Schule, S. 13, 37.

48 *Czermak*, in: Brugger/Huster (Hg.), Der Streit um das Kreuz in der Schule, S. 13, 38. Art. 7 Abs. 1 GG sei demnach eine „kompetenzbegründende Norm, Art. 4 Abs. 1 GG aber eine Kompetenzbindungsnorm". Zustimmend *Neumann*, ZRP 1995, 381, 385.

49 *Geis*, in: Brugger/Huster (Hg.), Der Streit um das Kreuz in der Schule, S. 41, 52f; *ders.*, RdJB 1995, 373, 385; *Link*, NJW 1995, 3353, 3354: keine „wertneutrale Erziehung"; *Isensee*, ZRP 1996, 10, 14. In diesem Sinne auch *Gut*, Kreuz und Kruzifix in öffentlichen Räumen, S. 22f.

unter anderem das Aufhängen des Kreuzes falle – berücksichtigen.[50] In einem Bundesstaat bedeute die Zuweisung eines Regelungsgegenstandes in die Gesetzgebungskompetenz der Länder zwangsläufig die Möglichkeit unterschiedlicher Regelungen, und das gelte auch in grundrechtsrelevanten Bereichen.[51] Infolgedessen könne der Landesgesetzgeber Art. 7 Abs. 1 GG als verfassungsimmanente Schranke der Glaubensfreiheit konkretisieren[52] und diese Konkretisierung dürfe unterschiedlich ausfallen, je nach konfessioneller Zusammensetzung der Bevölkerung und ihrer jeweiligen religiösen Verwurzelung oder Schultradition.[53]

Die Bedeutung und Reichweite des föderalistischen Prinzips werde in der Entscheidung des BVerfG verkannt.[54] Die Auslegung des Art. 4 GG dürfe nicht dazu führen, den Spielraum der Länder in diesem Bereich auf null zu reduzieren und den Schulföderalismus durch einen „Grundrechtsunitarismus" zu ersetzen.[55]

b. *Staatliche Neutralität als untauglicher Maßstab*

Geis steht dem Grundsatz der staatlichen Neutralität kritisch gegenüber. Dass die Herstellung praktischer Konkordanz unter der Leitvorstellung des Prinzips der Neutralität stehe und dass eine einseitige Beeinflussung in religiös-weltanschaulichen Fragen dem Staat untersagt sei, könne nicht mehr in Zweifel gezogen werden. Allerdings würden daraus die falschen Schlüsse gezogen, indem „die Argumentation unmittelbar auf ein quasi freischwebendes […] Prinzip der Neutralität" gegründet werde, welches im Grundgesetz nicht erwähnt sei. Dieses Prinzip werde vielmehr im Wege einer abstrahierenden Gesamtschau aus Art. 4 Abs. 1 und 2 GG und Art. 140 GG abgeleitet und daher sei es methodisch und inhaltlich fehlerhaft, zunächst die Neutralität aus dem konkreten Normenbestand abzuleiten, dessen Inhalt mit weiteren verfassungstheoretischen Inhalten zu füllen

---

50 *Geis*, in: Brugger/Huster (Hg.), Der Streit um das Kreuz in der Schule, S. 41, 53; *ders.*, RdJB 1995, 373, 385; *Gut*, Kreuz und Kruzifix in öffentlichen Räumen, S. 25; *Link*, NJW 1995, 3353, 3356.

51 *Dürig*, Die negative Religionsfreiheit und christlich geprägte Gehalte des Landesverfassungsrechts, 2018, S. 330f.; *Geis*, in: Brugger/Huster (Hg.), Der Streit um das Kreuz in der Schule, S. 41, 54.

52 *Dürig*, Die negative Religionsfreiheit und christlich geprägte Gehalte des Landesverfassungsrechts, S. 311ff.

53 *Müller-Volbehr*, JZ 1995, 996, 998.

54 *Müller-Volbehr*, JZ 1995, 996, 999 („antiföderalistische Tendenz"); *Reis*, ZRP 1996, 56, 58.

55 *Isensee*, ZRP 1996, 10, 14; *Link*, NJW 1995, 3353, 3356. Zustimmend *Dürig*, Die negative Religionsfreiheit und christlich geprägte Gehalte des Landesverfassungsrechts, S. 329.

und die Glaubensfreiheit nun aus der Perspektive eines so verselbstständigten Neutralitätsverständnisses auszulegen und anzuwenden.[56]

Vielmehr sei Toleranz gegenüber den Andersdenkenden gefordert, wobei Toleranz nicht Indifferenz bedeute. Der Staat dürfe einen eigenen Standpunkt haben, sofern nicht die Grenze einer Diskriminierung überschritten werde, und dies sei mit der bloß visuellen Konfrontation mit einem Kreuz nicht gegeben. Folglich dürfe der demokratisch legitimierte Landesgesetzgeber entsprechende christliche Inhalte für den Unterricht aufgreifen und dafür auch Symbole verwenden, solange Raum für eine sachliche und offene Diskussion für andere religiöse oder weltanschauliche Überzeugungen bleibe.[57]

c. Keine Laizität des Grundgesetzes

Der Staat müsse als Ausdruck der offenen Neutralität die freie Entfaltung religiöser Überzeugungen gewährleisten und daher bedeute Neutralität nicht Indifferenz oder Laizität. Insbesondere Schulen als gesellschaftliche Lebensbereiche profitieren erheblich von einer offen verstandenen Neutralität, weshalb die vollständige Ausschaltung religiöser Bezüge zu einer Verschärfung der weltanschaulichen Spannungen in Staat und Gesellschaft führen würde.[58] Staatliche Schulhoheit, elterliches Erziehungsrecht und die Glaubensfreiheit müssten im Sinne der positiven Neutralität zu einem verfassungsrechtlich angemessenen Ausgleich gebracht werden.[59] Der Staat dürfe die historisch gewachsenen Wertüberzeugungen, die sich wesentlich aus dem Christentum speisen, nicht außer Betracht lassen und außerdem habe der Einzelne kein Recht darauf, von fremden religiösen Symbolen verschont zu bleiben.[60] Jedenfalls dürfe unter keinen Umständen die Verdrängung alles Religiösen aus den Bereichen, die der Staat an sich gezogen hat, verlangt werden und zudem biete der Neutralitätsgrundsatz keine Basis dafür, um die Bekenntnislosigkeit zu privilegieren.[61]

---

56 *Geis*, in: Brugger/Huster (Hg.), Der Streit um das Kreuz in der Schule, S. 41, 56.

57 *Geis*, in: Brugger/Huster (Hg.), Der Streit um das Kreuz in der Schule, S. 41, 57f.

58 *Müller-Volbehr*, JZ 1995, 996, 998; *Geis*, RdJB 1995, 373, 384; *Link*, NJW 1995, 3353, 3356f.; *Gut*, Kreuz und Kruzifix in öffentlichen Räumen, S. 28 und S. 79ff.; *Kalb/Potz/Schinkele*, Das Kreuz in Klassenzimmer und Gerichtssaal, S. 55f.; *Maier*, Das Kreuz im Widerspruch, S. 52f. und S. 55.

59 *Müller-Volbehr*, JZ 1995, 996, 998.

60 *Müller-Volbehr*, JZ 1995, 996, 998f.

61 *Müller-Volbehr*, JZ 1995, 996, 999; *Link*, NJW 1995, 3353, 3353f. und 3355: „Und Neutralität fordert nicht ein Symbolverbot.“

d. *Kreuz als Symbol der Verfassungsidentität*

Isensee kritisiert einen Widerspruch der Entscheidung, nämlich dass christliche Elemente in Schule und Unterricht in Anlehnung an die Entscheidung zur christlichen Gemeinschaftsschule zwar grundrechtskonform seien, nicht jedoch das bildhafte Zeichen, das jene Elemente repräsentiert.[62] Die staatliche Schule habe den pädagogischen Auftrag, die „vorrechtliche Substanz zu tradieren und zu erneuern, aus der der Verfassungsstaat lebt, ohne sie aus sich selber hervorbringen und mit eigener Kraft garantieren zu können".[63] Dazu gehörten Herkunftsbewusstsein, Ethos, Kultur und Religion, wobei diese auf das Christentum verweisen, welches die Identität des Gemeinwesens mitkonstituieren würde.[64] Daher sei das Kreuz nicht nur ein christliches und kulturelles Symbol, sondern auch ein Symbol des Verfassungsstaates.[65]

e. *Dominanz der negativen Glaubensfreiheit*

Das BVerfG räumt der negativen Religionsfreiheit absoluten Vorrang vor der positiven ein und lässt die Grenzen unberücksichtigt, die der negativen durch die positive Grundrechtskomponente gezogen sind.[66] Die Ausübung der negativen Glaubensfreiheit dürfe jedenfalls nicht dazu führen, dass Dritte auf ihre positive Religionsausübung verzichten müssen, denn keine von beiden sei ein Obergrundrecht, das zur Verdrängung des anderen Rechts führe.[67] Vielmehr sei unter dem Gebot der Toleranz ein Ausgleich zu finden, wobei Toleranz nicht als Intoleranz gegenüber der Mehrheit verstanden werden solle.

Jedenfalls dürfe das Toleranzgebot nicht dazu führen, eine Absolutheit des aus der negativen Glaubensfreiheit resultierenden Abwehranspruchs zu gewährleisten, denn so würden die religiösen oder weltanschaulichen Interessen

62 *Isensee*, ZRP 1996, 10, 14.

63 *Isensee*, ZRP 1996, 10, 14.

64 *Isensee*, ZRP 1996, 10, 14. Zustimmend *Müller-Volbehr*, JZ 1995, 996, 999; *Gut*, Kreuz und Kruzifix in öffentlichen Räumen, S. 17f. („Wertgrundlage des Staates"), S. 82f.

65 „Im Kreuz wird auch die übernationale Gemeinsamkeit bildhaft: die geistige Einheit Europas, die wesentlich das historische Werk des Christentums ist.", *Isensee*, ZRP 1996, 10, 15.

66 *Ennuschat*, in: Handbuch des Staatskirchenrechts, Bd. 2, § 43, Rn. 67; *Reis*, ZRP 1996, 56, 58.

67 *Geis*, RdJB 1995, 373, 384f.; *Link*, NJW 1995, 3353, 3356f.; *Ress*, in: Böhr (Hg.), Die Verfassung der Freiheit und das Sinnbild des Kreuzes, S. 45, 66f.; *Mick-Schwerdtfeger*, Kollisionen im Rahmen der Religionsausübung, S. 192f., S. 200; *Maier*, Das Kreuz im Widerspruch, S. 54; *Gut*, Kreuz und Kruzifix in öffentlichen Räumen, S. 78.

einer Minderheit stets den Vorrang vor denen der Mehrheit genießen. Der Minderheitenschutz dürfe sich nicht zulasten der Mehrheit in sein Gegenteil verkehren.[68] Das Abhängen des Wandkreuzes solle nur Ultima Ratio sein, vielmehr sei es angebracht, im Vorfeld das Gespräch mit den betroffenen Eltern und Schülern bezüglich der Akzeptanz des Kreuzes zu suchen und bei dennoch auftretenden Konflikten zunächst schlichtere Kreuze an weniger exponierten Stellen aufzuhängen.[69]

C. Exkurs: Das Bayerische Erziehungs- und Unterrichtsgesetz

Der bayerische Gesetzgeber hat als Reaktion auf die Schulkreuz-Entscheidung des BVerfG das Gesetz über das Erziehungs- und Unterrichtswesen (BayEUG) geändert und nun heißt es in Art. 7 Abs. 4, vormals Abs. 3:

> Angesichts der geschichtlichen und kulturellen Prägung Bayerns wird in jedem Klassenraum ein Kreuz angebracht. Damit kommt der Wille zum Ausdruck, die obersten Bildungsziele der Verfassung auf der Grundlage christlicher und abendländischer Werte unter Wahrung der Glaubensfreiheit zu verwirklichen. Wird der Anbringung des Kreuzes aus ernsthaften und einsehbaren Gründen des Glaubens oder der Weltanschauung durch die Erziehungsberechtigten widersprochen, versucht die Schulleiterin bzw. der Schulleiter eine gütliche Einigung. Gelingt eine Einigung nicht, hat sie bzw. er nach Unterrichtung des Schulamts für den Einzelfall eine Regelung zu treffen, welche die Glaubensfreiheit des Widersprechenden achtet und die religiösen und weltanschaulichen Überzeugungen aller in der Klasse Betroffenen zu einem gerechten Ausgleich bringt; dabei ist auch der Wille der Mehrheit, soweit möglich, zu berücksichtigen.

Im Folgenden soll die Widerspruchsregelung im Hinblick auf ihre Besonderheiten und die Vereinbarkeit mit den Vorgaben der Schulkreuzentscheidung untersucht werden.

I. Die Doppelbödigkeit des Art. 7 Abs. 4 BayEUG

In Art. 7 Abs. 4 BayEUG wird das Kreuz nunmehr – im Gegensatz zur ursprünglichen Regelung – in einen historisch-kulturellen bzw. säkularen Kontext gestellt und zugleich die Wahrung der Glaubensfreiheit betont.[70] Bei näherer

---

68 *Müller-Volbehr*, JZ 1995, 996, 999. An dieser Stelle führt Müller-Volbehr aus, dass im Geiste der Demokratie der Mehrheitswille besondere Berücksichtigung finden muss, da die Bestimmungen der Bayerischen Verfassung über die christliche Gemeinschaftsschule die Zustimmung der Bevölkerungsmehrheit gefunden haben.

69 *Mick-Schwerdtfeger*, Kollisionen im Rahmen der Religionsausübung, S. 200.

70 *Huster*, Die ethische Neutralität des Staates, S. 244.

Betrachtung ergibt sich eine Doppelbödigkeit, wenn nicht sogar Widersprüchlichkeit der Regelung.[71]

Zum einen wird das Kreuz in Anlehnung an die Entscheidung zur christlichen Gemeinschaftsschule aus dem religiösen Zusammenhang gelöst und zum Symbol von abendländischen Bildungs- und Kulturwerten erklärt, die vom Christentum maßgeblich geprägt und verfassungsrechtlich zulässige Bildungsziele seien, sodass der Einwand religiöser Bevorzugung leerliefe. Andererseits wird eine Lösung für Konfliktfälle in Gestalt einer Widerspruchs- und Ausgleichsregelung vorgesehen, was einen Eingriff in die Glaubensfreiheit voraussetzt. Gerade das ist – wenn man die säkulare Bedeutung des Kreuzes zugrunde legt – nicht möglich und folglich wäre das Konfliktlösungsverfahren nicht erforderlich.[72]

Das lässt darauf schließen, dass sich der bayerische Gesetzgeber absichern und nicht nur abendländische Bildungs- und Kulturwerte vermitteln wollte, sondern auch die Absicht verfolgte, die obersten Bildungsziele „in einer bestimmten religiösen Überzeugung zu verankern, indem er sie durch das zentrale Symbol dieser Überzeugung zum Ausdruck bringt und dadurch die Verbindung auch symbolisch manifestiert".[73] Folglich kann dem Kreuz der religiöse Charakter nicht vollständig abgesprochen werden und für diesen Konfliktfall soll dann die Widerspruchs- und Ausgleichslösung gelten.[74] Aus dem Gebot des effektiven Rechtsschutzes ergibt sich zudem, dass bei einem staatlich veranlassten mehrdeutigen Symbol die (in dem Fall religiöse) Bedeutung der verfassungsrechtlichen Prüfung zugrunde zu legen ist, die die Grundrechte am ehesten berührt.[75]

II. Vereinbarkeit mit den Vorgaben der Schulkreuzentscheidung?

Der Grundgedanke des bayerischen Gesetzgebers war es, dem Kreuz den appellativen oder missionarischen Charakter zu nehmen, indem es ihm eine säkulare Bedeutung zugrunde legt; falls ein Schüler oder eine Schülerin sich dennoch auf eine Verletzung der Glaubensfreiheit beruft, so kann die Entfernung des Kreuzes

---

71 *Czermak*, DÖV 1998, 107, 109.

72 *Huster*, Die ethische Neutralität des Staates, S. 244.

73 *Huster*, Die ethische Neutralität des Staates, S. 245. Czermak weist in diesem Zusammenhang auf die Gesetzesmaterialien und die parlamentarische Diskussion hin, s. *Czermak*, DÖV 1998, 107, 108.

74 *Huster*, Die ethische Neutralität des Staates, S. 245.

75 BayVerfGH NJW 1997, 3157, 3158; *Czermak*, DÖV 1998, 107, 110, wobei Czermak kritisiert, dass der BayVerfGH dies nicht zum Anlass genommen hat, die säkular zu verstehende Kreuzdefinition des Art. 7 Abs. 4 BayEUG zu problematisieren.

nur als Ultima Ratio verlangt werden, wenn „ernsthafte und einsehbare" Gründe glaubhaft gemacht werden.[76]

Folglich stellt die Norm auf die Intensität bzw. Unzumutbarkeit des möglicherweise doch vorliegenden Eingriffs ab, und dies stellt eine Parallele zur Entscheidung des BVerfG zur Unzumutbarkeit des Kreuzes im Gerichtssaal dar.[77] Der Unterschied zur Schulkreuzentscheidung besteht darin, dass diese gerade keine Unzumutbarkeit fordert, denn der bloße Widerspruch eines Einzelnen reicht aus, um das Kreuz abzunehmen.[78] Man könnte nun den Standpunkt vertreten, dass die bayerische Regelung zu weit gehe.[79] Allerdings stellt Art. 7 Abs. 4 BayEUG das Kreuz nicht in einen spezifisch religiösen Zusammenhang, wie es noch in § 13 Abs. 1 S. 3 der bayerischen Volksschulordnung der Fall war, und daher stelle die Schulkreuzentscheidung keinen tauglichen Maßstab für die verfassungsrechtliche Prüfung des Art. 7 Abs. 4 BayEUG dar.[80]

Mit der Neufassung des Art. 7 Abs. 4 BayEUG hat der bayerische Gesetzgeber versucht, das religiöse Element der Kreuzesinterpretation vollständig zu beseitigen, was ihm aber aufgrund des Eingeständnisses in Gestalt der Widerspruchsregelung nicht gelungen ist.[81] Man mag berechtigte Zweifel daran haben, ob dies tatsächlich in seiner Absicht lag; Sinn und Zweck dieser Regelung war nicht die Trennung, sondern vielmehr die zivilreligiöse Verbindung der religiösen und säkularen Bedeutung des Kreuzes.[82] Jedenfalls erscheint es fragwürdig, ob eine vollständige Beseitigung des religiösen Bedeutungsgehaltes eines Symbols dadurch gelingt, dass der Symbolverwender ihm eine säkular-kulturelle Bedeutung beimisst.[83]

---

76 *Huster*, Die ethische Neutralität des Staates, S. 246f.

77 Vgl. dazu BVerfGE 35, 366ff.; *Huster*, Die ethische Neutralität des Staates, S. 247.

78 *Huster*, Die ethische Neutralität des Staates, S. 247.

79 *Czermak*, DÖV 1998, 107, 111ff.

80 So *Huster*, Die ethische Neutralität des Staates, S. 247. Vgl. dazu den Nichtannahmebeschluss des BVerfG vom 27.10.1997 in NJW 1999, 1020ff. A. A.: *Czermak*, DÖV 1998, 107, 112ff., der sagt, dass sowohl Art. 7 Abs. 4 BayEUG als auch die Entscheidung des BayVerfGH in Widerspruch zu den tragenden Gründen der Entscheidung des BVerfG stehen. Ebenfalls in diese Richtung *Renck*, ZRP 1996, 16, 19f.

81 *Czermak*, DÖV 1998, 107, 109f.

82 *Huster*, Die ethische Neutralität des Staates, S. 248.

83 *Huster*, Die ethische Neutralität des Staates, S. 248; *Czermak*, DÖV 1998, 107, 110.

D. Die Rechtfertigung des Schulkreuzes

I. Die Rechtfertigung aus der positiven Glaubensfreiheit

In der Schulkreuzentscheidung lehnt das BVerfG eine Rechtfertigung des Kreuzes aus der positiven Glaubensfreiheit der christlichen Eltern und Schüler ab, weil es an der erforderlichen Freiwilligkeit und Ausweichmöglichkeit nicht- und andersgläubiger Schüler fehle und gerade das Grundrecht der Glaubensfreiheit besonders den Schutz von Minderheiten bezwecke.[84] Das zielt letztlich auf das altbekannte Spannungsverhältnis zwischen negativer und positiver Glaubensfreiheit ab. In der Diskussion um die Entscheidung wurde die Frage aufgeworfen, ob diese Gegenüberstellung für die Lösung des Konflikts überhaupt nutzbringend ist.[85]

1. Positive Glaubensfreiheit als Kollisionsgut?

a. Anspruchsargument

Vielfach wird der Einwand erhoben, die positive Glaubensfreiheit sei bereits deshalb als kollidierendes Verfassungsgut nicht einschlägig, weil sich daraus kein Anspruch der christlichen Eltern und Schüler gegenüber dem Staat ergebe, ein Kreuz im Klassenraum anzubringen. Daher fehle es bereits an einer Grundrechtskollision.[86] Folglich könne es mangels grundrechtlichen Anspruchs keine Rechtsverletzung geben, wenn Kreuze oder andere religiös-weltanschauliche Symbole nicht angebracht werden.[87] Mangels Grundrechtskollision spielen die Fragen nach Toleranz, der Tradition oder dem Verhältnis zwischen Mehrheit und Minderheit ebenfalls keine Rolle.[88]

Es besteht zwar tatsächlich kein Anspruch auf Anbringung des Kreuzes, allerdings ist das Bestehen eines Anspruchs nicht mit der Eigenschaft eines rechtfertigenden Verfassungsgutes zu verwechseln. Dass kein Anspruch besteht, verbietet nicht den Rückgriff auf die positive Religionsfreiheit als kollidierendes Verfassungsgut, denn es ist nicht so, dass Rechtsgüter nur dann als Rechtfertigung für Einschränkungen vorbehaltlos gewährleisteter Grundrechte herangezogen werden können, wenn sich aus ihnen ein Anspruch des Einzelnen gegen den Staat ergibt, dieses Rechtsgut zu schützen oder zu fördern. Notwendig ist nur,

84 BVerfGE 93, 1, 24.

85 Ablehnend etwa *Renck*, ZRP 1996, 16, 18.

86 So *Czermak*, NJW 1995, 3348, 3350; *Neumann*, ZRP 1995, 381, 385; *Renck*, ZRP 1996, 16, 17; *ders.*, ZRP 1996, 205, 206.

87 *Czermak*, NJW 1995, 3348, 3351.

88 *Czermak*, NJW 1995, 3348, 3351.

dass das Interesse der christlichen Schüler und Eltern, ein Kreuz im Klassenzimmer zu haben, einen Anknüpfungspunkt in der Verfassung findet.[89] Die staatliche Anbringung des Kreuzes stellt die Förderung dieses grundrechtlich geschützten Anliegens dar und daher erscheint es nicht abwegig, sich auf die positive Glaubensfreiheit zu berufen.[90]

b. Staatliche Anordnung

Eine Rechtfertigung durch die positive Glaubensfreiheit scheide schon deshalb aus, weil die Anbringung des Kreuzes nicht unmittelbar durch Schüler und Eltern oder auf ihre Veranlassung, sondern aufgrund staatlicher Anordnung erfolgte.[91]

Es handele sich demzufolge nicht um einen Konflikt zwischen positiver und negativer Religionsfreiheit, sondern es betreffe das Verhältnis des Staates, der das Kreuz anbringen lässt, zu seinen Schülern, die dieses ablehnen.[92] Allerdings überzeugt es nicht, die positive Glaubensfreiheit der christlichen Schüler und Eltern, die die Anordnung des Kreuzes gutheißen, bei der Lösung des Konflikts vollständig auszublenden; denn das hätte zur Folge, dass staatliches Handeln und die mit ihm verbundenen Grundrechtseingriffe nie dadurch gerechtfertigt werden könnten, dass andere grundrechtlich verankerte Interessen geschützt oder gefördert werden sollen.[93]

2. Die Aufspaltung in negative und positive Glaubensfreiheit

a. Reiner Konfrontationsschutz

Die religiös-weltanschaulichen Konflikte in der staatlichen Pflichtschule werden üblicherweise anhand dieser Gegenüberstellung beschrieben und analysiert; das hat zur Folge, dass die negative Glaubensfreiheit zu einem Recht zur Verhinderung missliebiger religiös-weltanschaulicher Äußerungen reduziert wird[94] und das Anliegen der dissentierenden Schüler und Eltern allein darauf gerichtet ist, mit religiösen oder weltanschaulichen Symbolen bzw. Äußerungen nicht behelligt zu werden.[95]

---

89 *Huster*, Die ethische Neutralität des Staates, S. 172f.

90 *Huster*, Die ethische Neutralität des Staates, S. 173.

91 *Huster*, Die ethische Neutralität des Staates, S. 173.

92 So etwa *Renck*, NVwZ 1994, 544, 545.

93 Vgl. dazu *Starck*, in: v. Mangoldt/Klein/Starck, GG Art. 4, 7. Aufl. 2018, Rn. 28f.; *Huster*, Die ethische Neutralität des Staates, S. 174.

94 *Isensee*, ZRP 1996, 10, 12.

95 *Huster*, Die ethische Neutralität des Staates, S. 175.

Jeder Grundrechtsträger hat aber den Freiheitsgebrauch anderer Grundrechtsträger bis zur Grenze der eigenen Freiheitssphäre zu dulden, und das gilt insbesondere in der staatlichen Pflichtschule, in der religiös-weltanschauliche Auffassungen intensiv aufeinandertreffen und man ihnen aufgrund der Schulpflicht nicht ausweichen kann.[96] Daraus folgt, dass religiöse Äußerungen nur verboten werden können, wenn sie die Grenze einer aggressiven Missionierung überschreiten, wozu aber die einfache Anbringung eines religiösen Symbols nicht gehört. Ein Verbot jedweder religiös-weltanschaulicher Äußerungen als Ausgestaltung eines negativen Verhinderungsrechts kann so nicht begründet werden.[97]

b. Kein Ertrag aus der Gegenüberstellung

Um Grundrechtskonkurrenzen und ihre behauptete fehlerhafte Auflösung aufgrund einer Symbolkonfrontation geht es nicht, sondern um die Frage, ob und inwieweit es einer staatlichen Schule erlaubt ist, religiöse Bezüge im Unterrichtsalltag herzustellen, bzw. ob durch die Anbringung eines Kreuzes eine einseitige unzulässige Beeinflussung in religiös-weltanschaulicher Hinsicht durch den Staat gegeben ist.[98] Für die Lösung dieses Konfliktes eignet sich die Gegenüberstellung der positiven und negativen Glaubensfreiheit sowie deren Abwägung gegeneinander nicht.

Die Glaubensfreiheit bildet den Kern der umfassend zu verstehenden Religionsfreiheit: Sie garantiert das Recht, zu glauben oder nicht zu glauben, ohne dass daran Vor- oder Nachteile geknüpft werden oder dass der Staat Einfluss im Vorstadium der Glaubensbildung nehmen dürfte.[99] Mit dem Recht, nicht zu glauben, ist die negative Religionsfreiheit geschützt.[100] Wenn man sich auf den Einwand beruft, der Staat übe durch das Anbringen des Kreuzes eine einseitige und unzulässige Beeinflussung aus, dann lässt sich dies nur schwer der positiven oder negativen Seite der Glaubensfreiheit zuordnen; wenn die staatliche

---

96 *Huster*, Die ethische Neutralität des Staates, S. 175.

97 BVerfGE 93, 1, 16; *Isensee*, ZRP 1996, 10, 12; *Huster*, Die ethische Neutralität des Staates, S. 175f.

98 *Huster*, Die ethische Neutralität des Staates, S. 176. In diese Richtung auch *Neumann*, ZRP 1995, 381, 385f.; *Czermak*, NJW 1995, 3348, 3352; *Renck*, ZRP 1996, 16, 17ff.; *ders.*, ZRP 1996, 205, 206, wobei Renck zusätzlich die Frage aufwirft, ob Schüler und Eltern einen Rechtsanspruch auf Beseitigung/Beanstandung gegen die Verwendung religiöser Symbole in der staatlichen Pflichtschule haben, sofern die Verwendung rechtswidrig ist.

99 *Kokott*, in: Sachs, GG Art. 4, Rn. 25.

100 *Kokott*, in: Sachs, GG Art. 4, Rn. 26.

Beeinflussung sich gegen einen bestimmten Glauben richtet, so kann sich das als Eingriff in das Recht, einen Glauben haben zu dürfen, also um einen Eingriff in die positive Glaubensfreiheit, handeln, unabhängig davon, ob sich die staatliche Beeinflussung gegen eine religiöse Überzeugung als solche richtet oder lediglich die Vorzugswürdigkeit einer anderen Überzeugung propagiert. Wer dagegen keine religiöse Überzeugung hat, wird sich gegen die staatliche Einflussnahme dergestalt wenden, dass dies ein Eingriff in sein Recht ist, keinen Glauben haben zu dürfen.[101] Das könnte nicht nur ein Ausdruck der negativen Religionsfreiheit sein, sondern begründet zugleich die positive Freiheit, eine nicht-religiöse Weltanschauung zu haben.[102]

Laut Renck berufen sich unterschiedliche Parteien auf ein und dasselbe Grundrecht und es erscheint zweifelhaft, ob man Religionsfreiheit gegen Religionsfreiheit sinnvoll abwägen kann, zumal es dem Staat verwehrt ist, die einzelnen Inhalte, die gegeneinander abgewogen werden, zu bewerten. Die öffentliche Schule ist nicht als „Arena für die Austragung unvereinbarer religionsrechtlicher Grundrechtspositionen konzipiert".[103] Die Gegenüberstellung von positiver und negativer Glaubensfreiheit beantwortet die oben gestellte Frage nach dem zulässigen Umfang religiöser Bezüge in der staatlichen Pflichtschule also nicht. Die positive Religionsfreiheit einerseits gewährt kein Recht darauf, dass die eigene Überzeugung staatlicherseits privilegiert wird, und die negative Religionsfreiheit schützt nicht das Interesse, von religiösen Äußerungen anderer verschont zu werden.[104] Das alles spielt sich in dem Verhältnis der Bürger bzw. Grundrechtsträger untereinander ab, sagt jedoch nichts darüber aus, wie das Verhältnis des Staates zu religiösen Symbolen und Äußerungen in der Schule ausgestaltet sein soll.

3. *Zwischenergebnis*

Zwar können sich christliche Schüler und Eltern auf die positive Religionsfreiheit als Kollisionsgut berufen, allerdings trägt deren Gegenüberstellung mit der negativen Glaubensfreiheit anders- oder areligiöser Schüler und Eltern nicht zu einer angemessenen Konfliktlösung bei. Es kommt nicht auf die Interessen der Schüler, Eltern oder Lehrer an, vielmehr ist die Frage maßgebend, ob und inwieweit es der staatlichen Schule erlaubt ist, religiöse oder weltanschauliche Symbole

---

101 *Huster*, Die ethische Neutralität des Staates, S. 176f.

102 Vgl. auch *v. Campenhausen*, AöR 121 (1996), 448, 452.

103 *Renck*, ZRP 1996, 16, 18; *Czermak*, in: Brugger/Huster (Hg.), Der Streit um das Kreuz in der Schule, S. 13, 33f.; *Neumann*, ZRP 1995, 381, 385f.

104 Vgl. *Huster*, Die ethische Neutralität des Staates, S. 178.

anzubringen.[105] So hätte man ansonsten stets eine Grundrechtskonkurrenz zwischen Bürgern unterschiedlicher Bekenntnishaltung, die zwar zu einem vermeintlich zumutbaren Ausgleich zwingt, jedoch sachgerecht nicht aufzulösen ist.[106]

II. Der staatliche Erziehungsauftrag als Rechtfertigungsgrund

1. Staatlicher Erziehungsauftrag auf Grundlage christlicher Werte?

Dem Kreuz wurde vielfach ein Erziehungszweck zugeschrieben, wie sich beispielsweise aus der bayerischen Neuregelung zum Thema Kreuze in der Schule ergibt. Der bayerische Gesetzgeber verfolgte gemäß Art. 7 Abs. 4 BayEUG das Ziel, „die obersten Bildungsziele der Verfassung auf der Grundlage christlicher und abendländischer Werte unter Wahrung der Glaubensfreiheit zu verwirklichen". Die obersten Bildungsziele sollen unter anderem mithilfe eines Kreuzes an der Wand vermittelt werden.

Art. 7 GG überlässt es dem demokratischen Landesgesetzgeber, den religiös-weltanschaulichen Charakter der öffentlichen Schulen unter Beachtung der Religionsfreiheit, der staatskirchenrechtlichen Garantien und ggf. von Verpflichtungen durch Konkordate und Kirchenverträge zu bestimmen. Das Grundgesetz lässt den Ländern bei der Ausgestaltung des Schulwesens – auch in Bezug auf die religiös-weltanschauliche Ausprägung der öffentlichen Schule – umfassende Gestaltungsfreiheit.[107] Auf das Argument der Schulhoheit und der umfassenden Gestaltungsfreiheit haben sich die Kritiker der Schulkreuzentscheidung berufen, um den Verbleib des Kreuzes zu rechtfertigen, und haben dabei den staatlichen Erziehungsauftrag nach Art. 7 Abs. 1 GG zu einem rechtfertigenden Verfassungsgut erhoben.[108]

Allerdings fällt auf, dass das Kreuz nach der Neuregelung aus dem religiösen Kontext herausgelöst und zum Zwecke einer allgemeinen säkular-kulturellen Werterziehung angebracht wird. Nun sollen die „geschichtliche und kulturelle Prägung Bayerns" und nicht mehr die religiöse Erziehung in den Vordergrund gerückt werden.[109] Dennoch lässt sich trotz staatlicher Umdefinierung das Kreuz nicht vollständig von seinem religiösen Gehalt trennen; es bleibt zumindest auch

---

105 Vgl. *Huster*, Die ethische Neutralität des Staates, S. 181; *Neumann*, ZRP 1995, 381, 386; *Renck*, ZRP 1996, 16, 18.

106 *Renck*, ZRP 1996, 205, 206.

107 *Badura*, in: Dürig/Herzog/Scholz, GG Art. 7, 104. EL April 2024, Rn. 17.

108 *Huster*, Die ethische Neutralität des Staates, S. 182. Vgl. obige Ausführungen dazu auf S. 81f.

109 *Huster*, Die ethische Neutralität des Staates, S. 182.

ein religiöses Symbol.[110] Nichtsdestotrotz muss der Staat bei der konkreten Ausgestaltung des Erziehungsauftrages Religion und Weltanschauung nicht vollständig ignorieren, fraglich ist vielmehr das zulässige Ausmaß dieser Bezüge im Schulalltag. Diese Frage hat das BVerfG im Rahmen der Entscheidung zur christlichen Gemeinschaftsschule 1975 teilweise beantwortet.

2. Rechtsprechung zur christlichen Gemeinschaftsschule

Dem Gericht wurde entgegengehalten, es habe widersprüchlich entschieden: Die Schulform der christlichen Gemeinschaftsschule sei verfassungsrechtlich zulässig, nicht jedoch „ihr" Symbol;[111] die Schulkreuzentscheidung sei damit ein Bruch mit der bisherigen Rechtsprechung des BVerfG.[112]

a. Inhalt der Entscheidung

Das BVerfG hat 1975 die christliche Gemeinschaftsschule in Bayern für verfassungsrechtlich zulässig erklärt.[113] Dies geschah aufgrund einer verfassungskonformen Auslegung der Art. 135 S. 2 BV und des Art. 7 Abs. 1 des bayerischen Volksschulgesetzes. Umstritten war die Formulierung, dass „die Schüler nach den Grundsätzen der christlichen Bekenntnisse unterrichtet und erzogen" (Art. 135 S. 2 BV) werden sollen. Diese Bestimmungen wären erst dann verfassungswidrig, wenn christliche Glaubenssätze verabsolutiert und für verbindlich erklärt würden, die Schule missionarisch tätig werden und das Minimum an Zwangselementen überschreiten würde.[114] Dabei müsse die Schule im Hinblick auf das in Art. 136 Abs. 1 BV verankerte Toleranzgebot stets für andere religiöse oder weltanschauliche Auffassungen offenbleiben.[115]

Die Differenzierung durch das BVerfG erfolgt zwischen den christlichen Glaubenswahrheiten, die der Gemeinschaftsschule und dem Unterricht nicht

110 *Czermak*, in: Brugger/Huster (Hg.), Der Streit um das Kreuz in der Schule, S. 13, 28; *Neumann*, ZRP 1995, 381, 384; *Huster*, Die ethische Neutralität des Staates, S. 182; vgl. im Übrigen S. 78f.

111 So etwa *Isensee*, ZRP 1996, 10, 14 und *Link*, NJW 1995, 3353, 3355.

112 Vgl. *Geis*, in: Brugger/Huster (Hg.), Der Streit um das Kreuz in der Schule, S. 41, 55; *ders.*, RdJB 1995, 373, 385; zustimmend *Müller-Volbehr*, JZ 1995, 996, 999; *Reis*, ZRP 1996, 56, 58.

113 BVerfGE 41, 65ff. Vgl. zur christlichen Gemeinschaftsschule badischer Überlieferung, die ebenfalls für verfassungskonform erklärt wurde, BVerfGE 41, 29ff. und für die christliche Gemeinschaftsschule in Nordrhein-Westfalen BVerfGE 41, 88ff.

114 BVerfGE 41, 65, 84ff.

115 BVerfGE 41, 65, 83.

zugrunde gelegt werden dürfen, und den daraus abgeleiteten Werten und Normen, die die gesamte abendländische Kultur weitgehend geprägt und eine gewisse verpflichtende Kraft innehaben.[116] Die Christlichkeit der Gemeinschaftsschule reduziert sich also auf einen prägenden Bildungs- und Kulturfaktor, nicht jedoch auf christliche Glaubenswahrheiten.[117] Gerade die verfassungskonforme Auslegung sorgt noch heute für Schwierigkeiten, den Charakter dieser Schulform näher zu bestimmen.[118]

b. Zweigleisigkeit der Entscheidung

Aufgrund der Reduktion des Christlichen auf einen reinen Bildungs- und Kulturfaktor kommt ebenjenes nur als Unterrichtsgegenstand und kultureller Bestandteil im Schulalltag vor; folglich gibt es keinen erheblichen Unterschied zu anderen geistigen Strömungen wie etwa dem Humanismus. Das rechtfertigt kaum die Bezeichnung als christliche Gemeinschaftsschule. Dennoch nimmt das BVerfG an, dass diese Schulform Grundrechte nicht christlicher Schüler und Eltern beeinträchtigen kann, da es wohl einen „deutlicheren materiell-christlichen Gehalt" der Gemeinschaftsschule für möglich hält.[119] Das erkennt man beispielsweise daran, dass das Gericht die Einführung christlicher Bezüge für zulässig erachtet, obwohl gegebenenfalls manche Erziehungsberechtigten keine religiöse Erziehung ihrer Kinder wünschen oder dass Zwangselemente lediglich auf ein Minimum reduziert und die Glaubensinhalte nicht absolut gesetzt werden sollen;[120] denn „durch eine Schulform, in der nach so verstandenen Grundsätzen erzogen und unterrichtet wird, werden die beschwerdeführenden Eltern und Kinder nicht in einen verfassungsrechtlich unzumutbaren Glaubens- und Gewissenskonflikt gebracht".[121] Hier wird auf die Unzumutbarkeit einer christlich geprägten Erziehung als Grenzüberschreitung abgestellt, was eine Erziehung voraussetzt, die doch mehr materiell Christliches zum Inhalt hat, als es auf den ersten Blick scheint.

---

116 BVerfGE 41, 65, 84f.

117 *Huster*, Die ethische Neutralität des Staates, S. 184.

118 Vgl. *Czermak*, NJW 1995, 3348, 3351 und *Renck*, ZRP 1996, 16, 20. Renck ist der Auffassung, das BVerfG hätte diese Schulform von vornherein für verfassungswidrig erklären müssen, um so einer verfassungswidrigen Praxis vorzubeugen, denn in Bayern habe man zwar immer das „Ja" der Billigung beherzigt, das „Aber" allerdings ignoriert.

119 *Huster*, Die ethische Neutralität des Staates, S. 184.

120 *Huster*, Die ethische Neutralität des Staates, S. 184.

121 BVerfGE 41, 65, 86.

Einerseits wird das Christentum in Gestalt eines unverbindlichen „Kulturchristentums“ geduldet, eine verbindliche christliche Grundorientierung der Gemeinschaftsschule untersagt. In dieser Hinsicht handelt es sich um eine Schule, die gegenüber anderen religiösen und weltanschaulichen Überzeugungen offen ist, da das Christentum in seiner kulturellen Bedeutung zwar dargestellt, aber nicht „normativ aufgeladen“ werden darf.[122] Andererseits wird eine dezidiert christliche Prägung der Gemeinschaftsschule für zulässig erklärt, die andere Religionen und Weltanschauungen lediglich toleriert. Andere Überzeugungen sollen nicht gleichberechtigt behandelt, sondern nur geduldet werden, indem christliche Glaubenswahrheiten nicht für absolut erklärt werden.[123]

3. *Rezeption in der Schulkreuzentscheidung*

In der Schulkreuzentscheidung bezieht sich das BVerfG zwar auf seine Ausführungen aus den Entscheidungen zur christlichen Gemeinschaftsschule, jedoch gibt es Hinweise darauf, dass das Gericht die christlichen Bezüge im Schulalltag strikteren Zulässigkeitsanforderungen unterwerfen will. Zwar wird betont, dass das Christentum als Bildungs- und Kulturfaktor weiterhin zulässig sei, jedoch wird – im Gegensatz zu früheren Entscheidungen – ein christlicher Grundzug der Gemeinschaftsschule nicht mehr akzeptiert.[124] Huster ist der Auffassung, dass aufgrund bestimmter Formulierungen[125] dezidiert christliche Elemente in den profanen Fächern nun herauszuhalten sind.

4. *Zwischenergebnis*

Im Ergebnis hat das BVerfG das Kreuz 1995 als für mit der Glaubensfreiheit unvereinbar erklärt. Es gibt Hinweise darauf, dass sich mit der Zeit eine strengere Linie gegenüber christlichen Bezügen in der Schule entwickelt hat.[126] Der Staat hat nach Art. 7 Abs. 1 GG einen eigenen Bildungs- und Erziehungsauftrag, der neben das elterliche Erziehungsrecht tritt,[127] und dieses wird vielfach von den Kritikern der Schulkreuzentscheidung als Rechtfertigungsgrund herangezogen.[128] Die Bildungs- und Erziehungsziele sollen demnach im Rahmen des staatlichen

---

122 *Huster*, Die ethische Neutralität des Staates, S. 185.
123 Vgl. BVerfGE 41, 65, 83; *Huster*, Die ethische Neutralität des Staates, S. 185f.
124 *Huster*, Die ethische Neutralität des Staates, S. 186f.
125 Zum Beispiel in BVerfGE 93, 1, 22.
126 Siehe oben Punkt 3 auf S. 95 und insbesondere die Fn. 123 und Fn. 124.
127 *Thiel*, in: Sachs, GG Art. 7, Rn. 22.
128 Vgl. S. 81f.

Erziehungsauftrages mithilfe eines Kreuzes an der Wand vermittelt werden. Das Kreuz soll jene Ziele symbolisieren und damit eine förderliche Wirkung bei deren Vermittlung haben. Daher lohnt ein vertiefter Blick auf den staatlichen Erziehungsauftrag, die vom Staat verfolgten Erziehungs- und Bildungsziele und deren Verhältnis zum religiös-weltanschaulichen Neutralitätsgebot.

5. *Das Verhältnis zwischen staatlichem Erziehungsauftrag und Elternrecht*

Im Folgenden sollen der staatliche Erziehungsauftrag und das Elternrecht im Hinblick auf ihr gegenseitiges Verhältnis und ihr Konfliktpotenzial untersucht werden. Besonderes Augenmerk wird auf die Frage gelegt, ob sich aus diesem Verhältnis Antworten für die zulässigen Inhalte staatlicher Erziehung ableiten lassen.

a. *Eigener Erziehungsauftrag nach Art. 7 Abs. 1 GG*

Die schulverfassungsrechtliche Grundnorm des Art. 7 Abs. 1 GG legt den Bildungs-, Ausbildungs- und Erziehungsauftrag des Staates fest und damit die Aufgabe, ein Schulsystem zu schaffen, das allen Schülern gemäß ihren Fähigkeiten die entsprechenden Bildungsmöglichkeiten eröffnet.[129] Der Gestaltungsfreiheit der Länder bei der Bestimmung der Erziehungs- und Unterrichtsziele ist dadurch eine allgemeine bundesverfassungsrechtliche Richtlinie vorgegeben.[130] Der Staat nimmt – trotz fehlender ausdrücklicher Regelung in der Verfassung – einen eigenen Erziehungs- und Bildungsauftrag in Anspruch; dieser steht neben dem Wächteramt des Staates gemäß Art. 6 Abs. 2 S. 2 GG, wobei er eigenständig ausgeformt ist und nicht hinter das elterliche Erziehungsrecht zurücktritt.[131] Da der Schulunterricht nicht nur darauf abzielt, die Persönlichkeitsentfaltung der Schüler zu fördern, sondern auch das Sozialverhalten zu beeinflussen und die Integration des Gemeinwesens voranzutreiben, kann die staatliche Schule als Keimzelle der freiheitlich-demokratischen Grundordnung betrachtet werden.

129 BVerfGE 47, 46, 71; *Jestaedt*, in: HStR VII, § 156, Rn. 43; *Jarass*, in: Jarass/Pieroth, GG Art. 7, Rn. 1.

130 *Badura*, in: Dürig/Herzog/Scholz, GG Art. 7, Rn. 52. Vgl. zur Gestaltungsfreiheit der Länder BVerfGE 53, 185, 196; 59, 360, 377; 75, 40, 67.

131 *Jestaedt*, in: HStR VII, § 156, Rn. 44; *Brosius-Gersdorf*, in: Dreier, GG Art. 7, Rn. 155ff.; *Thiel*, in: Sachs, GG Art. 7, Rn. 22; *Boysen*, in: v. Münch/Kunig, GG Art. 7, Rn. 51. Vgl. zur Eigenständigkeit des staatlichen Erziehungsauftrages BVerfGE 34, 165, 183; 41, 29, 44; 45, 400, 415f.; 47, 46, 71ff.; 52, 223, 236.

Nicht zuletzt deswegen kann und muss sie unabhängig vom Elternrecht eigene Erziehungsziele verfolgen.[132]

Über Umfang und Grenzen des staatlichen Erziehungsauftrages herrschen im Einzelnen Meinungsverschiedenheiten. Unbedenklich ist der staatliche Erziehungsanspruch, soweit er nur die Vermittlung von Wissen und Fertigkeiten betrifft; problematisch wird es, wenn man einen Blick auf die einzelnen landesverfassungsrechtlichen Regelungen zu Erziehungszielen wirft. Denn da wird deutlich, dass der Staat weltanschaulich und religiös sensible Unterrichtsinhalte und Erziehungsziele ebenfalls darstellen und vermitteln soll.[133] Das kann dem Elternrecht und dem Gebot der religiös-weltanschaulichen Neutralität des Staates widersprechen. Es ist aber Aufgabe der Schule, bestimmte verfassungsrechtlich und gesetzlich vorgegebene Grundanschauungen und Positionen zu vermitteln.[134] Verboten ist aber eine gezielte Beeinflussung oder Indoktrination im Dienste einer bestimmten politischen oder weltanschaulichen Richtung.[135]

b. Das elterliche Erziehungsrecht nach Art. 6 Abs. 2 GG

Pflege und Erziehung der Kinder sind das natürliche Recht und die Pflicht der Eltern; „natürlich“ ist dieses Recht, da die rechtliche Ordnung auf den von ihr nicht beeinflussbaren Sachverhalt der Abstammung bezogen ist. Pflege und Erziehung der Kinder sind damit „zuvörderst“ eine den Eltern obliegende Pflicht, wobei der Staat über die elterliche Pflege und Erziehung wacht (Wächteramt des Staates), indem er Regelungen bezüglich der Zuordnung und Reichweite von Vormundschaft und Sorgerecht trifft[136] oder dafür sorgt, dass dem sogenannten Elternprimat gegenüber allen übrigen, nicht grundrechtsverpflichteten Miterziehern Rechnung getragen wird.[137] Gebot und Zwang dürfen das Elternrecht nur einschränken, wenn es zwingend erforderlich ist, und zwar dann, wenn es um die Abwehr einer Kindeswohlgefährdung geht und die elterliche Verantwortung wiederhergestellt werden soll;[138] die staatliche Gemeinschaft wacht über die

132 *Jestaedt*, in: HStR VII, § 156, Rn. 44; *Boysen*, in: v. Münch/Kunig, GG Art. 7, Rn. 51 („Integrationsauftrag des Staates“).

133 Dazu *Thiel*, in: Sachs, GG Art. 7, Rn. 24ff. Vgl. etwa Art. 131 BV.

134 BVerfGE 47, 46, 72.

135 *Badura*, in: Dürig/Herzog/Scholz, GG Art. 7, Rn. 17.

136 *Badura*, in: Dürig/Herzog/Scholz, GG Art. 6, Rn. 24 und Rn. 91.

137 *Jestaedt*, in: HStR VII, § 156, Rn. 81.

138 *Jestaedt*, in: HStR VII, § 156, Rn. 81.

Verantwortung der Eltern und kann sie ergänzen mithilfe der Schule und dem ihr zustehenden Erziehungsauftrag gemäß Art. 7 Abs. 1 GG.[139]

Die verfassungsrechtliche Gewährleistung des Elternrechts dient in erster Linie dem Schutz des Kindes. Das Elternrecht ist um des Kindeswohls willen gegen staatliche Eingriffe geschützt.[140] Das Elternrecht vertraut Pflege und Erziehung des Kindes den Eltern an und weist ihnen die originäre Aufgabe und Befugnis zu, die Lebensverhältnisse und Entwicklungsmöglichkeiten des Kindes in eigener Verantwortung zu bestimmen; aufgrund der Individualität der familiären Lebensgemeinschaften wird davon abgesehen, kollektive Erziehungsziele und ein bestimmtes Bild von Kindeswohl vorzugeben.[141]

Die verfassungsrechtliche Garantie des Elternrechts wendet sich grundsätzlich gegen staatlich auferlegte Erziehungsziele und daher ist der Freiheitsraum der elterlichen Betätigung durch Art. 6 Abs. 2 und Abs. 3 GG im Verhältnis zum Staat abgegrenzt. Die Normen garantieren den Vorrang der Eltern und ihre Eigenständigkeit bei der Pflege und Erziehung der Kinder, bestimmen aber zugleich die staatliche Gemeinschaft als Wächter.[142] Die Abgrenzung und die Individualität in der Erziehung des Kindes in der familiären Gemeinschaft sorgen für ein spannungsgeladenes Verhältnis zum staatlichen Erziehungsauftrag.

c. *Gleichordnung der Erziehungsaufträge*

Das Verhältnis zwischen Art. 6 Abs. 2 GG und Art. 7 Abs. 1 GG zueinander wird gemeinhin von Rechtsprechung und Literatur als Konkurrenz grundsätzlich gleichgeordneter Erziehungsaufträge verstanden, deren Grenzen fließend sind und wobei eine trennscharfe Abgrenzung der Zuständigkeitsbereiche nicht möglich ist.[143] Das folgt aus der extensiven Auslegung des Art. 7 Abs. 1 GG, die dem Staat ein eigenes, zum Teil auch religiös-weltanschauliche Bereiche umfassendes Erziehungsmandat zugesteht.[144] Das elterliche Erziehungsrecht wiederum reicht ebenfalls in die Schule hinein, was zu Konflikten zwischen diesem und dem

---

139 *Badura*, in: Dürig/Herzog/Scholz, GG Art. 6, Rn. 24.

140 *Badura*, in: Dürig/Herzog/Scholz, GG Art. 6, Rn. 95 und Rn. 110.

141 *Badura*, in: Dürig/Herzog/Scholz, GG Art. 6, Rn. 95; *Höfling*, in: FS Kirchhof, Bd. 1 Staat und Verfassung, 2013, § 57, 621, 622.

142 *Badura*, in: Dürig/Herzog/Scholz, GG Art. 6, Rn. 96.

143 BVerfGE 47, 46, 72 und zum Verhältnis des Art. 7 Abs. 1 GG zu Art. 6 Abs. 2 GG i. V. m. Art. 4 Abs. 1 und 2 GG BVerwGE NVwZ 2014, 237ff. – „Krabat"; *Jarass*, in: Jarass/Pieroth, GG Art. 7, Rn. 9; *Thiel*, in: Sachs, GG Art. 7, Rn. 35; *Jestaedt*, in: HStR VII, § 156, Rn. 81; *Brosius-Gersdorf*, in: Dreier, GG Art. 7, Rn. 155ff.

144 Kritisch *Thiel*, in: Sachs, GG Art. 7, Rn. 35.

schulischen Erziehungsauftrag führt; diese werden anhand verschiedener Varianten von Kooperations- und Konkordanzmodellen zu lösen versucht.[145]

Folgende Überlegungen stehen hinter der Gleichordnung: Aus der Schulpflicht folgt eine staatliche Verpflichtung, die unterschiedlichen religiös-weltanschaulichen und ethischen Überzeugungen der Bürger zu respektieren, damit die Legitimation der Schulpflicht nicht leerläuft. Andererseits hat der Staat einen eigenständigen Erziehungsauftrag in der Schule, weshalb er sich nicht vollständig an den Überzeugungen der Eltern zu orientieren hat, sondern eigene Inhalte vermitteln darf; die Grundrechte der Eltern und Schüler wirken lediglich als Grenze der schulischen Erziehung. Ansonsten wäre ein gemeinsamer Unterricht aufgrund der Pluralität der unterschiedlichen Erziehungsvorstellungen nicht möglich.[146] Insgesamt ist von einer gemeinsamen Erziehungsaufgabe von Schule und Eltern zu sprechen, weil sich beide Erziehungstätigkeiten auf die Bildung *einer* Persönlichkeit des Kindes beziehen.[147]

Die Gleichordnung der Erziehungsaufträge führt zwangsläufig zu Konflikten zwischen widerstreitenden Erziehungsvorstellungen, die aufgrund der Pluralität zwischen Eltern, Schülern und der Schule vorkommen können. Diese Konflikte lassen sich mithilfe von Abwägungsprozessen nicht sinnvoll lösen, zumal es an einem Maßstab fehlt, wie diese unterschiedlichen Überzeugungen in Einklang gebracht werden können. Folglich lässt sich die Lösung für die Frage nach dem

---

145 Hierzu Kritik äußernd *Thiel*, in: Sachs, GG Art. 7, Rn. 35f. Thiel merkt an, dass diese Modelle statt klarer Entscheidungskriterien nur „leere Harmonisierungsformeln mit wohlklingenden, aber kaum praktisch handhabbaren Aufforderungen", zum Beispiel nach Toleranz und Offenheit der Schule gegenüber anderen Überzeugungen, bieten, die zu diffusen Abwägungsprozessen führen. Es fehle ein Maßstab dafür, wie unterschiedliche Überzeugungen in der Schulpraxis in Einklang gebracht werden sollen. Daher plädiert Thiel für eine engere Interpretation des schulischen Erziehungsmandates, dafür, dass Art. 7 Abs. 1 GG als lex specialis zu Art. 6 Abs. 2 S. 2 verstanden und das Einwirkungsrecht der Eltern aus diesem Bereich ausgegrenzt werden soll, vgl. Rn. 36. A. A. *Jestaedt*, in: HStR VII, § 156, Rn. 84, wonach diese Versuche dogmatisch unhaltbar sind und im Kollisionsfall die Herstellung praktischer Konkordanz forciert werden soll („Präferenzrelation im Einzelfall"), da das Grundgesetz die Eltern- und Schulverantwortung nicht trennscharf voneinander abgrenzt und von einer grundsätzlichen Gleichordnung ausgeht. Jestaedt liefert hierzu abwägungsleitende Kriterien, die den Abwägungsprozess transparenter gestalten sollen, vgl. Rn. 85.

146 *Huster*, Die ethische Neutralität des Staates, S. 276f.

147 *Jestaedt*, in: HStR VII, § 156, Rn. 83; *Huster*, Die ethische Neutralität des Staates, S. 277.

zulässigen Ausmaß religiöser Bezüge in der Schule nicht aus dem Verhältnis der beiden Erziehungsaufträge ableiten.

d. Das Problem der Erziehung aus Neutralitätsperspektive

Der freiheitliche Staat beweist seine Liberalität gegenüber dem elterlichen Erziehungsrecht darin, dass er sich eigener Erziehungsvorstellungen enthält und die unterschiedlichen Erziehungsideale, die von seinen Bürgern vertreten werden, bis zu einer Missbrauchsgrenze akzeptiert.[148] Wie verhält es sich dann mit dem eigenständigen Erziehungsauftrag, der dem Staat nach Art. 7 Abs. 1 GG eingeräumt wird? Dem Staat muss der Zugriff auf die Gesinnungen seiner Bürger grundsätzlich verwehrt sein; es genügt also, dass den Verhaltensanweisungen des staatlichen Rechts Folge geleistet wird, ohne dass möglicherweise eine innere Zustimmung oder Akzeptanz vorliegt.[149]

Es wird zwischen äußerem Verhalten und inneren Motiven differenziert. Diese Äußerlichkeit des Staates und des staatlichen Rechts bezieht sich nicht nur auf das Verbot, die Bürger und ihren Lebenswandel zu bewerten oder bessern zu wollen, vielmehr liegt eine „generelle Äußerlichkeit" des freiheitlichen Rechtsstaats vor: Der Staat darf grundsätzlich den Gehorsam seiner Bürger erzwingen, nicht

---

148 *Huster*, Die ethische Neutralität des Staates, S. 272f.

149 Vgl. *Kunig*, in: Adam/Schweitzer (Hg.), Ethisch erziehen in der Schule, S. 301, 303. Insbesondere erzwingt das Grundgesetz keine Werteloyalität, sondern erwartet lediglich von den Bürgern, dass sie die Verfassungsgehalte akzeptieren und verwirklichen, vgl. hierzu Wunsiedel-Beschluss BVerfGE 124, 300, 320f. Auch der BayVerfGH hat in seiner Entscheidung zum BayIntG vom 3.12.2019 ausgeführt, dass die Bürger rechtlich nicht dazu gehalten sind, die der Verfassung zugrunde liegenden Wertsetzungen persönlich zu teilen. Durch das BayIntG sollte nicht nur auf rechtskonformes äußeres Verhalten hingewirkt, sondern vorwiegend auf die innere Einstellung der Normadressaten Einfluss genommen werden, was grundsätzlich unzulässig ist. Das schließt allerdings nicht aus, dass der Staat versucht, einen möglichst breiten gesellschaftlichen Konsens über grundlegende Wertvorstellungen herbeizuführen oder zu fördern, indem er erzieherisch tätig wird, und das gilt nicht nur für den schulischen Bereich. Das stellt laut BayVerfGH ein grundsätzlich legitimes Ziel dar, welches im Ergebnis aber in unverhältnismäßiger Weise umzusetzen versucht wurde, s. BayVerfGH NVwZ-RR 2020, 273, 290f.

aber die innere Zustimmung, und das gilt auch für Sachverhalte ohne religiös-weltanschaulichen Bezug.[150]

Aus Neutralitätsperspektive ist eine staatliche Beurteilung hinsichtlich der individuellen Lebensgestaltung – insbesondere was Religion und Weltanschauung angeht – nicht möglich, da diese Fragen in einem pluralen Gemeinwesen umstritten sind. Demzufolge ist staatliche Erziehung in der Schule als solche problematisch, weil die innere Gesinnung der einzelnen Schüler dem Staat entzogen ist, Erziehung aber gerade die Anschauungen des zu Erziehenden zu beeinflussen versucht und damit den Rahmen des Äußerlichen verlässt.[151] Das gilt insbesondere für die religiös-weltanschauliche Erziehung in der Schule. Der Bildungs- und Erziehungsauftrag ist aber nicht nur auf Wissensvermittlung beschränkt, sondern hat auch zum Inhalt, das einzelne Kind zu einem „selbstverantwortlichen Mitglied der Gesellschaft heranzubilden. Die Aufgaben der Schule liegen daher auch auf erzieherischem Gebiet."[152]

Nichtsdestotrotz ist die Frage zu klären, welche Erziehungsziele der Staat in der öffentlichen Pflichtschule verfolgen darf. Der Staat darf Schüler jedenfalls in umstrittenen religiös-weltanschaulichen oder politischen Fragen nicht beeinflussen; allerdings genügt die Festlegung in negativer Richtung nicht.[153] Positive Maßstäbe für die staatliche Erziehungstätigkeit in der Schule sind maßgeblich und die jeweiligen Landesgesetzgeber haben diese auch in Anspruch genommen. Ausgehend von der Vielzahl der pluralen Erziehungsvorstellungen stellt sich die elementare Frage: Wie kann der Staat seinen Erziehungsauftrag in neutraler Weise erfüllen, ohne die Grenzen des Elternrechts zu überschreiten und ohne in Bezug auf die Auswahl und Umsetzung der einzelnen Erziehungsziele diskriminierend zu handeln?[154]

---

150 *Kunig*, in: Adam/Schweitzer (Hg.), Ethisch erziehen in der Schule, S. 301, 303: „Ein (…) Grundrechtsstaat darf nur äußeres Verhalten erzwingen, nicht aber die Moralität seiner Rechtssubjekte." Der Staat als „äußere Ordnung", s. *Volkmann*, Darf der Staat seine Bürger erziehen?, Vortrag vom 09.11.2011, in: Würzburger Vorträge zur Rechtsphilosophie, Rechtstheorie und Rechtssoziologie, Heft 44, 2012, S. 30ff.; *Huster*, Die ethische Neutralität des Staates, S. 273.

151 *Huster*, Die ethische Neutralität des Staates, S. 273f.

152 Vgl. den Sexualkundebeschluss des Ersten Senats BVerfGE 47, 46, 72 und auf Landesebene BayVerfGH BeckRS 2002, 12935 Rn. 46ff. und Rn. 54; HessStGH BeckRS 2016, 51179 Rn. 21.

153 *Kunig*, in: Adam/Schweitzer (Hg.), Ethisch erziehen in der Schule, S. 301, 306; *Huster*, Die ethische Neutralität des Staates, S. 274.

154 *Huster*, Die ethische Neutralität des Staates, S. 274f.

Jedenfalls kann diese Frage nicht ausgehend vom Elternrecht beantwortet werden, weil sich aus der Vielzahl der elterlichen Erziehungsvorstellungen keine nähere Bestimmung des staatlichen Erziehungsauftrages ergibt.[155] Vielmehr muss die Konkretisierung aus dem staatlichen Erziehungsauftrag selbst erfolgen. Zwar sind staatliche Erziehungsziele unter Umständen gegenüber den elterlichen begründungsbedürftig, jedoch liegt keine gegenseitige Abhängigkeit vor.[156] Der Staat benötigt eigene, vom Elternrecht unabhängige Erziehungsziele, um seinen verfassungsrechtlich verankerten Erziehungsauftrag in geeigneter Weise erfüllen zu können.[157] Grundlage dafür ist die Verfassung selbst und ihre Interpretation.

III. Erziehungsziele in der Analyse

1. Keine explizite Regelung von Erziehungszielen im Grundgesetz

Das Grundgesetz enthält keine ausdrücklichen Regelungen zu Erziehungszielen und unterscheidet sich in diesem Punkt deutlich von der Weimarer Reichsverfassung und den meisten Landesverfassungen. Dies stellt eine bewusste Entscheidung des Grundgesetzgebers dar, um die freie Entscheidung der Eltern über die Ziele und Inhalte der Erziehung ihrer Kinder zu gewährleisten.[158] In der Weimarer Reichsverfassung wurden in Art. 148 Abs. 1 konkrete Erziehungs- und Bildungsziele festgelegt:

> In allen Schulen ist sittliche Bildung, staatsbürgerliche Gesinnung, persönliche und berufliche Tüchtigkeit im Geiste des deutschen Volkstums und der Völkerversöhnung zu erstreben.

Der Ansatz, die Erziehungs- und Bildungsziele der Weimarer Reichsverfassung über Art. 1 Abs. 3 GG ins Grundgesetz aufzunehmen, überzeugt nicht, weil diese Norm sich ausdrücklich auf die „nachfolgenden Grundrechte" bezieht und daher nicht zur Inkorporation des Art. 148 WRV geeignet ist.[159] Mangels eigens formulierter Erziehungsziele im Grundgesetz folgen Strukturprobleme für Lehrprogramme, den Inhalt des Unterrichts und für die Kompetenzen, die den Schülern beigebracht werden sollen. Für die staatliche Schule ist es demnach wenig sinnvoll, Veranstaltung und Programm zu trennen, um das eine zur legitimen

---

155 *Huster*, Die ethische Neutralität des Staates, S. 283.
156 *Huster*, Die ethische Neutralität des Staates, S. 283.
157 Kritisch zu dem Versuch, aus der Verfassung ein „partielles Erziehungsprogramm" zu gewinnen *Boysen*, in: v. Münch/Kunig, GG Art. 7, Rn. 69.
158 *Thiel*, Der Erziehungsauftrag des Staates in der Schule, S. 89.
159 *Thiel*, Der Erziehungsauftrag des Staates in der Schule, S. 89.

Staatsaufgabe zu erklären und das andere staatlicher Einflussnahme entziehen zu wollen.[160] Die Schule darf sich einerseits nicht vor der Pluralität der geistigen und gesellschaftlichen Kräfte verschließen, andererseits darf ebenjene Pluralität nicht zur gegenseitigen Minimalisierung und inhaltlichen Entleerung im Lehrprogramm führen, da Erziehung Leitbilder und Ideale voraussetzt.[161]

2. Erziehungsziele in den Landesverfassungen und ihre Bindungswirkung

In den Landesverfassungen sind konkrete Erziehungsziele normiert. Unter einem Erziehungsziel werden umgangssprachlich umschriebene, für bestimmte erzieherische Maßnahmen noch nicht hinreichend präzisierte oder konkretisierte Zustände und Charaktereigenschaften von Personen oder Interaktionen verstanden.[162] In den Grundzügen stimmen die Erziehungsziele der Landesverfassungen überein. Am häufigsten werden das demokratische Bewusstsein, die politische Verantwortung und der Frieden zwischen den Völkern genannt; die Grundlagen der christlichen Bekenntnisse, also Ehrfurcht vor Gott, christliche Nächstenliebe, Brüderlichkeit und die christlich-abendländischen Bildungs- und Kulturwerte werden ebenfalls häufig erwähnt. Heimat, Volk, Sittlichkeit, soziale Gerechtigkeit und soziales Handeln, berufliche Tüchtigkeit und Wahrhaftigkeit sollen auch vermittelt werden. Weitere normierte Bildungs- und Erziehungsziele sind: Gemeinschaftsgesinnung, selbstständiges Denken, Selbstbeherrschung, Hilfsbereitschaft, Aufgeschlossenheit für alles Wahre, Gute und Schöne, Sachlichkeit, Ehrfurcht und Freiheit, Achtung vor der Würde des Menschen und Toleranz gegenüber der Überzeugung anderer etc.[163]

Eine Frage, die sich bei der Aufzählung stellt, ist die nach der Bindungswirkung. Sind die Erziehungsziele der Landesverfassungen zu beachten bzw. zu integrieren? Zum Teil wird vertreten, dass die Regelungen der Landesverfassungen durch Bundesverfassungsrecht nicht verdrängt seien, da das Grundgesetz selbst nur wenig in Sachen Schulrecht regelt und die weitere Ausgestaltung des Schulrechts den Ländern im Rahmen ihrer Kulturhoheit übertragen sei; die inhaltliche Ausgestaltung des staatlichen Erziehungsauftrages sei somit den Ländern überlassen, während Art. 7 Abs. 1 GG nur die Existenz eines solchen Rechts belege.[164]

160 *Schlaich*, Neutralität als verfassungsrechtliches Prinzip, S. 92.

161 *Schlaich*, Neutralität als verfassungsrechtliches Prinzip, S. 92.

162 *Thiel*, Der Erziehungsauftrag des Staates in der Schule, S. 45.

163 *Schlaich*, Neutralität als verfassungsrechtliches Prinzip, S. 93f.; *Thiel*, Der Erziehungsauftrag des Staates in der Schule, S. 45ff.

164 *Thiel*, Der Erziehungsauftrag des Staates in der Schule, S. 90.

Dagegen spricht allerdings, dass die meisten Landesverfassungen älter sind als das Grundgesetz, und daher behalten die Erziehungszielvorgaben in den Landesverfassungen zwar Gültigkeit, aber nur, soweit sie nicht den bundesrechtlichen Vorgaben widersprechen.[165] Folglich ist eine Bindungswirkung der landesverfassungsrechtlichen Erziehungszielvorgaben abzulehnen; diese können die Erziehungsziele auf Bundesebene nicht inhaltlich beeinflussen.

3. *Verfassungsmäßige Erziehungsziele*

In einer stark pluralisierten und ausdifferenzierten Gesellschaft treffen in der Schule die verschiedenen religiös-weltanschaulichen und ethischen Überzeugungen besonders intensiv aufeinander. Das birgt erhebliches Konfliktpotenzial, aber kann auch als Chance zum gegenseitigen Verständnis und zur Einübung von Toleranz gesehen werden. Voraussetzung dafür ist ein Lern- und Erziehungskonzept, dem keine partikularen Überzeugungen, die nicht konsensfähig sind, zugrunde liegen. Zulässig sind demnach Erziehungsziele, die nicht aus einer Berufung auf letzte Wahrheiten resultieren, keinen religiös-weltanschaulichen oder ethischen Ursprung haben. Im Folgenden werden unterschiedliche Ansätze untersucht, die die Verfassung bzw. konkrete Verfassungsnormen als Erziehungsleitlinie heranziehen.

a. *Autonome Persönlichkeitsentfaltung, Art. 2 Abs. 1 i. V. m. Art. 1 Abs. 1 GG*

Der freie und mündige Bürger, der von seinen Freiheitsrechten Gebrauch macht, ist Ziel der Erziehungs- und Bildungsbemühungen der staatlichen Schule. Fraglich ist, ob sich der staatliche Erziehungsauftrag allein an diesem Maßstab orientieren kann.[166]

Mündigkeit, Autonomie oder Selbstbestimmung sind als inhaltliche Vorgaben für die Erziehung zu abstrakt und können gegebenenfalls mit anderen Erziehungszielen in Konflikt treten. Zudem sind Mündigkeit und Selbstbestimmung eher Maßgaben für die Erziehung, gerichtet gegen Indoktrination und sklavischen Gehorsam. Insoweit haben diese Tugenden eher abwehrenden und auf die Art und Weise der Erziehung bezogenen und keinen inhaltlichen bzw. materiellen Charakter.[167] Ein weiteres Argument, welches gegen die autonome

---

165 *Thiel*, Der Erziehungsauftrag des Staates in der Schule, S. 90; *Brosius-Gersdorf*, in: Dreier, GG Art. 7, Rn. 30; *Jestaedt*, in: HStR VII, § 156, Rn. 45. Vgl. auch Art. 31 GG: „Bundesrecht bricht Landesrecht."

166 *Huster*, Die ethische Neutralität des Staates, S. 284.

167 *Huster*, Die ethische Neutralität des Staates, S. 284f.

Persönlichkeitsentfaltung als alleiniges Erziehungsziel spricht, ist, dass die Erziehung in der öffentlichen Schule nicht nur auf das Formen eines mündigen und autonomen Staatsbürgers gerichtet ist. Ein solcher Bürger setzt ein Gemeinwesen voraus, in welchem er von seinen Freiheitsrechten Gebrauch macht. Folglich versucht die Schule auch einen Beitrag zur Integration des Gemeinwesens zu leisten und daher können persönliche Selbstentfaltung und soziale Integration nicht unabhängig voneinander betrachtet werden.[168] Mit einem solchen Erziehungsziel wäre der Integrationsaspekt nicht abgedeckt.

b. Verfassungsessenz, Art. 79 Abs. 3 GG

Eine wichtige Aufgabe der Schule soll es sein, ihren Schülern nicht nur Fähigkeiten und Kenntnisse zu vermitteln, sondern diese auch zu befähigen, in der Konfrontation mit fremden Überzeugungen einen eigenen Maßstab für eine verantwortungsbewusste Lebensführung zu entwickeln. Voraussetzung dafür ist, dass die staatliche Schule bestimmte Grundhaltungen darstellen und zum Teil darüber hinausgehend prägend vermitteln darf.[169]

Zu diesen Grundhaltungen gehört die Beachtung der Verfassungsprinzipien („Verfassungsessenz"[170]) gemäß Art. 79 Abs. 3 GG. Wäre der Staat in Bezug auf die Beachtung der in der Ewigkeitsgarantie festgelegten Prinzipien wie der Demokratie als Staatsform, der Qualifizierung der Bundesrepublik Deutschland als Rechts- und Sozialstaat und der Einhaltung der Rechtsordnung ebenfalls ohne eigene Auffassung, so bestünde das Problem, dass er seine eigene Verfasstheit und Existenz zur Disposition stellte.[171] Der Staat des Grundgesetzes ist zwar wertgebunden, ohne selbst eine bestimmte Weltanschauung für letztverbindlich zu erklären; allerdings stellt sich im Hinblick auf seine Verfasstheit die Frage, ob er nicht zur Gewährleistung der Funktionsfähigkeit dieser Grundlagen befugt sei, in der Schule zur Achtung dieser Verfassungsprinzipien zu erziehen, um so Schüler zu künftigen Staatsbürgern zu formen, ohne dabei ein Bekenntnis zu diesen Grundhaltungen zu verlangen oder sie zu indoktrinieren.[172]

---

168 *Huster*, Die ethische Neutralität des Staates, S. 285.

169 *Thiel*, Der Erziehungsauftrag des Staates in der Schule, S. 113. Zustimmend *Jestaedt*, in: HStR VII, § 156, Rn. 71.

170 Zum Begriff siehe *Schmitt-Kammler*, Elternrecht und schulisches Erziehungsrecht nach dem Grundgesetz, 1983, S. 41.

171 *Thiel*, Der Erziehungsauftrag des Staates in der Schule, S. 114.

172 *Thiel*, Der Erziehungsauftrag des Staates in der Schule, S. 114; *Schmitt-Kammler*, Elternrecht und schulisches Erziehungsrecht nach dem Grundgesetz, S. 41.

Unzulässig ist eine staatliche Identifikation mit einer bestimmten Weltanschauung, welche mit der Aussage verbunden ist, diese sei verbindlich und zu akzeptieren; im Grunde könnte die Haltung zur Staatsorganisation des Grundgesetzes und die Vermittlung der Grundwerte der freiheitlich-demokratischen Grundordnung ebenfalls als Weltanschauung zu qualifizieren sein. Danach dürfte die Verfassungsessenz nicht in der Schule als Erziehungsziel dienen. Oft wird aber in der Verfassungsessenz eine Ausnahme zum Neutralitätsgebot gesehen, da der Staat nicht indifferent zu seinen eigenen Grundlagen und seiner Verfasstheit stehen dürfe. Wenn die Grundlagen der Staatsorganisation, wie sie im Grundgesetz geregelt sind, ebenfalls dem Neutralitätsgebot unterfielen, dann läge ein systemimmanenter Widerspruch vor.[173]

Die Verfassung würde durch einen ihrer Grundsätze verbieten, dass die ihr immanenten Werte in der Schule weitergegeben werden. Die Forderung, dass Schüler zur Achtung der Verfassungsessenz erzogen werden sollen, ergebe sich demzufolge aus dem Grundgesetz selbst.[174]

Der Einwand des Selbstwiderspruchs verkennt den Unterschied zwischen einer Weltanschauung und den Prinzipien einer freiheitlichen Staatsordnung. Die Verfassung ist weltanschaulich neutral, aber nicht wertneutral.[175] Das Grundgesetz unterscheidet sich laut Dreier vom Absolutismus und Wertobjektivismus religiöser Heilslehren und Weltanschauungsdoktrinen dadurch, dass es sich zur eigenen Relativität bekennt. Es begreift seine Regelungen nicht als absolut, sondern lediglich als geltend und verzichtet auf Sinnstiftungsansprüche. Auch wenn die Verfassung oft als Wertordnung begriffen wird, so kann nicht gesagt werden, dass das Grundgesetz eine konkrete politische Weltanschauung oder ein bestimmtes Gesellschaftsbild vertritt.[176] Folglich darf nicht von den Bürgern verlangt werden,

---

173 So etwa *Thiel*, in: Sachs, GG Art. 7, Rn. 28; *ders.*, Der Erziehungsauftrag des Staates in der Schule, S. 114; *Schmitt-Kammler*, Elternrecht und schulisches Erziehungsrecht nach dem Grundgesetz, S. 41 und *Baldus*, in: Anter/Frick (Hg.), Politik, Recht und Religion, S. 219, 228.

174 *Thiel*, Der Erziehungsauftrag des Staates in der Schule, S. 114f.

175 *Dreier*, Staat ohne Gott, S. 115f.; *Schmitt-Kammler*, Elternrecht und schulisches Erziehungsrecht nach dem Grundgesetz, S. 41.

176 *Dreier*, Staat ohne Gott, S. 116f. In diese Richtung auch *Lautsch*, DÖV 2019, 441ff., die die Begriffe des Verfassungspatriotismus und der Wertordnung kritisiert. Die Verfassung sei in erster Linie ein Rechtstext, eine Rechtsordnung bzw. ein rechtlicher Rahmen für politische Prozesse, weshalb die beinahe zivilreligiöse Emotionalisierung und die Aufladung mit moralphilosophischer Bedeutung nicht für den politischen Diskurs geeignet seien und die Verfassung überforderten.

dass sie sich mit dieser Art von Gemeinwesen identifizieren, Rechtsgehorsam muss genügen und die Äußerlichkeit gewahrt werden.[177]

Ein weiterer wesentlicher Unterschied liegt in der Thematik. Bei den verfassungsrechtlichen Garantien und Prinzipien handelt es sich nicht um bestimmte Ausprägungen der Welt- und Letzterklärung. Religion und Weltanschauung erheben den Anspruch, letzte Wahrheiten und Antworten auf die Sinn- und Seinsfragen zu bieten. Es ist vielmehr Ziel und Zweck der Verfassung, diese Sinnfrage offen zu lassen und offen zu sein für die Antworten, die jeder Bürger für sich selbst findet. Die Normen des Grundgesetzes dienen dazu, diesem Ziel durch die Garantie individueller Freiheiten möglichst nahezukommen.[178] Dreier fasst es treffend zusammen: „Der freiheitliche Verfassungsstaat regelt ohne Zweifel wichtige, aber eben nicht die letzten Dinge."[179]

Es bestehen grundsätzlich keine Einwände dagegen, wenn die Schule die Verfassungsessenz oder die freiheitlich-demokratische Grundordnung als Gegenstand der schulischen Erziehung vermittelt; problematisch an diesen Ansätzen ist allerdings, dass die staatliche Schule auf dieses Erziehungsziel beschränkt sein soll.[180] Die Schule dürfe also nur das erzieherisch vermitteln, was durch die Verfassung selbst aus dem Bereich des Strittigen herausgenommen ist, mit anderen Worten: Der staatliche Erziehungsauftrag reduziert sich damit auf die Gehalte der Ewigkeitsklausel.[181]

Diese Reduktion wirkt auf den ersten Blick einleuchtend und attraktiv, da der Bestand des Art. 79 Abs. 3 GG im Hinblick auf die religiös-weltanschauliche Neutralität kaum Konfliktpotenzial und eine klare Abgrenzung zu den elterlichen Erziehungsbefugnissen bietet.[182] Dennoch überzeugt dieses Modell nicht, da die öffentliche Schule nicht nur ein politischer Raum ist, in dem Schüler auf ihre Rolle als aktive Staatsbürger eines Gemeinwesens vorbereitet werden sollen. Im Schulalltag, etwa im Kontakt mit Lehrpersonal oder anderen Schülern, spielt auch das Sozialverhalten eine entscheidende Rolle. Selbst wenn man der Auffassung ist, die Schule dürfe über die Verfassungsessenz hinaus keinen Einfluss auf „Herz und

---

177 *Dreier*, Staat ohne Gott, S. 117.

178 *Dreier*, Staat ohne Gott, S. 117f.

179 *Dreier*, Staat ohne Gott, S. 119.

180 So zum Beispiel *Thiel*, in: Sachs, GG Art. 7, Rn. 28: „Bezüglich dieser ‚Verfassungsessenz', aber auch *nur* [Hervorhebung durch Autor] bzgl. ihrer, ist der Staat zu ‚wertehaltiger' Erziehung berechtigt, ja sogar verpflichtet."

181 *Thiel*, in: Sachs, GG Art. 7, Rn. 28. Kritisch dazu *Huster*, Die ethische Neutralität des Staates, S. 287f.

182 *Huster*, Die ethische Neutralität des Staates, S. 287.

Charakter" (Art. 131 Abs. 1 BV) der Schüler ausüben, so kann nicht geleugnet werden, dass im Schulalltag und gerade im Kontakt mit anderen gewisse Grundhaltungen implizit vermittelt werden. Auf die zentralen Fragen des allgemeinen Sozialverhaltens geht die Ewigkeitsgarantie des Art. 79 Abs. 3 GG nicht ein.[183] Demnach kann die Verfassungsessenz allein kein geeignetes Erziehungsziel sein.

c. *Pädagogische Verfassungsinterpretation*

Häberle ist der Auffassung, dass die Verfassung zu sich selbst erziehen muss. Achtung vor der Verfassung verlangt erzieherische Vorleistungen, zum Beispiel Verfassungsverständnis und staatsbürgerliches Mindestwissen. Jene Basisbedingungen müssen jeder Generation neu vermittelt werden.[184] Maßgeblich ist, dass nicht Verfassungstreue im Sinne einer *religion civile* erwartet werden kann, weil der Bürger ansonsten seine Freiheit verlöre; eine plurale Verfassung trage ihre Grenzen nämlich in sich selbst.[185] Verfassungsprinzipien wie Menschenwürde, Demokratie, Republik, Persönlichkeitsentfaltung, Völkerrechtsfreundlichkeit etc. wirken nach Häberle für sich genommen bereits als Erziehungsziele kraft Interpretation.[186] Häberle gewinnt Erziehungsziele aus der Verfassung mittels pädagogischer Verfassungsinterpretation, indem er nicht nur die juristische, sondern auch die pädagogische Bedeutung und die sozialethischen Hintergründe bestimmter Verfassungsnormen freilegt. Erziehungsziele würden oft nicht als solche in Verfassungstexten formuliert, sondern lediglich als juristische Sätze, die es erst auf verdeckte pädagogische Gehalte zu untersuchen gilt.[187] Eine offene Gesellschaft bedürfe der sachlichen Grundierung durch oben genannte Erziehungsziele als einer Voraussetzung für den Bestand und die Entfaltung des Verfassungsstaates.[188]

Häberles Ansatz der pädagogischen Verfassungsinterpretation lässt sich so verstehen, dass nicht nur die Grundlagen der Verfassung als Erziehungsziele fruchtbar gemacht werden können, sondern das gesamte Grundgesetz. Das Grundgesetz in seiner Gesamtheit bietet aufgrund der vielen thematisch unterschiedlichen Regelungen deutlich mehr Anknüpfungspunkte für das Herausarbeiten von

183 *Huster*, Die ethische Neutralität des Staates, S. 288.

184 *Häberle*, in: FS Hans Huber, 1981, 211, 221.

185 *Häberle*, in: FS Hans Huber, 211, 221.

186 *Häberle*, in: FS Hans Huber, 211ff.

187 *Häberle*, in: FS Hans Huber, 211. Die erzieherischen Gehalte seien die andere, die „Rückseite" der Verfassung. Methodisch gesehen, bedarf es laut Häberle damit einer Erweiterung des rein juristischen Ansatzes um eine pädagogische bzw. kulturwissenschaftliche Herangehensweise, vgl. S. 212ff.

188 *Häberle*, in: FS Hans Huber, 211.

Erziehungszielen.[189] Besondere Bedeutung erlangen dabei die Grundrechte und das Menschenbild des Grundgesetzes.

aa. Grundrechte als Erziehungsleitlinie

Die Grundrechte als Maßstab für die schulische Erziehung anzuwenden, fußt in dem vom BVerfG entwickelten Gedanken der objektiven Wertordnung, den die Grundrechte verkörpern (sollen). Problematisch an dieser Idee ist die Rechtsnatur der Grundrechte selbst: Wie sollen subjektive Rechte, die als Abwehrrechte gegen den Staat konzipiert sind, positive Maßstäbe für die Erziehung in der staatlichen Schule bereithalten?[190] Nach Häberle kann man die pädagogischen Gehalte und Hintergründe der Grundrechte kraft Interpretation freilegen. Ein Beispiel für eine pädagogische Auswertung eines Grundrechts ist Art. 5 Abs. 1 GG: Die Meinungsfreiheit diene als Grundlage dazu, die Schüler zu eigenständiger Meinungsbildung anzuhalten und zugleich fremde Meinungen zu achten.[191] Dennoch bleibt es dabei, dass Grundrechte ihrem Wesen nach Abwehrrechte sind, die den Einzelnen vor staatlichen Eingriffen schützen sollen. Sie sind kein „Modell positiver menschlicher Entfaltung".[192]

Außerdem enthalten Grundrechte oft eine negative Komponente; Art. 4 GG etwa beinhaltet auch das Recht, keinen Glauben zu haben. Diese negative Seite kann nach der pädagogischen Verfassungsinterpretation gar nicht dargestellt werden, weil diese auf Grundrechten als positiven Werten beruht.[193] Zudem kann die Antwort auf die Frage, welches Erziehungsziel zulässig ist, nicht davon abhängen, ob das Erziehungsziel im Grundrechtskatalog der Verfassung verankert ist.[194] Ein weiteres Gegenargument ist die Schutzrichtung der Grundrechte: Sie sollen das individuelle Verhaltens- und Lebensführungsideal betreffend vor staatlicher Bevormundung schützen und individuelle Freiräume schaffen. Doch durch die pädagogische Verfassungsinterpretation werden den Grundrechten bestimmte positive Werte zugrunde gelegt, die erziehungswürdig sind; dadurch wirken die Freiheitsrechte paternalisierend und deren Schutzrichtung wird in ihr Gegenteil verkehrt.[195]

---

189 So versteht es auch Huster in: Die ethische Neutralität des Staates, S. 288f.

190 *Huster*, Die ethische Neutralität des Staates, S. 289f.

191 Vgl. *Häberle*, in: FS Hans Huber, 211, 228ff. Andere Beispiele bei *Huster*, Die ethische Neutralität des Staates, S. 289.

192 *Huster*, Die ethische Neutralität des Staates, S. 290.

193 *Huster*, Die ethische Neutralität des Staates, S. 290.

194 *Huster*, Die ethische Neutralität des Staates, S. 290.

195 *Huster*, Die ethische Neutralität des Staates, S. 291.

bb. Das Menschenbild des Grundgesetzes als Erziehungsleitlinie

Das aus dem Menschenbild des Grundgesetzes zu gewinnende Erziehungsziel ist laut Häberle die Entfaltungsfreiheit der Jugend im Rahmen von Grenzen und Pflichten.[196] Der freiheitsorientierte Aspekt sei dabei in den Vordergrund zu rücken, denn in der Menschenbildformel des BVerfG heißt es:

> Das Menschenbild des Grundgesetzes ist nicht das eines isolierten souveränen Individuums; das Grundgesetz hat vielmehr die Spannung Individuum-Gemeinschaft im Sinne der Gemeinschaftsbezogenheit und Gemeinschaftsgebundenheit der Person entschieden, ohne dabei deren Eigenwert anzutasten.[197]

Laut Häberle gibt es eine Wechselwirkung zwischen Menschenbild und Erziehungsziel. Die Erziehungsziele seien vom Menschenbild aus konzipiert und umgekehrt prägen die Erziehungsziele wiederum das Menschenbild des Grundgesetzes.[198] Meist werde das Menschenbild freiheitsbegrenzend in der BVerfG-Judikatur verwendet, doch im Rahmen der Gewinnung von Erziehungszielen sei der freiheitsorientierte Aspekt fruchtbar zu machen.[199] Zweifelhaft daran ist, dass die Entfaltungsfreiheit im Rahmen von Grenzen und Pflichten nur in der Einsicht gipfelt, dass auf die Rechte und Interessen anderer im Rahmen der eigenen Freiheitsausübung Rücksicht genommen werden muss, oder anders gesagt: Freiheitseinschränkungen sind grundsätzlich zulässig zugunsten der Freiheit anderer oder sonstiger Gemeinschaftsgüter. Für diese allgemeine Grundregel bedarf es aber keines eigenen Menschenbildes.[200] Doch kann man aus dieser Einsicht erzieherische Vorstellungen und Ziele ableiten? Das BVerfG hat die Menschenbildformel sehr begrenzt zum Zwecke der Legitimation von Freiheitseinschränkungen verwendet, nicht jedoch, um ein weltanschauungsmäßig aufgeladenes Menschenbild der Verfassung oder Erziehungsziele zu formulieren.[201] Das Menschenbild des Grundgesetzes wird regelmäßig auf die Grundrechte zurückgeführt; bezeichnend sind Würde, Freiheit der Persönlichkeitsentfaltung, Selbstbestimmung und

---

196 *Häberle*, in: FS Hans Huber, 211, 235ff.

197 BVerfGE 4, 7, 15f.

198 *Häberle*, in: FS Hans Huber, 211, 236.

199 *Häberle*, in: FS Hans Huber, 211, 236f.

200 Kritisch *Huster*, Die ethische Neutralität des Staates, S. 293f. In BVerfGE 4, 7, 16 heißt es weiter: „Dies heißt aber: der einzelne muß [sic!] sich diejenigen Schranken seiner Handlungsfreiheit gefallen lassen, die der Gesetzgeber zur Pflege und Förderung des sozialen Zusammenlebens in den Grenzen des bei dem gegebenen Sachverhalt allgemein Zumutbaren zieht, vorausgesetzt, daß [sic!] dabei die Eigenständigkeit der Person gewahrt bleibt."

201 *Huster*, Die ethische Neutralität des Staates, S. 294.

Eigenverantwortung, das heißt, der Mensch wird als Individuum und als Träger von Freiheitsrechten begriffen, die ihn vor staatlicher Bevormundung schützen sollen.[202] Daraus ein normatives Menschenbild abzuleiten, geht zu weit, zumal das BVerfG stets die Offenheit gegenüber dem Pluralismus an religiös-weltanschaulichen und ethischen Auffassungen betont hat.[203]

d. *Zwischenergebnis*

Die obige Darstellung hat gezeigt, dass die bisherigen Versuche, Erziehungsziele aus bestimmten Verfassungsnormen herzuleiten, ungeeignet sind. Autonome Persönlichkeitsentfaltung des Kindes und die Verfassungsessenz sind zu eng gefasst, weil sie entweder den Aspekt der sozialen Integration außer Acht lassen oder umgekehrt nur die politische Erziehung im Blick haben. Die pädagogische Verfassungsinterpretation krankt daran, dass sie schon nicht die passenden Voraussetzungen bereithält; die Grundrechte sind vorrangig Abwehrrechte und eignen sich nicht dazu, aus ihnen positive Erziehungsideale herzuleiten, ohne die Schutzrichtung ins Gegenteil zu verkehren. Und die Einsicht, dass Freiheitseinschränkungen nur zulässig sind zugunsten des Freiheitsschutzes anderer oder sonstiger Verfassungsgüter, genügt nicht, um daraus Erziehungsinhalte für die schulische Bildung zu formulieren.

IV. Die Interpretation des staatlichen Erziehungsauftrages im Wege der Normkonkretisierung

Um die Frage nach zulässigen Erziehungszielen beantworten zu können, muss der im Grundgesetz geregelte staatliche Erziehungsauftrag genauer untersucht bzw. interpretiert werden. Die Ausgangsfrage bei der Verfassungsinterpretation ist: Wie ist die abstrakt formulierte Verfassungsnorm den Bedürfnissen der Gegenwart entsprechend zu verstehen? Die Interpretation einer Verfassungsnorm wird vom jeweiligen Problem und vom Vorverständnis des Interpreten, dessen Bedeutung man sich bewusst sein muss, mitbestimmt.[204] Da die Verfassung kein

202 Vgl. BVerfGE 41, 29, 50.

203 *Huster*, Die ethische Neutralität des Staates, S. 295. Vgl. zur Menschenbildformel die Sterbehilfe-Entscheidung des BVerfG vom 26.02.2020 in BVerfGE 153, 182, in der diese laut Funke innerhalb der Menschenwürdegarantie zum selbständigen Argument avanciert ist, s. *Funke*, Parallelweg: Menschenwürde und Menschenbild. Zur Entweltlichung des Menschen in der Menschenwürdeinterpretation, in: Gröschner/Kirste/Lembcke (Hg.), Wege der Würde. Philosophenwege – Rechtswege – Auswege, 2022, S. 83ff.

204 *Hesse*, Grundzüge des Verfassungsrechts, § 2, S. 29.

abgeschlossenes und einheitliches System von Rechtssätzen und Werten darstellt und deren Auslegung nicht nur im Nachvollziehen von etwas bereits Vorgegebenem besteht, ist das Verfahren der Normkonkretisierung die anzuwendende Methode.[205] Im Folgenden wird gezeigt, wie und an welcher Stelle das Neutralitätsgebot als Interpretationsgebot in dem Verfahren eingesetzt werden kann.

1. Art. 7 Abs. 1 GG in der Normkonkretisierung

a. Normprogramm

Ziel ist es, aus dem staatlichen Erziehungsauftrag mögliche verfassungsgemäße Erziehungsinhalte herauszuarbeiten, die als Ausgangspunkt und Hinweise für die Landesgesetzgeber fungieren können. Dazu muss zunächst das Normprogramm des Art. 7 Abs. 1 GG mittels Textinterpretation gebildet werden. Dabei wird der Begriff der „Aufsicht" im Normtext eine bedeutende Rolle spielen.

Die schulverfassungsrechtliche Grundnorm des Art. 7 Abs. 1 GG wird gemeinhin so verstanden, dass sie den Bildungs-, Ausbildungs- und Erziehungsauftrag des Staates statuiert und damit die Aufgabe des Staates, ein Schulsystem zu gewährleisten, das allen Schülern gemäß ihren Fähigkeiten die entsprechenden Bildungsmöglichkeiten eröffnet.[206] Der Staat nimmt trotz fehlender ausdrücklicher Regelung in der Verfassung einen eigenen Erziehungs- und Bildungsauftrag in Anspruch, der neben dem Wächteramt des Staates gemäß Art. 6 Abs. 2 S. 2 GG steht und nicht hinter das elterliche Erziehungsrecht zurücktritt.[207] Über Umfang und Grenzen des staatlichen Erziehungsauftrages herrschen im Einzelnen Meinungsverschiedenheiten. Fraglich ist, was unter dem Aufsichtsbegriff, auf den der staatliche Erziehungsauftrag gestützt wird, zu verstehen ist;[208] wenn das geklärt ist, kann auch die Frage nach dem Umfang der staatlichen Aufsichts- und Erziehungsbefugnisse beantwortet werden.

aa. Grammatische Auslegung

Der Wortlaut des Art. 7 Abs. 1 GG selbst sagt nichts darüber aus, was genau unter Aufsicht zu verstehen ist oder wie weit die Befugnisse des Staates im Schulwesen

---

205 Vgl. dazu oben S. 63ff.

206 BVerfGE 47, 46, 71.

207 *Jestaedt*, in: HStR VII, § 156, Rn. 44; *Thiel*, in: Sachs, GG Art. 7, Rn. 22. Vgl. im Übrigen S. 96ff.

208 Die teleologische Auslegung wird im Folgenden weggelassen, weil sie lediglich ein „zusammengesetztes Argument" ist, welches einer Begründung durch die anderen Auslegungsmittel bedarf, vgl. *Müller/Christensen*, Juristische Methodik, Bd. 1, S. 98.

reichen. Er legt lediglich fest, *dass* das gesamte Schulwesen unter staatlicher Aufsicht steht.[209] Auch deutet zunächst nichts auf einen eigenen Erziehungs- und Bildungsauftrag hin. Im allgemeinen Sprachgebrauch bezeichnet Aufsicht eine Beziehung in der Gestalt eines Über- und Unterordnungsverhältnisses, wobei zunächst nicht klar ist, wie weit die Weisungs- und Eingriffsmöglichkeiten des Aufsichtsführenden reichen.[210] In der verwaltungsrechtlichen Terminologie bezeichnet der Aufsichtsbegriff eine Rechts- und Fachaufsicht. Rechts- und Fachaufsicht unterscheiden sich im Hinblick auf den Umfang der staatlichen Kontrollbefugnisse: Im Rahmen der Rechtsaufsicht muss die beaufsichtigte Selbstverwaltungseinrichtung lediglich rechtliche Grenzen einhalten; es findet nur eine Rechtmäßigkeitskontrolle statt. Bei der Fachaufsicht hingegen reichen die Befugnisse weiter, denn da dürfen auch Zweckmäßigkeitserwägungen als Grundlage für bestimmte Eingriffsmöglichkeiten verwendet werden.[211] Gemeinsam ist den beiden Aufsichtsformen, dass der Beaufsichtigte die beaufsichtigten Handlungen eigenständig vornehmen kann und muss. Aufsicht könnte aber auch in einem deutlich umfassenderen Sinne als Leitung verstanden werden, wonach der Aufsichtsführende selbst sämtliche beaufsichtigte Handlungen wirksam ausführen kann.[212] Wenn man den Aufsichtsbegriff im verwaltungsrechtlichen Sinn verstünde, dann wäre der Staat auf eine reine Kontrollfunktion beschränkt und dürfte keine eigenen Erziehungs- und Bildungsvorstellungen verwirklichen.

Die Interpretation im Sinne einer Leitung wäre ebenfalls vom Wortlaut her vertretbar; hier wäre der Staat nicht nur auf Kontrollbefugnisse beschränkt, sondern dürfte das gesamte Schulwesen nach eigenen Vorstellungen gestalten und einen eigenen Erziehungs- und Bildungsauftrag wahrnehmen.[213] Weil der Wortlaut allein nicht ergiebig ist, welche der beiden Aufsichtsformen gemeint ist, muss als Nächstes geprüft werden, ob die historische Interpretation des Aufsichtsbegriffs weitere Hinweise liefert.

---

209 In dieser Verfassungsaussage ist eine Absage an die frühere kirchliche Schulaufsicht über die öffentlichen Schulen zu lesen, vgl. *Ennuschat*, in: Handbuch des Staatskirchenrechts, Bd. 2, § 43, Rn. 22.

210 *Thiel*, Der Erziehungsauftrag des Staates in der Schule, S. 62f.

211 *Thiel*, Der Erziehungsauftrag des Staates in der Schule, S. 63. Vgl. zu Rechts- und Fachaufsicht *Suerbaum*, in: Dietlein/Suerbaum, BeckOK KommunalR Bayern, GO Art. 108, Rn. 15f. (16. Edition, Stand 01.11.2022)

212 *Thiel*, Der Erziehungsauftrag des Staates in der Schule, S. 63.

213 Vgl. *Badura*, in: Dürig/Herzog/Scholz, GG Art. 7, Rn. 4, 11, 47; *Thiel*, in: Sachs, GG Art. 7, Rn. 17; *Boysen*, in: v. Münch/Kunig, GG Art. 7, Rn. 48 („staatliches Herrschaftsrecht über die Schule"); *Jarass*, in: Jarass/Pieroth, GG Art. 7, Rn. 3f.

bb. Historische Auslegung

Art. 7 Abs. 1 GG übernimmt wörtlich die Formulierung des Art. 144 S. 1 WRV, wobei der Aufsichtsbegriff nach damaliger überwiegender Ansicht das „dem Staate ausschließlich zustehende administrative Bestimmungsrecht über die Schule" bedeutete.[214] Nach Anschütz ist Aufsicht nicht im engeren Sinne, beschränkt auf bloße Kontrolle, zu verstehen, sondern vielmehr als Leitung und Verwaltung der Schulangelegenheiten durch den Staat.[215] Zudem wurde in der damaligen Staatsrechtswissenschaft vielfach vertreten, dass sich aus Art. 143 Abs. 1 S. 1 WRV ein eigenständiges staatliches Erziehungsrecht ergebe, das nicht vom Elternrecht in Art. 120 WRV abgeleitet sei.[216] Nach alledem ist es vertretbar zu sagen, dass das Grundgesetz aufgrund der Übernahme der Formulierung aus der Weimarer Reichsverfassung auch deren Inhalte und Ideen übernommen hat; unter dem Aufsichtsbegriff ist demnach die „Gesamtheit der staatlichen Befugnisse zur Organisation, Planung, Leitung und Beaufsichtigung des Schulwesens" zu verstehen.[217] Zur Verwaltungstätigkeit im Schulwesen zählen also auch Maßnahmen, die darauf gerichtet sind, Art und Inhalt des zu erteilenden Unterrichts festzulegen.[218]

cc. Genetische Auslegung

Aus genetischer Perspektive lässt sich ebenfalls sagen, dass das Grundgesetz nicht nur den Wortlaut des Art. 144 S. 1 WRV, sondern zugleich das inhaltliche Verständnis des Schulaufsichtsbegriffs übernehmen wollte. Der Parlamentarische Rat setzte den Inhalt dieses Begriffs in allen Debatten und Entwürfen voraus.[219]

Eine Übernahme der Auslegung des Schulaufsichtsbegriffs ist anzunehmen, wenn nicht ein offenkundiger Gegensatz zwischen den rechtlichen Verhältnissen des Schulwesens der Weimarer Zeit und den gegenwärtigen Verhältnissen besteht oder sonstige Umstände dagegensprechen. Sowohl nach der grundgesetzlichen

---

214 *Anschütz*, Die Verfassung des Deutschen Reichs vom 11.08.1919, 14. Aufl. 1933, S. 672. Vgl. auch *Brosius-Gersdorf*, in: Dreier, GG Art. 7, Rn. 9; *Thiel*, in: Sachs, GG Art. 7, Rn. 21.

215 *Anschütz*, Die Verfassung des Deutschen Reichs vom 11.08.1919, S. 672. Vgl. auch *Badura*, in: Dürig/Herzog/Scholz, GG Art. 7, Rn. 39; *Brosius-Gersdorf*, in: Dreier, GG Art. 7, Rn. 5f.

216 *Gusy*, Die Weimarer Reichsverfassung, 1997, S. 332; *Thiel*, Der Erziehungsauftrag des Staates in der Schule, S. 64.

217 BVerfGE 47, 46, 80; *Brosius-Gersdorf*, in: Dreier, GG Art. 7, Rn. 36; *Thiel*, in: Sachs, GG Art. 7, Rn. 21; *Boysen*, in: v. Münch/Kunig, GG Art. 7, Rn. 63.

218 BVerfGE 47, 46, 80.

219 *Thiel*, Der Erziehungsauftrag des Staates in der Schule, S. 64.

Kompetenzordnung als auch während der Weimarer Zeit war das gesamte Schulwesen Sache der Länder. In der Weimarer Reichsverfassung wurde zwar das Schulwesen umfassender geregelt, jedoch lässt sich daraus nicht schließen, dass das Grundgesetz eine vollständig andere Konzeption des Schulwesens vertrete und daher dem Staat weniger Befugnisse zustünden.[220] Folglich ist davon auszugehen, dass das Grundgesetz auch aus genetischer Perspektive im Wesentlichen den weiten Schulaufsichtsbegriff der Weimarer Reichsverfassung im Sinne einer Schulhoheit übernommen hat, obwohl der Begriff unter dem Grundgesetz gewissen Einschränkungen hinsichtlich des Umfangs unterliegt. Zum einen liegt unter dem Grundgesetz ein veränderter geistiger und weltanschaulicher Hintergrund vor, der Einschränkungen hinsichtlich der Aufsichtsbefugnisse rechtfertigt; und die Tatsache, dass Art. 144 S. 1 WRV die Regelung des § 1 Abs. 2 S. 12 ALR weitgehend übernommen hat, rechtfertigt ebenfalls Änderungen, weil ansonsten der vollständige Inhalt eines Rechtsbegriffs übernommen würde, der nicht mehr zeitgemäß ist.[221]

dd. Systematische Auslegung

Der Begriff der Aufsicht findet sich auch in anderen Grundgesetzvorschriften, wie etwa Art. 84 Abs. 3 S. 1 GG (Aufsicht der Bundesregierung im Rahmen der Landeseigenverwaltung), Art. 85 Abs. 4 GG (Bundesaufsicht im Rahmen der Auftragsverwaltung) und Art. 93 Abs. 1 Nr. 3 GG (Zuständigkeit des BVerfG bei Meinungsverschiedenheiten zwischen Bund und Ländern, insbesondere im Rahmen der Ausübung der Bundesaufsicht). In diesen Vorschriften ist Aufsicht technisch im Sinne von Rechts- und Fachaufsicht zu verstehen und nicht als umfassende Bestimmungsgewalt über das betreffende Regelungsgebiet. Aufsicht ist dort als staatliche Kontrolle in Gestalt von Rechts- und Fachaufsicht zu verstehen und daher könne Art. 7 Abs. 1 GG, der ebenfalls die Formulierung „Aufsicht“ gebraucht, in diesem Sinne verstanden werden. Bei Formulierungsgleichheit sei grundsätzlich von derselben Bedeutung auszugehen.[222] Zudem wird vorgebracht, dass zwar der Parlamentarische Rat die Formulierung aus Art. 144 S. 1 WRV wortwörtlich übernommen habe, das jedoch nicht den Schluss zulasse, dass zugleich das historische Verständnis des Begriffs der Aufsicht uneingeschränkt übernommen werden sollte.[223]

---

220 *Thiel*, Der Erziehungsauftrag des Staates in der Schule, S. 64f.

221 *Thiel*, Der Erziehungsauftrag des Staates in der Schule, S. 65f.

222 *Thiel*, Der Erziehungsauftrag des Staates in der Schule, S. 68f.

223 *Thiel*, Der Erziehungsauftrag des Staates in der Schule, S. 69.

Das Grundgesetz misst aber auch an anderer Stelle der gleichen Formulierung unterschiedliche Bedeutungen bei.[224] Außerdem ist von „Bundesaufsicht" in Art. 85 Abs. 4 GG und Art. 93 Abs. 1 Nr. 3 GG die Rede und nicht wie in Art. 7 Abs. 1 GG von „Aufsicht". Es ist zumindest diskutierbar, ob die gleiche Formulierung gegeben ist.[225] Ein weiterer bedeutender Unterschied liegt darin, dass diese Grundgesetzvorschriften eine andere Funktion der Aufsicht vorsehen als Art. 7 Abs. 1 GG. In Art. 84 und Art. 85 GG geht es um die Aufsicht des Bundes über die Länder bei der Ausführung von Bundesrecht; in Art. 93 Abs. 1 Nr. 3 GG um eine Zuständigkeitszuweisung, wenn Meinungsverschiedenheiten bei der Ausübung ebendieser Aufsicht auftreten. Damit soll bei der Ausführung von Bundesrecht durch die Länder ein Subordinationsverhältnis mit unterschiedlichen Rechten, Pflichten und Kontrollbefugnissen gekennzeichnet werden. Art. 7 Abs. 1 GG regelt dagegen kein Subordinations- und Aufsichtsverhältnis zwischen Hoheitsträgern, sondern die staatliche Aufsichtsbefugnis über das gesamte Schulwesen, das heißt über eine öffentlich ausgestaltete Einrichtung und ihrer Teilnehmer.[226] Zwar ist die öffentliche Schule hoheitlich ausgestaltet, dennoch kann nicht von einer Vergleichbarkeit ausgegangen werden. Art. 84 und Art. 85 GG behandeln staatsorganisationsrechtliche Fragen im Bereich des Gesetzesvollzugs, Art. 7 Abs. 1 GG ist im Grundrechtsabschnitt verortet und enthält eine Einrichtungsgarantie.[227] Die Funktion der Aufsicht ist eine andere, zumal die staatliche Aufsicht in der Schule unmittelbare Auswirkung auf Grundrechtsträger hat; folglich sollte der Begriff funktionsdifferent ausgelegt werden.[228]

Jedenfalls zeigt die bewusste Übernahme der hergebrachten Formulierung aus der Weimarer Reichsverfassung in das Grundgesetz, dass der Verfassungsgeber die inhaltliche Reichweite des Aufsichtsbegriffs übernehmen wollte. Lediglich terminologische Gründe reichen nicht aus, um ein anderes Begriffsverständnis anzunehmen angesichts der Tatsache, dass ein Begriff aus der Weimarer Reichverfassung übernommen wurde, über dessen überkommene Bedeutung man sich in

---

224 *Thiel*, Der Erziehungsauftrag des Staates in der Schule, S. 69. Beispielsweise hat der Begriff der „verfassungsmäßigen Ordnung" eine andere Bedeutung in Art. 2 Abs. 1 GG als in Art. 20 Abs. 3 GG oder in Art. 9 Abs. 2 GG.

225 *Thiel*, Der Erziehungsauftrag des Staates in der Schule, S. 69.

226 *Thiel*, Der Erziehungsauftrag des Staates in der Schule, S. 70.

227 Vgl. *Badura*, in: Dürig/Herzog/Scholz, GG Art. 7, Rn. 34; *Brosius-Gersdorf*, in: Dreier, GG Art. 7, Rn. 32; *Thiel*, in: Sachs, GG Art. 7, Rn. 3 und Rn. 16; *Boysen*, in: v. Münch/Kunig, GG Art. 7, Rn. 5 und Rn. 7.

228 *Thiel*, Der Erziehungsauftrag des Staates in der Schule, S. 70. Vgl. zur funktionsdifferenten Auslegung *Müller/Christensen*, Juristische Methodik, Bd. 1, S. 319f.

Rechtsprechung und Lehre weitestgehend einig war.[229] Nach alledem kann nicht gesagt werden, dass der Aufsichtsbegriff aus Art. 7 Abs. 1 GG aus systematischen Gründen die gleiche Bedeutung wie in Art. 84, Art. 85 und Art. 93 GG haben muss. Trotz gleicher Formulierung ist von einer anderen Funktion und Regelungsabsicht auszugehen.[230] Vielmehr ist Aufsicht im Sinne einer umfassenden staatlichen Schulhoheit zu verstehen, die es dem Staat erlaubt, nicht nur Grundsätze für Bildung und Erziehung festzulegen, sondern zugleich „alle Tätigkeits- und Bewegungsformen der schulischen Prozesse" einheitlich zu regeln.[231] Aufsicht im Sinne des Art. 7 Abs. 1 GG ist insgesamt als Pflichtaufgabe des Staates, für ein leistungsfähiges Schulwesen zu sorgen, zu verstehen.[232]

b. Normbereichsanalyse

Durch Ermittlung des Normprogramms ist der Aufsichtsbegriff des Art. 7 Abs. 1 GG weit im Sinne einer umfassenden Schulhoheit mit eigenem Erziehungs- und Bildungsauftrag zu verstehen. Es stellt sich nun die Frage nach dem Umfang des Erziehungsauftrages, wie dieser ausgestaltet ist und welche Erziehungsziele verfassungskonform sind. Die Ausgestaltung des staatlichen Erziehungsauftrages bereitet Schwierigkeiten, weil die Erziehungsvorstellungen von Schule und Eltern zum Teil weit auseinandergehen. Den faktischen modernen Entwicklungen des Schulwesens kommt bei der Interpretation des Art. 7 Abs. 1 GG eine maßgebliche Bedeutung zu; da Art. 7 Abs. 1 GG im Besonderen auf konkrete Lebenssachverhalte und gesellschaftliche Veränderungen bezogen ist, ist eine Auslegung bzw. eine Ausgestaltung des staatlichen Erziehungsauftrages ohne Einbeziehung dieser Umstände nicht möglich.[233]

---

229 *Thiel*, Der Erziehungsauftrag des Staates in der Schule, S. 70.

230 *Thiel*, Der Erziehungsauftrag des Staates in der Schule, S. 70. Zustimmend *Brosius-Gersdorf*, in: Dreier, GG Art. 7, Rn. 93 und *Boysen*, in: v. Münch/Kunig, GG Art. 7, Rn. 63.

231 BVerfGE 47, 46, 71f. Vgl. auch in diesem Sinne BVerfGE 75, 40, 67; *Ennuschat*, in: Handbuch des Staatskirchenrechts, Bd. 2, § 43, Rn. 22; *Boysen*, in: v. Münch/Kunig, GG Art. 7, Rn. 48 und Rn. 63f.; *Jarass*, in: Jarass/Pieroth, GG Art. 7, Rn. 4; *Thiel*, in: Sachs, GG Art. 7, Rn. 17; *ders.*, Der Erziehungsauftrag des Staates in der Schule, S. 84f.

232 *Ennuschat*, in: Handbuch des Staatskirchenrechts, Bd. 2, § 43, Rn. 23; *Brosius-Gersdorf*, in: Dreier, GG Art. 7, Rn. 36 und Rn. 38; *Jarass*, in: Jarass/Pieroth, GG Art. 7, Rn. 3. Vgl. auch BVerfGE 34, 165, 182.

233 Vgl. BVerfGE 47, 46, 66ff., 70ff. (Sexualkundebeschluss); BVerfGE 73, 118, 154ff. (Rundfunkentscheidung) und BVerfGE 75, 40ff., insb. 65f. (Privatschulfinanzierung I).

aa. Ethikunterricht

Bei der Erfüllung des Erziehungsauftrages spielen der Religions- und der Ethikunterricht eine besondere Rolle, weil die Schule vor allem dort über die Vermittlung von Wissen und Fähigkeiten hinausgeht. In Art. 47 BayEUG beispielsweise ist geregelt, dass der Ethikunterricht für diejenigen Schülerinnen und Schüler Pflichtfach ist, welche nicht am Religionsunterricht teilnehmen.[234] Dort werden den Schülern nach Abs. 2 „werteinsichtiges Urteilen und Handeln" beigebracht und dessen Inhalt orientiert sich an „sittlichen Grundsätzen", die in der Bayerischen Verfassung und im Grundgesetz verankert sind. Der Ethikunterricht berücksichtigt die Pluralität der Bekenntnisse und Weltanschauungen. Kleinster gemeinsamer Nenner des Unterrichts sind daher verfassungsrechtliche Grundsätze.[235] Religionen und Weltanschauungen werden ebenfalls behandelt, jedoch aus einer informativen bzw. argumentativen Perspektive, die deren Inhalte nicht für absolut oder befolgungswürdig erklärt.[236] In allen Bundesländern, in denen derartige Schulfächer eingeführt worden sind, die die Schüler zu „werteinsichtigem Urteilen und Handeln" erziehen sollen, besteht trotz Detailunterschieden die Gemeinsamkeit, dass politische, ethische und moralische Themenkomplexe besprochen werden sollen, wobei die spezifisch moralische Dimension der Werterziehung eindeutig im Vordergrund steht.[237]

Die Werterziehung, die im Ethikunterricht angestrebt wird, soll vor allem Normen der Sozialmoral vermitteln. Das wirft die Frage auf, ob das verfassungsrechtlich zulässig ist, da der Staat seinen Bürgern insoweit keine Vorgaben machen kann, was im Einzelnen „richtig" oder „falsch" ist. Andererseits besitzt die Moralerziehung eine verfassungsrechtliche und pädagogische Plausibilität, denn sie kann grundsätzlich auf allgemein nachvollziehbare Bedürfnisse des Zusammenlebens verweisen.[238]

---

234 Siehe zum „Religionsersatzunterricht" *Geis*, in: Friauf/Höfling (Hg.), Berliner Kommentar zum GG, Art. 7, Stand 2004, Rn. 68f. Zur Verfassungsmäßigkeit des obligatorischen Ethikunterrichts *Bader*, NVwZ 1998, 256ff. und zum obligatorischen Werteunterricht in Berlin siehe *Renck*, LKV 2006, 210ff.

235 *de Wall*, Theologische Literaturzeitung 1994, 292, 295f.

236 *de Wall*, Theologische Literaturzeitung 1994, 292, 299f. Gewissensbildung und -bindung als Inhalte des Ethikunterrichts werden von de Wall bejaht. Zugleich gilt das Verbot, religiöse oder weltanschauliche Orientierungen zu diskriminieren oder deren Inhalte und Gemeinschaften einseitig oder verzerrt darzustellen.

237 *Huster*, Die ethische Neutralität des Staates, S. 316f.

238 *Huster*, Die ethische Neutralität des Staates, S. 317; *de Wall*, Theologische Literaturzeitung 1994, 292, 297f.

Jedenfalls sind gegen eine schulische Moralerziehung insoweit keine verfassungsrechtlichen Einwände (vor allem der Indoktrination) zu erheben, als diese sich auf eine Vermittlung einer Minimal- oder Kernmoral beschränkt, die für das Zusammenleben in einem Gemeinwesen unerlässlich ist und die jedermann vernünftigerweise akzeptieren kann. Solange diese verfassungsrechtlichen Grenzen eingehalten und keine partikulare Sondermoral mit einem exklusiven religiösen, weltanschaulichen oder ethischen Fundament vermittelt wird, ist gegen die grundsätzliche Zulässigkeit des Ethikunterrichts mit seinen oben beschriebenen Erziehungszielen nichts einzuwenden.[239] Die Schüler können also nicht nur über moralische Normen und Haltungen theoretisch informiert und ein Reflexionsprozess angeregt werden, sondern ihnen können auch im engeren, gleichsam praktischen Sinne diese „sittlichen Kompetenzen" vermittelt werden.[240]

Darüber hinausgehende Haltungen und Werte religiös- weltanschaulicher, ethischer oder politischer Art dürfen in der staatlichen Schule nur sachlich diskutiert, nicht aber im eigentlichen Sinne vermittelt oder mit staatlicher Autorität für befolgungswürdig erklärt werden;[241] dies wäre dann Aufgabe der Eltern im Rahmen ihres Gesamterziehungsplans.[242] Die Schule kann nicht allen Erziehungswünschen der Eltern gerecht werden, allerdings verletzt sie dadurch auch keine Grundrechte, indem sie Kinder beeinflusst und in eine bestimmte religiös-weltanschauliche, politische oder ethische Richtung indoktriniert.[243] Dem Einwand, dass derartige Normen und Haltungen stets eine religiös-weltanschauliche oder ethische Grundlage besitzen und nicht losgelöst von ihr betrachtet werden können, lässt sich dadurch begegnen, dass die staatliche Schule solche Elemente in den Unterricht integrieren darf, solange es in nicht diskriminierender Weise geschieht. Das bedeutet konkret, dass zum Beispiel Verbindungen zwischen

239 *Huster*, Die ethische Neutralität des Staates, S. 317; *de Wall*, Theologische Literaturzeitung 1994, 292, 299ff.

240 *Huster*, Die ethische Neutralität des Staates, S. 318f.

241 *Huster*, Die ethische Neutralität des Staates, S. 320f. und S. 324. Wichtig ist, dass die Kernmoral zwar eine wichtige Funktion im Hinblick auf das soziale Zusammenleben erfüllt, aber keinen ausschließenden Charakter besitzt; sie verneint darüber hinausgehende Normen und Werte nicht, sondern besagt lediglich, dass sie für den staatlichen Unterricht keine oder nur eine rein informative Bedeutung haben, weil sie unter den Bürgern umstritten sind. Die Bürger selbst können und sollen selbstverständlich an ihren Überzeugungen festhalten, vgl. dazu *Huster*, Die ethische Neutralität des Staates, S. 322ff. Zum Vergleich dagegen *de Wall*, Theologische Literaturzeitung 1994, 292, 297.

242 BVerfGE 47, 46, 70ff., insb. 74f.

243 *Huster*, Die ethische Neutralität des Staates, S. 325.

Inhalten der Kernmoral und religiös-weltanschaulichen Positionen aufgezeigt werden dürfen; unzulässig wäre es aber, einen einzigen Begründungsansatz für befolgungswürdig oder allein maßgeblich darzustellen. Vielmehr müssen abweichende Ansätze ebenfalls besprochen und diskutiert werden.[244] Sobald ein Verbindlichkeitsaspekt hinzutritt, können diese Inhalte nur noch auf freiwilliger Basis – etwa in Gestalt einer freiwilligen Teilnahme am Religionsunterricht – vermittelt werden.[245]

bb. Lebensgestaltung – Ethik – Religionskunde (LER)

Ein ähnliches Unterrichts- und Erziehungskonzept verfolgt der LER-Unterricht („Lebensgestaltung – Ethik – Religionskunde") in Brandenburg.

Dieses Fach sollte den Religionsunterricht nicht ergänzen, sondern ihn unter Berufung auf die Bremer Klausel des Art. 141 GG ersetzen, was Stein des Anstoßes in der damaligen Diskussion war. Die LER-Kritiker sagten, die Schule sei verpflichtet, den LER-Unterricht durch einen gleichberechtigten Religionsunterricht zu ergänzen.[246] Daran knüpfte sich die Frage an, ob sich aus der Religionsfreiheit der interessierten Schüler, Eltern und Religionsgemeinschaften und aus dem Neutralitätsgebot ein von Art. 7 Abs. 3 GG unabhängiger Anspruch auf Einrichtung eines gleichberechtigten Religionsunterrichts ergebe.[247] Das ist laut Huster zu verneinen, weil der Religionsunterricht zwar der Förderung der positiven Religionsfreiheit dient, aber das bedeutet keineswegs, dass sich aufgrund dieses Grundrechts ein Anspruch herleiten lässt. Und es liege auch kein Verstoß gegen das Neutralitätsgebot vor, wenn der Staat darauf verzichtet, einen staatlichen Religionsunterricht in die Schule zu integrieren, wenn der Verzicht für alle Religionen

---

244 *Huster*, Die ethische Neutralität des Staates, S. 337. Nach de Wall dürfen Differenzierungen vorgenommen werden, je nach der Bedeutung der Religion oder Weltanschauung, namentlich zugunsten der christlichen Bildungs- und Kulturwerte, s. *de Wall*, Theologische Literaturzeitung 1994, 292, 298. Danach müsse der Unterricht insofern nicht wertfrei, aber wertneutral sein. Daher dürfe nicht eines der Angebote für verbindlich oder minderwertig erklärt, andererseits müsse die prägende Bedeutung des Christentums für die Kultur und die Grundwerte der Verfassungsordnung nicht verschwiegen werden, S. 299.

245 *Huster*, Die ethische Neutralität des Staates, S. 337f.; *de Wall*, Theologische Literaturzeitung 1994, 292, 293.

246 So *Link*, in: FS Hollerbach, 747, 758ff.

247 *Huster*, Die ethische Neutralität des Staates, S. 328. Zu der Frage, ob sich aus Art. 7 Abs. 3 S. 1 GG selbst ein Anspruch auf Einrichtung des Religionsunterrichts ergibt, bejahend *de Wall*, NVwZ 1997, 465ff. und *Link*, in: FS Hollerbach, 747, 750.

und Überzeugungen gleichermaßen gelte.[248] Außerdem liege es im bildungspolitischen Gestaltungsspielraum des Gesetzgebers, aufgrund der konfessionellen Zusammensetzung der Bevölkerung und des religiös-weltanschaulichen Pluralismus zu entscheiden, ob ein gemeinsamer Unterricht, der sich mit religiösen und weltanschaulichen Fragen objektiv auseinandersetzt, zweckmäßiger sei als ein Religionsunterricht.[249] Der Streitpunkt, ob sich das Land Brandenburg auf die Bremer Klausel des Art. 141 GG berufen konnte, ist für diese Überlegungen nicht von Relevanz und bleibt daher außer Betracht.[250]

cc. Leitkultur und das Bayerische Integrationsgesetz

Ethik- und LER-Unterricht haben aufgrund der Integrationsfunktion eine besondere Bedeutung. Weil dort Normen der Kernmoral vermittelt werden, die für das allgemeine Zusammenleben von Bedeutung sind und denen jedermann grundsätzlich zustimmen kann, ist das ein Punkt, der die Teilnehmer aufgrund dieser Gemeinsamkeit eint. Staatliche Erziehung in der Schule muss generell so ausgestaltet sein, dass sie eine integrative und keine ausgrenzende Wirkung entfaltet. Durch die Vermittlung einer Kernmoral kann jedoch nicht auf eine Leitkultur im Sinne des Bayerischen Integrationsgesetzes von 2016 (BayIntG) geschlossen werden.[251]

---

248 *Huster*, Die ethische Neutralität des Staates, S. 329f. A. A. *Link*, in: FS Hollerbach, 747, 763ff. Link sieht in der Konzeption des LER-Unterrichts einen Neutralitäts- und damit Verfassungsverstoß („laizistische Verfremdung“, S. 767).

249 *Huster*, Die ethische Neutralität des Staates, S. 329f. Mittlerweile ist auf der Homepage des Ministeriums für Bildung, Jugend und Sport zu lesen, dass der LER-Unterricht keinen Ersatz für den Religionsunterricht darstellt und dass die Teilnahme freiwillig ist. Vielmehr können auf Wunsch der LER-Unterricht als auch der Religionsunterricht besucht werden und falls nur der Besuch des bekenntnisorientierten Religionsunterrichts gewünscht wird, besteht die Möglichkeit, sich auf Antrag von LER befreien zu lassen, vgl. https://mbjs.brandenburg.de/bildung/weitere-themen/lebensgestaltung-ethik-religionskunde-l-e-r.html, abgerufen am 02.06.2023.

250 Dazu *Goerlich*, NVwZ 1998, 819ff.; kritisch *Wrege*, LKV 1996, 191ff. und *Mehrle*, NVwZ 1999, 740ff. Vgl. die Replik zu Mehrle bei *Goerlich*, NVwZ 2000, 898f. Verneinend *Link*, in: FS Hollerbach, 747, 751ff. Ebenfalls ablehnend *Geis*, in: Friauf/Höfling (Hg.), Berliner Kommentar zum GG, Art. 7, Stand 2004, Rn. 56ff.

251 Ähnlich dazu: Zur Einbürgerung nach § 10 StAG muss eine Einordnung in die „deutschen Lebensverhältnisse“ gewährleistet sein, vgl. etwa VGH Mannheim, NJW 2021, 483ff. im Falle der Verweigerung der Einbürgerung wegen Ablehnung des Händeschüttelns mit einer Frau. Vgl. auch *Funke*, Eine Verfassung ist keine Leitkultur, in: Der Tagesspiegel vom 03.09.2017.

Nach dem BayIntG sollen den Migrantinnen und Migranten unter dem Eindruck der „Flüchtlingskrise“ von 2015 Integrationspflichten auferlegt und Maßnahmen zur Integrationsförderung ergriffen werden.[252] Das Gesetz weist einen erzieherischen Ton auf. Insbesondere sollen alle Kinder nach Art. 6 S. 1 BayIntG in Kindertageseinrichtungen zentrale Elemente der christlich-abendländischen Kultur erfahren. Aus dem staatlichen Erziehungs- und Bildungsauftrag gemäß Art. 130 Abs. 1 BV lasse sich die Befugnis ableiten, derartige Erziehungsziele festzulegen. Um das Elternrecht nach Art. 126 Abs. 1 S. 1 BV nicht übermäßig einzuschränken, müssen die Erziehungsziele so allgemein und neutral formuliert sein, dass keine einseitige inhaltliche Ausgestaltung des Bildungsangebots drohe und die Eltern ihr Erziehungsrecht auf Grundlage ihres Wertekanons noch sinnvoll ausüben können. Nach Ansicht des Bayerischen Verfassungsgerichtshofs (BayVerfGH) werden die in Art. 6 BayIntG aufgeführten Erziehungsziele diesen Anforderungen gerecht, weil sie einen so hohen Abstraktionsgrad aufweisen, dass sie den Eltern weiterhin die Möglichkeit lassen, die konkrete Ausrichtung der Erziehung anhand ihrer eigenen Normen und Haltungen zu bestimmen.[253] In Art. 6 S. 2 BayIntG beispielsweise ist festgelegt, dass die Kinder eine eigene, von Nächstenliebe getragene religiöse oder weltanschauliche Identität entwickeln und in Achtung vor religiösen Überzeugungen anderer leben sollen. Daher sei die Vermittlung entsprechender Werte und Grundeinstellungen weiterhin ausschließlich den Eltern vorbehalten.[254]

Dem ist nicht zuzustimmen, denn „zentrale Elemente der christlich-abendländischen Kultur“ haben eine eindeutig christlich-religiöse Grundierung; damit ein Erziehungsziel tatsächlich neutral ist, darf es Inhalte, die auf einem exklusiven religiös-weltanschaulichen Fundament beruhen, nicht zugrunde legen. Diese Elemente sind nicht Bestandteil einer Kernmoral, die für das

---

252 Eine Analyse des BayIntG findet sich in *Funke*, Integratives Verwaltungsrecht, 2017. Zu der Notwendigkeit kultureller Selbstvergewisserung, damit Integration gelingen kann *Krings*, ZAR 2019, 315, 320f.

253 Laut BayVerfGH sei darin ein zulässiges und im Rahmen des staatlichen Bildungsauftrages stehendes Erziehungsziel zu sehen, weil es sich lediglich um Wissensvermittlung von Traditionen, Konventionen etc. handelt, die unabhängig von ihrer religiösen Fundierung Geltung beanspruchen und zum Gemeingut des abendländischen Kulturkreises gehören. Die Weitergabe dieser Traditionen stärke den gesellschaftlichen Zusammenhalt und erleichtere das gegenseitige Verständnis. Der Auftrag des Art. 6 S. 1 BayIntG sei daher religions- und weltanschauungsneutral zu verstehen, vgl. BayVerfGH NVwZ-RR 2020, 273, 284f.

254 BayVerfGH NVwZ-RR 2020, 273, 285.

Zusammenleben in einem Gemeinwesen unerlässlich ist. Möglicherweise decken sich bestimmte Aussagen der oben genannten Elemente mit den Inhalten einer Kernmoral, jedoch besteht keine Notwendigkeit, Gebote, wie etwa Konflikte sachlich und respektvoll zu lösen oder verantwortungsbewusstes Handeln, auf ein christliches Fundament zu stützen. Außerdem ist unklar, was mit zentralen Elementen christlich-abendländischer Kultur genau gemeint ist. Wann hört das Religiöse auf, wann beginnen die abendländischen Grundwerte der Aufklärung? Diese Unschärfe ist der Grund, weshalb das Argument, den Eltern stehe aufgrund der hohen Abstraktion der Regelung noch ein ausreichender Erziehungsspielraum zur Verfügung, ein Scheinargument ist. Wenn nicht klar ist, wie weit die staatlichen Erziehungsbefugnisse in diesem Punkt gehen, kann auch nicht vorhergesagt werden, ob das elterliche Erziehungsrecht nicht doch beeinträchtigt wird.

Neben anderen rechtlichen und politischen Problemen, die das Gesetz mit sich bringt, sei es auch nicht mit der religiös-weltanschaulichen Neutralität des Staates, jedenfalls nicht mit der ethischen Neutralität vereinbar, weil die dezidiert nicht neutrale Ausrichtung des Gesetzes an einer wie auch immer gearteten Leitkultur Grundrechtsgewährleistungen beeinträchtigt, insbesondere die der Meinungs- und Glaubensfreiheit.[255] Inhalte dieser Leitkultur können jedenfalls nicht als Erziehungsziele herangezogen werden, zumal der Begriff der Leitkultur und was alles davon umfasst ist, ohnehin unscharf ist[256] und einen polemischen Charakter aufweist; ihm liegt eine migrationsabwehrende – beinahe misstrauische – Haltung zugrunde und weil ein solcher Begriff, der in politischen Diskussionen mit Ab- und Ausgrenzung assoziiert wird, zum Rechtsbegriff erhoben wird, ist eine desintegrative Tendenz erkennbar und es

255 *Funke*, Integratives Verwaltungsrecht, S. 45ff.; vgl. *Leven*, ZAR 2018, 339, 340 („*innere* Anpassung"); *Emmerich-Fritsche*, Der Staat 58 (2019), 575, 614f. Im Übrigen mutet es seltsam an, dass im Ergebnis die Vermittlung einer Leitkultur im erzieherischen Bereich keine Grundrechtsverletzung herbeiführen soll, aber eine Vermittlung ebendieser im Rundfunk schon, vgl. BayVerfGH NVwZ-RR 2020, 273, 286f.

256 *Funke*, Integratives Verwaltungsrecht, S. 55ff. A. A. BayVerfGH NVwZ-RR 2020, 273, 279f., der sagt, dass der Begriff der Leitkultur für sich genommen nicht auf das Bestimmtheitserfordernis überprüft werden könne, sondern nur aus dem konkreten Normzusammenhang heraus zu verstehen und rechtlich zu beurteilen sei. Generell handele es sich bei diesen Regelungen um unverbindliche Programmsätze und keine Rechtspflichten, insbesondere bedeute der geforderte Respekt gegenüber der Leitkultur keinen Zwang zur Übernahme für die Normadressaten, die innere Haltung bleibe frei, vgl. BayVerfGH NVwZ-RR 2020, 273, 281ff. Anders wiederum *Leven*, ZAR 2018, 339, 340 („*innere* Anpassung"). Zu einer „verfassungsrechtlichen Leitkultur" *Emmerich-Fritsche*, Der Staat 58 (2019), 575, 619.

stellt sich daher die Frage, ob das BayIntG nicht doch kontraproduktiv ist.[257] Schulische Erziehung soll aber Integration fördern;[258] die Vermittlung einer Leitkultur im Unterricht würde diesem Ziel abträglich sein.[259]

dd. Zwischenergebnis

Nach Einbeziehung dieser Realdaten ergibt sich folgendes Bild zum Ausschnitt sozialer Wirklichkeit im Bereich des Art. 7 Abs. 1 GG: Ausgehend vom heutigen Problem pluralistischer Erziehungsvorstellungen gestaltet sich die Erfüllung des staatlichen Erziehungsauftrages als schwierig. Um eine vertretbare Lösung zu finden, muss nach dem Ziel staatlicher Erziehung gefragt werden. Eines davon ist die Integration ins Gemeinwesen; um das zu erreichen, bedarf es Erziehungsinhalte, die eine integrative Wirkung haben und grundsätzlich alle Schüler ansprechen. Solche können diese Eigenschaften nur erfüllen, wenn sie kein partikulares, umstrittenes religiös-weltanschauliches oder ethisches Fundament besitzen. Eine gute Orientierungsbasis bilden die besprochenen Inhalte des Ethikunterrichts. Auf diese Weise wird die Konfliktträchtigkeit staatlicher Erziehung auf ein Minimum reduziert, da niemand ausgegrenzt oder benachteiligt wird und auch die Grenzen zum Elternrecht gewahrt bleiben.

c. Einheit der Verfassung

Das Neutralitätsgebot, das selbst in einer ganzheitlichen Zusammenschau der Art. 4 I, II, 3, 33, 140 GG i. V. m. Art. 137 I, 136 WRV in der Rechtsprechung des Bundesverfassungsgerichts entwickelt worden ist, wird hier im Zusammenhang

---

257 *Funke*, Integratives Verwaltungsrecht, S. 56f.; *Leven*, ZAR 2018, 339, 340f.; *Emmerich-Fritsche*, Der Staat 58 (2019), 575, 615.

258 Die Einführung eines Art. 20b GG, der eine Staatszielbestimmung mit integrativer Grundaussage bzw. einem Integrationsappell enthalten soll, sei wünschenswert, zumindest diskutabel, so etwa *Leven*, ZAR 2018, 339, 344f.

259 Eine genaue Analyse der Präambel des BayIntG findet sich in *Rottenwallner*, KJ 50 (2017), 364ff. Nach Rottenwallner ist die Präambel, die eine staatliche Scheinidentität konstruiert, weder mit dem Grundgesetz noch mit der Bayerischen Verfassung vereinbar, weil sie gegen das Bestimmtheitsgebot, die Gebote der Folgerichtigkeit und Normenwahrheit als auch gegen das Neutralitätsgebot verstößt, mithin unverhältnismäßig ist, vgl. S. 376ff. Auch Leven spricht von einer zelebrierten Scheinidentität, vgl. *Leven*, ZAR 2018, 339, 341.

mit Art. 7 Abs. 1 GG gesehen.[260] Art. 7 Abs. 1 GG tritt in einen größeren Zusammenhang mit anderen Verfassungsgütern ein.[261] Wenn der Staat erzieherisch tätig wird, betrifft das die innere Haltung der Bürger[262] und in solchen grundrechtssensiblen Fragen müssen neben den grundrechtlichen Grenzen weitere Grenzen aktiviert werden. Die Ausgangsfrage lautet also nicht, welche Erziehungsziele im Art. 7 Abs. 1 GG wie etwas Vorgegebenes enthalten sind, welche dann gleichsam ausgegraben werden müssen; vielmehr stellt sich die Frage, welche Erziehungsziele sich unter Anwendung des Neutralitätsgebotes als Interpretationsgebot aus Art. 7 Abs. 1 GG herausarbeiten lassen.

Aus der gemeinsamen Betrachtung ergibt sich, dass schulische Erziehung nicht im Widerspruch zu den Gehalten des Neutralitätsgebotes stehen kann. Konkret bedeutet das, dass es bei der Ausgestaltung des staatlichen Erziehungsauftrages neutraler Erziehungsziele bedarf, also solcher, die auf Inhalten und Grundsätzen beruhen, die bei ihrer Vermittlung keine desintegrativen,[263] diskriminierenden oder ausgrenzenden Wirkungen entfalten und bei denen der Staat die Schüler nicht unzulässig indoktriniert. Folglich ist der staatliche Erziehungsauftrag in Verbindung mit dem Neutralitätsgebot so zu interpretieren, dass sich daraus Erziehungsinhalte formulieren lassen, die nicht auf Einsichten beruhen, die einen umstrittenen politischen, religiös-weltanschaulichen oder ethischen Ursprung haben.[264] Insoweit ist das Neutralitätsgebot ein einheitsstiftender Gesichtspunkt.[265] In diesem Kontext spielen „letzte Wahrheiten" keine Rolle. Selbstverständlich

---

260 Vgl. z. B. BVerfGE 34, 165, 183 (Hessische Förderstufe) und BVerfGE 41, 29, 50f. (Christliche Gemeinschaftsschule badischer Überlieferung), in denen Art. 7 GG ebenfalls im Zusammenhang mit anderen GG-Vorschriften (Art. 6 Abs. 2 GG und Art. 4 GG) betrachtet wird.

261 *Badura*, in: Dürig/Herzog/Scholz, GG Art. 7, Rn. 37. Badura spricht von einer „Lebensordnung" im Schulwesen.

262 Vgl. dazu S. 100ff. und BVerfGE 124, 300, 320f. (Wunsiedel-Beschluss).

263 Vgl. zu desintegrativen Wirkungen durch Grundrechtsinterpretationen *Krausnick*, in: Lhotta (Hg.), Die Integration des modernen Staates, 1. Aufl. 2005, 135, 146ff.

264 A. A. *Jestaedt*, in: HStR VII, § 156, Rn. 45, wonach die Schule nicht darauf beschränkt ist, nur die ethischen Grundnormen im Schulunterricht zu vermitteln, denen sich jeder verpflichtet fühlt; dies verfehle den ethischen Standard des Grundgesetzes. Es gelte dort Abweichendes, wo die Verfassung selbst Partei ergreife, namentlich bei der Verfassungsessenz, vgl. oben S. 105ff. Hier sei der Staat Partei und müsse daher gleichsam „missionarisch" für diese Werte eintreten, so *Jestaedt*, in: HStR VII, § 156, Rn. 71.

265 Zur Integrationswirkung allein des Begriffs *Schlaich*, Neutralität als verfassungsrechtliches Prinzip, S. 226.

werden diese nicht bestritten, relativiert oder in Zweifel gezogen, sie spielen nur für die Frage nach der Interpretation und der Anwendung im Gemeinwesen – konkret: in der Schule, also im Verhältnis Staat/Bürger – keine Rolle, das Individuum kann sie für sich selbst weiterhin als verbindlich erachten.[266]

d. *Funktionelle Richtigkeit*

Die verbindliche Formulierung von Bildungs- und Erziehungszielen fällt in die Zuständigkeit der Länder, wovon sie in ihren Schulgesetzen Gebrauch gemacht haben.[267] Die vorliegend zu erarbeitenden Erziehungsziele sind lediglich Ausgangsüberlegungen und Ansätze für zeit- und sachgemäße Lösungen im Hinblick auf die verstärkte Pluralisierung und die damit einhergehenden Konflikte in der staatlichen Schule. Sie beanspruchen keine absolute Richtigkeit oder Vollständigkeit. Die Gestaltungsfreiheit des Landesgesetzgebers wird weiterhin geachtet, die gewonnenen Erkenntnisse sind nur mögliche Ansätze für etwaige Änderungen der Schulgesetze.

e. *Grenzen der Interpretation*

Der Normtext ist Ausgangs- und Endpunkt der Interpretation und nicht nur ein problembezogener Topos unter mehreren möglichen.[268] Der Wortlaut einer Rechtsvorschrift darf niemals zugunsten einer erwünschten Problemlösung übergangen werden, denn ansonsten läge ein Verstoß gegen geltendes Verfassungsrecht vor, mithin Verstöße unter anderem gegen die Gebote der Rechtssicherheit und Durchschaubarkeit der Rechtsordnung und gegen die verfassungsmäßig festgelegte Verhältnisbestimmung der Funktionen.[269] Folglich wäre ein Primat des Problems unter Umgehung des Normtextes unzulässig.[270] Die Gebote der Norm- und Methodenklarheit und Rechtssicherheit, ebenso die Tatsache, dass eine juristisch zulässige und vertretbare Argumentation stets das Problem, auf das sie sich bezieht, im Blick behält, erfordern vielmehr einen *begrenzt* problemorientierten Zugriff.

---

266 Vgl. *Huster*, Die ethische Neutralität des Staates, S. 91.

267 *Brosius-Gersdorf*, in: Dreier, GG Art. 7, Rn. 133. Vgl. für Bayern z. B. Art. 1 und Art. 2 BayEUG.

268 *Müller/Christensen*, Juristische Methodik, Bd. 1, S. 143f. und S. 148.

269 *Müller/Christensen*, Juristische Methodik, Bd. 1, S. 149. Vgl. zum Maßstab funktioneller Richtigkeit S. 68.

270 *Müller/Christensen*, Juristische Methodik, Bd. 1, S. 143f.; zustimmend *Hesse*, Grundzüge des Verfassungsrechts, § 2, S. 29f. Anders dagegen *Ehmke*, VVDStRL 20 (1963), 53, 60.

Die Normprogrammgrenze[271] wird nicht überschritten, insbesondere liegt hier keine Dezision bzw. Rechtsverbiegung vor. Nach Müller liegt eine Rechtsverbiegung dann vor, wenn die formulierte Rechts- und Entscheidungsnorm dem zugrunde gelegten Normtext nicht mehr zugerechnet werden kann, inhaltlich gesehen also eine abweichende Regelung behauptet.[272] Der Begriff der staatlichen Aufsicht in Art. 7 Abs. 1 GG ist weit zu verstehen und etwaige Erziehungs- und Bildungsziele, die als Hinweise und Ansatzpunkte formuliert werden, sind mit der Normprogrammgrenze vereinbar. Unter Aufsicht wird die Schulhoheit des Staates verstanden und dass der Staat einen eigenen Erziehungs- und Bildungsauftrag hat, dessen Umfang und Inhalt klärungsbedürftig sind. Folglich wird durch die Ermittlung des Normprogramms ein vertretbares Verständnis vom Begriff Aufsicht zugrunde gelegt, der es ermöglicht, mithilfe des Normbereichs Bildungs- und Erziehungsziele zu konkretisieren, die verfassungsgemäß sind. Von einer inhaltlichen Abweichung oder einem Verstoß gegen die Normprogrammgrenze kann daher nicht die Rede sein.

Der Vergleich mit Art. 21 GG zeigt, dass eine Norm für bestimmte Sachverhalte einschlägig sein kann, ohne dass sie inhaltliche Aussagen im positiven Sinne dazu macht. Art. 21 GG äußert sich nicht explizit zur Frage der Parteienfinanzierung aus öffentlichen Mitteln, durch seinen Wortlaut markiert er aber negativ die Grenzen möglicher Entscheidungsalternativen und liefert in diesem Rahmen wichtige Gesichtspunkte zu dieser Frage.[273] So verhält es sich auch bei Art. 7 Abs. 1 GG. Diese Norm wird als Grundlage für den staatlichen Erziehungsauftrag gesehen, obwohl dort nichts explizit über einen eigenen Bildungs- oder Erziehungsauftrag des Staates, geschweige denn konkrete Erziehungsziele, steht, sondern lediglich von Aufsicht die Rede ist.

Des Weiteren kann nicht von einer unzulässigen „Lückenfüllung“ ausgegangen werden, wenn aus dem staatlichen Erziehungsauftrag mögliche Erziehungsinhalte herausgearbeitet werden. Es wird nicht entgegen des Wortlauts des Verfassungstextes eine „den Mangel einer Regelung ersetzende Rechtsnorm ohne positiv geltenden Normtext“ gebildet und damit die grundgesetzliche Aufgaben- und Funktionsverteilung gestört.[274] Vielmehr werden im Rahmen der Interpretation mögliche Erziehungsziele herausgearbeitet, die im Einklang mit anderen Gehalten der Verfassung stehen und dem Landesgesetzgeber als mögliche Impulse dienen sollen. Sprich: Am Ende des Konkretisierungsvorgangs steht ein bestimmtes

271 Siehe zur Normprogrammgrenze als Grenze der Verfassungsinterpretation S. 70f.
272 Vgl. dazu *Müller/Christensen*, Juristische Methodik, Bd. 1, S. 309.
273 Vergleich aus *Müller/Christensen*, Juristische Methodik, Bd. 1, S. 508.
274 *Müller/Christensen*, Juristische Methodik, Bd. 1, S. 509.

Verständnis von staatlicher Erziehung in der Schule, welches im Wege einer ganzheitlichen Betrachtung formuliert worden ist, und kein inhaltliches *aliud* zum Art. 7 Abs. 1 GG. Erneut hilft der Vergleich mit Art. 21 GG weiter: Die Norm sagt nichts darüber aus, ob eine Finanzierung politischer Parteien aus öffentlichen Mitteln ge- oder verboten ist. Ein Ge- oder Verbot kann auch nicht methodisch vertretbar durch „Lückenfüllung“ behauptet werden; nichtsdestotrotz gibt das Grundgesetz zu dieser Frage normative Indizien an die Hand.[275] So verhält es sich auch mit dem in Art. 7 Abs. 1 GG enthaltenen staatlichen Erziehungsauftrag. Erziehungsziele sind dort nicht explizit geregelt, dennoch liefert das Grundgesetz insgesamt Anhaltspunkte dazu, wie staatliche Erziehung in der Schule auszusehen hat.

2. *Erziehungszwecke: Persönlichkeitsentfaltung und Integration*

Im Folgenden werden nach der Interpretation des Art. 7 Abs. 1 GG, wonach der Staat zur Erfüllung des Erziehungsauftrages neutrale Erziehungsinhalte vermitteln muss, konkrete Beispiele vorgestellt. Doch zunächst muss geklärt werden, welche übergeordneten Zwecke der Staat mit seiner Erziehungstätigkeit in der Schule verfolgt. Im Wesentlichen lassen sich zwei Erziehungszwecke ausmachen, die kumulativ erreicht werden sollen: Die Persönlichkeitsentfaltung des Kindes und die Integration des Gemeinwesens.[276]

Letztlich sind dies zwei Seiten einer Medaille, um den mündigen Bürger zu formen. Persönlichkeitsentfaltung setzt ein erzieherisches Bemühen voraus, das zur Wahrnehmung der Freiheit befähigt. Das liegt zunächst im Interesse allein des Heranwachsenden, während Integration diesen Freiheitsgebrauch zugunsten des Gemeinwohls und zugunsten der Persönlichkeitsentfaltung anderer zügelt.[277]

Diese Begriffe stellen das für jede Erziehung maßgebliche Spannungsverhältnis von Freiheit und Bindung dar oder anders gesagt: das Dilemma der grundrechtlichen Freiheit.[278] Die Selbstbestimmung des Einzelnen und seine

---

275 Beispiel aus *Müller/Christensen*, Juristische Methodik, Bd. 1, S. 509.

276 *Huster*, Die ethische Neutralität des Staates, S. 301. Vgl. auch BVerwG NJW 1982, 250 und *Ennuschat*, in: Handbuch des Staatskirchenrechts, Bd. 2, § 43, Rn. 23 und Rn. 49; *Jestaedt*, in: HStR VII, § 156, Rn. 44 und *Brosius-Gersdorf*, in: Dreier, GG Art. 7, Rn. 65.

277 *Huster*, Die ethische Neutralität des Staates, S. 301. Kritisch zur Gefahr der Überbetonung der Integration in der öffentlichen Schule zulasten der Religionsfreiheit *Rubin*, Die Integration religiöser Vielfalt in der staatlichen Schule, 2022, S. 246.

278 *Huster*, Die ethische Neutralität des Staates, S. 301; *Isensee*, in: HStR IX, 3. Aufl. 2011, § 190, Rn. 271; *ders.*, in: Depenheuer (Hg.), Staat und Verfassung, 2018, 139, 141.

Grundrechtsaktivität wirken über die Privatsphäre hinaus in das Gemeinwesen.[279] Den Ausgleich dieses Spannungsverhältnisses bilden Verfassungserwartungen, die eine nicht rechtsverbindliche, gemeinwohlgemäße Grundrechtspraxis verfolgen. Verfassungserwartungen begründen eine gewisse Gemeinwohlverantwortung des Bürgers und das negative Freiheitskonzept, das den Grundrechten zugrunde liegt – Freiheit als Abwesenheit von staatlichen Normbefehlen – wird durch ein positives Freiheitskonzept überlagert, die Freiheit zum „richtigen" Handeln.[280] Das Funktionieren eines Gemeinwesens hängt wesentlich von der Freiheit der Bürger und deren Wahrnehmung ab, was bedeutet, dass Grundrechte eine Gemeinwohldimension haben, die über die individuelle Interessensphäre des einzelnen Bürgers hinausgeht.[281] Dennoch muss festgehalten werden, dass der Schutzbereich der Grundrechte auch den erwartungswidrigen Gebrauch abdeckt, weil die Verfassungserwartung nicht rechtlich erzwingbar ist, weder kraft Verfassung noch kraft einfachen Rechts.[282] Es sind nur die *Freiheit* und die *Möglichkeit* zum gemeinwohldienlichen Handeln, nicht die Pflicht.[283]

Es besteht eine Parallele zwischen Verfassungserwartungen und staatlicher Erziehungstätigkeit. Beide bezwecken, Bürger bzw. Schüler zu gemeinwohldienlichem Freiheitsgebrauch anzuregen, ohne dass Zwang eingesetzt wird. Persönlichkeitsentfaltung und Integration sind außerdem neutrale Erziehungszwecke, weil sie nicht auf umstrittenen religiösen oder weltanschaulichen Einsichten, sondern auf sinnvollen und vernünftigen Erwägungen beruhen. Sie beruhen auf dem Leitbild des mündigen Grundrechtsbürgers. Die Schüler müssen auf das kommende Leben im Gemeinwesen vorbereitet werden und zugleich ihre eigenen Freiheitsrechte sinnvoll gebrauchen können. Problematisch wird es erst, wenn man diese pädagogischen Zwecke weiter konkretisieren möchte. Mit welchen konkreten Erziehungsinhalten können diese Zwecke erfüllt werden oder anders gefragt: Was genau muss den Schülerinnen und Schülern vermittelt werden, damit sie dem Leitbild eines mündigen Grundrechtsbürgers gerecht werden?

---

279 *Isensee*, in: HStR IX, § 190, Rn. 271.

280 *Isensee*, in: HStR IX, § 190, Rn. 275 und Rn. 205.

281 *Isensee*, in: HStR IX, § 190, Rn. 206 und Rn. 272.

282 *Isensee*, in: HStR IX, § 190, Rn. 208.

283 „Die negative Freiheit vom staatlichen Eingriff verwandelt sich nicht im Licht des Gemeinwohls in die positive Freiheit zum gemeinwohlförderlichen Gebrauch. Die Grundrechte bleiben trotz ihrer objektiven Ordnungsrelevanz die staatliche Hegung der Subjektivität.", *Isensee*, in: HStR IX, § 190, Rn. 273.

a. Eigenverantwortliche Lebensführung

Bei neutraler Interpretation des Art. 7 Abs. 1 GG lässt sich das Erziehungsziel „eigenverantwortliche Lebensführung" formulieren. Wesentlicher Bestandteil einer gefestigten Persönlichkeitsentfaltung ist die Fähigkeit, sich im Gemeinwesen orientieren, sich eigenständig eine Meinung bilden und nach eigens entwickelten (Handlungs-)Maßstäben zwischen „richtig" und „falsch" entscheiden zu können und ein Bewusstsein dafür zu entwickeln, wann die Grenzen eigener Freiheitsausübung erreicht sind, damit die Freiheitsausübung Dritter nicht beeinträchtigt wird. Dahinter steht das Leitbild des mündigen Grundrechtsbürgers und die Verfassungserwartung, die kindliche Persönlichkeit zur Eigenverantwortung entfalten zu lassen bzw. zu erziehen.[284]

Erreicht wird dieses Erziehungsziel vor allem durch Bildung, das heißt durch die Vermittlung der Kenntnisse und Fähigkeiten, die zur selbstständigen Lebensführung erforderlich und nützlich sind. Bildung legt den Grundstein für eine eigenverantwortliche Lebensführung und damit auch für eine stabile Persönlichkeitsentfaltung.[285] Die Frage, *wie* der einzelne Schüler konkret von seinen Freiheitsrechten Gebrauch machen soll, wird dadurch nicht berührt. Der Staat gewährleistet dem Einzelnen durch Bildung den Raum für die eigene Entwicklung und die Grundrechtsausübung, ohne selbst verbindliche Maßstäbe dafür zu setzen, in welche Richtung sich die Persönlichkeit des Schülers entwickeln soll.

Auch hier ist wieder eine enge Verknüpfung mit Verfassungserwartungen gegeben. Zwar wird das „Wie" der Grundrechtsausübung grundsätzlich nicht tangiert, jedoch besteht zumindest die Erwartung, dass die Grundrechte *auch* gemeinwohldienlich ausgeübt werden, ohne dass damit eine Rechtspflicht einhergeht.[286] Das Beispiel der Berufsfreiheit (Art. 12 Abs. 1 GG) soll dies verdeutlichen: Hinter der Freiheit des Berufs steht auch die Grundrechtserwartung, dass der Einzelne arbeitsfähig und arbeitswillig ist und für seinen eigenen Unterhalt wie den seiner Familie sorgt. Der Beruf ist nicht nur eine Form der Selbstverwirklichung und Persönlichkeitsentfaltung, sondern auch Lebensaufgabe und Lebensgrundlage wie auch ein Beitrag zur gesellschaftlichen Gesamtleistung.[287] In diese Richtung

---

284 Vgl. *Isensee*, in: HStR IX, § 190, Rn. 219f. Von der Schule (Art. 7 Abs. 1 GG) und von den Eltern (Art. 6 Abs. 2 GG) wird erwartet, dass sie dieses Leitbild umsetzen, vgl. auch *Höfling*, in: FS Kirchhof, Bd. 1, § 57, 621, 622f.

285 *Huster*, Die ethische Neutralität des Staates, S. 302.

286 Vgl. *Isensee*, in: HStR IX, § 190, Rn. 220. Isensee spricht in diesem Kontext von „richtigem Grundrechtsgebrauch"; damit ist wohl die Gemeinwohldienlichkeit der Grundrechtsausübung gemeint.

287 *Isensee*, in: HStR IX, § 190, Rn. 233, Rn. 243 und Rn. 255.

muss die Erziehung zur eigenverantwortlichen Lebensführung gehen: Man muss den Schülern ihre rechtlichen und tatsächlichen Möglichkeiten aufzeigen; was er oder sie dann mit diesem Wissen konkret anfängt – zum Beispiel, welchen Beruf er oder sie später annimmt –, ist ihm bzw. ihr überlassen.

Dennoch können Konflikte mit elterlichen Erziehungsvorstellungen auftreten, insbesondere wenn es um die Auswahl der konkreten Bildungsinhalte geht und diese mit den etwa religiösen Einstellungen der Eltern kollidieren; hier ist allerdings der weite pädagogische Gestaltungsspielraum der Schule zu beachten. Solange sich hinter den Bildungsinhalten keine religiös-weltanschaulichen oder ethischen Parteilichkeiten verbergen, die bestimmte Gruppen von Schülern benachteiligen oder ausgrenzen, müssen diese von den Eltern geduldet werden.[288]

b. Bürgertugenden

Das Bildungs- und Erziehungsbemühen liegt nicht nur im Interesse der Schüler zwecks ihrer Selbstentfaltung, sondern auch im Gemeinwohlinteresse. Das Gemeinwesen ist auf Bürger angewiesen, die die Fähigkeit besitzen, sich darin politisch, sozial und wirtschaftlich zu orientieren und ihr Leben eigenverantwortlich führen zu können.[289] Es geht nicht nur darum, den Schülern die Voraussetzungen für ihre Freiheitsausübung zu vermitteln, sondern auch, ihnen beizubringen, wie sie das in einer sozialverträglichen und gemeinwohlförderlichen Weise tun. Die Integrationsaufgabe des Staates besteht folglich darin, die Schüler nicht zu egoistischen Individualisten zu erziehen, sondern ihnen „die für ein friedliches und gedeihliches Zusammenleben unerlässlichen Normen und Haltungen zu vermitteln".[290] Dies ist auch eine den Grundrechtsnormen korrespondierende Verfassungserwartung, dass die Grundrechtsträger ihre aus den Grundrechten eingeräumten Befugnisse gemeindienlich ausüben. Es handelt sich dabei um keine Rechtspflicht, sondern um eine „vorrechtliche Verantwortung".[291]

Die grundlegendste der Erwartungen, die die Verfassung an ihre Bürger stellt, ist eine negative: dass die Freiheitsrechte nicht dazu missbraucht werden,

---

288 *Huster*, Die ethische Neutralität des Staates, S. 303.

289 *Ennuschat*, in: Handbuch des Staatskirchenrechts, Bd. 2, § 43, Rn. 85ff.; *Huster*, Die ethische Neutralität des Staates, S. 303. Vgl. auch BVerfG NVwZ 2008, 72, 73f.

290 *Huster*, Die ethische Neutralität des Staates, S. 304; *Isensee*, in: HStR IX, § 190, Rn. 242. Isensee spricht von „berührungsscheue[n] Anspruchsegozentriker[n]".

291 *Isensee*, in: HStR IX, § 190, Rn. 204; *ders.*, in: Depenheuer (Hg.), Staat und Verfassung, 139, 151.

die freiheitlich-demokratische Grundordnung mit unerlaubten Mitteln zu bekämpfen.[292]

Man darf dies nicht missverstehen; damit ist nicht eine allgemeine Rechtspflicht zur Verfassungstreue, wie sie für Beamte gilt, gemeint. Das hätte eine unzulässige Einschränkung der grundrechtlichen Freiheiten zur Folge. Vielmehr lebt die Verfassung aus der freiwilligen Akzeptanz ihrer Bürger hinsichtlich ihrer Gesamtheit und Geltung, und das kann lediglich erwartet werden.[293] *Verfassungsakzeptanz* ist demnach eine solche Bürgertugend, die in der Schule zum Wohle des Gemeinwesens vermittelt werden kann. Der Unterschied zur Verfassungsessenz[294] als Erziehungsziel ist, dass Akzeptanz der Verfassung ein Minus im Vergleich zur Achtung bzw. Identifikation mit der Verfassungsessenz ist, daher keine innere Zustimmung voraussetzt und sich die Akzeptanz insgesamt auf die Verfassung und nicht nur auf deren Kernaussagen bezieht.[295]Akzeptanz und äußerer Rechtsgehorsam[296] genügen, mehr darf von den Schülern nicht eingefordert werden. Jedenfalls ist, wie bereits erläutert, die alleinige Beschränkung auf die Vermittlung der Verfassungsessenz unzulässig, da die Schule kein Raum ist, in dem die Schülerinnen und Schüler nur auf ihre politische Rolle als Staatsbürger vorbereitet werden sollen.[297]

Bürgertugenden wie etwa das *politische Verantwortungsbewusstsein* werden in einigen Landesverfassungen (unter anderem von Bayern und Baden-Württemberg) als Erziehungsziel festgelegt. Der Mensch soll zur Wahrnehmung einer sozialen Funktion und Aufgabe in der Gesellschaft erzogen werden.[298] Hinter dem politischen Verantwortungsbewusstsein als zu vermittelnde Bürgertugend steht auch eine Verfassungserwartung. Diese spielt für das Fortbestehen der Demokratie eine bedeutende Rolle; weil es keine Wahlpflicht gibt, ist die

---

292 *Isensee*, in: HStR IX, § 190, Rn. 237. Vgl. insbesondere Art. 18 GG und Art. 21 Abs. 2 GG.

293 *Isensee*, in: HStR IX, § 190, Rn. 237.

294 Vgl. zur Unzulässigkeit der Verfassungsessenz als Erziehungsziel S. 105ff.

295 Abzugrenzen vom Begriff des „Verfassungspatriotismus“: Dieser Begriff hebt von „konkreter Realität“ ab und ist inhaltsarm. Isensee spricht von einer „kosmopolitischen Abstraktion“. Die Freiräume der Verfassung bzw. des staatlichen Erziehungsauftrages sollen mit Inhalt ausgefüllt werden, wohingegen der Begriff des Verfassungspatriotismus das Problem eher kaschiert und nicht weiterhilft, vgl. *Isensee*, in: Depenheuer (Hg.), Staat und Verfassung, 2018, 139, 165; befürwortend *Czermak/Hilgendorf*, Religions- und Weltanschauungsrecht, 2. Aufl. 2018, S. 46 und S. 100.

296 Vgl. S. 100ff.

297 Vgl. S. 107.

298 *Thiel*, Der Erziehungsauftrag des Staates in der Schule, S. 120.

Demokratie darauf angewiesen, dass die Bürger sich ihrer politischen Verantwortung bewusst sind und ihr Wahlrecht tatsächlich in Anspruch nehmen. Die Verfassung vertraut auf den Gemeinsinn des Bürgers und dessen freiwillige Wahlaktivität.[299]

Ein weiteres Beispiel ist die Verantwortung der heutigen Gesellschaft für die kommenden Generationen im Hinblick auf den Schutz der natürlichen Lebensgrundlagen; dies ist nicht nur ein Staatsziel gemäß Art. 20a GG, sondern auch eine Verfassungserwartung an jeden einzelnen Bürger.[300] Das *Umweltbewusstsein* als Bürgertugend kann ein taugliches Erziehungsziel im Sinne des Art. 7 Abs. 1 GG sein.

Die Grundrechte halten die Option des frei-gemeinnützigen Handelns Privater offen, die sich dem Dienst an der Allgemeinheit widmen. Sie verbieten zwar den Zwang zur Tugend, aber sie ermöglichen es jedem, sein Handeln danach auszurichten. Das freiheitliche Gemeinwesen benötigt ein Mindestmaß an „Bürgertugend", dem solidarischen, uneigennützigen Handeln Privater zugunsten des Gemeinwohls, beispielsweise karitative Tätigkeiten durch freie Träger der Wohlfahrtspflege.[301] „Die Solidarität, die den ethischen Kern der staatlichen Einheit bildet, bleibt nur lebendig, solange die Bürger sie freiwillig annehmen, sie wenigstens partiell spontan verwirklichen und nicht stets darauf warten, daß [sic!] der Staat ihre Konsequenzen in Form von Rechtspflichten gesetzlich einfordert und

---

299 *Isensee*, in: HStR IX, § 190, Rn. 239. Diese Ausführungen beruhen auf einem substanziellen oder gemeinschaftlichen Demokratiebegriff, wonach Demokratie als ein gemeinsames Unternehmen von Bürgern verstanden wird, das diese durch demokratische Selbstverständigung zu einer politischen Einheit verbindet, die Bürger mit ihren Wünschen und Zielen mit einbezieht und auf das Gemeinwohl ausgerichtet ist (im Gegensatz zum formal-individualistischen Begriff, bei dem Demokratie im Wesentlichen auf ein Abstimmungsverfahren reduziert wird und keine Anforderungen an die Einzelnen stellt, Beispiel: Weimarer Republik). Auch das BVerfG hat sich für die gemeinschaftliche Konzeption entschieden und sie dem Grundgesetz unterlegt, vgl. KPD-Urteil BVerfGE 5, 85, 196ff. Ausgangspunkt ist der Einzelne mit seinem Würde- und Achtungsanspruch, aber die Einrichtung demokratischer Verfahren zielt darauf, dass Bürger aus ihrer „Vereinzelung heraustreten und sich in Vorgängen demokratischer Beteiligung positiv aufeinander beziehen können", *Volkmann*, Grundzüge einer Verfassungslehre, § 7, S. 248ff.

300 *Isensee*, in: HStR IX, § 190, Rn. 254. Siehe auch Art. 131 Abs. 2 BV und Art. 141 Abs. 1 BV.

301 *Isensee*, in: HStR IX, § 190, Rn. 301; *ders.*, in: Depenheuer (Hg.), Staat und Verfassung, 139, 159f.

zwangsweise eintreibt."[302] *Solidarität* ist demnach eine solche Bürgertugend, die in der Schule erzieherisch vermittelt werden kann.

Zu den Bürgertugenden gehört auch die Fähigkeit, die Risiken der Freiheit durchzustehen, mit Wettbewerb, Pluralismus und Streit leben zu können. Die grundrechtliche Freiheit des einen kann die grundrechtliche Last des anderen sein; die abweichende Freiheitsausübung ist von jedem zu ertragen, soweit er sich im rechtlichen Rahmen hält. Die Freiheit der Meinungsäußerung endet nicht, nur weil Andersdenkende die Meinung ablehnen.[303]

Diese Bürgertugenden, die zugleich Verfassungserwartungen sind, sind: *Zivilcourage bzw. Toleranz.* Toleranz fordert nicht, dass man jeder Meinung widerspruchslos zustimmen muss. Der Einzelne wird nicht daran gehindert, seinerseits die Meinungsfreiheit zu Kritik und Widerspruch oder auch zu Gleichgültigkeit in Anspruch zu nehmen.[304] Vielmehr wird erwartet, dass der Einzelne den anderen die Freiheit zugesteht, die er für sich selbst in Anspruch nimmt, und die Würde des anderen achtet.[305] Der Freiheitsausübung müssen Rücksichtnahme, Versöhnlichkeit und Dialog- und Kompromissfähigkeit korrespondieren.[306] Toleranz ist demzufolge eine staatsbürgerliche Tugend und keine Pflicht des Staates.[307]

Problematisch sind diese Bürgertugenden als Erziehungsziele deshalb, weil sie eine gewisse Parteilichkeit hinsichtlich eines bestimmten Staats- und Bürgerverständnisses aufweisen. Thiel begründet deren Zulässigkeit damit, dass Bürgertugenden einen positiven Beitrag zur Persönlichkeitsbildung des Kindes leisten und der Staat aufgrund seiner Vorbildfunktion verpflichtet sei, im Interesse der Schüler diese zu integren und verlässlichen Mitgliedern der Gesellschaft zu integrieren.[308] Letztendlich lässt sich eine gewisse Beeinflussung der Schüler in

---

302 *Isensee*, in: HStR IX, § 190, Rn. 301.

303 *Isensee*, in: HStR IX, § 190, Rn. 309; *Huster*, Die ethische Neutralität des Staates, S. 345.

304 *Isensee*, in: HStR IX, § 190, Rn. 310.

305 *Isensee*, AöR 131 (2006), 173, 216; *Huster*, Die ethische Neutralität des Staates, S. 343 und S. 345; *Palm*, Berechtigung und Aktualität des Böckenförde-Diktums, 2013, S. 113ff.

306 *Isensee*, in: HStR IX, § 190, Rn. 310; *Höfling*, in: FS Kirchhof, Bd. 1, § 57, 621, 623f.

307 So auch *Jestaedt*, in: HStR VII, § 156, Rn. 71; *Huster*, Die ethische Neutralität des Staates, S. 342; *Debus*, Das Verfassungsprinzip der Toleranz, S. 242ff., die sogar für die Aufnahme einer „Bürgerzielbestimmung" in das Grundgesetz plädiert, welche die Toleranzverantwortung der Staatsbürger zum Inhalt hat. Siehe auch *de Wall*, in: Schwarz-Boenneke (Hg.), Ankommen in einer Gesellschaft der Vielfalt, 2014, 78, 85f. und *ders.*, in: Unger (Hg.), Fundamentalismus und Toleranz, 2009, 100, 109f. und 111f.

308 *Thiel*, Der Erziehungsauftrag des Staates in der Schule, S. 120.

diesem Punkt nicht leugnen, weil es nicht nur um die Vermittlung von Kenntnissen und Fähigkeiten geht, bei denen es den Schülern selbst überlassen ist, ob und wie sie davon Gebrauch machen. Allerdings bedeuten neutrale Erziehungsziele nicht vollständige Abstinenz oder Indifferenz gegenüber normativen Fragen, weil dies zum einen an der Schulwirklichkeit vorbeigeht noch verfassungsrechtlich geboten ist. Maßgeblich ist nur, dass die staatliche Schule nicht versucht, diese Normen und Haltungen auf partikulare religiös-weltanschauliche oder ethische Überzeugungen zu gründen, sondern diese vermittelt, weil sie unabhängig von diesen Positionen Geltung beanspruchen. Insoweit ist eine staatliche Stellungnahme zulässig.[309]

c. *Gesetzestreue*

Die Freiheitsausübung in sozialverträglicher und gemeinwohlförderlicher Weise setzt Gesetzestreue voraus. Pluralismus und Demokratie erfordern es, dass Bürger durch demokratische Wahlen ihre eigene Weltanschauung ins Parlament hineintragen, und daher können sie erwarten, dass politische Entscheidungen in ihrem Sinne getroffen werden.[310] Die gesetzgeberische Mehrheit kann auf diese Weise weltanschauliche Elemente in die Gesetzgebung miteinfließen lassen. Wenn also die nicht verfassungsrechtliche Rechtsordnung zwangsläufig bis zu einer gewissen Grenze weltanschauliche Elemente enthält, so sollte in der Schule nicht zu einer inneren Zustimmung oder Akzeptanz der Rechtsordnung erzogen werden, sondern nur zum äußeren Rechtsgehorsam. Die Schule muss zur Befolgung rechtlicher Normierungen erziehen, darüber hinaus ist es ihr untersagt, für eine bestimmte, den Gesetzen möglicherweise zugrunde liegende Weltanschauung zu werben; ansonsten würden die Schüler aufgrund der allgemeinen Schulpflicht den wechselnden politischen Auffassungen des jeweilig gewählten demokratischen Gesetzgebers ausgesetzt sein und ideologisiert.[311]

---

309 *Huster*, Die ethische Neutralität des Staates, S. 304. Siehe auch *Palm*, Berechtigung und Aktualität des Böckenförde-Diktums, S. 112f.

310 *Thiel*, Der Erziehungsauftrag des Staates in der Schule, S. 117.

311 *Thiel*, Der Erziehungsauftrag des Staates in der Schule, S. 118. Vgl. zur Äußerlichkeit der Rechtsordnung S. 100ff. Die Schule soll laut BayVerfGH zur „Beachtung von Recht und Gesetz" erziehen. Dem ist hinsichtlich der Beachtung der Gesetze (äußerer Rechtsgehorsam bzgl. geltender Rechtsnormen) zuzustimmen. Das Wort „Recht" impliziert, dass es neben der geschriebenen Rechtsordnung noch weitere – möglicherweise moralische oder ethische – Rechtssätze gibt, die es einzuhalten gilt. Das ist aber gerade die zu diskutierende Frage, ob und inwieweit der Staat über den bloßen Rechtsgehorsam hinaus erziehen darf, vgl. BayVerfGH, BeckRS 1994, 14342 Rn. 280.

d. Moralerziehung

Möglicherweise können Moralvorstellungen – zumindest manche – neutrale Erziehungsziele sein, die der Persönlichkeitsentfaltung des Schülers dienen. Alle Erziehungsziele, die einen religiös-weltanschaulichen Ursprung und eine desintegrative Tendenz haben, werden ausgenommen und sind im Unterricht unzulässig. Umgekehrt würde das bedeuten, dass Erziehungsziele zulässig sind, die zwar Moralvorstellungen zum Gegenstand haben, die aber unabhängig von religiös-weltanschaulichen Positionen Geltung beanspruchen und eine Integrationswirkung aufweisen. Doch schon der Begriff der Moralvorstellung bereitet Schwierigkeiten und es ist fraglich, was genau darunter zu verstehen ist.

Man denke etwa an das Sittengesetz nach Art. 2 Abs. 1 GG. Der Begriff des Sittengesetzes verweist auf einen Normenkomplex, der nicht erst durch positivrechtliche Kodifizierung entsteht, sondern vom Grundgesetz bereits als existent betrachtet wird.[312] Eine inhaltliche Umschreibung – wie zum Beispiel „historisch überlieferte Moralauffassung“ oder „Treu und Glauben“ im Sinne des § 242 BGB – gelingt schwer, weil Wertmaßstäbe dem Wandel unterworfen und damit zeitbedingt sind.[313] Ohnehin ist es schwierig, diesen Begriff objektiv und ohne Willkür zu definieren, weil die „Gefahr des Einflusses subjektiver Präferenzen des Rechtsanwenders“ groß ist.[314] Eine grobe Begriffsbestimmung bzw. -abgrenzung kann zumindest versucht werden: Man kann sich unter Moral- und Sittenvorstellungen grundsätzlich Maßstäbe vorstellen, die die privat-individuelle Lebensführung betreffen ohne einen Zusammenhang zum Politisch-Gesellschaftlichen bzw. zum Gemeinwesen. Dies steht im Gegensatz zu den oben besprochenen Bürgertugenden. Beispiele wären etwa unter anderem der Geschwisterinzest oder Ehebruch, wobei Letzteres zumindest strafrechtlich keine Rolle mehr spielt.

Thiel ist der Auffassung, die Schule habe eine Bildungs- und auch eine Sozialisationsaufgabe, weswegen sie den Schülern diejenigen sittlichen Verhaltensweisen nahebringen soll, die Teil des Sittengesetzes im Sinne von Art. 2 Abs. 1 GG sind. Es handele sich – grob gesagt – um „überpositive“ Normen, überlieferte Moral- und Sittenvorstellungen, die so grundlegend seien, dass sie für den Staat unverfügbar sind.[315] Laut Thiel würde die Schule durch die Überlieferung von gesellschaftlichem

312 *Di Fabio*, in: Dürig/Herzog/Scholz, GG Art. 2 Abs. 1, Rn. 45.

313 *Di Fabio*, in: Dürig/Herzog/Scholz, GG Art. 2 Abs. 1, Rn. 45. Ein besonders anschauliches Beispiel ist das Homosexuellen-Urteil des BVerfG vom 10.05.1957, vgl. BVerfGE 6, 389.

314 *Di Fabio*, in: Dürig/Herzog/Scholz, GG Art. 2 Abs. 1, Rn. 45.

315 *Thiel*, Der Erziehungsauftrag des Staates in der Schule, S. 118f.; *Isensee*, in: HStR IX, § 190, Rn. 315.

Gemeingut nicht für eine bestimmte Weltanschauung oder Lebensweise Partei ergreifen, sondern die grundsätzlichen Entscheidungen der Verfassung vermitteln; das Sittengesetz sei daher ebenfalls zur Verfassungsessenz zu zählen.[316]

Der argumentative Umweg über die Verfassungsessenz ist nicht einmal erforderlich. Die Moralerziehung besitzt eine verfassungsrechtliche und pädagogische Plausibilität, denn sie kann grundsätzlich auf nachvollziehbare Bedürfnisse des Zusammenlebens verweisen. Jedenfalls sind gegen eine schulische Moralerziehung insoweit keine verfassungsrechtlichen Einwände zu erheben, als diese sich auf eine Vermittlung einer „Minimal- oder Kernmoral“ beschränkt, die für das Zusammenleben in einem Gemeinwesen unerlässlich ist.[317] Solange diese verfassungsrechtlichen Grenzen eingehalten und keine partikulare Sondermoral mit einer bestimmten religiösen oder weltanschaulichen Grundlage vermittelt wird, ist gegen die Vermittlung solcher Erziehungsinhalte nichts einzuwenden.[318] Moral- und Sittenvorstellungen im Sinne einer Kernmoral üben zudem einen relativ großen Einfluss auf die individuelle Persönlichkeitsentfaltung aus. Weil Schule und Elternhaus jeweils einen eigenständigen Erziehungsauftrag erfüllen müssen, ist es für die Entwicklung des Kindes vorteilhaft, wenn die Schule die Aufgabe der Vermittlung der Kernmoral übernimmt, die für ein Zusammenleben im Gemeinwesen erforderlich ist, und die Eltern im Rahmen ihrer Verantwortung für den „Gesamtplan der Erziehung“[319] darüber hinausgehende Wertmaßstäbe vermitteln, die der Schule verwehrt sind. So ergänzen sich beide Erziehungsaufträge in sinnvoller Weise.

e. *Ehrfurcht vor Gott*

„Ehrfurcht vor Gott“ ist als Erziehungsziel in den Landesverfassungen von Bayern (Art. 131 Abs. 2), Baden-Württemberg (Art. 12 Abs. 1), Nordrhein-Westfalen (Art. 7 Abs. 1) und Rheinland-Pfalz (Art. 33) normiert. Die Regelungen des Landesverfassungsrechts haben grundsätzlich Geltung, soweit ihnen nicht grundgesetzliche Regelungen entgegenstehen.[320] Zur freien Entfaltung der

---

316 *Thiel*, Der Erziehungsauftrag des Staates in der Schule, S. 119.

317 So auch BVerwG im Schulgebetsfall, vgl. BVerwG NVwZ 2012, 162, 167; *Huster*, Die ethische Neutralität des Staates, S. 317 und bzgl. moralischer Mindeststandards im Recht siehe *Czermak/Hilgendorf*, Religions- und Weltanschauungsrecht, S. 37f. Beispiele für Inhalte einer Kernmoral sind die gewaltfreie und sachliche Lösung von Konflikten, Disziplin und Ehrlichkeit.

318 *Huster*, Die ethische Neutralität des Staates, S. 317 und S. 65.

319 *Jestaedt*, in: HStR VII, § 156, Rn. 81.

320 Vgl. Art. 31 GG: „Bundesrecht bricht Landesrecht.“

Persönlichkeit gehöre eine religiöse Dimension und die Bejahung der Religion nach dem Grundgesetz rechtfertige daher das Erziehungsziel der Ehrfurcht vor Gott.[321] Es ist zweifelhaft, ob dieses Erziehungsziel tatsächlich zulässig ist.

Das Erziehungsziel „Ehrfurcht vor Gott" bezweckt eine religiöse Entwicklung des Kindes in eine bestimmte Einstellung hin zu Gott, legt diese als befolgungswürdiges Ideal fest und ist daher nicht mit einem neutralen Verständnis des staatlichen Erziehungsauftrages vereinbar. Czermak ist der Auffassung, dass Schüler nicht ohne Verstoß gegen Art. 4 GG dazu erzogen werden können, vor Gott Ehrfurcht zu haben. Ein Erziehungsziel „Ehrfurcht vor Gott" kann es daher in der staatlichen Pflichtschule nach dem Grundgesetz nicht geben.[322] Auch Dreier sieht dieses Erziehungsziel unter einem erheblichen Rechtfertigungsdruck gegenüber dem grundgesetzlichen Neutralitätsgebot.[323] Dennoch stellt Thiel die Frage, ob das Erziehungsziel selbst so ausgelegt werden kann, dass dessen Inhalt nicht mit dem Neutralitätsgebot kollidiert.[324] Besonderes Augenmerk gelte dabei dem zugrunde liegenden Gottesbegriff der Landesverfassungen.[325]

Möglicherweise könne „Ehrfurcht vor Gott" mit einer weiten Interpretation des Gottesbegriffs als Erziehungsziel aktiviert werden. Laut Thiel könne „Gott" nämlich nicht ausschließlich im Sinne der christlichen Weltanschauung verstanden werden. Das Christentum sei weder in der Präambel des Grundgesetzes noch in den Landesverfassungen ausdrücklich genannt und die Nennung Gottes selbst sei vor dem Hintergrund der anderen Grundgesetzartikel – insbesondere Art. 3, 4 und 33 GG sowie Art. 140 GG i. V. m. Art. 137 Abs. 1 WRV – zu sehen.[326] Die Nennung Gottes in der Präambel des Grundgesetzes und in den Landesverfassungen enthalte lediglich einen Anhaltspunkt für die Religionsfreundlichkeit des Staates, aber keine Vorgabe für einen christlichen Staat oder eine christlich fundierte Erziehung in der öffentlichen Schule.[327]

---

321 *Ennuschat*, in: Handbuch des Staatskirchenrechts, Bd. 2, § 43, Rn. 50.

322 Vgl. *Czermak/Hilgendorf*, Religions- und Weltanschauungsrecht, S. 143; a. A.: *Ennuschat*, in: Handbuch des Staatskirchenrechts, Bd. 2, § 43, Rn. 50.

323 *Dreier*, Staat ohne Gott, S. 130.

324 *Thiel*, Der Erziehungsauftrag des Staates in der Schule, S. 121.

325 *Dreier*, Staat ohne Gott, S. 130f. Dreier geht davon aus, dass die Väter und Mütter der Verfassungen mehrerer Bundesländer den christlichen Schöpfergott im Sinne hatten, das verbindliche Ehrfurchtsgebot der Landesverfassungen daher einen Verstoß gegen das übergeordnete Identifikationsverbot des Grundgesetzes darstellt.

326 *Thiel*, Der Erziehungsauftrag des Staates in der Schule, S. 121f.

327 *Thiel*, Der Erziehungsauftrag des Staates in der Schule, S. 122.

Dreier kritisiert die Versuche, diese Bestimmungen in nicht personale oder anders-religiöse Gottesauffassungen umzuinterpretieren, um sie vor der Verfassungswidrigkeit zu retten; so schrumpfe am Ende die Ehrfurcht vor Gott zu einer „Transzendenzmetapher".[328] Aber selbst eine derart reduzierte Aussage schließt rein immanente Weltanschauungen aus und daher schlussfolgert Dreier, dass, solange sachliche Seins- und Sinnaussagen mit einem verfassungsrechtlichen Ehrfurchtsgebot verknüpft werden, diese „auf dem Prüfstand der weltanschaulich-religiösen Neutralität kaum bestehen" dürften.[329] Der Versuch, diesen Bestimmungen jegliche Verbindlichkeit abzusprechen, ohne diese für gegenstandslos zu erklären,[330] ist widersprüchlich: Wenn eine Norm ihren Aussagegehalt genau wie deren Nichtverbindlichkeit verbürgen soll, dann hat sie keine regulative Wirkung mehr und sollte in diesem Fall besser abgeschafft werden.[331] Auch eine Veränderung des Normsubstrats ist kritisch. Die konkrete Bezugnahme auf Gott hat originär religiösen Gehalt, den man nicht einfach ignorieren und daraus eine bloße Bejahung christlich-abendländischer Bildungs- und Kulturwerte machen kann. Ehrfurcht bzw. die Vermittlung von Ehrfurcht gegenüber Gott ist eine Haltung, die sich nicht so einfach „säkular übersetzen" lässt.[332] Im Ergebnis ist das Ehrfurchtsgebot kein zulässiges neutrales Erziehungsziel im Sinne des Art. 7 Abs. 1 GG. Das gilt allerdings nur für den profanen Schulunterricht.

3. *Ergebnis*

In der Schule werden die Spielregeln der freiheitlich-demokratischen Grundordnung eingeübt, weshalb die Schule zu Recht als Keimzelle des grundgesetzlichen Gemeinwesens betrachtet wird.[333] Erreicht werden kann dieser Zweck nur kumulativ durch Förderung des Individuellen und Integration des Gemeinsamen. Das Grundgesetz enthält zwar keinen Katalog an Erziehungszielen wie einige Landesverfassungen, dennoch können die herausgearbeiteten Erziehungsinhalte als Orientierungspunkte für den Landesgesetzgeber dienen.[334]

Die Schüler sollen zu Eigenverantwortlichkeit erzogen werden, was einen wichtigen Beitrag zur Persönlichkeitsentfaltung darstellt. Daneben sollen

328 *Dreier*, Staat ohne Gott, S. 131. So aber *Ennuschat*, in: Handbuch des Staatskirchenrechts, Bd. 2, § 43, Rn. 58f.

329 *Dreier*, Staat ohne Gott, S. 131f.; *ders.*, ZfL 2020, 1, 13.

330 So etwa BayVerfGHE 41, 44, 48.

331 *Dreier*, Staat ohne Gott, S. 132f.

332 *Dreier*, Staat ohne Gott, S. 133f.; *Thiel*, in: Sachs, GG Art. 7, Rn. 27 Fn. 96.

333 *Jestaedt*, in: HStR VII, § 156, Rn. 44.

334 Vgl. *Ennuschat*, in: Handbuch des Staatskirchenrechts, Bd. 2, § 43, Rn. 29f.

Bürgertugenden und Gesetzestreue vermittelt werden, um die Integration des Gemeinwesens zu gewährleisten. Zu den Bürgertugenden gehören nach obiger Darstellung Verfassungsakzeptanz, politisches Verantwortungsbewusstsein, Umweltbewusstsein sowie Solidarität und Zivilcourage bzw. Toleranz. Schulische Erziehung soll also nicht nur die kognitiven und intellektuellen Anlagen der Kinder fördern, sondern auch die individuelle Persönlichkeitsentfaltung umfassend unterstützen und das Sozialverhalten positiv beeinflussen.[335] Folglich stellt auch die Moralerziehung im Sinne einer Kernmoral ein zulässiges schulisches Erziehungsziel dar.[336]

4. *Verhältnis des Landesrechts zum Bundesrecht*

Das Landes(verfassungs)recht wird in Schulfragen trotz der Schulhoheit der Länder durch das Bundesverfassungsrecht überlagert. In Art. 1 und Art. 2 BayEUG als auch Art. 131 BV findet sich einiges an Erziehungszielen wieder, was durch (neutrale) Interpretation des Art. 7 Abs. 1 GG formuliert worden ist. Diese finden unproblematisch Eingang in die Lehrpläne. Die landesrechtlichen Regelungen sind grundgesetzkonform, sofern sie nicht gegen die bundesverfassungsrechtlichen Vorgaben aus Art. 7 Abs. 1 GG verstoßen. Was demnach keinen Bestand haben dürfte, ist das Ehrfurchtsgebot aus Art. 131 BV und Art. 1 BayEUG, weil es aus oben genannten Gründen gegen ein neutrales Verständnis des staatlichen Erziehungsauftrages und damit gegen Art. 7 Abs. 1 GG verstößt. Folglich dürfte das Ehrfurchtsgebot keinen Eingang in die Lehrpläne und in den allgemeinen schulischen Unterricht finden.[337] Die Ausnahme bildet freilich der Religionsunterricht, Art. 7 Abs. 3 GG.

5. *Fazit und Abgrenzung*

Nach alledem lässt sich die Frage, ob und welche Erziehungsziele das Grundgesetz bereithält, nicht beantworten, indem man versucht, Erkenntnisse allein aus einem topisch geführten Theorienstreit hinsichtlich des Selbstverständnisses des Staates zu erlangen. Vielmehr muss auf die positivrechtlichen Regelungen der Verfassung zurückgegriffen und die Frage gestellt werden, welche Indizien und Hinweise

---

335 *Jestaedt*, in: HStR VII, § 156, Rn. 44.

336 Vgl. S. 136f.

337 Zu der Frage der Gestaltungskraft „von unten nach oben", also dem möglichen Einfluss der Landesverfassungen auf Auslegung und Anwendung des Grundgesetzes vgl. *Dürig*, Die negative Religionsfreiheit und christlich geprägte Gehalte des Landesverfassungsrechts, S. 216f.

das Grundgesetz für eine verfassungskonforme Schulausbildung bzw. -erziehung liefert. Diese können dann interpretiert, systematisiert und konkretisiert werden, ohne dass ausschließlich auf nicht normative und nicht überprüfbare Theoriegehalte zurückgegriffen wird.[338] Durch die Verortung des Neutralitätsgebotes in die Prüfung der Einheit der Verfassung kann diesem Gebot eine methodisch sinnvolle Prüfungsposition gegeben werden. Somit bestätigt diese Anwendung eine Nähe des Neutralitätsgebotes zum Interpretationsprinzip der Einheit der Verfassung und damit auch die Funktion des Neutralitätsgebotes als Interpretationsmittel.[339]

Dem Einwand, dass man in einen einzigen Satz des Art. 7 Abs. 1 GG unmöglich mehrere neutrale Erziehungsgehalte „hineinlesen" könne, lässt sich mit folgendem Gegenargument begegnen: In Art. 12 Abs. 1 GG ist die vom BVerfG im Apothekenurteil entwickelte Stufentheorie[340] ebenfalls nicht im Wortlaut ausgedrückt; doch weil die Identität von Norm und Normtext nicht erforderlich ist, genügt ein einfacher Ansatzpunkt. Für die Berufsfreiheit ist die im Normtext des Art. 12 Abs. 1 GG angelegte Unterscheidung von Berufswahl und Berufsausübung ein ausreichender Ansatzpunkt für diese Auslegung.[341] Die Argumentation ist auf Art. 7 Abs. 1 GG und die Auslegung des staatlichen Erziehungsauftrages gut übertragbar. Im Normtext des Art. 7 Abs. 1 GG ist mit dem Aufsichtsbegriff ein Ansatzpunkt für das Verständnis als staatlichen Erziehungsauftrag gegeben; aufgrund der Nichtidentität von Norm und Normtext ist es vertretbar, aus ebenjenem Erziehungsauftrag, der den Staat dazu berechtigt, eigene Erziehungs- und Bildungsziele zu formulieren, Erziehungsziele im Wege der Normkonkretisierung abzuleiten.

Die Vorteile dieses Ansatzes liegen auf der Hand: Wenn Erziehungsziele durch Auslegung unmittelbar aus der Verfassung abgeleitet werden, so bietet das mehr Rechtssicherheit und Dauerhaftigkeit, als wenn diese Entscheidung allein dem sich ständig wandelnden politischen Prozess überlassen ist. Unterschiedliche politische Mehrheiten gewichten bestimmte Haltungen und Werte anders, und dies wirkt sich unmittelbar auf die schulische Erziehung aus. Doch müssten bestimmte Grundhaltungen, Werte und Ziele stets vermittelt werden dürfen, um die Funktionsfähigkeit des Gemeinwesens zu sichern. Denn die schulische Erziehung benötigt einen festen Bodensatz an pädagogischen Entwürfen, den sie unabhängig von

338 Vgl. *Müller/Christensen*, Juristische Methodik, Bd. 1, S. 146.

339 *Schlaich*, Neutralität als verfassungsrechtliches Prinzip, S. 232f. und zum Ursprung dieser Lehren *Smend*, Verfassung und Verfassungsrecht, in: Staatsrechtliche Abhandlungen, S. 119, 239.

340 BVerfGE 7, 377ff.

341 Beispiel nach *Müller/Christensen*, Juristische Methodik, Bd. 1, S. 75.

sich wandelnden politischen Mehrheiten vermitteln kann und darf. Und diese lassen sich nur aus dem staatlichen Erziehungsauftrag selbst ableiten. Sind erst einmal zulässige Erziehungsziele abgeleitet, so lässt sich deren konkreter Inhalt immer noch nach den aktuellen gesellschaftlichen, politischen, sozialen oder wirtschaftlichen Gegebenheiten ausfüllen.

Durch die Auslegung des staatlichen Erziehungsauftrages lässt sich eine konsequente und abwägungsunabhängige Abgrenzung zum Elternrecht gewährleisten. Soweit sich die Schule im Unterricht auf neutrale Erziehungsinhalte beschränkt, sind die Erziehungsbefugnisse der Eltern nicht berührt. Erst wenn die Schule nicht-neutrale Erziehungsziele vermittelt und sie so ihre durch Art. 7 Abs. 1 GG gesetzten Grenzen überschreitet, dann liegt ein Eingriff ins Elternrecht vor. Auf diese Weise kann die staatliche Schule eigene Erziehungsziele verfolgen, ohne auf die Zustimmung der Eltern angewiesen zu sein oder eine Abwägung mit deren kollidierenden Erziehungsvorstellungen vornehmen zu müssen.[342] Ein weiterer wichtiger Punkt ist, dass – selbst wenn neutrale Erziehungsziele in der Schule vermittelt werden – es stets jemanden geben wird, der widerspricht und mit dem Inhalt nicht einverstanden ist. Eine vollständige Gleichbehandlung oder allumfassende Akzeptanz wird es in einer pluralen Gesellschaft nicht geben. Dieser Ansatz zielt auch nicht auf vollumfängliche Akzeptanz ab. Vielmehr geht es darum, grundlegende Handlungsmaßstäbe für das künftige Leben zu vermitteln, die keine exkludierende, sondern integrative Wirkung haben. Solange sich der Staat an diese Vorgabe hält, müssen die Erziehungsinhalte von widersprechenden Parteien hingenommen werden.[343]

Der maßgebliche Unterschied zu Husters Ansatz der Begründungsneutralität ist der: Die öffentliche Schule besitzt einen eigenständigen Erziehungsauftrag, dessen nähere inhaltliche Ausgestaltung sich aus sich selbst ergibt. Huster dagegen sagt, dass sich die konkrete Ausgestaltung des Erziehungsauftrages weder aus den elterlichen Erziehungsvorstellungen noch aus verfassungsrechtlichen Vorgaben ableiten lässt, vielmehr bedarf es einer politischen Entscheidung, welche Bildungsinhalte und Erziehungsziele die staatliche Schule vermitteln darf.[344] Gerechtfertigt sei schulische Erziehung, also ein bestimmtes Erziehungsziel, soweit es sich auf neutrale Weise rechtfertigen lasse. Es komme also für die verfassungsrechtliche

342 *Huster*, Die ethische Neutralität des Staates, S. 299f.

343 Vgl. *Huster*, Die ethische Neutralität des Staates, S. 299f.

344 *Huster*, Die ethische Neutralität des Staates, S. 296f. Siehe Fn. 202: „In diesem zentralen Punkt stimmt die hier vertretene Position mit der bekannten sozialphilosophischen Konzeption bei *Gutmann*, Democratic Education, S. 41ff. und passim, weithin überein."

Beurteilung darauf an, welche Gründe für ein Erziehungsziel geltend gemacht werden können.[345]

Grundrechtsdogmatisch gesprochen seien Erziehungsziele kein legitimer Zweck im Rahmen der Eingriffsrechtfertigung, die auf partikularen politischen, religiös-weltanschaulichen oder ethischen Einsichten beruht. Nach seinem Ansatz sei der staatliche Erziehungsauftrag nicht von vornherein auf bestimmte, inhaltlich neutrale Ziele beschränkt,[346] kurz: Auf die Begründung eines politisch zu findenden Erziehungsziels komme es an, nicht auf das durch Interpretation zu ermittelnde Verständnis des staatlichen Erziehungsauftrages selbst. Das Neutralitätsgebot wird bei Huster als Begründungsmaßstab verwendet, die Argumentation findet auf anderer Ebene statt. Neutralität fungiert dort als „Schranke"[347] der staatlichen Erziehungsbefugnisse, während das Neutralitätsgebot hier als Interpretationsmittel eingesetzt wird, um zulässige Erziehungsziele aus Art. 7 Abs. 1 GG zu formulieren. Dies ist keine demokratische Entscheidung, die im politischen Prozess zu finden und zu begründen ist. Das ist folglich keine politische, sondern eine verfassungsrechtliche Frage. Es ist keine Frage der Begründung, sondern eine Frage der Interpretation.

V. Die Ungeeignetheit des Kreuzes als Mittel zur Darstellung zulässiger Erziehungsinhalte

Nachdem zulässige Erziehungsziele herausgearbeitet wurden, stellt sich nun die Frage, ob das Kreuz als Mittel geeignet ist, um oben genannte Erziehungsinhalte zu symbolisieren bzw. darzustellen. Die Kritiker der Schulkreuz-Entscheidungen beriefen sich auf das Argument der Schulhoheit und des staatlichen Erziehungsauftrages, wonach es den Ländern zustehe, Erziehungs- und Bildungsinhalte verbindlich festzulegen und die Umsetzung zu regeln. Dazu gehöre auch der Einsatz pädagogischer Mittel und die Ausstattung der Klassenräume. Das Kreuz habe demnach eine förderliche Wirkung bei der Vermittlung von Erziehungs- und Bildungszielen, weil es jene Inhalte verkörpere. Nun drängt sich die Frage auf, welche Inhalte im Rahmen des staatlichen Bildungs- und Erziehungsauftrages zulässig sind.

Zulässig sind die Erziehungsziele der eigenverantwortlichen Lebensführung, Bürgertugenden (zum Beispiel politisches Verantwortungs- und Umweltbewusstsein und Zivilcourage) und Gesetzestreue sowie die Vermittlung einer Kernmoral.

345 *Huster*, Die ethische Neutralität des Staates, S. 299.

346 *Huster*, Die ethische Neutralität des Staates, S. 299.

347 Siehe Überschrift Punkt 1 in *Huster*, Die ethische Neutralität des Staates, S. 296.

Diese Inhalte verkörpert das Kreuz als christliches Symbol in keiner Weise und hat dementsprechend keine förderliche Wirkung bei deren Vermittlung. Diese Erziehungsinhalte können auch ohne Kreuz an der Wand sehr gut vermittelt und umgesetzt werden. Wenn zudem ein Schulgesetzgeber die nachvollziehbare Absicht geltend macht, die Erziehungsberechtigten bei der religiösen Erziehung ihrer Kinder zu unterstützen, passt dies nicht recht damit zusammen, dass von dieser Unterstützung in Gestalt eines Schulkreuzes nur die Erziehungsberechtigten profitieren, die eine christliche Erziehung billigen bzw. anstreben.[348] Folglich ist das eingesetzte Mittel – die Anordnung, ein Kreuz im Klassenzimmer anzubringen, bzw. das Kreuz als solches – nicht geeignet, um das zu erreichende Ziel – die Erfüllung des staatlichen Erziehungs- und Bildungsauftrages – zu fördern oder zu gewährleisten. Daher ist festzuhalten, dass die staatliche Anordnung, ein Schulkreuz aufzuhängen, verfassungswidrig ist und ein solches nicht an die Wände eines staatlichen Klassenzimmers gehört.

E. Das Kreuz im Gerichtssaal und in der Behörde

Das Aufhängen des Kreuzes auf staatliche Veranlassung hat die Gerichte nicht nur in der Schule beschäftigt, sondern auch im Gerichtssaal und in der Behörde. Letzteres geht auf den bayerischen Kreuzerlass aus dem Jahr 2018 zurück, wonach im Eingangsbereich jeder bayerischen Landesbehörde ein Kreuz gut sichtbar anzubringen ist. Grundlage hierfür war eine Verwaltungsvorschrift (§ 28 Bayerische Geschäftsordnung für die Behörden des Freistaates Bayern – BayAGO).[349] Das BVerfG hat sich 1973 mit dem Kreuz im Gerichtssaal befasst, als sich jüdische Verfahrensbeteiligte gegen ein Standkreuz zur Wehr gesetzt haben.[350] Gemeinsam ist den Verfahren, dass das Kreuz auf staatliche Veranlassung aufgehängt bzw. aufgestellt wurde und nicht aufgrund individueller Grundrechtsausübung. In allen Fällen handelt es sich um öffentliche Räume mit Publikumsverkehr, das heißt, das Kreuz ist regelmäßig von allen, die sich in den betreffenden Räumen aufhalten, gut wahrnehmbar. Es stellt sich daher die Frage, ob eine differenzierte Betrachtung zwischen den Kreuzen in Schule, Gericht und Behörde angebracht ist und wenn ja, wodurch diese begründet werden kann und ob die Betrachtung der

---

348 *Huster*, Die ethische Neutralität des Staates, S. 667.

349 Der BayVerfGH hat eine gegen die Verwaltungsvorschrift gerichtete Popularklage wegen Unzulässigkeit abgewiesen, vgl. BayVerfGH, BayVBl 2020, 412. Kritisch zum Kreuzerlass aus politischer Perspektive *Freudenberg*, ZRP 2018, 124.

350 BVerfGE 35, 366.

Kreuze im Gerichtssaal und in der Behörde nicht doch zu dem gleichen Ergebnis führt wie die des Kreuzes in der staatlichen Schule.[351]

I. Ungeeignetheit der positiven Glaubensfreiheit als Kollisionsgut

Wie schon beim Kreuz in der staatlichen Schule eignet sich die positive Glaubensfreiheit nicht dafür, um gegen die negative Glaubensfreiheit, die sich gegen das Kreuzsymbol in Gericht und Behörde wendet, ins Feld geführt zu werden. Um Grundrechtskonkurrenzen und ihre Auflösung aufgrund einer Symbolkonfrontation geht es nicht, sondern um die Frage, ob und inwieweit es einer staatlichen Institution erlaubt ist, religiöse Bezüge herzustellen. Außerdem wäre die positive Glaubensfreiheit nicht einschlägig, weil das Kreuz in diesen Fällen stets auf staatliche Veranlassung aufgehängt worden ist und nicht auf Wunsch von Grundrechtsberechtigten.[352] Für die Lösung dieses Konfliktes eignet sich die Gegenüberstellung der positiven und negativen Religionsfreiheit sowie deren Abwägung gegeneinander nicht. Es erscheint zweifelhaft, ob man Glaubensfreiheit gegen Glaubensfreiheit überhaupt sinnvoll abwägen kann, zumal es dem Staat verwehrt ist, die einzelnen Inhalte, die gegeneinander abgewogen werden, zu bewerten und es sich letzten Endes um zwei Seiten derselben Medaille handelt.[353] Die Gegenüberstellung von Grundrechten (subjektiven Verfassungsgütern) hilft hier nicht weiter, insbesondere dann nicht, wenn sich die Parteien auf ein und dasselbe Grundrecht berufen. In dem Kollisionsverhältnis (negative) Glaubensfreiheit, welche sich gegen das Kreuz in öffentlichen Räumen richtet, gegen ein anderes Schutzgut von Verfassungsrang, welches das Anbringen des Kreuzes rechtfertigen soll, eignen sich daher zur Rechtfertigung nur objektive Verfassungsgüter für eine vertiefte verfassungsrechtliche Beurteilung, wie etwa der staatliche Erziehungsauftrag nach Art. 7 Abs. 1 GG in der staatlichen Pflichtschule.[354] Im Gerichtssaal

---

351 Vgl. S. 143f.

352 Vgl. *Waldhoff*, KuR 2011, 153, 160.

353 Vgl. S. 89ff. Zustimmend *Waldhoff*, KuR 2011, 153, 172.

354 Der Schulfrieden ist als Kollisionsgut nicht geeignet, weil es kein Schutzgut von Verfassungsrang ist (und das Kreuz evident ungeeignet zur Wahrung des Schulfriedens ist), und auch das Erziehungsrecht der Eltern nach Art. 6 Abs. 2 GG ist für die Lösung des Konfliktes ungeeignet, weil es im Ergebnis genauso auf ein Bewerten religiöser (Erziehungs-)Vorstellungen hinausliefe wie bei der Gegenüberstellung von negativer und positiver Glaubensfreiheit.

und in der Behörde kommen die Funktionsfähigkeit staatlicher Einrichtungen und die staatliche Identität infrage.[355]

II. Die Funktion des öffentlichen Raums als Differenzierungskriterium

1. Justiz

Möglicherweise rechtfertigt die Tatsache, dass es sich um unterschiedliche öffentliche Räume mit unterschiedlichen Funktionen handelt, ein abweichendes Ergebnis. Die Bereitstellung von Gerichtssälen und deren Ausstattung gehört nicht zur staatlichen Rechtsprechungstätigkeit an sich, sondern ist eine Voraussetzung für diese. Rechtsprechung im Sinne der besonderen, mit eigenen verfassungsrechtlichen Garantien versehenen Staatsfunktion umfasst die streitentscheidende und den Gerichten zugewiesene Spruch- und Entscheidungstätigkeit in den dafür vorgesehenen förmlichen Verfahren, ferner die organisatorische Tätigkeit der sogenannten Rechtsprechungsverwaltung, nicht aber die sonstige verwaltungsmäßige Hilfstätigkeit, die die Rechtsprechungstätigkeit der Gerichte erst ermöglicht. Diese Tätigkeit gehört zum Bereich der Justizverwaltung.[356]

Im Bereich der Justizverwaltung gehört die Ausstattung von Gerichtssälen wiederum zu den tatsächlichen Verwaltungshandlungen ohne rechtlich regelnden Charakter; allerdings hat die Ausstattung mit Kreuzen einen über die bloße technisch-funktionale Ermöglichung staatlicher Rechtsprechungstätigkeit hinausgehenden Charakter. Diese Art der staatlichen Tätigkeit ist der Bereich der *Selbstdarstellung des Staates*. Von diesem wird gesprochen, wenn „die Wahrnehmung staatlicher Funktionen über die Gewährleistung des einfachen Funktionierens hinaus in besonderer Weise gestaltet und in eine Form gebracht wird".[357] Gerichtssäle sind ein Teil staatlicher Öffentlichkeit, in der die Rechtspflege als eine Kernfunktion des Staates sich vollzieht und darstellt; die Ausstattung der Gerichtssäle hat demnach die Funktion, die staatliche Rechtspflege als die unparteiische, nur Gesetz und Recht verpflichtete sichtbar zu machen.[358] Die Ausstattung verfolgt unter anderem den Zweck, dass das öffentliche Vertrauen in die Rechtsprechung gefördert wird und Anlass zu Misstrauen und Argwohn beseitigt

355 In BVerfGE 153, 1, 36 (Kopftuch III) beispielsweise ist die Funktionsfähigkeit der Rechtspflege als mit der Glaubensfreiheit in Widerstreit tretendes Verfassungsgut bezeichnet. Die staatliche Identität ist mit der Verfassungsidentität gleichbedeutend, mithin ein Verfassungsgut nach Art. 79 Abs. 3 GG.

356 *Böckenförde*, ZevKR 20 (1975), 119, 121.

357 *Böckenförde*, ZevKR 20 (1975), 119, 122.

358 *Böckenförde*, ZevKR 20 (1975), 119, 123.

werden soll.[359] Fraglich ist, wo die Grenzen dieser staatlichen Selbstdarstellung zu ziehen sind. Die Sichtbarmachung bzw. Darstellung bezieht sich auf den konkret verfassten Staat mit seinen tragenden rechtlichen und politischen Prinzipien und Grundideen. Folglich ergibt sich der Inhalt dieser Maßstäbe und Begrenzungen aus den grundlegenden, den Staat in seiner konkreten Eigenart bestimmenden Prinzipien und Entscheidungen der Verfassung selbst. Die Grenze des Zulässigen liegt jedenfalls dort, wo die staatliche Selbstdarstellung zu tragenden Verfassungsentscheidungen im Widerspruch steht.[360]

Böckenförde differenziert zwischen öffentlichen Räumen, in denen ursprüngliche staatliche Hoheitsfunktionen ausgeübt werden, zum Beispiel die Rechtspflege, und solchen des gesellschaftlichen Lebens, die der Staat lediglich in seine Obhut genommen hat und selbst organisiert, etwa das öffentliche Schulwesen. Diese Differenzierung hat zur Folge, dass die Grenzen staatlicher Selbstdarstellung bei öffentlichen Räumen mit ursprünglichen staatlichen Hoheitsfunktionen strenger zu ziehen sind als bei den Letztgenannten.[361]

Böckenförde sieht das Neutralitätsgebot als ein tragendes Verfassungsprinzip bzw. objektives Rechtsprinzip an, aus dem sich rechtsdogmatische Folgerungen ableiten lassen und somit auch rechtliche Bindungen für die staatliche Selbstdarstellung;[362] allerdings solle der Inhalt dieses Prinzips bereichsspezifisch bestimmt werden.[363] Folglich gelte ein strengerer Neutralitätsmaßstab (distanzierende Neutralität), wenn der Staat wie in der Justiz als Träger ursprünglicher Hoheitsfunktionen auftritt, wohingegen eine offene, übergreifende Neutralität gelte in Bereichen, die der Staat lediglich in seine Obhut genommen hat.[364] Kurz gesagt bedeutet es, dass das Kreuz in Gerichtssälen laut Böckenförde unzulässig, in staatlichen Klassenzimmern dagegen zulässig ist.[365]

---

359 *Böckenförde*, ZevKR 20 (1975), 119, 124.

360 *Böckenförde*, ZevKR 20 (1975), 119, 126.

361 *Böckenförde*, ZevKR 20 (1975), 119, 127f.

362 Kritisch hierzu *Waldhoff*, KuR 2011, 153, 164f.

363 *Böckenförde*, ZevKR 20 (1975), 119, 128f.

364 *Böckenförde*, ZevKR 20 (1975), 119, 130f.; a. A. *Streinz*, BayVBl 2014, 421, 429.

365 *Böckenförde*, ZevKR 20 (1975), 119, 132. Die objektive Verfassungswidrigkeit der Ausstattung von Gerichtssälen mit Kreuzen hat nicht zur Folge, dass ein *genereller* subjektiver Anspruch des Einzelnen auf die Entfernung des Kreuzes besteht, der mit einer Verfassungsbeschwerde hätte durchgesetzt werden können, vgl. *Böckenförde*, ZevKR 20 (1975), 119, 138ff.; a. A. im Rahmen des Strafverfahrens *Fateh-Moghadam*, Die religiös-weltanschauliche Neutralität des Strafrechts, 2019, S. 339f. Für eine Verletzung der Glaubensfreiheit durch das Ausstatten des Gerichtssaals mit einem Kreuz siehe *Fateh-Moghadam*, Die religiös-weltanschauliche Neutralität des Strafrechts, S. 326ff.

Das Argument der unterschiedlichen Funktionen öffentlicher Räume, in denen mehr oder minder strenge (Neutralitäts-)Maßstäbe für die Selbstdarstellung des Staates gelten, vermag nicht zu überzeugen. Zur staatlichen Selbstdarstellung in der Schule lässt sich sagen, dass das Kreuz an der Klassenzimmerwand dafür verwendet worden ist, um „das, wofür der Staat steht", bildhaft zu repräsentieren und somit auf diese Weise die Erfüllung des Erziehungsauftrages zu fördern. Allerdings wurde oben bereits herausgearbeitet, dass sich zulässige, neutrale Erziehungsinhalte nicht durch ein Kreuz symbolisieren lassen; das Kreuz ist ein religiöses Symbol und damit hierfür schlicht ungeeignet.[366] Außerdem ist die Funktion des öffentlichen Raumes für die Beantwortung dieser Frage nicht maßgeblich. Vielmehr kommt es darauf an, ob das Kreuz auf staatliche Veranlassung oder ob es im Rahmen individueller Grundrechtsausübung aufgehängt worden ist. Denn mit dem Aufhängen aufgrund staatlicher Veranlassung geht ein Identifikationsakt einher, der dem Staat versagt ist; da spielt es keine Rolle, in welchem Rahmen bzw. Raum dieser Identifikationsakt stattfindet. Folglich ist das Kreuz, welches auf staatliche Anordnung angebracht worden ist, sowohl in der Schule als auch im Gerichtssaal unzulässig. Auch die genannten Kollisionsgüter der staatlichen Identität und der Funktionsfähigkeit der Rechtspflege rechtfertigen kein anderes Ergebnis. Dass das Kreuz an der Wand (oder als Standkreuz) keinen irgendwie gearteten positiven oder förderlichen Effekt auf die Rechtsprechungstätigkeit oder die dazugehörigen Hilfstätigkeiten hat, liegt wohl auf der Hand.

Bei der Ausstattung von Gerichtssälen mit Kreuzen handelt es sich um einen Bereich der Justizverwaltung, der die eigentliche Rechtsprechungstätigkeit erst ermöglicht. Und nach einem neutralen Verständnis der Funktionsfähigkeit der Rechtspflege (Art. 97 GG) setzt diese vor allem das Vertrauen der Bevölkerung in die Objektivität und Unabhängigkeit der Justiz voraus.[367] Dazu gehören die Unparteilichkeit der einzelnen Amtsträger[368] und auch die wahrnehmbare Ausstattung der Gerichtssäle. Die Justiz ist demnach nur Gesetz und Recht unterworfen und nicht religiösen Glaubensvorstellungen. Das Vertrauen in die Unabhängigkeit kann durch das wahrnehmbare Aufhängen eines Kreuzes auf staatliche Veranlassung beschädigt werden. Das Kreuz ist also evident ungeeignet, um förderlich auf die Funktionsfähigkeit der Rechtspflege einzuwirken; vielmehr ist es diesem Zweck sogar abträglich.

---

366 Vgl. S. 143f.

367 Vgl. auch BVerfGE 153, 1, 40f.

368 Vgl. *Friedrich*, NVwZ 2018, 1007, 1009.

Das Argument der staatlichen Identität ist zu dem Punkt der Selbstdarstellung des Staates zu rechnen. Aus der Selbstdarstellung des Staates folgen zugleich seine Grenzen, wie oben erläutert wurde. Die Grenze des Zulässigen liegt dort, wo die Selbstdarstellung zu den tragenden Verfassungsentscheidungen, die sie gerade repräsentieren soll, im Widerspruch steht. Die Frage, die sich nun stellt, ist, ob das Kreuz die Identität des konkret verfassten Staates repräsentieren bzw. symbolisieren kann, mithin dafür geeignet ist. Weil das Kreuz in erster Linie ein christliches Glaubenssymbol ist, kann es einen säkularen Verfassungsstaat wie den vorliegenden, in dem Regelungen wie das Identifikationsverbot nach Art. 140 GG i. V. m. Art. 137 Abs. 1 WRV und die Gleichbehandlungsgebote, in denen Offenheit und Gleichheit für alle Religionen und Weltanschauungen gelten, nicht sinnvoll repräsentieren. Vielmehr käme das Anbringen eines Kreuzes einer Identifikation mit christlich geprägten Inhalten gleich,[369] was gegen die Verfassungsentscheidungen verstößt, die das Kreuz gerade symbolisieren soll. Es handelt sich nicht um einen christlich geprägten Staat. Das Kreuz ist folglich nicht geeignet, die staatliche Identität in der Justiz sinnbildlich darzustellen.

2. *Behörde*

Für das Behördenwesen lässt sich nichts Gegenteiliges feststellen. Dass das Kreuz eine förderliche Wirkung auf das Funktionieren des Behördenwesens hat, ist abwegig. Die Funktionsfähigkeit staatlicher Einrichtungen hängt nicht von der Ausstattung der Räume mit Glaubenssymbolen ab. Der bayerische Kreuzerlass 2018 diente der Versinnbildlichung der (vermeintlich) christlich geprägten Kultur und Identität des bayerischen Staates, es ging also auch hier um die staatliche Selbstdarstellung. Und wieder stellt sich die Frage der Geeignetheit, die erneut verneint werden muss. Für das Behördenwesen kann nichts anderes gelten als für andere öffentliche Räume, namentlich das Schulwesen und die Justiz. Eine zulässige religiös-weltanschaulich neutrale Selbstdarstellung kann nur im Rahmen der konkreten Verfassungsentscheidungen erfolgen und nicht gegen diese verstoßen. Nach alledem kann gesagt werden, dass der bayerische genau wie der grundgesetzliche Staat ein säkulares Selbstverständnis hat, in dem alle religiös-weltanschaulichen Überzeugungen gleichbehandelt werden und der Staat sich nicht mit einer Religion oder Weltanschauung identifizieren darf. Mit dem Aufhängen eines Kreuzes im Eingangsbereich einer Behörde soll aber eine

---

369 Zustimmend *Feldmann*, Betrifft Justiz 2008, 216, 217; a. A. *Schütz*, Betrifft Justiz 2008, 221, 222.

Identifikation mit dem christlichen Erbe vorgenommen werden.[370] Das Kreuz ist demnach kein geeignetes Mittel für die staatliche Selbstdarstellung.[371]

Es ist folglich nicht maßgeblich, um welchen öffentlichen Raum es sich handelt oder welche Funktion er verfolgt; in dem Anbringen eines Kreuzes auf staatliche Veranlassung liegt ein Identifikationsakt, der tragenden Verfassungsentscheidungen des Grundgesetzes und damit einer zulässigen religiös-weltanschaulich neutralen Selbstdarstellung widerspricht. Außerdem ist die staatliche bzw. bayerische Identität zu facettenreich.

Das Kreuz kann die verschiedenen Elemente der grundgesetzlichen bzw. bayerischen Identität nicht vollumfänglich darstellen. Auch wenn man der Argumentation mit den verschiedenen Neutralitätsanforderungen in verschiedenen öffentlichen Räumen folgen würde, so lässt sich im Wege eines Erst-recht-Schlusses sagen, dass bei Unzulässigkeit des Kreuzes in Schulräumen dieses Ergebnis erst recht für die Justiz und das Behördenwesen gelten muss, in denen der Staat als Träger ursprünglicher Hoheitsfunktionen auftritt, und damit strengeren Bindungen unterliegt als in einem bloß in seine Obhut genommenen Bereich. Maßgeblich ist auch hier die staatliche Veranlassung und nicht der jeweilige öffentliche Raum. Das Kriterium der unterschiedlichen Funktion rechtfertigt keine abweichende verfassungsrechtliche Beurteilung.

---

370 So auch *Ipsen*, Recht und Politik 54 (2018), 265, 267f.; *Halbig*, NVwZ 2021, 768, 771f.

371 Halbig behandelt in ihrem Beitrag die Frage nach der Eingriffsqualität der Anordnung bzw. faktischen Umsetzung hinsichtlich der negativen Glaubensfreiheit der Behördenbesucher und -beschäftigten und problematisiert in diesem Zusammenhang die Außenwirkung einer Verwaltungsvorschrift und die Flüchtigkeit der Begegnung mit dem Kreuz im Eingangsbereich einer Behörde; die Eingriffsqualität wird aufgrund der Unausweichlichkeit der Situation und der möglichen Ausschlusswirkung bejaht. Zudem sei eine Grundrechtsverletzung auch deswegen zu bejahen, weil es an einer gesetzlichen Grundlage für den Kreuzerlass fehlt, vgl. *Halbig*, NVwZ 2021, 768, 769f.; hinsichtlich der Eingriffsqualität a. A. BayVGH Urt. v. 1.6.2022 – 5 B 22.674, BeckRS 2022, 23724, Rn. 29ff. und BayVGH Urt. v. 1.6.2022 – 5 N 20.1331, BeckRS 2022, 23726, Rn. 40f.; *Friedrich*, NVwZ 2018, 1007, 1009. Kritisch zu den beiden Entscheidungen des BayVGH *Tischbirek*, Wo ein Kläger, da kein Richter?, Verfassungsblog, 07.09.2022, https://verfassungsblog.de/wo-ein-klager-da-kein-richter/, abgerufen am 02.06.2023. Für die Frage des Eingriffs wird im Beitrag von Herbolsheimer und Kukuczka zwischen Behörden mit und Behörden ohne Bürgerkontakt differenziert, vgl. *Herbolsheimer/Kukuczka*, ZevKR 63 (2018), 367, 383ff. Zu den verfassungsprozessualen Problemen des Kreuzerlasses vgl. *Ipsen*, Recht und Politik 54 (2018), 265, 268f.; *Friedrich*, NVwZ 2018, 1007, 1011f. und *Halbig*, NVwZ 2021, 768, 772f.

III. Die verschiedenen Kollisionsgüter als Differenzierungskriterien

Auch bei Abgrenzung nach den Kollisionsgütern kann es zu keinem anderen Ergebnis kommen. Gemeinsam ist dem Kreuz in Schule, Justiz und Behörde, dass nur objektive Verfassungsgüter mit der (negativen) Glaubensfreiheit der Beschwerdeführer in Widerstreit treten können. Subjektive Verfassungsgüter wie die positive Glaubensfreiheit oder auch das elterliche Erziehungsrecht eignen sich nicht als Kollisionsgüter, weil diese Gegenüberstellung keinen Ertrag bringt und dies faktisch zu einem Bewerten religiöser Vorstellungen führen würde; zudem ist Glaubensfreiheit gegen Glaubensfreiheit nicht sinnvoll abwägbar. Maßgeblich sind nur objektive Verfassungsgüter wie der staatliche Erziehungsauftrag sowie die staatliche Identität und die Funktionsfähigkeit öffentlicher Einrichtungen. Die je nach öffentlichem Raum unterschiedlichen Rechtfertigungsgründe für das Aufhängen eines Kreuzes können kein abweichendes Ergebnis zur Zulässigkeit des Kreuzes in Justiz und Behörde rechtfertigen. Denn um welchen konkreten öffentlichen Raum es sich handelt und welche Funktion bzw. staatliche Intention dabei vorliegt, ist nicht relevant. Wie bereits gezeigt wurde, scheitert es stets an der Geeignetheit des Kreuzes, die konkreten Ziele zu verwirklichen oder auch nur zu fördern, sei es der staatliche Erziehungsauftrag, die hoheitliche Selbstdarstellung oder die Funktionsfähigkeit staatlicher Einrichtungen. Es ist allein maßgeblich, ob das Kreuz im Rahmen einer individuellen Grundrechtsausübung oder auf staatliche Veranlassung angebracht worden ist.[372]

Nach dem objektiven Empfängerhorizont[373] ist das Anbringen eines Kreuzes in einem öffentlichen Raum auf staatliche Anordnung als ein Identifikationsakt zu bestimmten religiösen oder religiös geprägten Inhalten zu werten.[374] Der Streit um den maßgeblichen Deutungshorizont ist hinfällig, denn eine staatliche Deutungs- und Definitionshoheit würde den Grundrechtsschutz unterlaufen und die Maßgeblichkeit der Sichtweise eines individuellen Betrachters ist dem Rechtssystem ohnehin fremd.[375] Denn ein unparteiischer objektiver Betrachter sieht im Kreuz

---

372 Schulten differenziert ebenfalls nach diesem Kriterium, s. *Schulten*, KuR 2019, 161, 168. Vgl. auch *Halbig*, NVwZ 2021, 768, 771; *Streinz*, BayVBl 2014, 421, 430; *Waldhoff*, KuR 2011, 153, 172.

373 Vgl. BVerfGE 108, 282, 305; *Blanke*, in: FS Stern, 1249, 1262.

374 BVerfGE 35, 366, 374: „Denn jedenfalls liegt dann, wenn ein Gebäude oder ein Raum mit einem Kreuz versehen wird, auch heute der Eindruck nahe, dadurch solle eine enge Verbundenheit mit christlichen Vorstellungen bekundet werden." Siehe auch BayVGH Urt. v. 1.6.2022 – 5 B 22.674, BeckRS 2022, 23724, Rn. 25.

375 *Friedrich*, NVwZ 2018, 1007, 1010; BayVGH Urt. v. 1.6.2022 – 5 B 22.674, BeckRS 2022, 23724, Rn. 26.

(zumindest auch) ein Glaubenssymbol[376] und es ist wenigstens nicht ausgeschlossen, dass dadurch eine unzulässige Verknüpfung mit der konkreten hoheitlichen Tätigkeit vorgenommen oder darin eine Privilegierung der christlichen Religion gesehen wird.[377] Eine staatliche Umdeutung des Kreuzes von einem religiösen Symbol zum bloßen Ausdruck einer christlich geprägten abendländischen Kultur ist somit weder relevant noch möglich.[378] Die von Friedrich vorgeschlagene zweistufige Prüfung, wonach zunächst die Deutung des Kreuzsymbols und dann die Auslegung der mit seiner Anbringung verbundenen Botschaft untersucht werden soll, ist widersprüchlich. Danach wird gesagt, dass das Kreuz zwar ein religiöses Symbol sei, mit dessen Anbringung aber keine Identifikation oder Privilegierung des Christentums einhergehe, weil diese nicht *beabsichtigt* sei.[379] Der Widerspruch liegt darin begründet, dass einerseits gesagt wird, dass es nicht auf die staatliche Intention ankomme, sondern auf die objektive Sichtweise, andererseits dann auf ebendiese Intention abgestellt wird.

IV. Ergebnis: Das Kreuz in öffentlichen Räumen

Im Ergebnis verletzen Kreuze in öffentlichen Räumen immer dann die Glaubensfreiheit, wenn sie auf staatliche Veranlassung angebracht worden sind und nicht im Rahmen einer individuellen Grundrechtsausübung. Denn der Staat räumt dem Einzelnen einen grundrechtlichen Betätigungsraum ein, nicht jedoch sich selbst, weil seine Gewalt grundrechtsgebunden ist, Art. 1 Abs. 3 GG.

Ihm ist es demnach verwehrt, sich religiös zu betätigen oder sich auf diese Weise auszudrücken. Tut er dies doch, so wird eine für staatliche Räume typische, nämlich unausweichliche Situation geschaffen, in der sich der Einzelne dieser Betätigung nicht entziehen kann; er ist mithin den verwendeten religiösen Symbolen ausgesetzt und kann sich einer etwaigen Beeinflussung nicht entziehen.[380] Selbstverständlich gewährt die Glaubensfreiheit keinen Konfrontationsschutz vor religiös-weltanschaulichen Äußerungen von privater Seite. Anders ist die

376 So auch BVerfGE 35, 366, 374; 93, 1, 19f.; 108, 282, 304; BayVGH Urt. v. 1.6.2022 – 5 B 22.674, BeckRS 2022, 23724, Rn. 26; *Friedrich*, NVwZ 2018, 1007, 1010; *Herbolsheimer/Kukuczka*, ZevKR 63 (2018), 367, 376.

377 BVerfGE 35, 366, 374; *Ipsen*, Recht und Politik 54 (2018), 265, 268; *Schulten*, KuR 2019, 161, 178f.; *Halbig*, NVwZ 2021, 768, 772; a. A. *Friedrich*, NVwZ 2018, 1007, 1011.

378 Vgl. BayVGH Urt. v. 1.6.2022 – 5 B 22.674, BeckRS 2022, 23724, Rn. 25; *Halbig*, NVwZ 2021, 768, 769.

379 *Friedrich*, NVwZ 2018, 1007, 1011.

380 Vgl. BVerfGE 93, 1, 15f.; 108, 282, 302; 138, 296, 336.

Situation, wenn der Staat diese Äußerungen in seinen Räumen auf eigene Veranlassung vornimmt.[381] Da das Kreuz nach dem objektiven Empfängerhorizont zumindest *auch* ein Glaubenssymbol ist, ist es nicht ausgeschlossen, dass in diesen Fällen – sei es in der Schule, in einer Behörde oder im Gerichtssaal – mit dem Aufhängen eines Kreuzes eine unzulässige Identifikation oder Privilegierung des Christentums vorliegt bzw. das als solche verstanden werden kann.[382]

Die Argumentation, wonach zwar die unterschiedliche Wirkintensität (in der Schule und im Gericht ist die Intensität höher zu werten als in einer Behörde) der verschiedenen öffentlichen Räume keine tragfähige Grundlage für eine Differenzierung darstellt, dafür aber die etwaige Vermittlung eines Wertefundaments, überzeugt nicht. Danach solle das Kreuz in der Schule eine unzulässige Identifikation darstellen, das Kreuz am Behördeneingang allerdings nicht, weil es beim Letzteren an einer durch das Kreuz christlich konnotierten Wertevermittlung fehle. Der Kontext der Wertevermittlung sei ausschlaggebend für nicht-neutrales staatliches Verhalten, da dieses in einen christlich konnotierten Rahmen eingebettet werde, nicht jedoch die alleinige (staatlich angeordnete) Verwendung des Kreuzsymbols.[383] Das ist deshalb nicht überzeugend, weil es nur auf das Anbringen des Kreuzes auf staatliche Anordnung ankommt und nicht auf den jeweiligen Kontext. Denn dadurch wird eine Identifikation mit einer bestimmten Religion vorgenommen, die der Staat für befolgungs- bzw. privilegierungswürdig hält. Damit werden abweichende Religionen und Weltanschauungen gleichsam ausgeschlossen, wo doch der Staat „Heimstatt aller Staatsbürger" sein soll.[384] Diese Identifikations- bzw. Ausschlusswirkung wird bereits durch das Anbringen auf staatliche Veranlassung verursacht und nicht erst durch eine etwaige Wertevermittlung.

Zusammenfassend stützen folgende Kriterien diese Argumentation: Das Kreuz wird hier in erster Linie als ein *religiöses Symbol* verstanden, dessen Wirkung als staatliche Identifikation bzw. Privilegierung nicht ausgeschlossen werden kann. Der *öffentliche Raum* und die *staatliche Veranlassung* für das Anbringen eines Kreuzes sind weitere maßgebliche Parameter für die Beurteilung der

381 *Waldhoff*, KuR 2011, 153, 172.

382 Vgl. BVerfGE 35, 366, 374; *Ipsen*, Recht und Politik 54 (2018), 265, 267f.; *Schulten*, KuR 2019, 161, 178f. Auch für die Unzulässigkeit des Kreuzes in amtlichen Räumen, etwa in Verwaltungen und Gerichten, *Oebbecke*, in: Handbuch des Staatskirchenrechts, Bd. 2, § 41, Rn. 21f. Widersprüchlicherweise soll das Kreuz laut Oebbecke in staatlichen Schulen aber zulässig sein.

383 *Herbolsheimer/Kukuczka*, ZevKR 63 (2018), 367, 380ff.

384 BVerfGE 108, 282, 299.

Zulässigkeitsfrage. Für die übergeordnete Frage also, ob religiöse Äußerungen in öffentlichen Räumen zulässig sind, ist hauptsächlich entscheidend, ob sie auf eine individuelle Grundrechtsausübung zurückzuführen sind oder auf eine staatliche Anordnung. Typischerweise sorgt der Charakter als öffentlicher Raum für eine Unausweichlichkeit der Situation: In der Schule liegt sie in der Schulpflicht begründet, in der Justiz in der Pflicht, zu gerichtlichen Verhandlungen zu erscheinen, und in der Behörde durch den Umstand, dass bei Geltendmachung von Leistungsansprüchen etc. der Gang zur Behörde und damit die Begegnung mit dem Kreuz unvermeidbar sind.

Vorschläge für die vorwiegend schulische Praxis dahingehend, dass es auf den konkreten Raum ankommen (Klassenzimmer/Gang)[385] oder die Entscheidung bei den Erziehungsberechtigten[386] liegen solle, helfen nicht weiter. Insbesondere letzterer Vorschlag enthält einen Denkfehler: Durch eine Mehrheitsentscheidung wird ein öffentlicher Raum nicht zu einem privaten.[387] Es geht nicht um die Auflösung von Grundrechtskonkurrenzen, sondern um das Verhältnis des Staates zu religiösen Äußerungen. Zudem verleiht Art. 4 Abs. 1 GG dem Einzelnen und den Religionsgemeinschaften keinen Anspruch darauf, ihrer Glaubensüberzeugung mit staatlicher Unterstützung Ausdruck zu verleihen.[388] Folglich ist selbst das Anbringen eines Kreuzes, welches auf einer individuellen Grundrechtsausübung beruht, in einem öffentlichen Raum problematisch.[389] Für Kreuze, die in staatlichen Räumen auf hoheitliche Veranlassung aufgehängt bzw. angebracht worden sind, lässt sich folgendes Ergebnis festhalten: Sie sind unzulässig.

F. Das Kopftuch von Amtsträgerinnen

Ein weiterer wichtiger Punkt in der Debatte um religiöse Symbole in staatlichen Räumen ist das islamische Kopftuch, das schon seit 2003, zum Zeitpunkt der ersten Kopftuchentscheidung des BVerfG, Anlass zu Diskussionen bietet.[390] 2015 und 2020 folgen weitere Entscheidungen des BVerfG zu der Frage, ob es Amtsträgerinnen gestattet ist, während des Dienstes ein Kopftuch zu tragen. Diese

385 *Reis*, ZRP 1996, 56, 59.
386 *Flume*, NJW 1995, 2904, 2904f.
387 *Neumann*, ZRP 1995, 381, 386.
388 BVerfGE 93, 1, 16.
389 Anders *Palm*, Berechtigung und Aktualität des Böckenförde-Diktums, S. 131ff.
390 BVerfGE 108, 282 (Kopftuch I).

werden gemeinhin als Kopftuch II und Kopftuch III bezeichnet.[391] Während es bei den ersten beiden Entscheidungen um das Kopftuch einer Lehrerin ging, hatte sich in der dritten Entscheidung eine hessische Rechtsreferendarin gegen das ihr gegenüber geltende Kopftuchverbot zur Wehr gesetzt. Gegenstand der Diskussion sind somit die öffentlichen Räume der Schule und Justiz.

Im Urteil von 2003 hatte der Zweite Senat einen Grundrechtseingriff der betroffenen Lehrerin Fereshta Ludin angenommen, die endgültige Regelung allerdings dem Landesgesetzgeber überlassen und ihm eine Einschätzungsprärogative zugesprochen. Ein pauschales Verbot, das bereits abstrakte Gefahren für die Schutzgüter der staatlichen Neutralität und den für die Erfüllung des staatlichen Erziehungsauftrages notwendigen Schulfrieden umfasst, bedürfe einer gesetzlichen Grundlage.[392] 2015 wich der Erste Senat von dieser Linie ab[393] und stärkte den individuellen Grundrechtsschutz von Lehrerinnen. Danach sei ein pauschales Verbot des Tragens von Kopftüchern verfassungswidrig, vielmehr müsse erst eine konkrete Gefahr für die oben genannten Schutzgüter vorliegen. Der Gestaltungsspielraum des Landesgesetzgebers sei in dieser Hinsicht eingeschränkt.[394] Nur in Ausnahmefällen, in denen besonders heftige Konflikte mit Schülern und Eltern auftreten und so den Schulfrieden nachhaltig störten, könne über ein allgemeineres Verbot für bestimmte Schulen oder Schulbezirke nachgedacht werden.[395] Privilegierungen von christlichen oder jüdischen Glaubenssymbolen seien ebenfalls verfassungswidrig.

391 BVerfGE 138, 296 (Kopftuch II) und BVerfGE 153, 1 (Kopftuch III). Vgl. auch das Urteil des BVerwG vom 12.11.2020 zum Kopftuchverbot für eine bayerische Rechtsreferendarin in NVwZ 2021, 411. Laut BVerwG war das Verbot des Kopftuchtragens rechtswidrig, da zum maßgeblichen Zeitpunkt (2015) die erforderliche gesetzliche Grundlage gefehlt hat, die erst 2018 mit Art. 11 BayRiStAG i. V. m. Art. 57 BayAGGVG erlassen worden ist. Art. 11 BayRiStAG wurde wiederum vom Bayerischen Verfassungsgerichtshof für mit der Bayerischen Verfassung vereinbar erklärt, s. BayVerfGH v. 14.03.2019 – Vf. 3-VII-18.

392 BVerfGE 108, 282, 294. Zustimmend *Geis*, in: Friauf/Höfling (Hg.), Berliner Kommentar zum GG, Art. 7, Stand 2004, Rn. 46.

393 „Kehrtwende", vgl. *Schulten*, KuR 2019, 161, 181.

394 BVerfGE 138, 296, 327ff.

395 BVerfGE 138, 296, 341f.

Nach dem Urteil des Zweiten Senats von 2003 hatten nämlich einige Bundesländer Verbotsgesetze erlassen, die häufig mit Privilegierungsklauseln zugunsten christlich-jüdischer Glaubenssymbole und -zeichen versehen waren.[396]

In dem Beschluss von 2020, der wieder vom Zweiten Senat erlassen worden war, könnte man eine erneute Korrektur in Richtung eines strikteren Neutralitätsverständnisses bzw. eines größeren Gestaltungsspielraums zugunsten des Landesgesetzgebers sehen. Folgende Verfassungsgüter standen im Widerstreit: Aufseiten der Rechtsreferendarin bzw. Richterin/Staatsanwältin das Grundrecht der Glaubensfreiheit und auf der Gegenseite die religiös-weltanschauliche Neutralität des Staates, die Funktionsfähigkeit der Rechtspflege und die negative Glaubensfreiheit der sonstigen Verfahrensbeteiligten; der Grundsatz der richterlichen Unparteilichkeit und die Sicherung des religiös-weltanschaulichen Friedens seien dagegen nicht in die Waagschale zu werfen.[397] Danach sei laut der Senatsmehrheit ein bestimmtes Abwägungsergebnis nicht zwingend, vielmehr müsse die konkrete Entscheidung des Landesgesetzgebers respektiert werden.[398] Im Ergebnis bedeutet es, dass Kopftücher auf der Richterbank wohl zunächst unzulässig bleiben.

Die Kopftuchproblematik lässt sich auf eine Frage reduzieren: Ist es Amtsträgerinnen erlaubt, während des Dienstes ein Kopftuch zu tragen? Oder anders gefragt: Ist ein gesetzliches Kopftuchverbot verfassungsgemäß? Zum Vergleich: Kreuze in öffentlichen Räumen sind, wie oben festgestellt,[399] stets unzulässig, wenn sie auf staatliche Veranlassung angebracht wurden. Fraglich ist jetzt, ob das Tragen eines Kopftuchs anders zu beurteilen ist, weil es auf einer individuellen Grundrechtsausübung beruht. Dazu wird zunächst der Forschungsstand im Kopftuchstreit dargestellt und in diesem Rahmen auf unterschiedliche dogmatische Problempunkte eingegangen.

Dann soll der Frage nachgegangen werden, ob ein Kopftuchverbot für Schule und Justiz verfassungskonform ist und ob eine Differenzierung zwischen dem Kopftuchtragen einer Lehrerin und dem einer Rechtsreferendarin, Richterin bzw. Staatsanwältin vorgenommen werden muss. Dazu werden die mit der Glaubensfreiheit der Amtsträgerin in Widerstreit tretenden Kollisionsgüter analysiert und überprüft, ob diese ein Kopftuchverbot rechtfertigen können.

---

396 Vgl. BVerfGE 138, 296, 326ff. Diese Verbotsgesetze hatten vor allen Dingen das Kopftuch von Musliminnen vor Augen, dagegen sollten beispielsweise Kippa und Nonnenhabit weiterhin erlaubt bleiben.

397 BVerfGE 153, 1, Ls. 1 und 2.

398 BVerfGE 153, 1, 47ff.

399 Vgl. S. 152ff.

Der Übersichtlichkeit und Verständlichkeit wegen wird im Folgenden auf die Darstellung der ähnlich gelagerten Fälle des Kopftuchtragens von Rechtsanwältinnen, Schöffinnen,[400] Landesanwältinnen und Angestellten des öffentlichen Dienstes, von kommunalen Beamtinnen als auch Angestellten in privatrechtlichen Arbeitsverhältnissen verzichtet. Die Ausführungen beschränken sich auf die Berufsgruppen der verbeamteten Lehrerinnen, Richterinnen und Staatsanwältinnen sowie der Rechtsreferendarinnen. Des Weiteren sollen aus demselben Grund nur die Kopftuchentscheidungen I, II und III des BVerfG analysiert werden und nicht die jeweiligen vorinstanzlichen Entscheidungen oder die des EuGH oder EGMR. Auf diese wird allenfalls am Rande eingegangen werden.

I. Analyse der Kopftuch I- und Kopftuch II-Entscheidungen

1. Dogmatische Fragen der Glaubensfreiheit

Beide Entscheidungen hat stets die Kritik begleitet, dass die Glaubensfreiheit aus Art. 4 GG, die als einheitliches und umfassendes Grundrecht zu verstehen ist, zu weit gehe. Um dem „Kopftuchproblem" gerecht zu werden, bedürfe es auf verschiedenen Ebenen einer Einschränkung. Einerseits wird vorgeschlagen, den Schutzbereich dergestalt einzugrenzen, dass kollektive Gesichtspunkte der Glaubensausübung stärker zu berücksichtigen seien als bisher das individuelle Selbstverständnis des Grundrechtsträgers und der Religionsgemeinschaft, welches lediglich plausibel dargelegt werden müsse; das Kopftuch wird von den Beschwerdeführerinnen häufig als Persönlichkeits- oder Identitätsmerkmal begriffen, bei dem das Nichteinhalten dieses zwingend verstandenen Gebots Gewissenskonflikte hervorriefe. Ist das der Fall, solle eher die Gewissensfreiheit oder das allgemeine Persönlichkeitsrecht nach Art. 1 Abs.1 i. V. m. Art. 2 Abs. 1 GG,[401] welches leichter

400 Das OLG Hamm hat in seinem Beschluss vom 11.04.2024 – 5 Ws 64/24 entschieden, dass die Weigerung einer Schöffin, ihr Kopftuch während der Verhandlung abzunehmen, eine Unfähigkeit zur Ausübung des Schöffenamtes darstellt. Gegen diese Entscheidung hat die betroffene Pädagogin beim BVerfG Verfassungsbeschwerde eingelegt. Ob die gleichen Maßstäbe für Rechtsreferendare und Schöffen gelten, bleibt abzuwarten, vgl. BeckRS 2024, 8731.

401 So z. B. *Michael*, JZ 2003, 256, 257.

einzuschränken ist, einschlägig sein.[402] Oder es wird gesagt, dass nicht jede religiös motivierte Handlung von Art. 4 Abs. 1 und 2 GG geschützt sei, insbesondere sei zwischen den einzelnen im Verfassungstext benannten Ausprägungen der Religionsfreiheit, der Glaubens-, Bekenntnis- und Religionsausübungsfreiheit, trennscharf zu unterscheiden.[403] Danach solle das Tragen eines Kopftuchs nicht vom Schutzbereich der Glaubensfreiheit umfasst sein.

Art. 4 GG kann die ihm angesonnene Freiheits- und Friedensfunktion nur dann erfüllen, wenn die Auslegung dieses Artikels nicht bestimmte Religionen ausschließt; es gilt der Grundsatz der *gleichen* Freiheit und gerade minoritäre Auffassungen bedürfen der verfassungsrechtlichen Freiheitsgarantie.[404] Grundrechtliche Freiheit ist eine formale Freiheit, bei der es nicht auf den „richtigen" Gebrauch ankommt.[405] Das grundrechtliche Selbstverständnis ist ein geeignetes Instrument dafür, um diesem Erfordernis gerecht zu werden, und die Plausibilitätskontrolle ein Mechanismus, der vor Ausuferung des Schutzbereichs angemessen schützt.[406] Weil die Glaubens-, Bekenntnis- und Religionsausübungsfreiheit zahlreiche inhaltliche Überlappungen aufweisen, wäre eine trennscharfe Aufspaltung der Gewährleistungsgehalte nicht sinnvoll, vielmehr künstlich und sinn- und zweckwidrig. Daher lässt sich Art. 4 GG angemessen nur als umfassendes und einheitliches Grundrecht verstehen.[407]

---

402 Die kollektiven Aspekte betonend, aber i. E. für die Einschlägigkeit der Glaubensfreiheit *Ladeur*, JZ 2015, 633, 633f.; zur individuellen und kollektiven Dimension religiös motivierter Identitätsbildung s. *Augsberg*, in: Anter/Frick (Hg.), Politik, Recht und Religion, S. 31ff. Vgl. auch *Huster*, Die ethische Neutralität des Staates, S. 384ff.; *Augsberg*, Der Staat 48 (2009), S. 239ff. Zum Gewährleistungsgehalt der Glaubensfreiheit ausführlich *Vosgerau*, Freiheit des Glaubens und Systematik des Grundgesetzes, 2007.

403 So etwa *Muckel*, Religiöse Freiheit und staatliche Letztentscheidung, S. 125ff. und *Huster*, Die ethische Neutralität des Staates, S. 376ff.; a. A. *Heinig/Morlok*, JZ 2003, 777, 778ff.

404 *Heinig/Morlok*, JZ 2003, 777, 778; *Eckertz-Höfer*, DVBl 2018, 537, 541; *de Wall*, in: Weilert/Hildmann (Hg.), Religion in der Schule, 2018, S. 141, 145; *ders.*, in: de Wall/Antes (Hg.), Religions- und Weltanschauungsfreiheit, S. 9, 10f.

405 *Heinig/Morlok*, JZ 2003, 777, 778.

406 *Heinig/Morlok*, JZ 2003, 777, 779; *de Wall*, in: Weilert/Hildmann (Hg.), Religion in der Schule, S. 141, 145.

407 BVerfGE 138, 296, 329 m. w. N.; *Heinig/Morlok*, JZ 2003, 777, 780; *Halfmann*, NVwZ 2000, 862, 863; *Baer/Wrase*, JuS 2003, 1162, 1163; *Franzius*, Der Staat 54 (2015), 435ff.; *Eckertz-Höfer*, DVBl 2018, 537, 541; *de Wall*, in: Weilert/Hildmann (Hg.), Religion in der Schule, S. 141, 145; *ders.*, in: de Wall/Antes (Hg.), Religions- und Weltanschauungsfreiheit, S. 9, 10f. Für eine engere Interpretation des Schutzbereichs *Waldhoff*, Neue Religionskonflikte, S. 66ff.

Grundrechte des Beamten seien während des Dienstes ohnehin eingeschränkt, folglich könne auch nicht von einem Eingriff in die Glaubensfreiheit gesprochen werden. Das Sondervotum der Kopftuch I-Entscheidung ist der Auffassung, dass die Mehrheitsmeinung die funktionelle Begrenzung des Grundrechtsschutzes für Beamte verkenne.[408] Wer Beamter werde, stelle sich freiwillig auf die Seite des Staates und begebe sich damit in eine besondere Nähebeziehung. In Ausübung seines öffentlichen Amtes kämen dem Amtsträger folglich die Grundrechte nur insoweit zu, als sich aus dem besonderen Funktionsvorbehalt des öffentlichen Dienstes keine Einschränkungen ergäben, vgl. Art. 33 Abs. 5 GG. Die Eignungsbeurteilung dürfe daher nicht mit einem Eingriff in die Glaubensfreiheit verwechselt werden.[409] Die Auffassung des Sondervotums lässt auf eine etatistische Auffassung vom Amtsträger schließen, wie man sie bei Herbert Krüger findet.[410]

Das Verhältnis zu Art. 33 Abs. 3 GG, der die Zulassung zu öffentlichen Ämtern unabhängig vom religiösen Bekenntnis garantiert, konstruiert die Senatsmehrheit so, dass Art. 33 Abs. 3 GG jedenfalls untersage, die Zulassung zu öffentlichen Ämtern aus Gründen zu verweigern, die gegen die Religionsfreiheit aus Art. 4 Abs. 1 und 2 GG verstoßen.[411] Art. 33 Abs. 2 GG garantiert einen Teilhabeanspruch, der beeinträchtigt wird, wenn zur Eignungsbeurteilung Kriterien herangezogen werden, die die Glaubensfreiheit der Bewerberinnen und Bewerber tangieren. Folglich entspricht die Konstellation der eines Eingriffs in die Freiheitssphäre des Bürgers und wird zu Recht durch die Anerkennung eines Eingriffs dogmatisch abgearbeitet.[412]

Andererseits wird versucht, die vorbehaltlose Glaubensfreiheit durch Konstruktion von Schranken einzugrenzen. Grundsätzlich kann nur kollidierendes Verfassungsrecht einen Eingriff in die Glaubensfreiheit rechtfertigen. In der Literatur wird zum Teil versucht, die Reichweite der Glaubensfreiheit einzuschränken, indem die Schranken des nach Art. 140 GG inkorporierten Art. 136 Abs. 1 WRV

---

408 Vgl. BVerfGE 108, 282, 314ff. Zustimmend *Dübbers/Dlovani*, Arbeit und Recht 52 (2004), 6, 9f.; *Lindner*, Die Neutralitätspflicht des Beamten, 2020, S. 37f.; *Volkmann*, Jura 2015, 1083, 1084f. Siehe ausführlich zum Rechtsstatus von Lehrkräften *Jestaedt*, in: HStR VII, § 156, Rn. 95ff.; darauf Bezug nehmend *Weilert*, in: Danz/Ritter (Hg.), Zwischen Kruzifix und Minarett, S. 95, 107f.

409 BVerfGE 108, 282, 314ff. Wohl a. A. *Sacksofsky*, NJW 2003, 3297, 3298.

410 *Krüger*, Allgemeine Staatslehre, 2. Aufl. 1966, § 21, S. 308ff.

411 BVerfGE 108, 282, 298. Zustimmend *de Wall*, in: Weilert/Hildmann (Hg.), Religion in der Schule, S. 141, 146.

412 *Sacksofsky*, NJW 2003, 3297, 3297f.; *Häußler*, ZAR 2004, 6, 7f.

auf Art. 4 Abs. 1 übertragen werden sollen.[413] In der Rechtsprechung des BVerfG haben diese Versuche (zu Recht) kein Gehör gefunden. Aus historischer Perspektive ist zu berücksichtigen, dass nur Art. 136ff. WRV in das Grundgesetz inkorporiert wurden, nicht jedoch Art. 135 WRV, der einen Gesetzesvorbehalt für die Religionsfreiheit vorsah. Der Verfassungsgeber des Grundgesetzes wollte Art. 4 GG also bewusst nicht mit einem Gesetzesvorbehalt versehen, zumal man nach der Erfahrung mit der nationalsozialistischen Religionspolitik vermeiden wollte, dass die effektive Garantie der Religionsfreiheit durch einschränkende allgemeine Gesetze unterlaufen wird.[414]

Auch systematische Gründe sprechen dagegen, denn in Art. 136 Abs. 1 WRV wird lediglich die Religionsfreiheit erfasst, nicht jedoch die Gewissensfreiheit. Es ist nicht ersichtlich, warum Art. 4 GG die Gewissensfreiheit stärker schützen solle als die Religionsfreiheit. Art. 136 Abs. 1 WRV kann auch nicht analog auf die Gewissensfreiheit angewendet werden, denn die Grenze eines Grundrechts muss sich in der Verfassung selbst finden; folglich verbietet sich ein Analogieschluss gegen den Wortlaut des Grundrechts.[415] Außerdem ist Art. 136 Abs. 1 WRV ein Diskriminierungsverbot, also kann dem gleichen Normsatz nicht zugleich ein Gesetzesvorbehalt entnommen werden.[416] Nach alledem besteht kein Erfordernis dafür, Art. 136 Abs. 1 WRV als Gesetzesvorbehalt für die Glaubensfreiheit heranzuziehen. Über die dogmatische Figur des kollidierenden Verfassungsrechts kommt man, wie sich bisher gezeigt hat, zu zufriedenstellenden Ergebnissen.[417]

2. *Symbolgehalt des Kopftuchs und Deutungshoheit*

Neben dogmatischen Aspekten spielt in der Debatte die Frage nach dem Symbolgehalt des Kopftuchs und die nach der Deutungshoheit eine wichtige Rolle. Das BVerfG sagt dazu:

---

413 So etwa *Starck*, in: v. Mangoldt/Klein/Starck, GG Art. 4, 7. Aufl. 2018, Rn. 87ff. Auch in diese Richtung BVerwG NJW 2001, 1225, 1226; *Traub*, NJW 2015, 1338, 1339. Ablehnend dagegen *Heinig*, in: Huber/Voßkuhle, GG Art. 4, Rn. 66ff.

414 *Heinig/Morlok*, JZ 2003, 777, 780.

415 *Heinig/Morlok*, JZ 2003, 777, 781.

416 *Heinig/Morlok*, JZ 2003, 777, 781.

417 So auch *Heinig/Morlok*, JZ 2003, 777, 781; *Halfmann*, NVwZ 2000, 862, 863f.; *Baer/Wrase*, JuS 2003, 1162, 1164; *Waldhoff*, Neue Religionskonflikte, S. 66ff.; *Franzius*, Der Staat 54 (2015), 435ff.; kritisch *Häußler*, ZAR 2004, 6, 10.

> Auch wenn ein islamisches Kopftuch nur der Erfüllung eines religiösen Gebots dient und ihm von der Trägerin kein symbolischer Charakter beigemessen wird, sondern es lediglich als Kleidungsstück angesehen wird, das die Religion vorschreibt, ändert dies nichts daran, dass es in Abhängigkeit vom sozialen Kontext verbreitet als Hinweis auf die muslimische Religionszugehörigkeit der Trägerin gedeutet wird. In diesem Sinne ist es ein religiös konnotiertes Kleidungsstück.[418]

Das Kopftuch ist aus sich heraus kein religiöses Symbol, wie es beim christlichen Kruzifix der Fall ist. Erst im Zusammenhang mit seiner Trägerin und dem sozialen Kontext ist es als ein religiös konnotiertes Kleidungsstück zu sehen.[419] Folglich stellt das BVerfG auf den objektiven Empfängerhorizont[420] ab, nach dem das Kopftuch zwar an sich kein religiöses Symbol darstellt, aber gemeinhin den Schluss auf die muslimische Religionszugehörigkeit zulässt. Es steht also nicht an sich für eine religiöse Botschaft bzw. zentrale Glaubensaussage, wie es das Kruzifix symbolisiert. Nach Michael sei es überhaupt kein Symbol, es stehe nicht „für etwas"; vielmehr habe es lediglich eine praktische Funktion, nämlich das Kopfhaar zu bedecken. Dass das Bedürfnis einer Frau, ihr Kopfhaar zu bedecken, religiös begründet ist, ändere daran nichts. Es dürfe demnach einer Muslimin nicht unterstellt werden, dass ihr Kopftuch primär den Aussagewert hat, dass sie sich öffentlich zu ihrem Glauben bekenne. Sie wolle der Öffentlichkeit folglich nichts mitteilen, sondern ihr umgekehrt einen bestimmten Anblick vorenthalten. Das Kopftuch sei die Folge eines Selbstverständnisses einer Frau, die sich aus religiösen Gründen weniger freizügig kleiden möchte, und erst aufgrund des Umstandes, dass dies eine verbreitete Bekleidungsvorschrift des Islam darstellt, könne der objektive Betrachter auf ihren Glauben zurückschließen. Die Glaubensfreiheit schütze allerdings nicht davor, die bloße Religionszugehörigkeit ihrer Trägerin zu erfahren.[421]

---

418 BVerfG NJW 2017, 2333, 2336 Rn. 51.

419 Vgl. *Schulten*, KuR 2019, 161, 180f. Zum sozialen Kontext vgl. *Oebbecke*, in: Handbuch des Staatskirchenrechts, Bd. 2, § 41, Rn. 12ff.

420 BVerfGE 108, 282, 305; 138, 296, 344. Kritisch zum objektiven Empfängerhorizont bzgl. der Beurteilung des islamischen Kopftuchs vgl. *Baer/Wrase*, DÖV 2005, 243, 248. Auf den jeweiligen Empfängerkreis abstellend *Oebbecke*, in: Handbuch des Staatskirchenrechts, Bd. 2, § 41, Rn. 11.

421 *Michael*, JZ 2003, 256, 257.

Die Schwierigkeit bei Kleidungsstücken ist, dass sie häufig mehrdeutige und zum Teil auch widersprüchliche Symbolgehalte aufweisen. Steinberg beispielsweise lehnt es zu Recht ab, das Kopftuch pauschal auf ein Zeichen der Unterdrückung der Frau zu reduzieren, denn dagegen spricht vor allem der Umstand, dass der weit überwiegende Teil der betroffenen Frauen das Kopftuch freiwillig und als Ausdruck ihrer religiösen Überzeugung trägt.[422] Das schließt selbstverständlich nicht aus, dass dieses Kleidungsstück auch andere Konnotationen aufweist, das Bekenntnis zu einer ethnischen Zugehörigkeit und Herkunft, zur Tradition einer Religion oder als Ausdruck einer bestimmten Lebensweise, die sich von der der Mehrheitsgesellschaft unterscheidet.[423] Maßgeblich ist allein die Erkenntnis, dass das Kopftuch einen differenzierten Bedeutungsgehalt aufweist.[424] Wer aber entscheidet, ob einem Kleidungsstück ein ausschließlich religiöser oder nicht auch ein politischer Bedeutungsgehalt zukommt? Auszugehen ist zunächst vom Selbstverständnis der Trägerin. Das Kopftuch generell, entgegen der Motivation der Trägerin, als Symbol der Intoleranz zu bewerten, führt dazu, dass der Versuch, Intoleranz zu bekämpfen, selbst eine Form der Intoleranz wird.[425] Auch wenn der Staat keine Kompetenz darin besitzt, über das Wahre oder Unwahre eines religiösen bzw. religiös konnotierten Symbols zu entscheiden, so entscheiden letztlich staatliche Stellen in Konfliktfällen über die Behandlung eines Symbols; hierbei handelt es sich um eine Plausibilitätsprüfung, in der das jeweilige Selbstverständnis der Grundrechtsträgerin und der Religionsgemeinschaft zugrunde gelegt wird.[426] Folglich spielt für die Frage nach dem Symbolcharakter des Kopftuches vor allem das Selbstverständnis eine zentrale Rolle und parallel dazu fließt die Fremdperspektive über die Figur des objektiven Empfängerhorizonts in die Plausibilitätsprüfung mit ein.

---

422 *Steinberg*, Der Staat 56 (2017), 157, 179f. Zustimmend *Czermak*, NVwZ 2004, 943, 943f.; *Baer/Wrase*, DÖV 2005, 243, 248; *Traub*, NJW 2015, 1338, 1340; *de Wall*, in: Weilert/Hildmann (Hg.), Religion in der Schule, S. 141, 143f. Vgl. dagegen *Schönenbroicher*, VBlBW 2015, 329, 331, der darin nur aufklärungs- und freiheitsfeindliche Bedeutungsgehalte und eine dahinterstehende Ideologie erblickt.

423 *Steinberg*, Der Staat 56 (2017), 157, 180; *Traub*, NJW 2015, 1338, 1340.

424 Vgl. *Heinig*, Die Verfassung der Religion, 2014, S. 166ff.

425 *Steinberg*, Der Staat 56 (2017), 157, 185. Ebenfalls kritisch gegenüber einer einseitigen Deutung des Kopftuchs und für eine Neubewertung in der allgemeinen und juristischen Diskussion *de Wall*, in: Weilert/Hildmann (Hg.), Religion in der Schule, S. 141, 144 und 151.

426 *Steinberg*, Der Staat 56 (2017), 157, 185f.

3. *Abstrakte oder konkrete Gefahr?*

Besonders umstritten ist der Kopftuch II-Beschluss. In diesem hatte die Senatsmehrheit im Wege einer verfassungskonformen Auslegung der Verbotsvorschrift argumentiert, dass ein Kopftuchverbot nur im Einzelfall ausgesprochen werden könne, und zwar dann, wenn eine konkrete Gefahr für die Schutzgüter des staatlichen Erziehungsauftrages, des elterlichen Erziehungsrechts und der negativen Glaubensfreiheit der Schüler bestünde. Voraussetzung dafür sei, dass das Tragen religiös konnotierter Bekleidung oder Symbole nachvollziehbar auf ein als imperativ verstandenes religiöses Gebot zurückzuführen sei.[427]

Zunächst liest sich das als schlüssig und nachvollziehbar und dem Erfordernis der Einzelfallgerechtigkeit wäre damit Genüge getan. Das Erfordernis der konkreten Gefahr birgt allerdings einige dogmatische und praktische Risiken. Sacksofsky stellt in ihrem Beitrag Widersprüche in der Entscheidung des BVerfG fest. Einerseits stelle das Gericht klar, dass die negative Glaubensfreiheit und das Elterngrundrecht durch das bloße Konfrontiertwerden mit dem Kopftuch der Lehrerin nicht beeinträchtigt werden;[428] problematisch werde es erst, wenn die betreffende Lehrerin den Versuch unternimmt, die Schüler zu missionieren. Dem ließe sich mit herkömmlichen Mitteln begegnen und es bedürfe keiner Konstruktion mit polizeirechtlichen Begriffen.[429] Außerdem sei es widersprüchlich, dass selbst bei Bestehen einer konkreten Gefahr in Gestalt von andauernden Konflikten nicht die jeweiligen Störer – also Eltern, Schüler oder andere Lehrer, die am Kopftuch Anstoß nehmen – in Anspruch genommen werden sollen, sondern die kopftuchtragende Lehrerin, die in diesem Sinne „Nichtstörerin“ wäre.[430] Das hätte die schizophrene Folge, dass Schüler und Eltern nur renitent genug sein müssten, um die betreffende Lehrerin von der Ausübung ihres Grundrechts abzuhalten, und würde damit nicht faktisch die Ausübung der Religionsfreiheit von der Akzeptanz Dritter abhängen?[431] Des Weiteren sei es ein inkonsequenter Gedankengang, dass die rechtmäßige Ausübung von Grundrechten überhaupt

---

427 BVerfGE 138, 296, 335ff.

428 Vgl. dazu *Klein*, DÖV 2015, 464, 468ff., der darin lediglich eine „gefühlte Betroffenheit“ sieht und ein pauschales Kopftuchverbot dementsprechend ablehnt; a. A. *Ennuschat*, in: Handbuch des Staatskirchenrechts, Bd. 2, § 43, Rn. 75: „starkes Signal“, dem die Schüler aufgrund der Schulpflicht ausgesetzt seien.

429 *Sacksofsky*, DVBl 2015, 801, 805f.; *Rusteberg*, JZ 2015, 637, 642.

430 *Sacksofsky*, DVBl 2015, 801, 806; *Rusteberg*, JZ 2015, 637, 641; *Volkmann*, Jura 2015, 1083, 1086; *Häberle*, DVBl 2018, 1263, 1264; *Oebbecke*, in: Handbuch des Staatskirchenrechts, Bd. 2, § 41, Rn. 34.

431 *Schulten*, KuR 2019, 161, 181f.; *Häberle*, DVBl 2018, 1263, 1264.

zu einer Gefahr für andere Verfassungsgüter führen könne, wo doch kurz vorher die Beeinträchtigung dieser Schutzgüter mangels bloßem Konfrontationsschutz gerade verneint wurde.[432] Die Kategorie der konkreten Gefahr ist in dieser Konstellation ein dogmatischer Irrweg.[433]

Aus praktischer Sicht ist dieses Erfordernis ebenfalls problematisch, denn das Vorliegen einer konkreten Gefahr müsste im Einzelfall belegt werden. Auf diese Weise würde der Konflikt in die Schule hineingetragen und es käme zu Befunderhebungs- und Beweisführungsproblemen, was für den staatlichen Erziehungs- und Bildungsauftrag eine abträgliche Situation darstellt.[434] Außerdem ist das Kriterium der konkreten Gefahr zu unbestimmt. Ab wann ist diese Schwelle erreicht? Genügt es schon, wenn sich einzelne Eltern über eine kopftuchtragende Lehrerin bei der Schulleitung beschweren? Welche Intensität müssen diese Konflikte im Einzelfall erreicht haben und wie ist der Umstand zu bewerten, dass die Schule – als ein Ort, um Toleranz einzuüben – ohnehin ein größeres Konfliktpotenzial aufweist als andere öffentliche Räume?[435] Weitere Kritikpunkte, die mit der Begrenzung auf eine konkrete Gefahr einhergehen, sind die Rechtsunsicherheit und mögliche Willkür, die mit einer Einzelfallentscheidung zwangsläufig verbunden sind. Außerdem wird der politische und rechtliche Gestaltungsspielraum des Gesetzgebers auf diese Weise ausgehöhlt.[436]

4. *Erforderlichkeit einer Plenumsentscheidung?*

Nach Veröffentlichung der Kopftuch II-Entscheidung wurden Stimmen laut, die einen inhaltlichen Widerspruch zwischen dem Urteil von 2003 und dem Beschluss von 2015 sahen. Nach dem Zweiten Senat sei ein pauschales Kopftuchverbot, welches eine abstrakte Gefahr für die Schutzgüter des Schulfriedens, des Neutralitätsgebotes und Grundrechte Dritter ausreichen lasse, zulässig, sofern dieses auf einer gesetzlichen Grundlage beruhe. Der Erste Senat dagegen konstatiert, dass eine abstrakte Gefahr nicht mehr genüge; um einer Lehrerin das Tragen eines Kopftuchs im Schuldienst zu verbieten, bedürfe es einer konkreten Gefahr. Folglich stehe jetzt die Einzelfallentscheidung im Fokus. Der Erste Senat weiche damit von der Rechtsauffassung des Zweiten Senats

432 *Rusteberg*, JZ 2015, 637, 640ff.; *Häberle*, DVBl 2018, 1263, 1265.
433 *Sacksofsky*, DVBl 2015, 801, 806. Zustimmend *Volkmann*, Jura 2015, 1083, 1085f.
434 *Rusteberg*, JZ 2015, 637, 640; *Schönenbroicher*, VBlBW 2015, 329, 331.
435 *Volkmann*, Jura 2015, 1083, 1086.
436 *Enzensperger*, NVwZ 2015, 871, 872. In diese Richtung auch *Schönenbroicher*, VBlBW 2015, 329, 331 und *Lindner*, Die Neutralitätspflicht des Beamten, S. 42f.

ab und somit wäre eine Anrufung des Plenums nach § 16 Abs. 1 BVerfGG erforderlich gewesen.[437]

Das BVerfG hat die Vorschrift des § 16 BVerfGG seit jeher einschränkend ausgelegt und bejaht eine Verpflichtung zur Vorlage an das Plenum nur für den Fall, dass es sich bei den Punkten, in denen eine Abweichung zu sehen ist, um tragende Gründe der früheren Entscheidung handelt.[438] Bei strenger Betrachtung könnte man die Auffassung vertreten, der Zweite Senat habe 2003 der Verfassungsbeschwerde nur deshalb stattgegeben, weil es für den Eingriff an einer hinreichenden gesetzlichen Grundlage gefehlt habe; für diesen Begründungspfad seien alle Hinweise zu einem möglichen verfassungskonformen Inhalt eines solchen Gesetzes nicht relevant.[439] Danach habe sich der Erste Senat nicht eigenmächtig und kompetenzwidrig zu einem zweiten Gericht aufgeschwungen, sondern sich lediglich von obiter dicta des Zweiten Senats entfernt.[440] Volkmann ist dagegen der Meinung, dass dieses Verständnis an der politischen Realität vorbeigehe, denn der Gesetzgeber habe sich stets an solchen Hinweisen des Verfassungsgerichts orientiert; eine Anrufung des Plenums wäre in diesem Fall zu wünschen gewesen.[441]

II. Analyse der Kopftuch III-Entscheidung

1. Erforderlichkeit einer gesetzlichen Grundlage

In der Debatte wird die Frage aufgeworfen, ob eine spezielle gesetzliche Grundlage für ein Kopftuchverbot entbehrlich sei, weil sich die Pflicht zur Neutralität bereits aus dem Amt und aus der Verfassung ergebe. Zwar folgen gewisse Pflichten des Amtsträgers bereits aus den hergebrachten Grundsätzen des Berufsbeamtentums, dennoch sieht Art. 33 Abs. 5 GG vor, dass das Recht des öffentlichen Dienstes unter Berücksichtigung der hergebrachten Grundsätze des Berufsbeamtentums zu regeln und fortzuentwickeln ist. Damit liege ein Auftrag an den Gesetzgeber

---

437 So etwa *Möllers*, A Tale of two Courts, Verfassungsblog, 14.03.2015, https://verfassungsblog.de/a-tale-of-two-courts/, abgerufen am 02.06.2023; *Franzius*, Der Staat 54 (2015), 435, 447ff.

438 BVerfGE 77, 84, 104; 96, 375, 404.

439 So *Hong*, Der Staat 54 (2015), 409, 427; *Sacksofsky*, DVBl 2015, 801, 807; *Rusteberg*, JZ 2015, 637, 638ff. A. A. *Volkmann*, Jura 2015, 1083, 1090; *Franzius*, Der Staat 54 (2015), 435, 447ff.

440 *Rusteberg*, JZ 2015, 637, 639. Eine ausführliche Untersuchung zu der Frage der Anrufungspflicht des Plenums ist zu finden bei *Hong*, Der Staat 54 (2015), 409.

441 *Volkmann*, Jura 2015, 1083, 1090; *Franzius*, Der Staat 54 (2015), 435, 447ff.

vor, der ihm einen weiten Gestaltungsspielraum einräumt. Vor dem Hintergrund, dass ein Kopftuchverbot grundrechtssensible Fragen aufwerfe und der Stellenwert des Neutralitätsgebotes weiterhin strittig sei, lasse sich ein solches Verbot nicht unmittelbar aus der Verfassung ableiten; folglich bedürfe es einer konkreten und bestimmten gesetzlichen Grundlage, die auch der hohen Eingriffsintensität eines Kopftuchverbots Rechnung trage.[442] Allgemeine beamtenrechtliche Pflichten zur unparteiischen Amtserledigung, wie sie etwa in § 33 Abs. 1 Beamtenstatusgesetz zu finden sind, eigneten sich aufgrund ihrer Abstraktheit nicht für den speziellen Fall des Kopftuchtragens. Nichts anderes gelte laut Payandeh für das Mäßigungsgebot nach § 39 DRiG.[443] Nichtsdestotrotz wird teilweise die Ansicht vertreten, dass es fehlerhaft sei, für die rechtliche Bewertung des Kopftuchtragens durch eine Amtsträgerin das Neutralitätsgebot zu aktivieren. Dieses sei nicht einschlägig, weil sich der Staat die Grundrechtsausübung seiner Bediensteten nicht zu eigen mache. Vielmehr sei das Mäßigungsgebot als verfassungsimmanente Schranke der Glaubensfreiheit heranzuziehen.[444]

Ein hinreichend konkretes Verbot findet sich in § 1 des Berliner Neutralitätsgesetzes von 2005, der Beamtinnen und Beamten, die im Bereich der Rechtspflege hoheitlich tätig sind, das Tragen religiöser oder weltanschaulicher Symbole oder Kleidungsstücke untersagt.[445] Auch Art. 11 Abs. 2 BayRiStAG sieht bei Amtshandlungen ein Verbot des Tragens religiös oder weltanschaulich geprägter Symbole und Kleidungsstücke vor.

---

442 So *Payandeh*, DÖV 2018, 482, 484.

443 *Payandeh*, DÖV 2018, 482, 484.

444 Vgl. dazu *Brosius-Gersdorf/Gersdorf*, NVwZ 2020, 428ff. Beide Verfasser sind der Ansicht, dass ein generelles Kopftuchverbot in der Justiz nicht durch das Mäßigungsgebot legitimiert und daher verfassungswidrig sei. In diese Richtung auch *Hecker*, NVwZ 2020, 423, 424.

445 Zur Verfassungsmäßigkeit des Berliner Neutralitätsgesetzes vgl. *Muckel*, DÖV 2021, 557ff.; *Hecker*, NVwZ 2019, 1476ff.; *ders.*, NZA 2021, 480ff. Das BVerfG hat mit Beschluss vom 17.01.2023 die gegen die Entscheidung des Bundesarbeitsgerichts, wonach das Land Berlin kein pauschales Kopftuchverbot aussprechen dürfe, gerichtete Verfassungsbeschwerde des Landes ohne Begründung nicht zur Entscheidung angenommen, vgl. 1 BvR 1661/21, BeckRS 2023, 1009.

2. *Materielle Rechtfertigungsmöglichkeiten für ein Kopftuchverbot*

a. *Staatliche Selbstdarstellung und Neutralitätsgebot*

Diskutiert werden im Rahmen eines möglichen Kopftuchverbots in der Justiz das Rechtfertigungsgut der staatlichen Neutralität in Verbindung mit der Selbstdarstellung des Staates. Häberle beispielsweise rekurriert in der Justiz im Gegensatz zur öffentlichen Schule auf die distanzierende Neutralität.[446] Dabei vollziehe sich die staatliche Selbstdarstellung durch die Ausstattung der Gerichtssäle sowie die Verpflichtung zu einer Amtstracht. Die Selbstdarstellung spiele nur in der Öffentlichkeit eine Rolle, daher sei das Erscheinungsbild in einem Gerichtssaal bedeutender als in einem einfachen Dienst- oder Beratungszimmer, in dem kein Publikumsverkehr herrsche; aus diesen Überlegungen schlussfolgert er, dass gegen das Kopftuchtragen einer Richterin oder Staatsanwältin in den letztgenannten Zimmern nichts einzuwenden sei.[447] Anders sei die Situation in einem Gerichtssaal. Das Argument, dass das Kopftuch im Gerichtssaal anders zu bewerten sei als das Kreuz, weil das Erstere auf einer individuellen Grundrechtsausübung beruhe und das Kreuz hingegen auf staatliche Veranlassung angebracht worden ist,[448] greife hier nicht. Denn die staatliche Selbstdarstellung spiele in der Schule als einem Ort des gesellschaftlichen Pluralismus keine Rolle. In der Justiz sei sie angezeigt, denn durch das verpflichtende Tragen der Robe werde die staatliche Selbstdarstellung über das Erscheinungsbild des Gerichtssaales hinaus noch unterstrichen und das Kopftuch würde ebenjene Selbstdarstellung erheblich stören.[449] Folglich wird zwischen den öffentlichen Räumen der Justiz und der Schule unterschieden; in der Justiz sei es unbeachtlich, dass dem Kopftuchtragen der Richterin eine individuelle Entscheidung zugrunde liege, weil

---

446 Vgl. dazu *Böckenförde*, ZevKR 20 (1975), S. 119ff. Zustimmend BVerfGE 153, 1, 39; *v. Schwanenflug*, NVwZ 2020, 474; *Reus/Mühlhausen*, VR 2019, 73, 79. A. A. *Leitmeier*, NJW 2020, 1036, 1037.

447 *Häberle*, DVBl 2018, 1263, 1266.

448 So *Muckel*, NWVBl 2020, 224, 228.

449 *Häberle*, DVBl 2018, 1263, 1266. Auch auf die Unterschiede zwischen Schule und Justiz abstellend *Eckertz-Höfer*, DVBl 2018, 537, 543f.; *Heinig/Morlok*, JZ 2003, 777, 784. Gegen einen Zurechnungszusammenhang zwischen dem Kopftuch der Amtsträgerin und dem Staat *Kukuczka/Herbolsheimer*, DÖV 2020, 724, 726f.

die Selbstdarstellung diese persönliche Entscheidung überlagere.[450] In der Schule seien die Neutralitätsmaßstäbe nicht so streng und dort könne man zwischen individueller Grundrechtsausübung und staatlicher Veranlassung unterscheiden.[451]

Zudem sei es für die Justiz besonders wichtig, dass Gerichtsentscheidungen auf breite Akzeptanz stoßen, was grundlegendes Vertrauen voraussetze. Dieses könne nachhaltig gestört werden, wenn Repräsentanten der Justiz den Anschein erwecken, parteiisch zu sein. Dieses Vertrauensargument greife allerdings nur, wenn es tatsächlich Publikumsverkehr gibt, weshalb Häberle für einen schonenden Ausgleich dergestalt plädiert, dass das Kopftuchtragen nur bei offiziellen Handlungen vor Publikum, also vor allem im Gerichtssaal, zu unterbleiben hat.[452] Andere sind dagegen der Auffassung, dass die Eingriffsintensität nicht dadurch abgemildert werde, dass das Verbot nicht auf die gesamte richterliche Tätigkeit bezogen, sondern nur auf Tätigkeiten mit Öffentlichkeitsbezug beschränkt werde. Wenn das als zwingend verstandene religiöse Gebot vorschreibt, dass das Kopftuch stets zu tragen sei, so mache es für die Trägerin keinen Unterschied, ob das Verbot nur zeitlich oder sachlich begrenzt gelte.[453]

Die hohe Eingriffsintensität zeige sich auch darin, dass das Verbot ein Hindernis für die Ausübung der Tätigkeit als Richterin oder Staatsanwältin darstelle und somit die Berufsfreiheit berühre. Insofern unterscheide sich ein an Richterinnen und Staatsanwältinnen adressiertes Verbot graduell von einem Verbot für Rechtsreferendarinnen, da diesen nicht die Ableistung des juristischen

---

450 A. A. *Payandeh*, DÖV 2018, 482, 485f., der zwischen dem Kreuz in Schule und Gerichtssaal und dem Kopftuch dahingehend unterscheidet, dass Ersteres erkennbar auf staatliche Veranlassung angebracht worden ist und somit eine Zurechnung an den Staat bzw. eine Identifikation zu bejahen sei. Anders dagegen das Kopftuch, das aus objektiver Sicht erkennbar aufgrund individueller Glaubensüberzeugung getragen wird und damit dem Staat nicht zugerechnet werden könne.

451 Vgl. *Häberle*, DVBl 2018, 1263, 1268. Häberle ist der Auffassung, dass eine Anrufung des Plenums für eine Kopftuch III-Entscheidung sinnvoll sei, um genau darzulegen, worin die Unterschiede in Schule und Justiz bestünden, und dabei auch noch verbindliche Vorgaben für den Bereich der öffentlichen Pflichtschule zu machen, da dies die beiden ersten Kopftuchentscheidungen seiner Meinung nach versäumt hätten. Die Anrufung des Plenums ist in dem Beschluss vom 14.01.2020 freilich unterblieben; so auch *Eckertz-Höfer*, DVBl 2018, 537, 540.

452 *Häberle*, DVBl 2018, 1263, 1266.

453 So etwa *Payandeh*, DÖV 2018, 482, 483.

Vorbereitungsdienstes insgesamt verwehrt werde, sondern sie lediglich von bestimmten Ausbildungsbestandteilen ausgeschlossen werden.[454]

b. Unabhängigkeit der Justiz

Richterliche Amtsführung erfordert besonders strikte Unparteilichkeit, es darf keinen Zweifel an der Unparteilichkeit gegenüber den Rechtssuchenden und dem Streitgegenstand geben. „Das Recht auf den gesetzlichen Richter aus Art. 101 Abs. 1 S. 2 GG gewährt deshalb nicht nur einen Anspruch auf den sich aus den einschlägigen Rechtsvorschriften und Besetzungsregelungen ergebenden Richter, sondern garantiert auch, dass Betroffene nicht vor einer Richterin oder einem Richter stehen, bei denen aufgrund persönlicher oder sachlicher Beziehungen zu den Verfahrensbeteiligten oder zum Streitgegenstand bei objektiver Betrachtung die Besorgnis der Befangenheit besteht."[455] Das tatsächliche Vorliegen von Befangenheit ist nicht erforderlich, es genügt ein Grund, der geeignet ist, Misstrauen gegen die Unparteilichkeit zu rechtfertigen, vgl. § 42 Abs. 2 ZPO. Die Pflicht zur strikten Unparteilichkeit ist in der Judikative eng mit der Funktionsfähigkeit der Rechtspflege insgesamt verknüpft, welche wiederum erheblich von der Akzeptanz durch die Verfahrensbeteiligten abhängt.[456] Diese umfassende Garantie der Unvoreingenommenheit von Richterinnen und Richtern ist ein Gebot der Rechtsstaatlichkeit und hierzu korrespondierende Zurückhaltungspflichten folgen aus Art. 97 Abs. 1 GG i. V. m. § 39 DRiG. Danach müssen Richterinnen und Richter verhindern, dass das Vertrauen in ihre Unparteilichkeit gefährdet wird; schon der bloße Verdacht von Voreingenommenheit darf keinen Anhalt finden.[457]

Zum Rechtfertigungsgut der Unabhängigkeit der Justiz gilt zwar, dass das Tragen eines Kopftuchs die Objektivität der Richterin, allein nach Recht und Gesetz zu entscheiden, nicht tangiere,[458] dennoch sei entscheidend, welchen *Eindruck* das Verhalten einer Richterin bei den Bürgern hinterlasse, die auf deren innere

---

454 *Payandeh*, DÖV 2018, 482, 483. Vgl. *v. Schwanenflug*, NVwZ 2020, 474, 475, die aufgrund der sachlichen und zeitlichen Begrenzung die Verhältnismäßigkeit des Kopftuchverbots bejaht.

455 *Eckertz-Höfer*, DVBl 2018, 537, 542; *Reus/Mühlhausen*, VR 2019, 73, 81.

456 *Eckertz-Höfer*, DVBl 2018, 537, 543.

457 *Eckertz-Höfer*, DVBl 2018, 537, 542. Gerade weil es schwer sei, in quantifizierbarer Weise anzugeben, wie viel Vertrauen erforderlich und welches Maß an Misstrauen noch unschädlich sei, müsse bereits der bloße Verdacht von Parteilichkeit vermieden werden, vgl. *Eckertz-Höfer*, DVBl 2018, 537, 545. In diese Richtung auch *Reus/Mühlhausen*, VR 2019, 73, 81.

458 Vgl. BVerfGE 153, 1, 44.

und äußere Unabhängigkeit vertrauen, und damit, welchen Eindruck das für die Justiz insgesamt hinterlasse.[459] Nach Art. 92 und Art. 97 GG und in § 39 DRiG einfachgesetzlich konkretisiert, sind Richterinnen und Richter zu innerer und äußerer Unabhängigkeit bzw. Unparteilichkeit verpflichtet. Die Frage ist nun, ob daraus geschlussfolgert werden kann, dass das Tragen religiöser Symbole und Kleidung mit diesen Pflichten unvereinbar ist und ob gesagt werden kann, dass eine kopftuchtragende Richterin nicht ausschließlich am Maßstab des Rechts Entscheidungen fällt.

Payandeh ist der Auffassung, dass das Tragen eines religiösen Symbols allein nicht auf mangelnde Unparteilichkeit der Richterin schließen lasse.[460] Es müssten noch weitere konkrete Umstände hinzukommen, die diesen Verdacht untermauern. Das Kopftuch müsse implizieren, dass sie einen Rechtsstreit nicht objektiv entscheiden könne, sondern sich von religiösen oder kulturellen Aspekten leiten lasse oder dass sie ihre religiöse Überzeugung über das Recht stelle.[461] Für eine derartige Vermutung gebe es keinerlei Anhaltspunkte. Das Kopftuch zeige lediglich die Zugehörigkeit zu einem bestimmten Glauben auf, nicht jedoch die Unfähigkeit oder die fehlende Bereitschaft, im Rahmen der richterlichen Entscheidungsfindung persönliche Glaubensüberzeugungen hinter das Gebot der Unparteilichkeit oder die Rechtsbindung zurücktreten zu lassen.[462] Soweit eine Richterin nicht in der Lage ist, ihre individuellen Überzeugungen ihrer Verpflichtung zur unparteilichen und rechtsgebundenen Entscheidungsfindung hintanzustellen, fehlt ihr die persönliche Eignung; das Tragen eines Kopftuchs lässt allerdings genauso wenig wie das Tragen einer Kippa oder eines Kreuzes auf die fehlende persönliche Eignung schließen.[463] Es stehen bereits geeignete Instrumentarien zur Verfügung, sollte es doch zu Situationen kommen, in denen persönliche Überzeugungen einer

459 *Häberle*, DVBl 2018, 1263, 1266.

460 *Payandeh*, DÖV 2018, 482, 486; *Kukuczka/Herbolsheimer*, DÖV 2020, 724, 729.

461 Interessant in diesem Zusammenhang ist, dass das Kopftuchtragen häufig als ein Akt der individuellen Identitätsbildung wahrgenommen wird. Dabei komme, so Augsberg, die kollektive Dimension der Religion und ihrer Gebote nur unzureichend zum Ausdruck. Wenn man Religion ernst nehmen wolle, dann müsse man einsehen, dass es sich um eine separate normative Ordnung handele, die ebenso wie das staatliche Recht Normbefehle an das Normsubjekt erteilen könne. Folglich gehe es vielmehr um den Konflikt zwischen der religiösen *Verpflichtung*, das Kopftuch zu tragen, und der ihr entgegengehaltenen klassischen Vorstellung der „entpersonalisierten Richterinstanz", vgl. hierzu *Augsberg*, in: Anter/Frick (Hg.), Politik, Recht und Religion, S. 31, 40ff.

462 *Payandeh*, DÖV 2018, 482, 486; *Muckel*, NWVBl 2020, 224, 228f.

463 *Payandeh*, DÖV 2018, 482, 487; *Muckel*, NWVBl 2020, 224, 229.

objektiven Verhandlungsführung und Entscheidung im Wege stehen. In diesem Falle greifen dann die Vorschriften über die Befangenheit.[464]

Das BVerfG verstricke sich in seiner Kopftuch III-Entscheidung in einen Widerspruch, wenn es einerseits behauptet, dass das Verwenden eines religiösen Symbols im richterlichen Dienst für sich genommen nicht geeignet sei, Zweifel an der Objektivität der betreffenden Richterin zu begründen,[465] andererseits aber einräumt, dass aus Sicht eines objektiven Betrachters das Tragen eines islamischen Kopftuchs während der Verhandlung als Beeinträchtigung der religiös-weltanschaulichen Neutralität des Staates und damit auch der Funktionsfähigkeit der Rechtspflege aufgefasst werden könne.[466] Konsequenter wäre es gewesen, in beiden Fällen auf den vermittelten Eindruck abzustellen, so wie es der BayVerfGH deutlicher formuliert hat, nämlich, dass bei Richterinnen ein Kopftuch zu Zweifeln führen könne, ob die Entscheidung des Rechtsstreits ausschließlich nach Maßgabe des geltenden Rechts erfolgt sei, und dabei komme es nicht auf die tatsächliche Unfähigkeit oder den tatsächlichen Unwillen an, persönliche Überzeugungen hinter die Gesetzesgebundenheit zurückzustellen; vielmehr sei die objektive und verständige Betrachtungsweise der Prozessbeteiligten maßgeblich.[467]

c. *Anscheinsargument*

Das Argument, wonach bereits der Anschein fehlender Unabhängigkeit der Funktionsfähigkeit der Rechtspflege schade, wird häufig hilfsweise in der Argumentation verarbeitet, wenn nicht zweifelsfrei belegt werden kann, dass das Kopftuchtragen zu einer Parteilichkeit der Entscheidungsfindung führt. Dieses Anscheinsargument taucht in zweierlei Hinsicht auf, einerseits um die symbolische Funktion des Gerichtsverfahrens, in dem das Individuum möglichst weit nach hinten treten soll, zu betonen, andererseits, um auf den potenziellen Empfängerhorizont der anderen Verfahrensbeteiligten hinzuweisen, die aus dem Anblick einer kopftuchtragenden Richterin oder Staatsanwältin auf die mangelnde

---

464 *Payandeh*, DÖV 2018, 482, 487; *Muckel*, NWVBl 2020, 224, 228f.; a. A. *Eckertz-Höfer*, DVBl 2018, 537, 544, wonach die prozessualen Möglichkeiten der Ablehnung wegen Befangenheit in diesem Zusammenhang keine Bedeutung hätten, weil es nicht um reale Befangenheiten oder Voreingenommenheiten von kopftuchtragenden Richterinnen gehe.

465 BVerfGE 153, 1, 44.

466 BVerfGE 153, 1, 39. Vgl. *Leitmeier*, NJW 2020, 1036, 1037; *Kukuczka/Herbolsheimer*, DÖV 2020, 724, 729.

467 BayVerfGH NJW 2019, 2151, 2153 Rn. 31; *Leitmeier*, NJW 2020, 1036, 1037.

Unabhängigkeit des Gerichts schließen könnten.[468] Die Funktionsfähigkeit der Rechtspflege streitet zwar dafür, dass Person und Persönlichkeit des Amtswalters möglichst weit hinter dem Amt zurücktreten müssen. Die Verpflichtung zur Amtstracht bringt dies anschaulich zur Geltung, denn die Robe symbolisiert, dass die mit der Rechtsprechung betrauten Personen vorrangig nicht als natürliche Personen fungieren, sondern als Repräsentanten staatlicher Hoheitsgewalt. Die darin zum Ausdruck kommende Unabhängigkeit der Justiz ist eine maßgebliche Bedingung für die Akzeptanz der Rechtsprechung und des Rechts insgesamt.[469]

Dennoch verblasst laut Payandeh die Überzeugungskraft des Arguments, wenn man akzeptiert, dass das Kopftuchtragen allein nicht auf die fehlende Fähigkeit einer Richterin zu unparteilicher Amtsführung schließen lässt. Außerdem würden persönliche Überzeugungen und Anschauungen zwangsläufig die richterliche Tätigkeit in Gestalt von Vorverständnissen beeinflussen.[470] Der bloße Anschein der Neutralität, der dadurch entstünde, dass man das Tragen von religiösen Symbolen und Kleidungsstücken verbiete, könne einen derart schwerwiegenden Grundrechtseingriff wie das Kopftuchverbot nicht rechtfertigen.[471] Schließlich wäre eine befangene Entscheidungsfindung auch ohne Kopftuch möglich – es ist also maßgeblich, was „im Kopf" und nicht „darauf" ist. Hier werde vom äußeren Tragen religiöser Symbole auf die innere Einstellung der Beamtin geschlossen.[472] Es drängt sich mit dem Abstellen auf den objektiven Empfängerhorizont eine weitere Frage auf: Würde das Anscheinsargument nicht stereotypen Vorstellungen und Vorurteilen Vorschub leisten?[473] Der Staat darf selbstverständlich nicht daran mitwirken, dass sich in der Bevölkerung vorhandene Vorurteile verfestigen, er sollte ihnen vielmehr entgegenwirken. Dennoch muss der Gesetzgeber solche

---

468 *Payandeh*, DÖV 2018, 482, 487.

469 *Payandeh*, DÖV 2018, 482, 487.

470 *Payandeh*, DÖV 2018, 482, 487.

471 *Payandeh*, DÖV 2018, 482, 487. Der Anschein der Neutralität ist laut Sandhu ohnehin kein um seiner selbst willen verfassungsrechtlich geschütztes Gut, s. *Sandhu*, Der „Anschein der Neutralität" als schützenswertes Verfassungsgut, Verfassungsblog, 09.01.2017, https://verfassungsblog.de/der-anschein-der-neutralitaet-als-schuetzenswertes-verfassungsgut/, abgerufen am 02.06.2023.

472 Vgl. dazu BayVerfGH NVwZ 2011, 39, 40. Danach spricht eine Vermutung zugunsten der Unabhängigkeit des Richters: „Grundsätzlich ist nämlich von der inneren Unabhängigkeit des Richters auszugehen. Von ihm wird erwartet, dass er auch in einer Situation, wie sie hier vorliegt, unvoreingenommen an die Beurteilung der Sache herantritt und die staatlichen Gesetze ohne Rücksicht auf seine Zugehörigkeit zu einer religiösen oder weltanschaulichen Gemeinschaft anwendet (…)."

473 Die Frage ist so auch zu finden bei *Payandeh*, DÖV 2018, 482, 488.

Diskussionen nicht ignorieren und darf das Ziel verfolgen, hoheitliches staatliches Handeln nicht mit solchen Konnotationen zu belasten.[474]

d. Negative Glaubensfreiheit der anderen Verfahrensbeteiligten

Wird das Kopftuchverbot in der Justiz diskutiert, wird auch die negative Glaubens- und Bekenntnisfreiheit der anderen Verfahrensbeteiligten als Rechtfertigung herangezogen. Der Bürger, der einer kopftuchtragenden Richterin gegenübersitze, befinde sich in einer unausweichlichen Lage, weil der zuständige Spruchkörper den Verfahrensbeteiligten zugewiesen werde.[475] Trotz fehlender Ausweichmöglichkeit sei dies aber nicht als Eingriff in die negative Religionsfreiheit zu qualifizieren, da hierfür ein Handeln des Staates erforderlich sei. In diesem Fall liege das nicht vor, weil das Kopftuchtragen aufgrund einer individuellen Grundrechtsausübung erfolgt und nicht auf staatliche Anordnung.[476] Widersprüchlich an der Argumentation Häberles ist, dass im Rahmen der staatlichen Selbstdarstellung und der Unabhängigkeit der Justiz eine Zurechnung des Handelns der Amtsträgerin über das Anscheinsargument an den Staat erfolgt, ebenjene Zurechnung aber verneint wird, wenn es um einen Eingriff in die negative Glaubensfreiheit der anderen Prozessbeteiligten geht.

Gleichwohl gewährt die (negative) Glaubensfreiheit keinen Schutz vor der Konfrontation mit religiösen Bekenntnissen anderer. Dies gelte auch im Gerichtssaal, denn die Glaubensfreiheit schütze nur vor staatlicher Indoktrination, nicht aber vor der Konfrontation mit der Religionsausübung anderer Grundrechtsträger oder dass der Staat anderen Grundrechtsträgern den Raum für ihre individuelle Grundrechtsausübung gewährt.[477] Dem Kopftuch komme für sich genommen kein werbender oder missionarischer Effekt zu, folglich werde die negative Glaubensfreiheit allein dadurch, dass andere Verfahrensbeteiligte einer Person ausgesetzt sind, die ein Kopftuch trägt, nicht berührt. Laut Payandeh gilt das unabhängig davon, ob die Begegnung im öffentlichen Raum unter Privaten stattfindet oder ob es sich bei der kopftuchtragenden Person um eine Amtsträgerin handelt und die Konfrontation in einem hoheitlichen Kontext stattfindet, also etwa in der Schule oder im Gerichtssaal.[478]

---

474 *Eckertz-Höfer*, DVBl 2018, 537, 543.

475 So etwa *Eckertz-Höfer*, DVBl 2018, 537, 544; *Reus/Mühlhausen*, VR 2019, 73, 81; *v. Schwanenflug*, NVwZ 2020, 474, 475; a. A. *Hecker*, NVwZ 2020, 423, 424.

476 So *Häberle*, DVBl 2018, 1263, 1266f. Vgl. auch *Muckel*, NWVBl 2020, 224, 227 in Bezug auf das Justizneutralitätsgesetz in Nordrhein-Westfalen (JNeutG NRW).

477 So *Payandeh*, DÖV 2018, 482, 484f.

478 *Payandeh*, DÖV 2018, 482, 485. Anders dagegen BVerfGE 153, 1, 41f.

Eckertz-Höfer dagegen befürwortet eine vom Staat geschaffene unausweichliche Situation. Es gehe hier nicht um eine einfache Konfrontation mit einem religiös konnotierten Kleidungsstück, sondern es spiele eine entscheidende Rolle, dass es sich um einen hoheitlichen Kontext handelt. Der Staat sei kein anonymes Wesen, er handle durch seine Amtsträger. Zwar könne man Kleidung für gewöhnlich der persönlichen Sphäre eines Menschen zurechnen, aber um einfache Kleidung gehe es bei religiösen Symbolen nicht; erst recht gelte das im Falle einer Richterin, bei der eine solche „Privatisierung religiös konnotierter Kleidung oder Symbole nicht zu überzeugen" vermag.[479] Aus der vorgeschriebenen Amtstracht ergebe sich, dass es dem Staat in besonderer Weise auf die von seinen justiziellen Amtsträgern getragene Kleidung ankomme, er das Geschehen im Gerichtssaal insoweit bestimmen wolle.[480] Außerdem täten Prozessordnung und Ordnungsgewalt ihr Übriges und sorgten dafür, dass die prozessuale Kommunikation Regeln folge, in der (auch nonverbale) individuelle Bekenntnisse nicht angebracht seien.[481]

3. *Gleichsetzung von Rechtsreferendarinnen mit Richterinnen und Staatsanwältinnen*

Kritik an der Senatsmehrheit wird laut, was die Gleichsetzung von Rechtsreferendarinnen mit Richterinnen und Staatsanwältinnen angeht. Rechtsreferendare stünden auch bei der selbstständigen Erledigung von zugewiesenen Aufgaben unter der Kontrolle und Beurteilung ihrer Ausbilder und trügen insoweit nicht die alleinige Verantwortung für die Einhaltung der Anforderungen an richterliche und staatsanwaltliche Tätigkeiten.[482] Rechtsreferendare würden den Rechtsstreit nicht entscheiden und seien nur zeitweilig in die Justiz eingegliederte und in der Ausbildung befindliche Juristen, weshalb es fernliegend sei, dass der Staat sich mit ihren Glaubensentscheidungen identifiziere.[483] Zudem habe die Senatsmehrheit die Grundrechte der Rechtsreferendarin insbesondere aus Art. 12 Abs. 1 GG nicht hinreichend gewürdigt. Es werde der Umstand verkannt, dass sie zu einer vollwertigen Ausbildung gezwungen sei, den Vorbereitungsdienst zu absolvieren,

---

479 *Eckertz-Höfer*, DVBl 2018, 537, 544.

480 *Eckertz-Höfer*, DVBl 2018, 537, 544. Siehe auch BVerfGE 153, 1, 38 und *Reus/Mühlhausen*, VR 2019, 73, 81. Von einer Überhöhung der Amtstracht ausgehend *Hecker*, NVwZ 2020, 423, 425.

481 *Eckertz-Höfer*, DVBl 2018, 537, 544; *Reus/Mühlhausen*, VR 2019, 73, 81.

482 Vgl. BVerfGE 153, 1, 57f. (abw. Meinung Maidowski); *Leitmeier*, NJW 2020, 1036, 1038.

483 BVerfGE 153, 1, 64 (abw. Meinung Maidowski); *Leitmeier*, NJW 2020, 1036, 1038.

und dabei werde sie von wesentlichen Tätigkeiten ausgeschlossen, für die es keine gleichwertige Alternative gibt; dabei mache es keinen Unterschied, dass das Nichtableisten dieser Tätigkeiten zu keiner schlechteren Bewertung führt.[484] Nichtsdestotrotz würden Rechtsreferendare laut der Senatsmehrheit auf der Richterbank durch diese Positionierung als Repräsentanten der rechtsprechenden Gewalt wahrgenommen, auch wenn sie keine richterliche Entscheidungsgewalt innehaben; gleiches gelte für den staatsanwaltlichen Sitzungsdienst. Es sei nur konsequent, auch hier auf den objektiven Empfängerhorizont abzustellen.[485]

G. Die Rechtfertigung des Kopftuchverbots in Schule und Justiz

Nach der Analyse des Forschungsstandes sollen nun die Kollisionsgüter einer Untersuchung unterzogen werden, die für die Rechtfertigung der Kopftuchverbote in Schule und Justiz herangezogen werden. Das Augenmerk liegt auf der Frage, ob diese ein Kopftuchverbot für Lehrerinnen bzw. für Richterinnen, Staatsanwältinnen und Rechtsreferendarinnen tatsächlich rechtfertigen können und ob sie sich überhaupt für eine Gegenüberstellung mit der Glaubensfreiheit der betreffenden Amtsträgerin eignen.

I. In der öffentlichen Schule

In den beiden ersten Kopftuchentscheidungen traten die Kollisionsgüter der negativen Glaubensfreiheit der Schüler und der anderen Lehrer, das elterliche Erziehungsrecht und der staatliche Erziehungsauftrag in Widerstreit mit der Religionsfreiheit von Lehrerinnen.[486] Im Folgenden soll gezeigt werden, warum die ersten beiden Verfassungsgüter nicht für eine Gegenüberstellung geeignet sind und warum lediglich der staatliche Erziehungsauftrag die Glaubensfreiheit der Lehrerin einzuschränken vermag.

1. Aus der negativen Glaubensfreiheit

Wie schon beim Kreuz in staatlichen Räumen eignet sich die (negative) Glaubensfreiheit der Schüler und anderen Lehrer nicht dafür, um gegen die

---

484 BVerfGE 153, 1, 47 (Senatsmehrheit) und 62 und 66 der abweichenden Meinung; *Leitmeier*, NJW 2020, 1036, 1038; *Hecker*, NVwZ 2020, 423, 424.

485 Vgl. BVerfGE 153, 1, 48; *v. Schwanenflug*, NVwZ 2020, 474, 474f.; *Reus/Mühlhausen*, VR 2019, 73, 81.

486 BVerfGE 108, 282, 299; 138, 296, 333.

Glaubensfreiheit der kopftuchtragenden Lehrerin angeführt zu werden. Um Grundrechtskonkurrenzen und ihre Auflösung geht es nicht, sondern um die Frage, ob es einer Amtsträgerin in der staatlichen Pflichtschule erlaubt ist, während des Unterrichts ein Kopftuch zu tragen. Für die Beantwortung dieser Frage eignet sich die Gegenüberstellung der positiven und negativen Religionsfreiheit sowie deren Abwägung gegeneinander nicht. Es ist zweifelhaft, ob man Glaubensfreiheit gegen Glaubensfreiheit überhaupt sinnvoll abwägen kann, zumal es dem Staat untersagt ist, die einzelnen Inhalte, die gegeneinander abgewogen werden, zu bewerten (und auf eine Bewertung würde es dann faktisch hinauslaufen) und es sich letzten Endes nur um zwei Seiten desselben Grundrechts handelt.[487] Die Gegenüberstellung von Grundrechten (subjektiven Verfassungsgütern) hilft in diesem Fall nicht weiter, insbesondere dann nicht, wenn sich die Parteien auf ein und dasselbe Grundrecht berufen.

2. *Aus dem elterlichen Erziehungsrecht*

Aus dem gleichen Grund kann auch nicht das elterliche Erziehungsrecht herangezogen werden. Es ist zu bezweifeln, ob eine Abwägung zwischen der individuellen Glaubensüberzeugung der Lehrerin und den Erziehungsvorstellungen der Eltern sinnvoll ist, zumal das ebenfalls auf das Bewerten von individuellen Vorstellungen hinsichtlich des „guten" bzw. „richtigen" Lebens hinausliefe, was dem Staat verwehrt ist. Bei der Frage der Zulässigkeit des Kopftuchverbots eignet sich die Gegenüberstellung von subjektiven Rechten auch nicht; vielmehr ist der staatliche Erziehungsauftrag als objektives Verfassungsgut mit der Religionsfreiheit der kopftuchtragenden Lehrerin in Verhältnis zu setzen.[488]

3. *Aus dem staatlichen Erziehungsauftrag*

Eine mögliche Einschränkung der Glaubensfreiheit der kopftuchtragenden Lehrkraft könnte sich aus dem staatlichen Erziehungsauftrag ergeben. Es stellt sich die Frage, ob dieser als Rechtfertigungsgrund für ein Kopftuchverbot fungieren kann. Die Erfüllung des staatlichen Erziehungsauftrages obliegt den Lehrkräften. Wenn Art. 7 Abs. 1 GG als Rechtfertigungsgrund für ein Kopftuchverbot herangezogen würde, müsste das bedeuten, dass die ordnungsgemäße Erfüllung des staatlichen Erziehungsauftrages das Unterrichten ohne religiös konnotierte Kleidung voraussetzt und dass das Kopftuch der Vermittlung neutraler Bildungs- und

---

487 Siehe S. 145f. und S. 89ff.

488 Vgl. erneut S. 145f.

Erziehungsziele[489] entgegenstünde. Um das klären zu können, muss der Aufsichtsbegriff aus Art. 7 Abs. 1 GG erneut im Wege einer Normkonkretisierung im Hinblick auf diese Fragestellung untersucht werden.

II. In der Justiz

In seiner Kopftuch III-Entscheidung hat das BVerfG ausgeführt, dass mit der Glaubensfreiheit der Grundsatz der weltanschaulich-religiösen Neutralität, der Grundsatz der Funktionsfähigkeit der Rechtspflege und die negative Religionsfreiheit Dritter in Widerstreit träten; keine rechtfertigende Kraft entfalteten das Gebot richterlicher Unparteilichkeit und der Gedanke der Sicherung des weltanschaulich-religiösen Friedens.[490] Nun soll im Einzelnen untersucht werden, ob die genannten Verfassungsgüter der Glaubensfreiheit der Richterin, Staatsanwältin bzw. Rechtsreferendarin tatsächlich gegenübergestellt werden können.

1. Aus der negativen Glaubensfreiheit

Im öffentlichen Raum der Justiz gilt nichts anderes als in der staatlichen Schule. Auch hier bringt die Gegenüberstellung von positiver Glaubensfreiheit der kopftuchtragenden Amtsträgerin und negativer Glaubensfreiheit der anderen Verfahrensbeteiligten keinen Ertrag.[491]

2. Aus der Sicherung des weltanschaulich-religiösen Friedens

Dem Staat ist zwar untersagt, den religiösen Frieden in der Gesellschaft von sich aus durch die Identifizierung mit einem bestimmten Glauben oder einer bestimmten Weltanschauung zu gefährden. Ein von staatlichen Handlungen unabhängiger, allgemeiner Schutzanspruch für den gesellschaftlich-religiösen Frieden „im Sinne einer alle Lebensbereiche umfassenden Garantenpflicht" lässt sich aus diesem Gebot allerdings nicht ableiten.[492] Eine solche Schutzpflicht des Staates gegenüber Störungen des religiös-weltanschaulichen Friedens durch Dritte kommt nur in Betracht, soweit verfassungsimmanente Güter berührt sind. So folgt etwa aus dem staatlichen Erziehungsauftrag nach Art. 7 Abs. 1 GG die Pflicht des Staates, auch in religiös-weltanschaulicher Hinsicht den Schulfrieden zu gewährleisten. Eine vergleichbare Vorschrift besteht für den öffentlichen Raum der Justiz nicht. Kein hinreichender Grund für das Verbot religiöser Bekundungen im Gerichtssaal

489 Vgl. oben S. 130ff.
490 BVerfGE 153, 1, 36.
491 Vgl. S. 175ff.
492 BVerfGE 153, 1, 45.

ist es, wenn sich einzelne Verfahrensbeteiligte möglicherweise an jenen Bekundungen lediglich stören.[493] Folglich eignet sich der Gedanke der Sicherung des weltanschaulich-religiösen Friedens nicht dafür, um als Rechtfertigungsgut für ein Kopftuchverbot in der Justiz herangezogen zu werden.

3. Aus dem Grundsatz der religiös-weltanschaulichen Neutralität

Das BVerfG führt in diesem Punkt aus, dass die Verpflichtung des Staates auf Neutralität keine andere sein kann als die Verpflichtung seiner Amtsträger auf Neutralität, da der Staat nur durch Personen handeln kann.[494] Allerdings müsse sich der Staat nicht jede bei Gelegenheit der Amtsausübung getätigte private Grundrechtsausübung seiner Amtsträger als eigene zurechnen lassen. Hierbei unterscheidet der Zweite Senat zwischen Schule und Justiz; in der Schule als einem Ort gesellschaftlicher Pluralität, den der Staat lediglich in seine Obhut genommen hat, seien derartige Grundrechtsbetätigungen weniger problematisch. Anders dagegen in der Justiz. Nehme der Staat auf das äußere Gepräge einer Amtshandlung besonderen Einfluss, so seien ihm abweichende Verhaltensweisen einzelner Amtsträger eher zurechenbar. Die mündlichen Verhandlungen seien detailliert in den Prozessordnungen geregelt und zum Selbstbild des Staates gehöre es auch, dass die Richterinnen und Richter eine Amtstracht tragen.[495] Aus dieser formalisierten Situation vor Gericht werden die Unterschiede zwischen Justiz und Schule abgeleitet. Aus Sicht eines objektiven Betrachters könne daher das Tragen eines islamischen Kopftuchs durch eine Richterin oder eine Staatsanwältin während der Verhandlung als Beeinträchtigung der religiös-weltanschaulichen Neutralität dem Staat zugerechnet werden.[496]

Das BVerfG verwendet das Neutralitätsgebot in der Grundrechtsprüfung als abwägungsfähiges Rechtsgut, welches mit der Glaubensfreiheit der Amtsträgerin in Widerstreit tritt.[497] Zunächst wird es in seiner Bedeutung und seinem Inhalt

---

493 BVerfGE 153, 1, 45f.

494 BVerfGE 153, 1, 37f.

495 BVerfGE 153, 1, 38f.

496 BVerfGE 153, 1, 39.

497 BVerfGE 153, 1, 36ff. und 46ff. So auch in BVerfGE 108, 282, 299ff.; 138, 296, 333ff. In den beiden ersten Kopftuchentscheidungen wird das Neutralitätsgebot allerdings nur im Zusammenhang mit dem staatlichen Erziehungsauftrag angeführt, gleichsam als Maßstab, wie dieser zu erfüllen sei („[…] dem staatlichen Erziehungsauftrag (Art. 7 Abs. 1 GG), der unter Wahrung der Pflicht zu weltanschaulich-religiöser Neutralität zu erfüllen ist […]"), dennoch wird dessen Inhalt und Umfang im Rahmen der Abwägung eigenständig erläutert. Vgl. auch *Kukuczka/Herbolsheimer*, DÖV 2020, 724, 726.

nach definiert und dann mit der Glaubensfreiheit abgewogen; hierbei führt der Zweite Senat aus, dass keiner der kollidierenden Rechtspositionen ein derart überwiegendes Gewicht zukomme, das verfassungsrechtlich dazu zwänge, das Tragen des Kopftuchs im Gerichtssaal zu verbieten oder zu erlauben. Die Entscheidung des Landesgesetzgebers sei in diesem Fall zu respektieren.[498]

Die konkrete Anwendung des Neutralitätsgebotes lässt darauf schließen, dass der Zweite Senat das Gebot als ein optimierbares und der Abwägung zugängliches Prinzip im Sinne der Prinzipientheorie Robert Alexys einstuft.[499]

Prinzipien sind demnach Optimierungsgebote, also Normen, die „gebieten, daß [sic!] etwas in einem relativ auf die rechtlichen und tatsächlichen Möglichkeiten möglichst hohen Maße realisiert wird".[500] Optimierungsgebote sind laut Alexy dadurch charakterisiert, dass sie in unterschiedlichen Graden erfüllt werden können und dass das gebotene Maß ihrer Erfüllung sowohl von tatsächlichen als auch von rechtlichen Möglichkeiten abhängt; der Bereich der rechtlichen Möglichkeiten wird durch gegenläufige Prinzipien und Regeln bestimmt.[501] Grundrechte haben Prinzipiencharakter und daraus folgt logisch der Grundsatz der Verhältnismäßigkeit; der Verhältnismäßigkeitsgrundsatz ergibt sich im Grunde bereits aus dem Wesen der Grundrechte.[502] Auf diesen Fall übertragen, bedeutet es, dass die Senatsmehrheit in dieser Entscheidung das Neutralitätsgebot im oben beschriebenen Sinne angewendet hat. Es hat die Glaubensfreiheit der Amtsträgerin mit der staatlichen Pflicht zu religiös-weltanschaulicher Neutralität in Verhältnis gesetzt und im Wege der Abwägung versucht, beide Rechtspositionen jeweils größtmöglich zu verwirklichen. Dabei kam es zu keinem zwingenden Abwägungsergebnis. Diese Vorgehensweise überzeugt nicht, weil das Neutralitätsgebot seinem Inhalt nach einen *absoluten* Charakter aufweist. Der Staat kann sich entweder mit einer Religion identifizieren oder nicht, ein bisschen neutral zu sein ist nicht möglich. Dieses Gebot ist seinem Inhalt nach auf Ausschließlichkeit und Ausnahmslosigkeit ausgerichtet.

---

498 BVerfGE 153, 1, 47.

499 So auch *Kukuczka/Herbolsheimer*, DÖV 2020, 724, 726.

500 *Alexy*, Theorie der Grundrechte, 3. Aufl. 1996, S. 75. Siehe auch zu diesem Themenbereich *Sieckmann*, Regelmodelle und Prinzipienmodelle des Rechtssystems, 1990; *Heinold*, Die Prinzipientheorie bei Ronald Dworkin und Robert Alexy, 2011; *Klatt* (Hg.), Prinzipientheorie und Theorie der Abwägung, 2013; *Portocarrero Quispe*, Der autoritative Charakter der Grundrechtsabwägung, 2014; *Azevedo Palu*, Grundrechte, Spielräume und Kompetenzen, 2019.

501 *Alexy*, Theorie der Grundrechte, S. 75f.

502 *Alexy*, Theorie der Grundrechte, S. 100ff. Vgl. auch BVerfGE 19, 342, 348f.; 65, 1, 44.

Das Neutralitätsgebot verpflichtet den Staat nicht dazu, sich möglichst nicht mit einer bestimmten Religion oder Weltanschauung zu identifizieren, vielmehr ist eine Identifikation schlichtweg nicht erlaubt, sprich: neutral oder nicht neutral.[503] Folglich weist das Neutralitätsgebot einen *unbedingten* Charakter auf, ist aber „kein abwägungsfähiges, relatives und zu optimierendes Rechtsgut".[504]

Problematisch ist außerdem, dass der Zweite Senat in seinen Ausführungen lediglich auf den Inhalt des Gebotes Bezug genommen und insbesondere dessen Ausgestaltung in der Justiz dargestellt, nicht jedoch die konkrete Anwendung als Abwägungsgut bzw. Prinzip dogmatisch erläutert hat.[505] Es wird also nicht klar, warum das BVerfG das Neutralitätsgebot auf diese Weise – als eigenständigen Rechtfertigungsgrund – anwendet.[506] Das BVerfG wertet das Neutralitätsgebot ohne hinreichende Begründung als dogmatisch handhabbares Verfassungsgut.[507] Dessen Inhalt, Umfang und Normstruktur sind höchst umstritten. In vorliegender Arbeit wird das Neutralitätsgebot als Interpretationsgebot verwendet, folglich scheidet eine Anwendung als Prinzip im normtheoretischen Sinne aus. Auf diesen Punkt wird später näher eingegangen.[508]

4. *Aus dem Gebot richterlicher Unparteilichkeit*

Das BVerfG entschied, dass das Gebot der richterlichen Unparteilichkeit keine rechtfertigende Kraft für ein Kopftuchverbot in der Justiz entfalten soll. Aus Art. 20 Abs. 2 S. 2 und Art. 20 Abs. 3 GG sowie aus den Art. 92, Art. 97 und Art. 101 Abs. 1 S. 2 GG folgt unter anderem die Garantie der richterlichen

---

503 *Kukuczka/Herbolsheimer*, DÖV 2020, 724, 726. So auch *Huster*, Die ethische Neutralität des Staates, S. 658ff.

504 *Kukuczka/Herbolsheimer*, DÖV 2020, 724, 726; *Huster*, Die ethische Neutralität des Staates, S. 658ff. Zur Abgrenzung von Regeln und Prinzipien siehe *Alexy*, Theorie der Grundrechte, S. 75ff.

505 Vgl. BVerfGE 153, 1, 36ff.

506 Vgl. dazu auch *Kukuczka/Herbolsheimer*, DÖV 2020, 724, 725 („ohne jegliche Reflexionsarbeit" […] „verschleiernde Klarheit").

507 *Kukuczka/Herbolsheimer*, DÖV 2020, 724, 725. Im Ausgangspunkt der Kritik wird mit den Verfassern dieses Beitrages übereingestimmt, nicht jedoch in den weiteren Schlussfolgerungen. Nach den Verfassern ist das Neutralitätsgebot lediglich ein verfassungstheoretisches Konstrukt, eine Idee, die dogmatisch nicht begründet werden kann, vgl. aber oben S. 50–72. Das BVerfG, so die Verfasser, vermengt auch die notwendig zu trennenden Kategorien von Verfassungsdogmatik und -theorie und lässt damit die Rechtsanwendung immer mehr zu einem „Ort allgemeiner Gerechtigkeitsüberlegungen" werden, siehe *Kukuczka/Herbolsheimer*, DÖV 2020, 724, 726.

508 Siehe Dritter Teil S. 217ff.

Unparteilichkeit. Der Grundsatz, dass niemand in eigener Sache Richter sein darf, ist ein bedeutendes rechtsstaatliches Prinzip. Es gehört zum Wesen der richterlichen Tätigkeit, dass sie von einem nicht beteiligten Dritten ausgeübt wird; dies erfordert Objektivität und Distanz gegenüber allen Verfahrensbeteiligten.[509]

Zum Unterschied zwischen richterlicher Unabhängigkeit und Unparteilichkeit führt der Zweite Senat aus, dass, während der Schutz der richterlichen Unabhängigkeit, der mittelbar ebenfalls der Sicherung der Unparteilichkeit dient, die allgemeine Stellung und Tätigkeit des Richters betrifft und von außen kommende rechts- oder sachfremde Einwirkungen von ihm fernhalten will, die Unparteilichkeit auf die Voraussetzungen der Objektivität und Sachlichkeit im Hinblick auf Beziehungen des Richters zu den Beteiligten und zum konkreten Verfahrensgegenstand zielt.[510]

Des Weiteren ist der Gesetzgeber verpflichtet, Verfahrensregelungen bereitzustellen, die die Distanz der zur Entscheidung berufenen Richter sichern. Diesem Ziel dienen beispielsweise die prozessrechtlichen Vorschriften über die Ablehnung wegen einer begründeten Besorgnis der Befangenheit.[511] Dabei genügt bereits der „böse Schein" mangelnder Objektivität. Nur Richter und Richterinnen, denen die Parteien und auch die Allgemeinheit vertrauen, können ihrer Konfliktlösungsaufgabe und ihrer daraus resultierenden Befriedungsfunktion in einer demokratischen Gesellschaft gerecht werden.[512]

Es stellt sich nun die Frage, ob das Tragen eines islamischen Kopftuchs den „bösen Schein" mangelnder Objektivität auslöst. Das BVerfG führt hierzu aus, dass das Tragen oder Verwenden eines religiösen Symbols im richterlichen Dienst für sich genommen nicht geeignet ist, Zweifel an der Objektivität der Richter zu begründen; vielmehr könne von im Auswahlverfahren für das Richteramt erfolgreichen Juristen unabhängig von ihrer religiösen, weltanschaulichen oder politischen Einstellung Rechts- und Verfassungstreue erwartet werden.[513] Komme allerdings der religiösen Einstellung eines Verfahrensbeteiligten im konkreten Streitfall ausnahmsweise entscheidende Bedeutung zu, könne das Tragen religiöser Symbole durch Amtsträger die Besorgnis der Befangenheit im Einzelfall begründen. Dem Anspruch des jeweils Rechtssuchenden auf eine

509 BVerfGE 153, 1, 42.
510 BVerfGE 153, 1, 43.
511 BVerfGE 153, 1, 43f.
512 BVerfGE 153, 1, 44.
513 BVerfGE 153, 1, 44.

objektive Richterpersönlichkeit sei aber mit dem Institut der Richterablehnung Genüge getan.[514]

Das BVerfG schließt das Gebot der richterlichen Unparteilichkeit folglich als Rechtfertigungsgrund aus, weil dieses durch das Tragen eines Kopftuchs nicht beeinträchtigt werden oder den „bösen Schein“ auslösen könne. Auf den ersten Blick mutet es widersprüchlich an, dass einerseits das Gebot richterlicher Unparteilichkeit durch das Tragen eines Kopftuchs nicht beeinträchtigt werden kann, dafür aber die Funktionsfähigkeit der Rechtspflege. Was also ist der Unterschied zwischen beiden Verfassungsgütern? Wodurch wird die unterschiedliche Bewertung gerechtfertigt? Wenn eine Richterin ein islamisches Kopftuch trägt, so kann ein objektiver und verständiger Beobachter nicht auf ihre fehlende Unparteilichkeit oder Rechtstreue schließen; darüber sagt „ein Stück Stoff“ nun mal nichts aus. Bei Hinzutreten konkreter Anhaltspunkte, die auf fehlende Objektivität oder Gesetzesbindung schließen lassen, greifen dann die Vorschriften über die Befangenheit. Wie das BVerfG ausführt, kann weder die Zugehörigkeit zu einer politischen Partei noch das Bekunden einer religiösen Überzeugung zu der Annahme verleiten, dass die betreffende Amtsträgerin parteilich ist. Vielmehr könne von ihnen nach abgeschlossener juristischer Ausbildung Rechts- und Verfassungstreue erwartet werden.

Anders verhält es sich jedoch mit der Funktionsfähigkeit der Rechtspflege. Während das religiöse Bekenntnis bei einzelnen Amtsträgerinnen bei verständiger Betrachtung nicht zu ernsthaften Zweifeln an ihrer sachgerechten Amtsführung führen kann, so kann die von außen erkennbare Distanzierung von individuellen religiösen, weltanschaulichen und politischen Überzeugungen zur Stärkung des *Vertrauens* in die Funktionsfähigkeit der Justiz *insgesamt* beitragen. Umgekehrt ist die öffentliche Kundgabe derartiger Überzeugungen dazu geeignet, das Bild der Justiz in ihrer Gesamtheit zu beeinträchtigen, das gerade durch eine besondere persönliche Zurücknahme der Amtsträger geprägt ist.[515] Zudem kann einer tatsächlich vorliegenden Befangenheit durch das Institut der Richterablehnung Abhilfe geschaffen werden. Ist aber das Bild der Justiz durch die religiöse Bekundung einzelner Amtsträger erst einmal beeinträchtigt, so gibt es kein prozessrechtliches Mittel, um die „irreversiblen Schäden“ kompensieren zu können. Nach alledem ist es also vertretbar, die Funktionsfähigkeit der Rechtspflege

514 BVerfGE 153, 1, 45. Vgl. auch *Payandeh*, DÖV 2018, 482, 487; *Sinder*, Der Staat 57 (2018), 459, 476.

515 BVerfGE 153, 1, 41.

als einen möglichen Rechtfertigungsgrund für ein Kopftuchverbot in der Justiz zuzulassen, das Gebot richterlicher Unparteilichkeit dagegen abzulehnen.[516]

5. *Aus dem Grundsatz der Funktionsfähigkeit der Rechtspflege*

Die Funktionsfähigkeit der Rechtspflege zählt laut BVerfG zu den „Grundbedingungen des Rechtsstaats" und daher ist sie essenziell für den Erhalt der grundgesetzlichen Wertordnung, weil jede Rechtsprechung letztlich der Wahrung der Grundrechte dient.[517] Diese hängt maßgeblich vom Vertrauen und der Akzeptanz durch die Rechtssuchenden ab, und das nicht nur in die einzelne Richterpersönlichkeit, sondern in die Justiz insgesamt.[518]

Dieses Vertrauen kann durch unterschiedliche Umstände gestärkt oder geschwächt werden; wie oben bereits erläutert, kann eine Beeinträchtigung des Vertrauens in die Funktionsfähigkeit der Justiz dadurch eintreten, dass sich einzelne Amtsträger in ihrer individuellen Grundrechtsausübung nicht zurücknehmen und ihren Glauben auch während des Dienstes öffentlich kundtun.[519] Ein absolutes Vertrauen in die Justiz kann selbstverständlich nicht erreicht werden, dennoch trifft den Staat eine Optimierungsaufgabe, was die Stärkung des Vertrauens angeht. Um das zu erreichen, müssen Amtsträger alles verhindern,

---

516 Man könnte den Unterschied auch folgendermaßen umschreiben: Während die Unparteilichkeit des Richters eine Betrachtung im Einzelfall darstellt, ist die Funktionsfähigkeit der Rechtspflege auf eine abstrakt-generelle Betrachtung ausgelegt. Durch das Kopftuchtragen kann der einzelnen Richterin zwar nicht vorgeworfen werden, parteilich zu sein. Allerdings besteht die Gefahr, dass dadurch das Bild von der Justiz insgesamt und damit das Vertrauen der Bevölkerung in die Justiz Schaden nimmt. Von ebendiesem Vertrauen und der Akzeptanz hängt aber die Funktionsfähigkeit der Rechtspflege ab.

517 BVerfGE 153, 1, 40. Vgl. allgemein zur Funktionsfähigkeit als Grundrechtsschranke *Kriele*, in: HStR IX, § 188, Rn. 94ff.

518 Kritisch zum unbestimmten Rechtsbegriff des Vertrauens *Kukuczka/Herbolsheimer*, DÖV 2020, 724, 728ff. Die Verfasser kritisieren, dass der Begriff des objektiven gesellschaftlichen Vertrauens hochgradig unbestimmt und unklar bleibt. Problematisch sei es deshalb, weil ihm konkrete rechtliche Qualität zugesprochen werde. Zudem wird vom BVerfG nicht erläutert, wessen Vertrauen genau und was mit „die Justiz insgesamt" gemeint sei. Bei dem Topos „gesellschaftliches Vertrauen" handelt es sich folglich, so die Kritik, ausschließlich um eine Wertungskategorie. Auch hier müsse sich das BVerfG den Vorwurf gefallen lassen, dass es statt verfassungsdogmatisch verfassungstheoretisch gearbeitet habe.

519 A. A. *Kukuczka/Herbolsheimer*, DÖV 2020, 724, 729.

was zu Zweifeln an ihrer Objektivität und Unparteilichkeit führen könnte. Das wird unter anderem durch die strengen Formalisierungsbestimmungen erreicht.[520]

Was die Maßnahmen zur Optimierung anbelangt, so hat der Staat einen Einschätzungsspielraum, daher darf er Vorkehrungen treffen, die die „Neutralität der Justiz aus der Sichtweise eines objektiven Dritten unterstreichen sollen". Folglich seien Verbote religiöser Bekundungen oder das Verwenden religiöser Symbole *durch den Staat und seine Amtsträger* zur Erreichung dieses legitimen Zwecks zulässig, solange sie sich gleichheitsgerecht auf *alle* Äußerungen und Zeichen im Gerichtssaal beziehen.[521] Leicht zu überlesen, aber umso wichtiger: Das BVerfG hat hier eine bedeutende Aussage nicht nur hinsichtlich des Kopftuchtragens getätigt, sondern auch im Hinblick auf das staatlich veranlasste Kreuz im Gerichtssaal. Wo noch in der ersten Entscheidung zum Kreuz im Gerichtssaal von 1973 der Einzelfallcharakter im Vordergrund stand, so heißt es nun, dass Kopftücher *und* Kreuze im Gerichtssaal unzulässig sind bzw. gesetzlich verboten werden dürfen, solange das Verbot gleichheitsgerecht gilt.

Der Grundsatz der Funktionsfähigkeit fungiert im vorliegenden Fall als verfassungsimmanente Grundrechtsschranke, welche sich auf Art. 19 Abs. 4, Art. 20 Abs. 3 und Art. 92 GG stützen lässt. Sie ist folglich das Ergebnis einer Zusammenschau von einem Grundrecht, einer Staatsstrukturnorm und einer Organisationsnorm und hat damit eine normtextliche Grundlage.[522] Gleichzeitig erkennt das BVerfG mit der Einstufung als Grundrechtsschranke die Funktionsfähigkeit der Rechtspflege als abwägungsfähiges Interesse, mithin als ein Prinzip an.[523] Die Formulierungen sind dahingehend sehr deutlich („Aufgabe der Optimierung").[524] Kukuczka und Herbolsheimer kritisieren daran, dass allenfalls die Funktionsfähigkeit als solche optimierbar sei, aber ein abstraktes Vertrauen der Bevölkerung in die Rechtspflege dürfte dagegen nur schwerlich optimierbar sein.[525] Dieser Einwand überzeugt nicht. Die Funktionsfähigkeit der Rechtspflege und das Vertrauen in diese stehen in einem unmittelbaren wechselseitigen Zusammenhang. Werden Maßnahmen ergriffen, die dafür sorgen sollen, dass keine Zweifel an der Objektivität der Amtsträger aufkommen, so hat das zur Folge, dass das Vertrauen der Bevölkerung gesteigert wird und automatisch damit einhergehend die Funktionsfähigkeit der Justiz, welche gerade von ebenjenem Vertrauen abhängt.

520 BVerfGE 153, 1, 40.
521 BVerfGE 153, 1, 40f.
522 BVerfGE 153, 1, 40; *Kukuczka/Herbolsheimer*, DÖV 2020, 724, 728.
523 *Kukuczka/Herbolsheimer*, DÖV 2020, 724, 729.
524 BVerfGE 153, 1, 40.
525 *Kukuczka/Herbolsheimer*, DÖV 2020, 724, 729.

Es kann festgehalten werden, dass die Funktionsfähigkeit der Rechtspflege als ein objektives Verfassungsgut geeignet und zulässig ist, um als verfassungsimmanente Schranke gegen die Glaubensfreiheit der Amtsträgerin eingesetzt zu werden. Auch hier hat sich, wie oben gezeigt, die Gegenüberstellung von subjektiven Rechtspositionen als ungeeignet erwiesen, um die Problematik des Kopftuchverbots in der Justiz abzubilden. Es stellt sich nun die Frage, ob das Ziel der Funktionsfähigkeit der Rechtspflege ein Kopftuchverbot tatsächlich rechtfertigen kann. Das setzt voraus, dass das Kopftuchtragen durch Amtsträgerinnen das Vertrauen beeinträchtigen kann, von dem die Funktionsfähigkeit abhängt, und dass diese Beeinträchtigung die Glaubensfreiheit überwiegt. Um diese Frage zu beantworten, müssen die Begriffe der Funktionsfähigkeit der Rechtspflege und des dazugehörigen Vertrauens mithilfe des Neutralitätsgebotes näher untersucht und interpretiert werden.

III. Zwischenergebnis

Zusammenfassend haben sich zwei mögliche Rechtfertigungsgründe für ein Kopftuchverbot in Schule und Justiz herauskristallisiert, welche im Rahmen der Normkonkretisierung näher untersucht werden müssen: der staatliche Erziehungsauftrag für den öffentlichen Raum der Schule und die Funktionsfähigkeit der Rechtspflege für die Justiz. Dabei wird besonderes Augenmerk auf die Frage gelegt, ob diese nach neutraler Interpretation ein Kopftuchverbot rechtfertigen können.

IV. Die Interpretation des staatlichen Erziehungsauftrags und der Funktionsfähigkeit der Rechtspflege im Wege der Normkonkretisierung

Der staatliche Erziehungsauftrag und die Funktionsfähigkeit der Rechtspflege bedürfen im Wege der Normkonkretisierung einer tiefergehenden Analyse. Bei der Interpretation dieser verfassungsrechtlichen Begriffe wird erneut das Neutralitätsgebot als Interpretationsgebot zurate gezogen. Im Rahmen der Schulkreuzdiskussion wurden bereits mithilfe dieses Verfahrens neutrale Erziehungsziele herausgearbeitet und die Frage untersucht, ob das Kreuz im Klassenzimmer zur Förderung der Vermittlung derartiger Erziehungsziele geeignet ist.

Der staatliche Erziehungsauftrag wird von Lehrkräften erfüllt und umgesetzt. Was genau ist mit der Wendung gemeint, dass der staatliche Erziehungsauftrag *in Neutralität* zu erfüllen ist?[526] Lehrkräfte sollen folglich den Erziehungs- und

526 Vgl. BVerfGE 108, 282, 303.

Bildungsauftrag in Neutralität erfüllen. Ist von dieser Anforderung lediglich der Inhalt des Auftrages gemeint oder auch das Verhalten der Lehrkräfte umfasst oder sogar deren äußere Erscheinung? Zu klären ist daher, ob die Erfüllung des Bildungs- und Erziehungsauftrages eine Lehrkraft erfordert, die sich auch nach außen vollständig „neutral“ gibt und es unterlässt, ihre Glaubensüberzeugung kundzutun.

Für die Funktionsfähigkeit der Rechtspflege muss gefragt werden, was genau im Hinblick auf das Neutralitätsgebot mit Funktionsfähigkeit gemeint ist. Wie ist dieser Begriff zu verstehen? Und wie weit reichen die Anforderungen an die Funktionsfähigkeit der Justiz? Müssen sich Amtsträger tatsächlich in ihren individuellen Überzeugungen so weit zurücknehmen, damit die Funktionsfähigkeit der Rechtspflege nicht beeinträchtigt wird? In diesem Zusammenhang ist auch noch zu untersuchen, in welchem Verhältnis das gesellschaftliche Vertrauen, auf das das BVerfG in der Kopftuch III-Entscheidung als Voraussetzung der Funktionsfähigkeit rekurriert, zu der Funktionsfähigkeit einer staatlichen Einrichtung steht. Und auch hier stellt sich wieder die Frage nach der Geeignetheit: Steht das Tragen eines Kopftuchs der Aufrechterhaltung der Funktionsfähigkeit der Rechtspflege entgegen?

1. Art. 7 Abs. 1 GG in der Normkonkretisierung

a. Normprogramm

Das Normprogramm des Art. 7 Abs. 1 GG muss erneut mittels Textinterpretation gebildet werden. Dabei wird der Begriff der „Aufsicht“ im Normtext untersucht. Im Wesentlichen kann auf die Ausführungen auf den S. 84ff. verwiesen werden. Die schulverfassungsrechtliche Grundnorm des Art. 7 Abs. 1 GG wird so verstanden, dass sie den Bildungs-, Ausbildungs- und Erziehungsauftrag des Staates statuiert und damit die Aufgabe des Staates, ein Schulsystem zu gewährleisten, das allen Schülern gemäß ihren Fähigkeiten die entsprechenden Bildungsmöglichkeiten eröffnet.[527] Der Staat nimmt trotz fehlender ausdrücklicher Regelung in der Verfassung einen eigenen Erziehungs- und Bildungsauftrag in Anspruch, der neben dem Wächteramt des Staates i. S. d. Art. 6 Abs. 2 S. 2 GG steht und nicht hinter das elterliche Erziehungsrecht zurücktritt.[528] Aufsicht ist daher im Sinne einer umfassenden staatlichen Schulhoheit zu verstehen, die es dem Staat erlaubt, nicht nur Grundsätze für Bildung und Erziehung festzulegen, sondern zugleich „alle Tätigkeits- und Bewegungsformen der schulischen Prozesse“ einheitlich zu

527 BVerfGE 47, 46, 71.

528 *Jestaedt*, in: HStR VII, § 156, Rn. 44; *Thiel*, in: Sachs, GG Art. 7, Rn. 22. Vgl. S. 96ff.

regeln.[529] Aufsicht im Sinne des Art. 7 Abs. 1 GG ist insgesamt als Pflichtaufgabe des Staates, für ein leistungsfähiges Schulwesen zu sorgen, zu verstehen.[530] Diese Pflichtaufgabe, die den eigenen Bildungs- und Erziehungsauftrag mit umfasst, wird von den Lehrkräften erfüllt und umgesetzt.[531] Das Normprogramm allein sagt allerdings noch nichts darüber aus, welche Rechte und Pflichten sich möglicherweise für die Lehrkräfte ergeben, was die individuelle Grundrechtsausübung im Dienst angeht.

b. Normbereichsanalyse

Den Normen der Verfassung geht es um die zu ordnende Wirklichkeit konkreter Lebenssachverhalte und daher gilt es, diese Lebenssachverhalte in der vom Normprogramm bestimmten Fragestellung in ihrer sachlichen und rechtlich geformten Gestalt und Eigenart zu erfassen.[532] Die Besonderheiten der Lebensverhältnisse, auf die die Verfassungsnorm bezogen ist, müssen in das Verfahren der Konkretisierung einbezogen werden, denn das die Verfassungsnorm realisierende Wirken kann an diesen Besonderheiten nicht vorbeigehen, wenn es nicht gerade die Problemlage verfehlen will.[533] Die vom Normprogramm des Art. 7 Abs. 1 GG bestimmte Fragestellung ist die nach den Rechten und Pflichten, also den konkreten Anforderungen, die sich für die Lehrkräfte bei der Erfüllung des staatlichen Erziehungsauftrages ergeben. Ausgehend von dieser Fragestellung werden bestimmte Lebenssachverhalte und Umstände, die für den Normbereich des Art. 7 Abs. 1 GG relevant sind, in ihrer rechtlichen und sachlichen Eigenart untersucht.

---

529 BVerfGE 47, 46, 71f. Vgl. auch in diesem Sinne BVerfGE 75, 40, 67; *Boysen*, in: v. Münch/Kunig, GG Art. 7, Rn. 48 und Rn. 63f.; *Jarass*, in: Jarass/Pieroth, GG Art. 7, Rn. 4; *Thiel*, in: Sachs, GG Art. 7, Rn. 17; *ders.*, Der Erziehungsauftrag des Staates in der Schule, S. 84f.

530 *Brosius-Gersdorf*, in: Dreier, GG Art. 7, Rn. 38; *Jarass*, in: Jarass/Pieroth, GG Art. 7, Rn. 3. Siehe auch BVerfGE 34, 165, 182.

531 BVerfGE 108, 282, 324 (abw. Meinung).

532 *Hesse*, Grundzüge des Verfassungsrechts, § 2, S. 27.

533 *Hesse*, Grundzüge des Verfassungsrechts, § 1, S. 18. Als Beispiel kann die Rechtsprechung des BVerfG zur Rundfunkfreiheit dienen für das Einbeziehen der Besonderheiten der konkreten Lebensverhältnisse in Gestalt von sich schnell wandelnden Verhältnissen, insbesondere des technischen Fortschritts, vgl. BVerfGE 73, 118, 154; 74, 297, 350f.

aa. Spiegel der Gesellschaft und Einübung von Toleranz

Die religionssoziologische Landschaft hat sich in den letzten Jahrzehnten stark verändert. Während die zwei christlichen Kirchen mit einem Mitgliederschwund zu kämpfen haben, vergrößert sich die Zahl der Konfessionslosen und neuen religiös-weltanschaulichen Strömungen und zugleich wächst der Islam als Religion in Deutschland an. Diese Entwicklungen sind mit Säkularisierung, Individualisierung und Pluralisierung zu umschreiben.[534] Aufgrund dieser Entwicklungen wird es künftig mehr kopftuchtragende Musliminnen geben, die in den Lehrer- oder Richterdienst streben. Unter dem Umstand, dass gemäß Art. 33 Abs. 2 GG jeder Deutsche nach seiner Eignung, Befähigung und fachlichen Leistung gleichen Zugang zu jedem öffentlichen Amt hat, sollte das Berufsbeamtentum ein Spiegel der Gesellschaft sein. Das BVerfG hat in seiner zweiten Kopftuchentscheidung ausgeführt, dass es gerade die Aufgabe namentlich der als bekenntnisoffen bezeichneten Gemeinschaftsschule sei, den Schülerinnen und Schülern Toleranz auch gegenüber anderen Religionen und Weltanschauungen zu vermitteln, da Schule offen zu sein habe für christliche, für muslimische und andere religiöse und weltanschauliche Inhalte und Werte. Dieses Ideal müsse im Interesse einer ausgleichenden, effektiven Grundrechtsverwirklichung in der Gemeinschaftsschule auch gelebt werden dürfen.[535]

Die Schule ist ein Ort, an dem die verschiedensten religiösen, weltanschaulichen, ethischen und politischen Überzeugungen und Strömungen unausweichlich aufeinandertreffen. Wenn man so will, ist das Klassenzimmer ebenfalls ein Spiegel der Gesellschaft. Natürlich bietet das einerseits erhöhtes Konfliktpotenzial, andererseits gibt es die Möglichkeit, sich gerade in der Schule bereits mit Andersdenkenden auseinanderzusetzten und Toleranz am praktischen Fall durch Erziehung einzuüben, unabhängig davon, ob es sich um eine Schülerin oder Lehrerin handelt. So wird auch ein Beitrag zur Integration des Gemeinwesens geleistet.[536] Es wäre lebensfremd, die öffentliche Schule als religionsfreien Raum zu betrachten und jegliche Einflüsse von den Schülern fernzuhalten, denn das wird der Lebenswirklichkeit außerhalb des Klassenzimmers nicht gerecht. Nichtsdestotrotz ist in der öffentlichen Kundgabe einer religiösen Überzeugung durch eine Lehrerin, namentlich das Kopftuchtragen, ein größeres Konfliktpotenzial enthalten, was dem staatlichen Bildungs- und Erziehungsauftrag abträglich sein könnte.

---

534 Vgl. dazu das Gutachten D zum 68. Deutschen Juristentag von *Waldhoff*, Neue Religionskonflikte und staatliche Neutralität, S. 13ff.; *Heinig/Morlok*, JZ 2003, 777, 777f.

535 BVerfGE 138, 296, 342.

536 Vgl. BVerfGE 108, 282, 310.

Dies kann auch Anlass dazu sein, religiöse Bezüge stärker von der Schule fernzuhalten, um Konflikte mit anderen Lehrern, Eltern und Schülern von vornherein zu vermeiden.[537] Folglich können sich dann für Lehrkräfte Konkretisierungen ihrer allgemeinen beamtenrechtlichen Pflichten auch in Bezug auf ihr äußeres Auftreten ergeben, soweit dieses ihre Verbundenheit mit bestimmten Glaubensüberzeugungen oder Weltanschauungen deutlich werden lässt.[538]

bb. Neutralitätsgebot und verschiedene öffentliche Räume

Als ein wichtiger rechtlicher Aspekt in der Normbereichsanalyse gilt das Neutralitätsgebot. Das BVerfG führt in seiner ersten Kopftuchentscheidung aus, dass der staatliche Erziehungsauftrag nach Art. 7 Abs. 1 GG unter Wahrung der Pflicht zu weltanschaulich-religiöser Neutralität zu erfüllen ist.[539] Wie dieser im Einzelnen zu erfüllen und insbesondere, in welchem Umfang religiöse Bezüge in der Schule zulässig seien, unterliege der Gestaltungsfreiheit der Länder; des Weiteren führt die Senatsmehrheit aus, dass das Spannungsverhältnis zwischen positiver Glaubensfreiheit eines Lehrers einerseits und der staatlichen Pflicht zu weltanschaulich-religiöser Neutralität, dem Erziehungsrecht der Eltern sowie der negativen Glaubensfreiheit der Schüler andererseits unter Berücksichtigung des Toleranzgebots zu lösen, eine Aufgabe für den demokratischen Landesgesetzgeber sei, der im öffentlichen Willensbildungsprozess einen für alle zumutbaren Kompromiss zu suchen habe.[540] Dies gelte insbesondere für etwaige dienstrechtliche Pflichten, die den Lehrkräften unter Einschränkung ihrer Glaubensfreiheit für ihr Auftreten in der Schule im Hinblick auf die Wahrung der Neutralität auferlegt werden sollen.[541]

Nach der abweichenden Meinung der Richter Jentsch, Di Fabio und Mellinghoff in der ersten Entscheidung gelte für verbeamtete Lehrer, die den Bildungs- und Erziehungsauftrag des Staates erfüllen, an der öffentlichen Pflichtschule eine „allgemeine Neutralitätspflicht".[542] Aufgrund ihrer unmittelbaren pädagogischen Verantwortung können sie, den Eltern vergleichbar, Einfluss auf die Entwicklung der Schüler nehmen und folglich müsse dabei größtmögliche Objektivität gewahrt werden, zumal damit eine Einschränkung des elterlichen Erziehungsrechts nach

537 BVerfGE 108, 282, Ls. 2 und 309f.
538 BVerfGE 108, 282, 309.
539 BVerfGE 108, 282, 299ff. Vgl. auch BVerfGE 138, 296, 333ff.
540 BVerfGE 108, 282, 301f.
541 BVerfGE 108, 282, 303.
542 BVerfGE 108, 282, 324 (abw. Meinung).

Art. 6 Abs. 2 S. 1 GG einhergehe.[543] Das sieht die abweichende Meinung als eine Dienstpflicht der Lehrkräfte an, zumal die Verpflichtung des Staates auf die Neutralität keine andere sein könne als die Verpflichtung seiner Amtsträger auf Neutralität.[544] Folglich werden hier aus dem Neutralitätsgebot größtmögliche Zurückhaltungspflichten für Lehrkräfte abgeleitet, was das Äußern von religiös-weltanschaulichen Überzeugungen angeht.

Eng damit verbunden ist der Gedanke, dass sich aus unterschiedlichen öffentlichen Räumen auch unterschiedliche Anforderungen an die Amtsträger ergeben. Oft wird eine Differenzierung nach dem jeweils betroffenen öffentlichen Raum vorgenommen, hier also zwischen Schule und Justiz. Danach sollen in der Justiz strengere Maßstäbe gelten als in der Schule, da bei Gericht ursprüngliche Hoheitsgewalt – der Staat tritt dem Bürger auch als Staat in einem Über-/Unterordnungsverhältnis entgegen – ausgeübt wird, die Schule dagegen ein Ort ist, der lediglich vom Staat in Obhut genommen worden ist und in dem sich die gesellschaftliche Vielfalt durchaus entfalten darf. Daran anknüpfend werden Amtsträger in der Justiz ausschließlich als Repräsentanten des Staates wahrgenommen und das Individuum verschwindet gleichsam „hinter der Robe". In der Schule hingegen soll das Individuum hinter dem Lehrkörper mit all seinen persönlichen Überzeugungen sichtbar bleiben, denn schulische Erziehung gelingt insbesondere dann, wenn sich die Lehrkraft mit ihrer gesamten Persönlichkeit dafür einsetzt. Folglich werden als Konsequenz daraus für die Justiz strengere Neutralitätsmaßstäbe als in der Schule gefolgert und daher für Amtsträger auch größere Zurückhaltungspflichten. Dabei spielt also nicht nur eine Rolle, ob es sich beim religiösen Symbol bzw. religiös konnotierten Kleidungsstück um einen Ausdruck individueller Grundrechtsausübung handelt. Das Kreuz an der Wand, welches auf staatliche Veranlassung aufgehängt worden ist, ist stets unzulässig, gleich ob es in einer Schule, Behörde oder einem Gerichtssaal aufgehängt worden ist.[545] Beim Kopftuch einer Lehrerin oder Richterin ist der jeweilige öffentliche Raum, in dem es getragen wird, dagegen maßgeblich.

Was auf den ersten Blick plausibel erscheint, ist bei vertiefter Betrachtung nicht stimmig. Weder aus dem Neutralitätsgebot noch aus dem Kriterium des öffentlichen Raumes kann gefolgert werden, dass Lehrkräfte ihr Kopftuch während des Dienstes nicht tragen dürfen. Die vorliegende Anwendung des Neutralitätsgebotes als Interpretationsgebot spricht dagegen, aus ihm konkrete Rechte oder

---

543 BVerfGE 108, 282, 324f. (abw. Meinung).

544 BVerfGE 108, 282, 325 (abw. Meinung) und BVerfGE 138, 296, 367 (abw. Meinung).

545 Vgl. S. 152ff.

Handlungs- bzw. Unterlassungspflichten abzuleiten. Das Neutralitätsgebot ist keine „Meta-Norm“ oder ein Prinzip, aus dem Verhaltenspflichten für Amtsträger deduziert werden können. Das Gebot stützt sich auf eine Zusammenschau von verfassungsrechtlichen Normen und weist zwar darüber hinaus einen eigenständigen Gehalt auf.[546] Dennoch kann es lediglich als ein interpretatorisches Hilfsmittel im Rahmen der Normkonkretisierung angewendet werden. Mithilfe dieser Anwendung des Neutralitätsgebotes werden Verfassungsnormen und ihr Inhalt erschlossen bzw. konkretisiert. Aus diesen Verfassungsnormen können normative Aussagen abgeleitet werden, nicht aus dem Neutralitätsgebot selbst.

Der öffentliche Raum an sich, in dem sich die jeweilige Grundrechtsträgerin bewegt, vermag ebenfalls keine Aussagen darüber zu treffen, welche Dienstpflichten den Amtsträgern auferlegt werden dürfen. Diese können sich nur durch rechtliche Normierung, sei es einfachgesetzlicher Art oder durch Interpretation des Art. 33 Abs. 5 GG, ergeben. Die Frage ist nun, ob aus dem staatlichen Erziehungsauftrag nach Art. 7 Abs. 1 GG, der in Neutralität zu erfüllen ist, in Verbindung mit dem Gedanken der unterschiedlichen Maßstäbe in unterschiedlichen öffentlichen Räumen die Dienstpflicht, kein Kopftuch während des Unterrichts zu tragen, ableitbar ist. Auch das ist abzulehnen, weil zum einen die öffentliche Pflichtschule ohnehin kein Ort wäre, an dem strengere Maßstäbe für die Lehrkräfte gelten sollen. Zum anderen sagt der bloße Umstand, in welchem öffentlichen Raum man sich bewegt, noch nichts darüber aus, welche Verhaltenspflichten für die Amtsträger gelten und welche Grundrechtseinschränkungen von ihnen hinzunehmen sind.

Das Kriterium, dass der staatliche Erziehungsauftrag *in Neutralität* erfüllt werden soll, begründet die Verpflichtung *für den Staat*, dass verfassungskonforme neutrale Erziehungsinhalte vermittelt werden sollen und dass er hierbei selbst keine religiös-weltanschaulichen Äußerungen tätigen darf, wie etwa Kreuze auf staatliche Veranlassung anzubringen. Daraus können keine konkreten Verhaltenspflichten oder Grundrechtseinschränkungen für Lehrkräfte, die selbst Grundrechtsträger sind, abgeleitet werden. Diese Anforderungen beziehen sich also lediglich auf „objektives“ staatliches Handeln und nicht auf das „subjektive“ Handeln der Lehrerinnen als Ausdruck ihrer Grundrechtsausübung. Es macht also durchaus einen Unterschied, *wer* handelt und ob es sich dabei um eine individuelle Grundrechtsausübung der Amtsträger handelt oder nicht. Natürlich kann die Pflicht zur Neutralität des Staates keine andere sein als die der Amtsträger, weil der Staat durch sie handelt. Dennoch ist es wertungsmäßig unterschiedlich

546 Vgl. S. 50ff., insbesondere S. 55ff.

zu beurteilen, wenn der Staat selbst religiöse Äußerungen tätigt oder seine Grundrechtsträger, die sich „im Inneren" des staatlichen Gebildes befinden, diese tätigen, weil es zwei verschiedene Rechtssubjekte sind.

c. *Zwischenfazit*

Nach alledem ist festzuhalten, dass sich aus Art. 7 Abs. 1 GG keine dienstrechtlichen Verhaltenspflichten ableiten lassen, die es Lehrerinnen verbieten, während des Schuldienstes ein Kopftuch zu tragen. Art. 7 Abs. 1 GG, neutral interpretiert, legt ausschließlich fest, dass Erziehungsinhalte neutral sein müssen. Er sagt allerdings nichts darüber aus, welche Konsequenzen das für die Grundrechtsausübung der Lehrkräfte hat bzw. ob sie während des Dienstes ein Kopftuch tragen dürfen. In dieser Hinsicht gibt Art. 7 Abs. 1 GG keine Antwort. Folglich ist der staatliche Erziehungsauftrag ebenfalls kein geeigneter Rechtfertigungsgrund für ein Kopftuchverbot in der Schule. Die Geeignetheit des Art. 7 Abs. 1 GG als Rechtfertigungsgrund setzt nämlich voraus, dass das Kopftuchtragen durch die Lehrkraft die ordnungsgemäße Erfüllung des staatlichen Erziehungsauftrages beeinträchtigt. Das wiederum setzt voraus, dass aus Art. 7 Abs. 1 GG Anforderungen bzw. Dienstpflichten zu entnehmen sind, die darauf schließen lassen, dass religiös konnotierte Kleidungsstücke von Lehrkräften unzulässig sind. Da Art. 7 Abs. 1 GG in diesem Sinne, wie oben dargestellt, nicht ertragreich ist, kann auch nicht davon ausgegangen werden, dass das Kopftuchtragen eine beeinträchtigende Wirkung hat. Folglich stellt sich nun die Frage, ob das verfassungsrechtliche Mäßigungsgebot das Kopftuchverbot in der Schule rechtfertigen kann.

2. *Das beamtenrechtliche Mäßigungsgebot als Schranke der Glaubensfreiheit?*

Als Rechtfertigungsgrund für ein Kopftuchverbot kommt noch das Mäßigungsgebot für Beamte gemäß Art. 33 Abs. 5 GG in Betracht. Die Ansicht, dass sich Staatsbedienstete im Dienst nicht auf Grundrechte berufen können, gilt als längst überholt.[547]

547 Siehe zur funktionellen Begrenzung des Grundrechtsschutzes für Beamte und zum Sondervotum der Kopftuch I-Entscheidung oben S. 159.

Amtsträger sind eigenständige Rechtssubjekte und daher grundrechtsberechtigt.[548] Obwohl die oben diskutierten Verfassungsgüter das Kopftuchverbot nicht tragen können, so bedeutet es nicht, dass der Glaubensausübung von Staatsbediensteten keinerlei Grenzen gesetzt sind.

Amtsträger unterliegen bei der Wahrnehmung eines öffentlichen Amtes dem verfassungsrechtlichen Mäßigungsgebot. Die Wahrnehmung eines öffentlichen Amtes dient nicht der Entfaltung der individuellen Freiheit des Amtswalters, sondern der Erfüllung der mit dem Amt verbundenen öffentlichen Aufgabe.[549] Zwar muss der Amtsträger seine Grundrechte nicht gleichsam „an der Türe abgeben", dennoch muss er die zur Erfüllung seines Amtes notwendigen Einschränkungen dulden. Dazu gehört vor allem die Pflicht, die gebotene Mäßigung und Zurückhaltung zu wahren, die sich aus der Stellung des Amtsträgers gegenüber der Allgemeinheit und aus der Rücksicht auf die Pflichten des Amtes ergeben.[550] Diesen Gedanken kann man § 60 Abs. 2 BBG als einfachrechtliche Ausprägung entnehmen, der sich auf die politische Betätigung eines Amtsträgers im Privaten bezieht und erst recht für die Dienstausübung gilt; Gleiches dürfte auch für die religiöse Grundrechtsausübung gelten. Das Mäßigungsgebot gilt für Beamte als hergebrachter Grundsatz des Berufsbeamtentums gemäß Art. 33 Abs. 5 GG, mit dem politische wie auch religiös-weltanschauliche Betätigungen von Beamten im Dienst beurteilt werden.[551] Daraus folge eine abgeschwächte Geltung der Grundrechte bei der Amtsführung, weil der Amtswalter nicht nur grundrechtsberechtigt, sondern vor allem grundrechtsverpflichtet sei.[552]

---

548 Vgl. BVerfGE 153, 1, 34; 108, 282, 297f. Brosius-Gersdorf und Gersdorf vertreten die Auffassung, dass zwischen dem Rechtssubjekt Amtsträger und dem Rechtssubjekt Staat zu unterscheiden ist. Infolgedessen sei das Tragen eines Kopftuchs im Dienst eine Grundrechtsausübung, für die das Neutralitätsgebot tatbestandlich nicht einschlägig sei, sondern nur das beamtenrechtliche Mäßigungsgebot. Nur wenn der Staat selbst religiöse Symbole verordne, sei das Neutralitätsgebot betroffen, vgl. *Brosius-Gersdorf/Gersdorf*, NVwZ 2020, 428, 428ff. Der Beitrag bezieht sich zwar auf Amtsträgerinnen in der Justiz, dennoch können die Grundgedanken zum Mäßigungsgebot gut auf Amtsträgerinnen in der Schule übertragen werden.

549 *Brosius-Gersdorf/Gersdorf*, NVwZ 2020, 428, 432.

550 *Brosius-Gersdorf/Gersdorf*, NVwZ 2020, 428, 432; *Lindner*, Die Neutralitätspflicht des Beamten, S. 17ff.; *Graf Vitzthum*, in: Merten/Papier, Handbuch der Grundrechte, Bd. 2, 1. Aufl. 2006, § 48, Rn. 69.

551 *Brosius-Gersdorf/Gersdorf*, NVwZ 2020, 428, 432.

552 *Kokott*, in: Sachs, GG Art. 4, Rn. 61.

Das Mäßigungsgebot kommt grundsätzlich als verfassungsimmanente Schranke für die Glaubensfreiheit der Amtsträgerinnen in Betracht und könnte das Kopftuchverbot in der Schule rechtfertigen. Allerdings erlaubt es kein generelles Verbot religiöser oder politischer Betätigung im Dienst, sondern zielt auf eine einzelfallabhängige und eine dem Amt angemessene Beschränkung. Nach Brosius-Gersdorf und Gersdorf ist das Tragen eines islamischen Kopftuchs im öffentlichen Dienst grundsätzlich mit dem Mäßigungsverbot vereinbar. Etwas anderes gelte nur, wenn die Staatsbedienstete im Einzelfall in Wahrnehmung ihres Amtes für ihren Glauben wirbt oder andere zu beeinflussen versucht.[553]

Dies läuft im Wesentlichen auf die vom BVerfG in der zweiten Kopftuchentscheidung von 2015 konstruierten Lösung mit dem Erfordernis einer konkreten Gefahr hinaus. Das Mäßigungsgebot ermöglicht eine umfassende und unter Berücksichtigung aller Umstände des Einzelfalls stehende Güterabwägung ohne prinzipielle Vorrangregel, das heißt, ihm kommt bei der Abwägung mit der Religionsfreiheit der Staatsbediensteten kein grundsätzlicher Vorrang zu.[554]

Die Befürworter eines Kopftuchverbots demgegenüber rekurrieren auf eine strikte Trennung von Amt und Person, das religiöse Bekenntnis müsse der amtlichen Aufgabenwahrnehmung ebenso weichen wie beispielsweise der private Modegeschmack der amtsangemessenen Bekleidung.[555] Das Subjekt solle demnach hinter die Objektivität des Amtes zurücktreten.[556] Wie verträgt sich das mit der allgemein anerkannten Grundrechtsberechtigung von Amtsträgern?[557]

Die völlige Trennung zwischen Amt und Person ist nur idealtypisch denkbar. Dieser Gesichtspunkt findet sich positiviert in § 18 Abs. 2 BVerfGG, der klarstellt, dass keine relevante Beteiligung vorliegt, wenn der Richter „auf Grund seines Familienstandes, seines Berufs, seiner Abstammung, seiner Zugehörigkeit zu einer politischen Partei oder aus einem ähnlich allgemeinen Gesichtspunkt am Ausgang des Verfahrens interessiert ist".[558] Die Zugehörigkeit zu einer Religion oder Weltanschauung dürfte ebenfalls darunterfallen. Diese umfassende

---

553 *Brosius-Gersdorf/Gersdorf*, NVwZ 2020, 428, 432; *Brosius-Gersdorf*, in: Dreier, GG Art. 33, 3. Aufl. 2015, Rn. 99f.

554 *Brosius-Gersdorf/Gersdorf*, NVwZ 2020, 428, 432.

555 So etwa *Depenheuer*, in: HStR III, 3. Aufl. 2005, § 36, Rn. 54ff.

556 *Depenheuer*, in: HStR III, § 36, Rn. 58. „Das Amt wird geprägt von den objektiven Aufgaben, die ihm zugewiesen sind. Damit bildet es den Gegenpol zur grundrechtlichen Freiheit: Amt ist Dienst und Dienst ist Pflicht", so *Depenheuer*, in: HStR III, § 36, Rn. 60.

557 In diesem Punkt a. A. *Depenheuer*, in: HStR III, § 36, Rn. 61ff.

558 Vgl. auch *Sinder*, Der Staat 57 (2018), 459, 471.

Trennung von Amt und Person verträgt sich nicht nur nicht mit dem weiten Verständnis der Glaubensfreiheit, sondern auch nicht mit der Neubestimmung des Berufsbeamtentums nach der nationalsozialistischen Herrschaft. „Beamte können und sollen ihre Persönlichkeit gerade nicht an der Garderobe ablegen.“[559] Verlangt wird von Amtswaltern lediglich das positive Bekenntnis zur freiheitlich-demokratischen Grundordnung und an diesem Maßstab sollen auch muslimische Amtsträger gemessen werden.[560] Erst recht muss das für Lehrkräfte gelten, die keine Amtstracht tragen und sich in der Schule in einem gesellschaftlichen Raum befinden, der vom Staat lediglich in Obhut genommen worden ist und in dem sich die Gesellschaft widerspiegeln soll.

Beim Tragen religiös geprägter Kleidung im Dienst kann sich eine Differenzierung zwischen Handeln *„bei Gelegenheit“* und solchem *„in Ausübung“* eines Amtes anbieten. Im Zweifel sei allerdings von einem Handeln „in Ausübung“ des Amtes auszugehen, das Handeln also dem Staat zurechenbar; dies folge aus dem Gebot effektiven Grundrechtsschutzes der betroffenen Privaten.[561] Das Tragen eines muslimischen Kopftuchs während des Unterrichts sei als Handeln „bei Gelegenheit“ als eine schützenswerte Grundrechtsausübung anzuerkennen, weil es im Gegensatz zum Schulgebet an einer Aufforderung an Dritte zu einem gemeinsamen Tun fehle. Letzteres sei als ein Handeln „in Ausübung“ eines Amtes zu werten, weil es einer verbindlichen Anordnung der staatlichen Schulbehörde gleichzusetzen sei, dem Staat also zurechenbar und damit seinerseits nicht grundrechtsgeschützt.[562]

Auch hier lassen sich keine pauschalen Aussagen treffen. Vielmehr müssen alle Umstände des Einzelfalls in die Gesamtwertung mit einbezogen werden, um zu klären, ob dem Mäßigungsgebot oder der Glaubensfreiheit der Lehrerin der Vorrang einzuräumen ist. Auch bei der Ausübung ihrer Religionsfreiheit hat die betreffende Lehrkraft das Maß und die Zurückhaltung zu wahren, wie sie sich aus ihrer Stellung gegenüber der Allgemeinheit und aus Rücksicht auf die Pflichten ihres Amtes ergeben.[563] Das Handeln „bei Gelegenheit“ ist demnach – grundrechtlich betrachtet – schützenswerter als das Handeln „in Ausübung“ eines Amtes.

---

559 *Sinder*, Der Staat 57 (2018), 459, 472. Zustimmend *Oebbecke*, in: Handbuch des Staatskirchenrechts, Bd. 2, § 41, Rn. 29.

560 *Sinder*, Der Staat 57 (2018), 459, 472.

561 *Graf Vitzthum*, in: Merten/Papier, Handbuch der Grundrechte, Bd. 2, § 48, Rn. 68.

562 *Graf Vitzthum*, in: Merten/Papier, Handbuch der Grundrechte, Bd. 2, § 48, Rn. 69.

563 *Graf Vitzthum*, in: Merten/Papier, Handbuch der Grundrechte, Bd. 2, § 48, Rn. 69. Vgl. für Richter die §§ 25 und 39 DRiG.

3. *Die Funktionsfähigkeit der Rechtspflege in der Normkonkretisierung*

a. *Normprogramm*

Der Grundsatz der Funktionsfähigkeit der Rechtspflege ist auf die Art. 19 Abs. 4 GG, Art. 20 Abs. 3 und Art. 92 GG zurückzuführen. Er setzt sich aus einem Grundrecht, einer Staatsstrukturnorm und einer Organisationsnorm zusammen und hat somit eine normtextliche Grundlage.[564] Der Begriff der „Funktionsfähigkeit" findet sich in keiner der drei Vorschriften. Nach Art. 19 Abs. 4 GG steht jedermann der Rechtsweg offen, sollte er durch die öffentliche Gewalt in seinen Rechten verletzt werden. Und nach Art. 20 Abs. 3 GG ist die Rechtsprechung an Gesetz und Recht gebunden. In Art. 92 GG ist festgelegt, dass die rechtsprechende Gewalt den Richtern anvertraut ist. Durch die Zusammenschau dieser drei Vorschriften lässt sich ableiten, dass die Richter mit einer bedeutenden und gemeinwohlwirksamen Aufgabe betraut werden und bei ihrer Erfüllung an Gesetz und Recht gebunden sind; diesem Vertrauensvorschuss müssen sie gerecht werden.[565]

Jede Rechtsprechung dient im Ergebnis der Wahrung der Grundrechte.[566] *Recht*sprechung im eigentlichen Sinne findet also nur unter diesen Voraussetzungen statt. Bei Rechtsverletzungen steht der Rechtsweg offen; das ist nicht nur formell im Sinne einer Zuständigkeitsregelung zu verstehen, sondern auch materiell, dass es die Möglichkeit zur Rüge gibt; es handelt sich um eine Rechtsschutzgarantie.[567] Rechtspflege insgesamt als eine der Grundbedingungen des Rechtsstaates und Bestandteil des Wertesystems des Grundgesetzes[568] setzt voraus, dass es eine Rechtsschutzgarantie gibt, die von Richtern unter Beachtung von Gesetz und Recht umgesetzt wird. Aus dieser systematischen Betrachtung dieser drei Vorschriften des Grundgesetzes lässt sich die Funktionsfähigkeit der Rechtspflege ableiten. Zu untersuchen ist nun, wie der Begriff der Funktionsfähigkeit zu verstehen ist im Hinblick auf kollidierende Grundrechte bzw. als Grundrechtsschranke. Der Begriff der Funktionsfähigkeit kann als „toposhafter Vermittlungsbegriff" je nach Sinnzusammenhang mit unterschiedlichen begrifflichen Inhalten gefüllt werden.[569] Dabei ist zwischen drei grundsätzlichen Dimensionen zu unterscheiden: Funktionsfähigkeit als Maximalgarantie, Funktionsfähigkeit

564 BVerfGE 153, 1, 40; *Kukuczka/Herbolsheimer*, DÖV 2020, 724, 728.

565 Vgl. *Kreth*, DRiZ 2009, 198, 199.

566 BVerfGE 153, 1, 40.

567 *Huber*, in: Huber/Voßkuhle, GG Art. 19, Rn. 380.

568 BVerfGE 153, 1, 40.

569 *Lerche*, BayVBl 1991, 517.

als In-Funktion-Bringen und In-Funktion-Halten und Funktionsfähigkeit als Minimalgarantie.[570]

Die Bewahrung der Funktionsfähigkeit einer Einrichtung oder eines Gutes kann verfassungsrechtlich als Maximalbegriff verstanden werden. Damit ist gemeint, dass die *volle* Funktionsfähigkeit der jeweils geschützten Einrichtung unangetastet bleiben muss, soweit es rechtlich gewährleistet werden kann. Das beste Beispiel hierfür findet sich in Art. 115g S. 1 GG. Danach dürfen selbst im Verteidigungsfall die verfassungsmäßige Stellung und die Erfüllung der verfassungsmäßigen Aufgaben des BVerfG und seiner Richter nicht beeinträchtigt werden.[571] Mit Funktionsfähigkeit ist in diesen Fällen grundsätzlich die volle Funktionstüchtigkeit gemeint und nicht nur eine Art Mindestgarantie. Das rechtfertigt sich aus der Besonderheit der jeweils geschützten Einrichtung, die darin besteht, dass ihre jeweilige volle Verfügbarkeit mit ihrem eigentlichen Existenzsinn zusammenfällt.[572]

Auf den Begriff der Funktionsfähigkeit wird auch dann zurückgegriffen, wenn Verfassungsgüter ohne staatlichen Schutz besonders gefährdet erscheinen und/oder erst der staatlichen Aktivität bedürfen, um zur gebotenen Funktion gebracht werden zu können. Der Staat genießt dabei einen weiten Gestaltungsspielraum bei der Frage, wie er im Einzelnen diese Funktionssicherheit ermöglichen will; verfassungsrechtlich ist er allerdings zu einer effektiven Aktivität verpflichtet. In diesen Fällen geht es ebenfalls nicht nur um die Sicherstellung einer Mindestfunktion, sondern um die Gewährleistung der vollen Funktionstüchtigkeit der jeweils geschützten Einrichtung. Funktionssicherung bedeutet in diesem Zusammenhang also volles *In-Funktion-Bringen* und uneingeschränktes *In-Funktion-Halten* eines verfassungsrelevanten Gutes.[573] Verwandte Aspekte sind etwa grundrechtliche Schutzpflichten, Probleme der Entstehenssicherung, Verwirklichungsgebote oder Gewährleistungen von Inhalten durch Organisation und Verfahren.[574] Alle diese Aspekte haben die Leitvorstellung der Funktionsfähigkeit gemeinsam und können nicht auf eine bloße Mindestgarantie von Funktionssicherung hinabgestuft werden.[575] Auch im Bereich des Rundfunks geht es sowohl bei der Gewährleistung der Rundfunkfreiheit als auch bei der Gewährleistung des Rundfunks selbst nicht

570 Begrifflichkeiten nach *Lerche*, BayVBl 1991, 517ff.
571 *Lerche*, BayVBl 1991, 517.
572 *Lerche*, BayVBl 1991, 517, 519.
573 *Lerche*, BayVBl 1991, 517, 519.
574 *Lerche*, BayVBl 1991, 517, 519.
575 *Lerche*, BayVBl 1991, 517, 519.

um eine bloße Mindestfunktionssicherung, sondern um volle Funktionsfähigkeit dieser Verfassungsgüter.[576]

Diese Überlegungen liegen besonders nahe, wenn ein verfassungsrelevantes Gut wegen besonderer Missbrauchsanfälligkeit auf spezifische staatliche Funktionssicherung angewiesen ist.[577] Der Gedanke der Erhaltung der Funktionsfähigkeit eines Verfassungsgutes wird vor allem dann relevant, wenn es um die Kollision von Verfassungsgütern und das Finden eines schonenden, verhältnismäßigen Ausgleichs geht. Im Rahmen der Abwägung gibt es gewisse Grenzen und eine davon ist die Vorstellung, dass das Schutzgefüge keines der kollidierenden Verfassungsgüter funktionsuntauglich werde.[578]

In diesen Fällen ist der Begriff der Funktionsfähigkeit reduziert auf die Bewahrung eines nicht abwägbaren *Grundbestandes* von Funktionskraft des betroffenen und zum Ausgleich gebrachten Verfassungsgutes. Dieser Grundbestand an Funktionsfähigkeit darf allerdings nicht zu eng verstanden werden; dieser wird in der Regel über ein bloßes Minimum hinausgehen. Andererseits ist hier natürlich nicht die volle Funktionstüchtigkeit gemeint, sondern lediglich ein nicht pauschal zu definierender Funktionsgrundbestand, der einzelfallabhängig zu entwickeln ist.[579] Das ist gerade in der Rechtspflege relevant, also in Bereichen, in denen das volle Funktionieren bestimmter verfassungsgewollter Systeme angesichts entgegenstehender Grundrechte „Einbußen" hinnehmen muss.[580] Der Begriff der Einbuße ist insofern nicht ganz passend, weil kein Minus des Verfassungsgewollten gemeint ist; die entgegenstehenden Grundrechte definieren vielmehr dessen Wirkungskreis. Folglich gehört zum Funktionieren rechtsstaatlicher Rechtspflege zugleich die erforderliche Respektierung jener nur auf den ersten Blick hinderlichen grundrechtlichen Positionen.[581] Trotzdem dürfen andere rechtsstaatliche Einzelkomponenten der Rechtspflege nur bis zu einem bestimmten Punkt zurückgedrängt werden, wie etwa die richterliche Unparteilichkeit; das Zurückdrängen an sich ist insoweit gerechtfertigt, als es durch das kollidierende Freiheitsrecht

---

576 *Lerche*, BayVBl 1991, 517, 519f.

577 *Lerche*, BayVBl 1991, 517, 521.

578 *Lerche*, BayVBl 1991, 517, 521. Vgl. zur praktischen Konkordanz *Hesse*, Grundzüge des Verfassungsrechts, § 2, S. 28.

579 *Lerche*, BayVBl 1991, 517, 521.

580 *Lerche*, BayVBl 1991, 517, 521.

581 *Lerche*, BayVBl 1991, 517, 521f. Dazu zählen auch die Grundrechte der in der Rechtspflege beschäftigten Amtsträger.

(z. B. die Glaubensfreiheit) veranlasst ist und soweit es nicht zu einem nicht mehr tragbaren Funktionseinbruch der Rechtspflege an sich führt.[582]

In der Kopftuch III-Entscheidung verwendet das BVerfG die Funktionsfähigkeit der Rechtspflege als verfassungsimmanente Schranke der Glaubensfreiheit, welche mit dem Grundrecht in Widerstreit tritt.[583] Beide Güter werden gegeneinander abgewogen.[584] Da es sich bei der Rechtspflege um ein verfassungsrelevantes Gut handelt, welches staatlicher Funktionssicherung bedarf, stellt sich die Frage, wie sich im Rahmen dieser Kollision die Grenzen der Funktionsfähigkeit ziehen lassen, um einen schonenden Ausgleich herbeizuführen. Grundsätzlich ist in diesem Kontext der Begriff der Funktionsfähigkeit auf einen *Grundbestand* an Funktionsfähigkeit reduziert, der allerdings über ein bloßes Minimum hinausgeht. Folglich dient die Funktionsfähigkeit der Rechtspflege hier nicht als bloße Abwägungsgrenze, die einen bloßen unabweisbaren Kernbereich schützt, sondern als Abwägungsfaktor, den es im Rahmen des abwägenden Ausgleichs zur gegenüberliegenden Glaubensfreiheit *möglichst* zu wahren gilt.[585]

Das wiederum passt zu den Formulierungen, die das BVerfG verwendet hat, nämlich, dass ein absolutes Vertrauen der gesamten Bevölkerung nicht zu erreichen sein wird, aber dass dem Staat dabei eine Aufgabe der Optimierung zukommt.[586] Folglich ist mit Funktionsfähigkeit der Rechtspflege in diesem Zusammenhang weder eine Minimal- noch eine Maximalgarantie im Sinne einer vollen Funktionstüchtigkeit zu verstehen, sondern ein *Grundbestand* an Funktionsfähigkeit der Rechtspflege, welcher einzelfallabhängig und vor allem auch grundrechtsschonend zu verwirklichen ist. Volle Funktionsfähigkeit der Justiz kann deshalb nicht erreicht werden, weil diese von der Akzeptanz und dem Vertrauen der Gesellschaft abhängt, welche gerade nicht absolut zu verwirklichen sind.[587] Die Frage ist nun, ob das Tragen eines Kopftuchs diesen Grundbestand an Funktionsfähigkeit derart beeinträchtigt, dass dadurch die Rechtspflege (nahezu) funktionsuntauglich würde oder die Einbußen zumindest von derartigem Gewicht sind, dass eine ordnungsgemäße Rechtspflege nicht mehr stattfinden kann.

---

582 Vgl. *Lerche*, BayVBl 1991, 517, 522.
583 BVerfGE 153, 1, 39ff.
584 BVerfGE 153, 1, 46ff.
585 *Lerche*, BayVBl 1991, 517, 522.
586 BVerfGE 153, 1, 40.
587 Vgl. BVerfGE 153, 1, 40.

b. Normbereichsanalyse

Die vom Normprogramm aufgestellte Fragestellung lautet, ob das Tragen eines Kopftuchs den Grundbestand an Funktionsfähigkeit, der bei der Rechtspflege gefordert ist, beeinträchtigt. Dazu muss zunächst geklärt werden, was unter einem Grundbestand an Funktionsfähigkeit konkret zu verstehen ist. Dieser ist einzelfallabhängig und grundrechtsschonend zu entwickeln. Folglich muss die Frage insoweit konkretisiert werden: Was bedeutet ein Grundbestand an Funktionsfähigkeit der Justiz im Hinblick auf eine kopftuchtragende Richterin, Staatsanwältin oder Rechtsreferendarin? Dazu sollen sachliche und rechtliche Aspekte des Normbereichs der Art. 19 Abs. 4, Art. 20 Abs. 3 und Art. 92 GG untersucht werden.

aa. Gesellschaftliches Vertrauen in die Justiz, Art. 92 GG

In Art. 92 GG ist geregelt, dass die rechtsprechende Gewalt den Richtern anvertraut ist. Auch das BVerfG stellt einen unmittelbaren Zusammenhang zwischen der Funktionsfähigkeit der Rechtspflege und dem gesellschaftlichen Vertrauen fest. Die Funktionsfähigkeit setzt voraus, dass ebendieses Vertrauen in die Justiz insgesamt besteht und nicht nur in die einzelne Richterpersönlichkeit; dieses Vertrauen ist unabhängig vom konkreten Streitfall erforderlich und kann durch unterschiedliche Umstände gestärkt oder beeinträchtigt werden.[588] Das gesellschaftliche Vertrauen fungiert demnach als eine der Voraussetzungen für die Funktionsfähigkeit der Rechtspflege. Selbstverständlich wird ein absolutes Vertrauen nicht zu erreichen sein, dennoch kommt dem Staat insoweit die Aufgabe einer Optimierung zu, welche er durch zum Beispiel strenge Formalisierungsbestimmungen verfolgt.[589]

Ein weiterer Aspekt ist, dass sich das Grundgesetz bei den beiden anderen Staatsgewalten nicht eines derartigen Wortes mit ethisch verpflichtendem Sinn bedient („anvertraut“). Gemeint und beabsichtigt ist die gewissenhafte und verantwortungsbewusste Ausübung der rechtsprechenden Gewalt. Nur demjenigen, dem man vertraut, könne man etwas anvertrauen und ihm Weisungsunabhängigkeit zugestehen.[590] Die Verfassung trete mit Art. 92 GG in Vorleistung und bringe jedem einzelnen Richter Vertrauen entgegen.[591] Die Ausübung richterlicher Gewalt findet ihre Legitimation, wie jede andere staatliche Gewalt in demokratischen Gesellschaften, im Vertrauen, das die Bürger in die Justiz setzen.

588 BVerfGE 153, 1, 40.
589 BVerfGE 153, 1, 40.
590 *Kreth*, DRiZ 2009, 198, 199.
591 *Kreth*, DRiZ 2009, 198, 199.

Diese Legitimation ist eine Voraussetzung für die Akzeptanz der justiziellen Entscheidungen und für die Wahrung des Rechtsfriedens.[592] Für die Sicherung des öffentlichen Vertrauens in die Justiz genügt nicht nur die institutionelle Unabhängigkeit. Das Verhalten der Amtsträger insgesamt, sowohl im als auch außerhalb des Dienstes, in der Realität und im erweckten Anschein, wird in der Öffentlichkeit als Gradmesser der Glaubwürdigkeit der Justiz betrachtet.[593]

Das Vertrauen legitimiert die rechtsprechende Gewalt und ist zugleich eine Voraussetzung für die Akzeptanz der gerichtlichen Entscheidungen und die Herstellung des Rechtsfriedens. Legitimation und Akzeptanz sind Faktoren der Funktionsfähigkeit der Justiz. Das Vertrauen ist allerdings keine messbare Größe. Dem Staat bleibt lediglich die Möglichkeit, Maßnahmen zu ergreifen, die das Vertrauen der Öffentlichkeit in die Rechtsprechung und in den einzelnen Amtsträger abstrakt stärken sollen. Zu diesem Zweck kann an Formalisierungsbestimmungen oder auch an Verhaltenspflichten für die Amtsträger angesetzt werden, was politische Meinungsäußerungen oder Bekundungen religiös-weltanschaulicher Art angeht. Das religiöse Bekenntnis einzelner Amtsträger allein kann zwar nicht gegen deren ordnungsgemäße Amtswahrnehmung sprechen, allerdings kann die erkennbare Distanzierung von diesen individuellen Überzeugungen bei Ausübung ihres Amtes dazu beitragen, dass das Vertrauen in die Rechtsprechung insgesamt gestärkt wird.[594]

Einfacher formuliert: Je distanzierter die Amtsträger in dieser Hinsicht sind, desto größer das Vertrauen der Öffentlichkeit. Und je größer das Vertrauen in die Justiz, desto höher die Funktionsfähigkeit. Anders gesagt: Je intensiver die Grundrechtseinschränkung, desto höher das öffentliche Vertrauen und desto sicherer der Grundbestand an Funktionsfähigkeit. Der Grundbestand an Funktionsfähigkeit in der Justiz setzt also ein gewisses Maß an Vertrauen voraus.

bb. Neutralitätsgebot und Dienstpflichten

Das BVerfG verwendet in seiner dritten Kopftuchentscheidung gehäuft den Begriff der „Neutralität der Justiz".[595] Damit ist wohl eine Justiz gemeint, die den ihr vom Grundgesetz auferlegten Aufgaben – vor allem der Wahrung der Grundrechte – gerecht wird und deren Amtsträger ihre Dienstpflichten sachgerecht erfüllen, gerade im Hinblick auf die richterliche Unabhängigkeit. Der Aspekt der religiös-weltanschaulichen Neutralität spielt ebenfalls eine tragende Rolle;

592 *Kreth*, DRiZ 2009, 198, 201.
593 *Kreth*, DRiZ 2009, 198, 201.
594 BVerfGE 153, 1, 41.
595 Unter anderem in BVerfGE 153, 1, 40.

es soll aus der Sicht eines objektiven Dritten nicht der Eindruck entstehen, dass der Staat oder seine Amtsträger eine bestimmte Religion oder Weltanschauung privilegieren oder dass nicht ausschließlich nach den Maßstäben des geltenden Rechts entschieden werde. Problematisch an dieser Bezeichnung ist, dass das Verhältnis zwischen Neutralität der Justiz, Funktionsfähigkeit der Justiz und Unabhängigkeit von Richtern nicht ganz klar wird. Die Grenzen sind fließend und eigentlich bedarf es des Begriffs der „Neutralität der Justiz" in diesem Zusammenhang gar nicht. Das, was ausgesagt werden soll, wird hinreichend mit den Begriffen der Funktionsfähigkeit und Unabhängigkeit abgedeckt, welche das Vertrauen und die Akzeptanz der Öffentlichkeit steigern sollen.

Außerdem wird damit erneut suggeriert, dass das Neutralitätsgebot ein abwägungsfähiges, optimierbares Rechtsgut sei, was es allerdings nicht ist.[596] In dem hier verwendeten Sinne ist das Neutralitätsgebot ein Interpretationsmittel mit dem Inhalt, dass der Staat allen Grundrechtsträgern die gleiche Freiheit in Sachen Religionsausübung gewährleisten muss, sich selbst aber jeglicher Identifikation oder Bewertung enthalten und auf eine strikte Gleichbehandlung achten muss. Das Neutralitätsgebot ist die Summe aus den Teilgehalten der gleichen Freiheit, des Identifikationsverbots und des Verbots von glaubensbezogenen Ungleichbehandlungen. Erst durch die Zusammenschau und die Summierung der drei Teilgehalte lässt sich ein „Mehr" entwickeln, durch welches die religionsverfassungsrechtliche Ordnung angemessen beschrieben wird. Neutralität des Staates beinhaltet also nicht nur gewisse Ge- und Verbote, sondern auch ein Plus in Gestalt einer säkularen Charakterbeschreibung, ein säkulares Moment, welches sich erst aus der Zusammenschau der positivrechtlichen Normen ergibt.[597]

Folglich sind die Art. 4 Abs. 1, Art. 3 Abs. 3 S. 1, Art. 33 Abs. 3 sowie Art. 140 Abs. 1 GG in Verbindung mit Art. 136 Abs. 1 und 4 und Art. 137 Abs. 1 WRV, die dem Neutralitätsgebot zugrunde liegen, und die Art. 19 Abs. 4 GG, Art. 20 Abs. 3 und Art. 92 GG, die die Funktionsfähigkeit der Rechtspflege statuieren, gemeinsam zu betrachten und zu untersuchen, welche Aussagen sich aus dieser systematischen Betrachtung im Hinblick auf den Funktionsgrundbestand treffen lassen.

Im Normbereich der Art. 19 Abs. 4 GG, Art. 20 Abs. 3 und Art. 92 GG spielt das Neutralitätsgebot mit seinen drei Teilgehalten insofern eine Rolle, als gefragt werden muss, ob diese den Funktionsgrundbestand für die Justiz näher bestimmen können. Was muss zwingend erfüllt sein, damit ein Grundbestand an Funktionsfähigkeit der Justiz gewährleistet ist, der über ein bloßes Minimum hinausgeht? Ein bloßes Minimum ist wohl als erreicht anzusehen, wenn es überhaupt eine

596 Vgl. Begründung S. 178ff.

597 Vgl. S. 55ff.

Justiz mit Amtsträgern gibt, die die Rechtsschutzgarantie erfüllen bzw. es überhaupt die Möglichkeit gibt, effektiven Rechtsschutz zu erlangen. Volle Funktionsfähigkeit im Sinne einer Maximalgarantie wird nicht zu erreichen zu sein, weil die Funktionsfähigkeit unter anderem vom Vertrauen und der Akzeptanz der Öffentlichkeit abhängt und absolutes Vertrauen nie zu erreichen sein wird. Ein Grundbestand an Funktionsfähigkeit ist also dann als gegeben anzusehen, wenn gesichert ist, dass nicht nur formell ein Rechtsweg existiert, sondern dass gerichtliche Entscheidungen tatsächlich der Wahrung der Grundrechte dienen.[598] Das ist unter Einhaltung des geltenden Rechts, insbesondere der Verfahrensbestimmungen, und der jeweiligen Dienstpflichten zu erreichen. Zu der Funktionsfähigkeit der Rechtspflege gehört selbstverständlich die Einhaltung der Dienstpflichten durch die dort beschäftigten Amtsträger; an dieser Stelle ist das Neutralitätsgebot mit seinen Teilgehalten und dem säkularen Plus anzusetzen. Vor allen Dingen spielen in diesem Zusammenhang das Identifikationsverbot und das Verbot von glaubensbezogenen Ungleichbehandlungen eine Rolle.

Die Justiz darf sich weder durch Anbringen religiös-weltanschaulicher Symbole noch durch die Handlungen ihrer Amtsträger mit einer bestimmten Religion oder Weltanschauung identifizieren bzw. sie sich zu eigen machen; genauso wenig darf es während des Verfahrens oder im Zusammenhang mit einem gerichtlichen Verfahren zu Benachteiligungen oder Privilegierungen aufgrund einer Religion oder Weltanschauung kommen. Diese Aspekte sind kennzeichnend für eine „säkulare" Rechtspflege. Amtsträger haben dafür Sorge zu tragen, dass diese Vorgaben durch die Einhaltung ihrer Dienstpflichten erfüllt werden. Es muss sichergestellt sein, dass Richter, Staatsanwälte und Rechtsreferendare ausschließlich objektiv und nach Maßgabe des Rechts entscheiden. Unparteilichkeit bedeutet die Abwesenheit von Vorurteil und Parteinahme.[599] Zu der Sicherstellung der Funktionsfähigkeit der Rechtspflege gehört also auch die Garantie richterlicher Unparteilichkeit; außer dem Erfordernis, dass Amtsträger ausschließlich nach Maßgabe des Rechts zu entscheiden haben, lassen sich allerdings keine weitergehenden Aussagen bezüglich der Grundrechtsausübung bzw. dem Tragen religiöser Symbole im Dienst ableiten. Und das Verwenden eines religiösen Symbols im Dienst ist für sich genommen nicht geeignet, Zweifel an der Objektivität oder Rechtstreue des betreffenden Amtsträgers zu begründen.[600] Auch das Anscheinsargument bzw. der „böse Schein" mangelnder Objektivität rechtfertigt keine abweichende Betrachtung. Eine allein gefühlte Parteilichkeit vermag die Besorgnis der Befangenheit

598 BVerfGE 153, 1, 40.
599 BVerfGE 153, 1, 43.
600 Vgl. BVerfGE 153, 1, 44.

nicht zu untermauern, vielmehr müssen objektiv nachvollziehbare Umstände für diese Behauptung gegeben sein. Die Kleidung der Amtsträgerin, sei sie auch religiös motiviert, kann demnach nicht ohne Hinzutreten weiterer konkreter Umstände Zweifel an ihrer Unparteilichkeit begründen.

Der Grundbestand an Funktionsfähigkeit in der Justiz umfasst also die Erfüllung der formellen bzw. prozessualen Voraussetzungen als auch das Erfordernis, dass die Amtsträger allein objektiv und nach Maßgabe des Rechts entscheiden. Auf diese Weise dient Rechtsprechung tatsächlich der Wahrung der Grundrechte und das Vertrauen in die Justiz wird gestärkt. Folglich lassen sich aus der Funktionsfähigkeit der Rechtspflege keine weitergehenden Handlungs- oder Dienstpflichten für Amtsträger ableiten, welche durch das Tragen eines Kopftuchs verletzt werden könnten, weshalb die Funktionsfähigkeit der Justiz als Rechtfertigungsgrund für ein Kopftuchverbot genauso wenig angeführt werden kann wie der staatliche Erziehungsauftrag in der Schule. Die Funktionsfähigkeit der Rechtspflege bezieht sich in ihrer Gesamtheit auf die äußeren Funktionsbedingungen und kann daher keine individuellen Verhaltens- und Grundrechtseinschränkungen für Amtsträger begründen. Wie beim Kopftuchverbot für Lehrerinnen kommt für die Rechtfertigung des Kopftuchverbots in der Justiz nur das beamtenrechtliche Mäßigungsgebot in Betracht.

4. *Das beamtenrechtliche Mäßigungsgebot in Justiz und Schule im Vergleich*

a. *In der Justiz*

Staatsbedienstete in der Justiz unterliegen genau wie Lehrkräfte dem beamtenrechtlichen Mäßigungsgebot gemäß Art. 33 Abs. 5 GG.[601] Selbstverständlich sind

601 Vgl. zum Mäßigungsgebot bei Lehrkräften S. 192ff. Der Parlamentarische Rat war der Auffassung, dass die Richterschaft aus der Beamtenschaft herausgenommen und ihr gegenübergestellt werden muss, sodass die Wesensverschiedenheit zwischen den Aufgaben des Beamten und des Richters deutlich gemacht wird, vgl. Art. 98 Abs. 1 GG, wonach die Rechtsstellung der Richter durch besondere Richtergesetze zu regeln ist (besonderes Richterrecht). Das Grundgesetz trennt vom Wortlaut her immer wieder Beamte und Richter voneinander und für die Richter wurde sodann ein Dienst- und Treueverhältnis eigener Art geschaffen, das auch durch die Bezeichnung „Richterverhältnis" äußerlich vom Beamtenverhältnis unterschieden wurde. In § 4 DRiG wird die besondere Stellung des Richters ebenfalls deutlich, wonach dieser parallel keine Aufgaben der gesetzgebenden Gewalt oder der vollziehenden Gewalt ausüben darf, siehe dazu *Kreth*, DRiZ 2009, 198, 199. Unbeschadet der Sonderstellung der Richter schließt Art. 33 Abs. 5 GG die hergebrachten Grundsätze des richterlichen Amtsrechts mit ein, weshalb die Norm auch auf Richter anwendbar ist, vgl. BVerfGE 55, 372, 391f. und *Jarass*, in: Jarass/Pieroth, GG Art. 33, Rn. 50.

Richter, Staatsanwälte und Rechtsreferendare ebenfalls grundrechtsberechtigt; auch wenn die Funktionsfähigkeit der Rechtspflege als verfassungsrelevantes Gut das Kopftuchverbot nicht rechtfertigen konnte, so bedeutet es nicht, dass der Grundrechtsausübung im Dienst keine Grenzen gesetzt sind.

Die Wahrnehmung eines öffentlichen Amtes dient nicht der Entfaltung der individuellen Freiheit des Amtswalters, sondern der Erfüllung der mit dem Amt verbundenen öffentlichen Aufgabe. Zwar muss der Amtsträger seine Grundrechte nicht „an der Türe abgeben", dennoch muss er die zur Erfüllung seines Amtes notwendigen Einschränkungen dulden. Dazu gehört vor allem die Pflicht, die gebotene Mäßigung und Zurückhaltung zu wahren, die sich aus der Stellung des Amtsträgers gegenüber der Allgemeinheit und aus der Rücksicht auf die Pflichten des Amtes ergeben.[602]

Das Mäßigungsgebot erlaubt kein generelles Verbot religiöser oder politischer Betätigung im Dienst, sondern zielt auf eine einzelfallabhängige und dem jeweiligen Amt angemessene Beschränkung. Es ermöglicht eine umfassende und unter Berücksichtigung aller Umstände des Einzelfalles stehende Güterabwägung ohne prinzipielle Vorrangregel.[603]

Demnach stellt sich die Frage, ob das Tragen des Kopftuchs im Dienst mit dem Mäßigungsverbot grundsätzlich vereinbar ist, und wenn das bejaht wird, unter welchen Umständen das Kopftuchtragen nicht mehr als zulässig erachtet werden kann.

Beim Tragen religiös geprägter Kleidung im Dienst ist eine Differenzierung zwischen Handeln „*bei Gelegenheit*" und solchem „*in Ausübung*" eines Amtes sinnvoll. Im Zweifel sei von einem Handeln „in Ausübung" des Amtes auszugehen, das Handeln also dem Staat zurechenbar; dies folge aus dem Gebot effektiven Grundrechtsschutzes der betroffenen Privaten.[604]

Dabei kann maßgeblich sein, ob in der jeweiligen Handlung eine Aufforderung zu einem bestimmten Tun liegt. Auch hier lassen sich keine pauschalen Aussagen treffen. Vielmehr müssen alle Umstände des Einzelfalles in die Gesamtwertung mit einbezogen werden, um zu klären, ob der Mäßigung im Dienst oder der Glaubensfreiheit der Richterin, Staatsanwältin bzw. Rechtsreferendarin der Vorrang einzuräumen ist. Das Handeln bei Gelegenheit ist demnach grundrechtlich schützenswerter als das Handeln in Ausübung eines Amtes.

---

602 *Brosius-Gersdorf/Gersdorf*, NVwZ 2020, 428, 432.

603 *Brosius-Gersdorf/Gersdorf*, NVwZ 2020, 428, 432; *Brosius-Gersdorf*, in: Dreier, GG Art. 33, Rn. 99f.

604 *Graf Vitzthum*, in: Merten/Papier, Handbuch der Grundrechte, Bd. 2, § 48, Rn. 68.

Im Falle der Lehrkraft wird das Tragen des Kopftuchs als ein Handeln „bei Gelegenheit“ und damit als eine schützenswerte Grundrechtsposition verstanden, weil es im Gegensatz zum Schulgebet an einer Aufforderung zu einem gemeinsamen Tun fehle. Die Aufforderung zum Schulgebet sei als ein Handeln „in Ausübung“ eines Amtes zu werten, dem Staat zurechenbar und damit nicht grundrechtsgeschützt.[605]

Bei der kopftuchtragenden Richterin hingegen ist nicht ganz klar, ob es sich um ein Handeln „bei Gelegenheit“ oder „in Ausübung“ des Amtes handelt. Auch im Hinblick auf die Zweifelsregelung könnte man die Ansicht vertreten, dass bei der richterlichen Tätigkeit eher ein Handeln in Ausübung des Amtes gegeben ist, weil mit dieser Tätigkeit gewisse Aufforderungen zu einem bestimmten Tun einhergehen können, etwa die Aufforderung, als Zeuge die Wahrheit zu sagen.

Das BVerfG sieht das Kopftuchtragen als eine von den Amtsträgerinnen getätigte private Grundrechtsausübung *bei Gelegenheit* der Amtsausübung an und daher müsse der Staat sie sich nicht als eigene zurechnen lassen.[606] Durch das bloße Dulden dieser religiösen Bekundung mache er sich diese Aussage nicht schon zu eigen, dennoch komme es auf die konkreten Umstände an. Denn vor Gericht unterscheide sich die formalisierte Situation im Gegensatz zur öffentlichen Schule, weil der Staat hier auf das äußere Gepräge von Amtshandlungen besonderen Einfluss nehme und den Amtsträgern auch in ihrem Auftreten eine distanziertere Rolle zuweist; folglich seien ihm dann abweichende Verhaltensweisen der Amtsträger eher zurechenbar.[607]

Die Ausführungen des BVerfG hierzu sind überzeugend. Damit die Grundrechtsausübung der Amtsträgerin in Ausübung ihres Amtes erfolgt, müsste ein innerer Zusammenhang zwischen der Amtsausübung und der konkreten Grundrechtsbetätigung vorliegen. Doch die Ausübung der richterlichen Tätigkeit hat nichts mit dem Tragen eines Kopftuchs zu tun, das Gleiche gilt für die Staatsanwältin oder Rechtsreferendarin. Die Amtsträgerin sieht sich durch das religiöse Gebot dazu verpflichtet, es stets zu tragen, und das schließt die Dienstzeit mit ein; insofern ist von einem Kopftuchtragen bei Gelegenheit der Amtsausübung zu sprechen. Außerdem dient das Tragen religiös konnotierter Kleidung im Dienst nicht dazu, die Aufgaben in irgendeiner Form besser oder überzeugender zu erfüllen, geschweige denn, dass die Autorität des Amtes dazu genutzt wird, das Kopftuchtragen bzw. eine damit verbundene religiöse Aussage als besonders

605 Vgl. S. 195.
606 BVerfGE 153, 1, 38.
607 BVerfGE 153, 1, 38f.

befolgungswürdig auszuweisen. Das Tragen des Kopftuchs ist nicht die Wahrnehmung des öffentlichen Amts, sondern lediglich Ausübung des Grundrechts der Glaubensfreiheit.[608] Vielmehr besteht überhaupt kein sachlicher Zusammenhang zwischen der Amtsausübung und religiös konnotierter Kleidung, weshalb das Kopftuchtragen während des Justizdienstes als eine *bei Gelegenheit* der Amtsausübung vorgenommene Grundrechtsbetätigung gelten kann. Zwischen der Wahrnehmung des Amtes und dem bei Gelegenheit erfolgten Grundrechtsgebrauch ist daher zu unterscheiden und das Kopftuchtragen ist nicht als Ausübung von Staatsgewalt zu werten.[609]

Grundsätzlich sei das Tragen eines islamischen Kopftuchs im öffentlichen Dienst mit dem Mäßigungsverbot vereinbar. Etwas anderes gelte nur, wenn die Richterin oder Staatsanwältin im Einzelfall in Wahrnehmung ihres Amtes für ihren Glauben wirbt oder durch ihr Auftreten andere zu beeinflussen versucht.[610] Das bloße Tragen des Kopftuchs verstoße also noch nicht gegen die gebotene Zurückhaltung und Mäßigung, die sich aus dem Amt ergeben. Es müssen vielmehr noch weitere konkrete, „störende" Verhaltensweisen der Amtsträgerin hinzutreten.

Verlangt wird von Amtswaltern das positive Bekenntnis zur freiheitlich-demokratischen Grundordnung und an diesem Maßstab sollen auch muslimische Amtsträger gemessen werden.[611] Der Kern der richterlichen Pflichten ist in dem Richtereid in § 38 Abs. 1 DRiG zusammengefasst. Es ist das öffentliche Bekenntnis zur freiheitlich-demokratischen Grundordnung des Grundgesetzes und zur individuellen Verantwortung desjenigen, dem die rechtsprechende Gewalt anvertraut ist. Der Eid bindet an die Verfassung und verlangt von den Richterinnen und Richtern Gesetzestreue.[612] Der Richtereid verlangt außerdem die Bereitschaft, sich in den Dienst der Wahrheit und Gerechtigkeit zu stellen, und enthält damit einen ethischen Handlungsauftrag. Davon umfasst sind das Gebot zur Fairness, das Verbot von Willkür und die Verpflichtung, die allgemeinen Gerechtigkeitsvorstellungen der Gemeinschaft zu beachten, die sich wiederum in der Wertordnung

608 *Brosius-Gersdorf/Gersdorf*, NVwZ 2020, 428, 429.

609 *Brosius-Gersdorf/Gersdorf*, NVwZ 2020, 428, 429.

610 So *Brosius-Gersdorf/Gersdorf*, NVwZ 2020, 428, 432; *Brosius-Gersdorf*, in: Dreier, GG Art. 33, Rn. 100.

611 *Sinder*, Der Staat 57 (2018), 459, 472. Vgl. für die Berufung in das Richterverhältnis § 9 Nr. 2 DRiG.

612 *Kreth*, DRiZ 2009, 198, 201.

des Grundgesetzes widerspiegeln. Zudem wird im Richtereid die Verpflichtung zur Unparteilichkeit und zur Unabhängigkeit statuiert.[613]

Richter müssen sich von äußeren Einflüssen frei machen und Distanz zu den Verfahrensbeteiligten und zum Streitgegenstand bewahren, um ausschließlich nach Recht und Gesetz entscheiden zu können. Diese „innere" Unabhängigkeit kann aber weder die Verfassung noch das Gesetz garantieren; sie ist vielmehr eine Geisteshaltung und eine dem Richter selbst gestellte Aufgabe.[614]

Jener Eid wird auch von muslimischen Amtsträgern geleistet, bevor sie sich in den Dienst des Staates stellen, und von ihnen sind die gleiche Leistung und das gleiche Zugeständnis zu erwarten. Die innere Unabhängigkeit als Geisteshaltung kann auch bei Amtsträgern fehlen, die keine sichtbaren religiösen Symbole tragen, es ist also vielmehr relevant, was im und nicht auf dem Kopf ist. Von im Auswahlverfahren erfolgreichen Juristen kann, wie das BVerfG feststellt, unabhängig von ihrer religiösen Überzeugung Rechtstreue und Objektivität erwartet werden und für gewöhnlich haben sie während des Auswahlverfahrens und in der zuvor abgeschlossenen Ausbildung bereits bewiesen, dass sie durchaus fähig und willens sind, einen Rechtsfall unparteilich zu lösen.[615]

Es besteht folglich kein Grund, diese Fähigkeit denjenigen abzusprechen, die sichtbare religiöse Symbole tragen. Sollten diese Voraussetzungen nicht erfüllt sein oder die Besorgnis der Befangenheit bestehen, so sind (prozessrechtliche) Möglichkeiten vorhanden, das Richterverhältnis zu beenden oder den jeweiligen Richter abzulehnen.[616]

b. Güterabwägung

Da nun geklärt ist, dass das Kopftuchtragen eine Grundrechtausübung bei Gelegenheit der Amtsführung ist, muss überlegt werden, welche Faktoren in die Güterabwägung einzubeziehen und wie sie zu gewichten sind. Es stellt sich die Ausgangsfrage, ob das Tragen eines islamischen Kopftuchs während des Dienstes als Richterin oder Staatsanwältin (auch als Rechtsreferendarin, soweit sie hoheitliche Funktionen wahrnimmt) eine Beeinträchtigung des Mäßigungsgebotes darstellt bzw. anders formuliert: Erfordert die Mäßigung im Dienst den Verzicht auf das Tragen sichtbarer religiöser Symbole?

---

613 *Kreth*, DRiZ 2009, 198, 201.

614 *Kreth*, DRiZ 2009, 198, 201.

615 Vgl. BVerfGE 153, 1, 44.

616 BVerfGE 153, 1, 44f.

Der Hintergrund des Mäßigungsgebotes ist, dass der Staat sich und seine Amtsträger auf eine Weise darstellen möchte, die unparteilich und vertrauenerweckend wirken soll, vgl. § 39 DRiG. Der Amtswalter soll nur der öffentlichen Aufgabe gewidmet sein und frei von äußeren Einflüssen. Diese Art der Selbstdarstellung dient dazu, zu zeigen, dass bei der Erfüllung der staatlichen Tätigkeit Objektivität und das Allgemeinwohl im Vordergrund stehen und keine persönlichen Interessen. Zugleich geht es auch um eine Selbstdisziplinierung des Amtsträgers; er soll sich bewusst sein, dass trotz der gegebenen Grundrechtsträgerschaft die Eigenschaft als Privatperson mit eigenen Interessen ab Dienstbeginn endet und die persönliche Mäßigung zum Wohle der Allgemeinheit und zur Aufgabenerfüllung beginnt. Unterstrichen werden kann dies durch eine Amtstracht, wie sie für Richter und Staatsanwälte typisch ist. Auch bei der Ausübung von Grundrechten – sei es politischer oder religiös-weltanschaulicher Art – ist die gebotene Mäßigung und Zurückhaltung zu wahren, die sich aus der Stellung gegenüber der Allgemeinheit und aus der Rücksicht auf die Amtspflichten ergeben, vgl. § 60 Abs. 2 BBG. Widerspricht das Kopftuchtragen diesen Zwecken?

Die Justiz ist kein gesellschaftlicher Raum, der in die Obhut des Staates genommen worden ist. Hier wird Hoheitsgewalt im ursprünglichen Sinne ausgeübt und für das Leben der Bürger bedeutende Entscheidungen getroffen. Dies erfordert ein gewisses Maß an Professionalität, Distanz zum Streitgegenstand und zu den Verfahrensbeteiligten und Objektivität. Dies müssen die zur Entscheidung berufenen Amtswalter auch nach außen hin darstellen. Gewährleistet wird das durch prozessrechtliche Verfahrensbestimmungen und die Amtstracht.

Selbstverständlich sind Richter und Staatsanwälte nicht nur Staatsdiener, sondern auch Grundrechtsträger. Gerade die Glaubensfreiheit ist ein hohes Gut und deren Ausübung endet nicht an der Tür zum Gerichtssaal. Fraglich ist, wie die nach außen erkennbare Ausübung der Religionsfreiheit auf andere Verfahrensbeteiligte wirkt und ob ein böser Schein dadurch geweckt wird. Aus der Sicht eines objektiven und verständigen (gerade nicht vorurteilsbehafteten) Dritten kann aus dem bloßen Tragen eines Kopftuchs nicht geschlussfolgert werden, dass die betreffende Richterin oder Staatsanwältin nicht ausschließlich nach Recht und Gesetz entscheidet.[617]

Würde man dieses Argument zulassen, so würde weiteren Vorurteilen und Diskriminierungen Vorschub geleistet.[618] Außerdem kann auch eine Amtsträgerin

---

617 BVerfGE 153, 1, 44; zustimmend *Oebbecke*, in: Handbuch des Staatskirchenrechts, Bd. 2, § 41, Rn. 32. Anders dagegen BayVerfGH NJW 2019, 2151, 2153 Rn. 31.

618 Vgl. *Payandeh*, DÖV 2018, 482, 488.

ohne sichtbares religiöses Symbol parteilich handeln. Der Satz „*Justice must not only be done, it must also be seen to be done*“[619] kann grundsätzlich trotz sichtbaren religiösen Symbols erfüllt werden, wenn keine Verhaltensweisen hinzutreten, die die Besorgnis der Befangenheit begründen. Denn das Tragen eines Kopftuchs deutet zunächst einmal nur darauf hin, dass die Trägerin religiös ist. Das Argument der Vermeidung von Störungen des Verfahrensablaufs durch etwaige Beschwerden von dritter Seite greift nicht, denn das würde bedeuten, dass die Grundrechtsausübung der Amtsträgerin von der Zustimmung und Billigung Dritter abhinge. Das ist ein genauso unglückliches Ergebnis wie das der zweiten Kopftuchentscheidung des BVerfG, nach der das Kopftuchtragen einer Lehrkraft dann verboten werden kann, wenn sich nur genug Eltern und Schüler finden lassen, die sich deswegen beschweren, ohne dass die Lehrerin in diesem Fall überhaupt Störerin wäre.

Dennoch muss die Gesamtsituation berücksichtigt werden. Selbstverständlich ist es, rechtlich betrachtet, etwas anderes, wenn der Staat religiöse Symbole selbst anordnet, etwa Kreuze an der Wand, oder wenn Staatsbedienstete, die zugleich Grundrechtsträger sind, ihr Grundrecht auf Religionsfreiheit bei Gelegenheit der Amtsausübung wahrnehmen. Trotz allem geht es nicht nur um eine rein rechtsdogmatische Betrachtung, sondern auch um eine wirklichkeitsnahe und pragmatische Lösung des Konflikts. Der Staat handelt nun einmal durch seine Amtsträger.[620] Die Frage also ist, ob die Handlungen der Amtswalter dem Staat *zurechenbar* sind. Natürlich identifiziert sich der Staat nicht mit der islamischen Religion, indem er es duldet, wenn seine Amtsträgerinnen ein Kopftuch tragen; er macht sich deren Religionsausübung nicht zu eigen. Das BVerfG bejaht allerdings die Zurechenbarkeit dieser Grundrechtsausübung, indem es auf die formalisierte Situation vor Gericht im Vergleich zur Schule abstellt und sagt, dass, wenn der Staat auf das äußere Gepräge einer Amtshandlung besonderen Einfluss nehme, so seien ihm dann abweichende Verhaltensweisen einzelner Amtsträger eher zurechenbar.[621]

Das Tragen eines Kopftuchs durch Richterinnen und Staatsanwältinnen ist eine dem Staat zuzurechnende Maßnahme, gerade weil sie bei Gelegenheit der Amtsausübung erfolgt und nicht in einem rein privaten Kontext.

---

619 EGMR, Delcourt v. Belgium, Urt. v. 17.01.1970, Nr. 2689/65, Rn. 31; Oleksandr Volkov v. Ukraine, Urt. v. 9.01.2013, Nr. 21722/11, Rn. 106.

620 BVerfGE 153, 1, 37f.

621 BVerfGE 153, 1, 38f.; a. A. *Brosius-Gersdorf/Gersdorf*, NVwZ 2020, 428, 429f.; differenzierend *Oebbecke*, in: Handbuch des Staatskirchenrechts, Bd. 2, § 41, Rn. 25ff.

Die Überlegungen mit dem Zurechnungszusammenhang seien allerdings nur dann tragfähig, wenn aus der Zurechnung an den Staat geschlussfolgert wird, dass eine Beeinträchtigung des Neutralitätsgebotes vorliege, wenn die Amtswalterin im Dienst ein Kopftuch trägt.[622]

Hier geht es aber nicht um Beeinträchtigungen des Neutralitätsgebotes, sondern um die des Mäßigungsgebotes.[623] Das Tragen eines Kopftuchs im Dienst ist eine autonome Entscheidung der Grundrechtsträgerin und letztlich geht es um die Frage, ob durch das staatlich vorgegebene äußere Gepräge und durch die in der Justiz wahrzunehmenden Funktionen die grundrechtlich geschützte Rechtsstellung der Amtsträgerinnen gegenüber den ihnen obliegenden Funktionen zurücktreten müsse.[624]

Zumindest für den Justizbereich lässt sich dafür keine abschließende Antwort finden. Das BVerfG lag im Ergebnis richtig, die Entscheidung des Gesetzgebers aus verfassungsrechtlicher Perspektive zu respektieren, weil keiner der kollidierenden Verfassungsgüter ein derart überwiegendes Gewicht zukommt, dass ein bestimmtes Abwägungsergebnis zwingend gewesen wäre.[625]

Ob ein generelles Kopftuchverbot in der Justiz politisch klug ist, ist eine andere Frage. Wahrscheinlich sprechen gewichtigere Gründe dafür, das Tragen religiöser Symbole zumindest in der Justiz restriktiver zu handhaben aufgrund des staatlichen Anspruchs auf einheitliche Selbstdarstellung und der bedeutenden Funktion der Rechtspflege insgesamt für das Gemeinwesen sowie der Präponderanz der amtlichen Funktion gegenüber der einzelnen Person.[626] Jedenfalls obliegt diese Entscheidung dem Gesetzgeber, der bei seinen Überlegungen folgende Umstände berücksichtigen kann, wie etwa die konfessionelle Zusammensetzung der Bevölkerung, die Zahl der kopftuchtragenden Rechtsreferendarinnen bzw. Anwärterinnen auf das Amt der Richterin und Staatsanwältin (sprich: die tatsächliche Relevanz), die tatsächlichen Entwicklungen in dieser Hinsicht sowie die Möglichkeit von Vorgesprächen mit den betreffenden Juristinnen.

c. *Vergleich zwischen Schule und Justiz*

Der Vergleich zwischen den beiden öffentlichen Räumen zeigt, dass in der Schule ein weniger strenger Maßstab gelten kann, was die Mäßigung und Zurückhaltung

622 So etwa BVerfGE 153, 1, 39.

623 Zu den Gründen, warum das Neutralitätsgebot als Rechtfertigungsgrund ausscheidet, siehe S. 178ff.

624 Vgl. *Brosius-Gersdorf/Gersdorf*, NVwZ 2020, 428, 429f.

625 BVerfGE 153, 1, 47.

626 A. A. *Brosius-Gersdorf/Gersdorf*, NVwZ 2020, 428, 430ff.

der Lehrkräfte anbelangt. Auch hier liegt eine Grundrechtsausübung bei Gelegenheit der Amtsführung vor und erneut müssen alle konkreten Gesichtspunkte in die Gesamtabwägung einbezogen und gewichtet werden. Der Schwerpunkt liegt dabei auf den Unterschieden zur Justiz.

Selbstverständlich unterliegen jedenfalls die verbeamteten Lehrkräfte dem Mäßigungsgebot; sie müssen sich im Unterricht zurücknehmen, was politische oder religiös-weltanschauliche Bekundungen betrifft, und dies gilt auch und gerade bei der individuellen Ausübung von Grundrechten. Lehrerinnen und Lehrer erfüllen eine bedeutende und gemeinwohlorientierte Aufgabe; sie sind verantwortlich für die Erfüllung des staatlichen Bildungs- und Erziehungsauftrags. Schülerinnen und Schüler sollen Wissen vermittelt bekommen sowie zu selbstständig denkenden und handelnden Staatsbürgern erzogen werden. Von der Wichtigkeit ihrer Funktionen unterscheiden sich Schule und Justiz kaum voneinander.

Allerdings ist die Schule, anders als der Justizbereich, ein gesellschaftlicher Raum, der vom Staat in Obhut genommen worden ist und in dem die unterschiedlichen politischen, ethischen und religiös-weltanschaulichen Strömungen in der Gesellschaft zwangsläufig aufeinandertreffen und dies auch bestimmungsgemäß sollen. Anhand dieser Konfrontation lassen sich die Erziehungsziele erst bzw. besser verwirklichen. So besteht die Möglichkeit zur Einübung von Toleranz. Das gilt vor allem deshalb, weil es die Aufgabe der bekenntnisoffenen Gemeinschaftsschule ist, den Schülern Toleranz gegenüber anderen Religionen und Weltanschauungen zu vermitteln, weil Schule offen zu sein hat für christliche, für muslimische und andere religiöse und weltanschauliche Inhalte und Werte. Dieses Ideal muss auch gelebt werden dürfen.[627] Daher stellt es sich als eine geeignete Möglichkeit dar, dieses Erziehungsziel in der Konfrontation mit einer kopftuchtragenden Lehrkraft einzuüben.

Weil die öffentliche Pflichtschule ein gesellschaftlicher Raum ist, spielt die einheitliche Selbstdarstellung des Staates keine Rolle. Die Lehrkraft bringt sich mit ihrer gesamten Persönlichkeit in die Erziehungsaufgabe mit ein, weshalb in diesem Zusammenhang keine umfassende Distanz zu den Schülern geboten ist. Nicht selten stellen Lehrkräfte auch Bezugspersonen für die Schüler dar; folglich darf hier das Individuelle im Vergleich zur Justiz deutlicher hervortreten. Die Lehrerin ist nicht nur Amtsträgerin, sondern auch Grundrechtsträgerin und im Gegensatz zur Richterin oder Staatsanwältin kann man dabei von einem Gleichgewicht der Funktionen sprechen. Das Argument, dass eine unangemessene Beeinflussung

---

627 Vgl. BVerfGE 138, 296, 342.

auf gerade jüngere Schülerinnen und Schüler ausgeübt werden könne, lässt sich durch nichts belegen. Zumindest reicht eine derart ungesicherte Erkenntnislage für ein Kopftuchverbot in der Schule nicht aus.[628] Ein generelles Kopftuchverbot in der Schule trägt der Glaubensfreiheit der Lehrerin nicht genügend Rechnung; anders gestaltet sich der Fall dann, wenn konkrete Verhaltensweisen der Lehrkraft hinzutreten, die problematisch oder unzulässig sind, etwa der Versuch zu missionieren.[629] In diesem Fall greifen dann disziplinarrechtliche Maßnahmen.

Das Argument des „bösen Scheins" greift in der Schule nicht, weil es nicht um die Ausübung von Hoheitsgewalt geht. Ein ungestörter Unterrichtsablauf ist auch mit Lehrerinnen möglich, die ein Kopftuch tragen. Der Schluss vom Tragen eines Kopftuches darauf, dass die betreffende Lehrkraft ihren Erziehungsauftrag nicht ordnungsgemäß werde erfüllen können, ist nicht nachvollziehbar, gerade vor dem Hintergrund eines erfolgreich abgeschlossenen Studiums, Praktika und Referendariats. Das Tragen eines Kopftuchs im Dienst ist, wie oben bereits ausgeführt, eine autonome Entscheidung der Grundrechtsträgerin und letztlich geht es auch hier wieder um die Frage, ob durch die in der Schule wahrzunehmenden Funktionen die grundrechtlich geschützte Rechtsstellung der Amtsträgerinnen gegenüber den ihnen obliegenden Funktionen zurücktreten müsse. In der Schule jedenfalls liegt keine Präponderanz der Funktion gegenüber der Person vor.

d. Attraktivität der Anwendung des Mäßigungsgebots

Durch die Anwendung des Mäßigungsgebots ist es möglich, schwierigen Abwägungen zwischen der positiven Glaubensfreiheit der Amtsträgerinnen in Schule und Justiz und der negativen Glaubensfreiheit Dritter zu entgehen, die naturgemäß von gewissen Vorverständnissen, „filigranen Gewichtungen" von Belastungen und subjektiven Wertungen geprägt und einer rationalen Begründung nur schwer zugänglich sind.[630] Zugleich besteht die Gefahr, dass die Argumentation durch die Konzentration auf die negative und positive Religionsfreiheit ins Spekulative führt, wenn Belastungen konstatiert und manchmal wohl auch konstruiert werden müssen.[631] Dem kann Abhilfe geschaffen werden, indem der Religionsfreiheit der Amtswalterin das Mäßigungsgebot als objektivrechtliches Gebot gegenübergestellt wird,[632] anstatt sich in undurchsichtigen

628 Vgl. BVerfGE 108, 282, 306.

629 BVerfGE 138, 296, 335ff.

630 *Dreier*, Staat ohne Gott, S. 135.

631 So *Dreier*, Staat ohne Gott, S. 137 und S. 139: „Logik eines hypertrophen Konkretismus subjektiver Rechtsansprüche".

632 Vgl. *Jarass*, in: Jarass/Pieroth, GG Art. 33, Rn. 88; BVerfGE 108, 282, 323.

Abwägungsprozessen mit zwei Komponenten ein und desselben Grundrechts zu verlieren.

Auch die Gegenüberstellung mit dem Neutralitätsgebot ist nicht zielführend. Das BVerfG verwendet das Neutralitätsgebot in der dritten Kopftuchentscheidung als verfassungsimmanente Schranke der Glaubensfreiheit.[633] Weil das Neutralitätsgebot vorliegend als Interpretationsgebot verstanden wird, ist eine solche Anwendung als abwägungsfähiges Prinzip nicht möglich. Außerdem wäre es, selbst wenn es als ein solches zur Anwendung käme, tatbestandlich nicht einschlägig. Beim Tragen eines Kopftuchs durch eine Amtsträgerin handelt es sich um eine individuelle Grundrechtsausübung und dies ist nicht gleichzusetzen mit dem Handeln des Staates in den Kreuzfällen.[634]

Ebendiese Grundrechtsausübung findet ihre Schranke im beamtenrechtlichen Mäßigungsgebot nach Art. 33 Abs. 5 GG und nicht im Neutralitätsgebot. Diese sind auch nicht gleichzusetzen, weil sie unterschiedliche Verfassungsgebote mit unterschiedlichen verfassungsrechtlichen Wurzeln und Funktionen sind. Das Neutralitätsgebot ist ein Interpretationsmaßstab, das Mäßigungsgebot ein Verhaltensgebot für Amtsträger. Daher ist von Amts wegen zwischen dem Neutralitätsgebot und dem Mäßigungsgebot zu unterscheiden.[635]

V. Erkenntnisse

Zusammenfassend kann gesagt werden, dass es für ein Kopftuchverbot in der Schule keinen geeigneten Rechtfertigungsgrund gibt. Der staatliche Erziehungsauftrag hat sich als ungeeignet erwiesen und bei der Abwägung mit der Glaubensfreiheit der Lehrerin muss das beamtenrechtliche Mäßigungsgebot zurückstehen. Ein generelles Kopftuchverbot in der Schule ist daher unverhältnismäßig. Komplexer gestaltet sich die Situation in der Justiz. Dort eignet sich die Funktionsfähigkeit der Rechtspflege, anders als es das BVerfG vertritt, nicht als Rechtfertigungsgrund für ein Verbot des Kopftuchtragens während des Dienstes. Bei der Abwägung mit dem Mäßigungsgebot nach Art. 33 Abs. 5 GG gibt es kein eindeutiges Ergebnis, weil weder die Glaubensfreiheit der Richterin oder Staatsanwältin noch das Mäßigungsgebot derart überwiegen, dass ein bestimmtes Abwägungsergebnis zwingend wäre. Dennoch sprechen gewichtigere Gründe

---

633 BVerfGE 153, 1, 36ff.

634 *Brosius-Gersdorf/Gersdorf*, NVwZ 2020, 428, 429.

635 *Brosius-Gersdorf/Gersdorf*, NVwZ 2020, 428, 429f. Die abweichende Meinung in der ersten Kopftuchentscheidung führt dagegen aus, dass das Mäßigungsgebot mit dem Neutralitätsgebot korrespondiert, siehe BVerfGE 108, 282, 323f.

dafür, das Kopftuch auf der Richterbank zu verbieten. Ein Verbot wäre nur dann zulässig, wenn es für alle Bekenntnisse gleichermaßen gilt.[636] Letztendlich ist dies eine Aufgabe des Gesetzgebers, der im Rahmen seiner Einschätzungsprärogative eine für alle zumutbare Lösung zu finden hat.

Auf den ersten Blick mutet es widersprüchlich an, dass Kreuze in öffentlichen Räumen unzulässig sind, das Kopftuch von Amtsträgerinnen aber nicht, zumindest nicht von vornherein. Maßgeblich für diese Unterscheidung ist die Frage, ob das religiöse Symbol bzw. religiös konnotierte Kleidungsstück im Rahmen einer individuellen Grundrechtsausübung getragen wird oder dem eine unmittelbare staatliche Veranlassung zugrunde liegt. Bei staatlicher Veranlassung ist das Kreuz stets unzulässig, unabhängig vom jeweiligen öffentlichen Raum, beim Tragen eines Kopftuchs dagegen können der öffentliche Raum und die Funktionen des jeweiligen Amtes eine Differenzierung rechtfertigen. Dass es sich bei Amtswaltern um „staatsinterne" Personen handelt, macht insoweit keinen Unterschied, weil es zwei unterschiedliche Rechtssubjekte und Amtsträger grundrechtsfähig sind.

Der Ertrag der Untersuchung im zweiten Teil dieser Arbeit bestand darin, die gemeinhin verwendeten Rechtfertigungsgründe einer genauen Analyse zu unterziehen mit dem Ergebnis, dass keiner dieser Gründe ein Verbot tragen, etwa die negative Glaubensfreiheit Dritter, der staatliche Erziehungsauftrag, die Funktionsfähigkeit der Rechtspflege oder die Unabhängigkeit der Justiz. Die bisherigen Ausführungen in Rechtsprechung und Literatur erwiesen sich in Bezug auf die Geeignetheit dieser Rechtfertigungsgründe als oberflächlich.

636 Vgl. BVerfGE 153, 1, 46; 138, 296, 335; 108, 282, 310f.

Dritter Teil: Die Dogmatik des Neutralitätsgebotes

A. Das Neutralitätsgebot des Grundgesetzes als Interpretationsgebot

I. Ziehung einer Bilanz

Die Analyse der obigen Anwendungsbeispiele verfolgte das Ziel, die erhebliche Bedeutung des Neutralitätsgebotes für die verfassungsrechtliche Argumentation aufzuzeigen. Das Gebot taucht immer wieder in den Argumentationen dieser Klassiker auf, wie etwa das Kreuz in öffentlichen Räumen oder das Kopftuch von Amtsträgerinnen, und doch ist dessen Inhalt, Umfang und normtheoretischer Charakter bis jetzt nicht geklärt. Daher wird es als beliebiger Argumentationstopos in unterschiedlichen Konstellationen gebraucht neben anderen Geboten wie der Toleranz oder dem Identifikationsverbot; das BVerfG beispielsweise hat es in seiner letzten Kopftuchentscheidung von 2020 als verfassungsimmanente Schranke der Glaubensfreiheit verwendet.[1]

Das Gebot ist aus der religionsverfassungsrechtlichen Diskussion nicht mehr hinwegzudenken. Wie sich im zweiten Teil der Arbeit gezeigt hat, können die Kreuz- und Kopftuchfälle verfassungsrechtlich am plausibelsten gelöst werden, indem die mit der Glaubensfreiheit in Widerstreit tretenden Verfassungsgüter einer genauen Analyse unterzogen und mithilfe des Neutralitätsgebotes interpretiert werden. So konnte erwiesen werden, dass die meisten der gemeinhin verwendeten Rechtfertigungsgründe für die Einschränkung der Religionsfreiheit gar nicht tauglich sind, wenn deren Inhalt erst einmal umfassend offengelegt und in Beziehung mit dem eigentlichen Konflikt gesetzt wird. Das Neutralitätsgebot, wie es im ersten Teil der Arbeit als Interpretationsgebot begründet worden ist, eignet sich am besten, um diese religionsverfassungsrechtlichen Konfliktlagen plausibel zu rekonstruieren und die Argumentation zu strukturieren.

Nach der Begründung des Neutralitätsgebots als Interpretationsgebot im ersten Teil und der Anwendung desselben in den Kreuz- und Kopftuchfällen im zweiten Teil muss nun die Frage untersucht werden, an welcher Stelle in der Grundrechtsprüfung die Normkonkretisierung mithilfe des Neutralitätsgebotes zum Tragen kommt und welche Wirkungen sie auf den Prüfungsverlauf hat. Anhand dieser

1 Vgl. BVerfGE 153, 1, 36ff.

Erkenntnisse wird in einem nächsten Schritt untersucht, ob das Neutralitätsgebot eine Rechtsnorm darstellt und welchen strukturtheoretischen Charakter dieses Gebot aufweist, etwa ob es ein Prinzip oder eine Regel ist.

Beim staatlich angeordneten Kreuz in öffentlichen Räumen – also in Schule, Justiz und Behörde – hat sich gezeigt, dass weder der staatliche Erziehungsauftrag noch die staatliche Identität oder die Funktionsfähigkeit dieser Einrichtungen das Anbringen eines Kreuzes rechtfertigen können. Zu untersuchen ist jetzt, an welchem Prüfungspunkt diese Argumentation ausgeführt werden kann und wie sich die Normkonkretisierung und das Neutralitätsgebot sinnvoll in die Grundrechtsdogmatik einfügen lassen.

Das Kopftuchverbot in der Schule konnte weder durch den staatlichen Erziehungsauftrag noch durch das beamtenrechtliche Mäßigungsgebot gerechtfertigt werden. In der Justiz hat das Kopftuchverbot in der Funktionsfähigkeit der Rechtspflege ebenfalls keinen zulässigen Rechtfertigungsgrund gefunden. Im Rahmen der Prüfung mit dem Mäßigungsgebot wurde die Frage nach der Verfassungsmäßigkeit des Verbots offengelassen, wobei triftigere Gründe dafür sprechen, das Tragen religiöser Symbole in der Justiz zu untersagen.

II. Anwendungsbereich und Gemeinwohlbezug

Der vorliegende Ansatz erhebt den Anspruch, die Neutralitätsvorstellung des Grundgesetzes abzubilden, zumal einige Fragen noch unbeantwortet sind.[2] Ein Gebot, welches mittels einer Zusammenschau in der Rechtsprechung entstanden und verfassungstextlich nicht unmittelbar verankert ist, sollte nicht als eine subsumtionsfähige Regel oder eine Meta-Norm verstanden werden, die verfassungsrechtsdogmatisch absolut gesetzt wird.[3] In diesem Sinne ist es auch fehlerhaft, von verfassungswidrigem Verfassungsrecht zu sprechen, wie es bei der Regelung zum Schutz des Sonntags und der Feiertage nach Art. 140 GG i. V. m. Art. 139 WRV des Öfteren behauptet wird.[4]

---

2 Eine zusammenfassende Darstellung der noch offenen Fragen findet sich bei *Baldus*, in: Anter/Frick (Hg.), Politik, Recht und Religion, S. 219, 227f. Umfassend zum Neutralitätsgebot siehe *Schlaich*, Neutralität als verfassungsrechtliches Prinzip, 1972, *Huster*, Die ethische Neutralität des Staates, 2. Aufl. 2017 und *Bornemann*, Die religiös-weltanschauliche Neutralität des Staates, 2020.

3 *Waldhoff*, Neue Religionskonflikte und staatliche Neutralität, S. 44f.

4 Vgl. dazu *Waldhoff*, Neue Religionskonflikte und staatliche Neutralität, S. 45. In diese Richtung auch *Grzeszick*, in: Heinig/Walter (Hg.), Staatskirchenrecht oder Religionsverfassungsrecht, 2007, S. 131, 144. Siehe das Urteil des Ersten Senats vom 01.12.2009 zum Berliner Ladenöffnungsgesetz in BVerfGE 125, 39.

Die religiös-weltanschauliche Neutralität läuft außerdem stets Gefahr, geschichtsphilosophisch oder staatstheoretisch aufgeladen zu werden.[5] Notwendig war eine „Entschlackung“ der vorherrschenden verfassungstheoretisch angeleiteten Debatte um das Neutralitätsgebot und dessen stärkere Rückbindung an die Verfassung.[6]

Diese Arbeit hat das umgesetzt und gezeigt, dass das Neutralitätsgebot sinnvoll als ein Interpretationsgebot begründet werden kann, indem dessen Gehalt unmittelbar aus den Grundgesetzvorschriften hergeleitet wird, die Teil der vom BVerfG entwickelten Zusammenschau sind.[7] In der Anwendung als Interpretationsgebot auf die klassischen religionsverfassungsrechtlichen Spannungsfelder hat es sich als ertragreich bewiesen.[8] Als methodischer Rahmen diente die Normkonkretisierung nach F. Müller und R. Christensen.[9] Auf diese Weise gelangt man zu sachlich und methodisch vertretbaren Ergebnissen, die praktisch auch gut umsetzbar sind, ohne die verfassungsdogmatischen Anwendungsmöglichkeiten des Neutralitätsgebotes zu überstrapazieren. Selbstverständlich lässt sich, wie so oft im Recht und gerade im Verfassungsrecht, nicht die „eine richtige Antwort“ finden, weil es sich in den meisten Fällen um eine Frage der Argumentation handelt. Man kann lediglich versuchen, mit seiner Begründung die „bessere Antwort“ zu finden.[10]

1. *Anwendungsbereich*

Das Neutralitätsgebot gemäß Art. 4 Abs. 1, Art. 3 Abs. 3 S. 1, Art. 33 Abs. 3 sowie Art. 140 Abs. 1 GG in Verbindung mit Art. 136 Abs. 1 und 4 und Art. 137 Abs. 1 WRV findet bei grundrechtlichen Konflikten religiös-weltanschaulicher Art Anwendung. Dies stellt den klassischen Anwendungsbereich dar im Gegensatz zu Husters Ansatz, der das Neutralitätsgebot als ein ethisches begründet und es auf die Gestaltung des gesamten Lebensbereichs der Bürger bezieht und nicht ausschließlich auf religiös-weltanschauliche Fragestellungen.[11]

---

5 *Heinig*, JZ 2009, 1136, 1140.

6 *Heinig*, JZ 2009, 1136, 1140; *ders.*, JZ 2010, 357, 358.

7 Vgl. S. 50ff.

8 Siehe Zweiter Teil der Arbeit.

9 S. 63ff.

10 Vgl. zur „besseren Antwort“ *Hong*, in: Schröder/v. Ungern-Sternberg (Hg.), Zur Aktualität der Weimarer Staatsrechtslehre, 2011, S. 59, 83.

11 Vgl. *Huster*, Die ethische Neutralität des Staates, S. 634.

2. *Gemeinwohlbezug*

Aus dem Gebot der gleichen Achtung aller Bürger folgt laut Huster, dass die öffentliche Gewalt zu einer intrinsischen Bewertung der unterschiedlichen Konzeptionen des Guten nicht berechtigt ist; daher dürfen staatliche Maßnahmen nicht auf solche Konzeptionen oder Bewertungen gestützt werden, da sie prinzipiell gegenüber jedermann rechtfertigungsfähig sein müssen.[12] Zulässig seien politisch-funktionale Erwägungen und daher stehe das Gebot der Begründungsneutralität einer Politik, die bestimmte Überzeugungen und Lebensformen aufgrund ihrer gemeinwohlförderlichen Auswirkungen unterstützt, nicht im Wege.

Laut Huster ist maßgeblich, ob die Berücksichtigung und Förderung partikularer Interessen dem Gemeinwohl zu- oder abträglich ist; diese Fragen sind der politischen Entscheidung zu überantworten.[13] Bei Huster ist das Gemeinwohl ein Maßstab für die Begründung staatlicher Maßnahmen. Begründungen, die auf bestimmte Konzeptionen des Guten oder deren Bewertung beruhen, sind unzulässig; dagegen sind politisch-funktionale, gemeinwohlbezogene Gründe für staatliches Handeln und damit etwa Differenzierungen zwischen Religionsgemeinschaften erlaubt, je nach ihrer Gemeinwohlförderlichkeit.

Der Gemeinwohlbegriff ist von einer hohen Abstraktheit gekennzeichnet und letztlich entzieht er sich einer abschließenden Definition. Im Gemeinwohl sind rivalisierende Werte und Interessen enthalten, die sich nicht zu einem geschlossenen System denken lassen; daher ließe sich eine geschlossene Gemeinwohldefinition auch nur mit Gewalt durchsetzen und aufrechterhalten, was mit dem Selbstverständnis eines freiheitlichen Gemeinwesens nicht zu vereinbaren ist.[14] Dem Huster'schen Ansatz liegt ein offenes Gemeinwohlverständnis zugrunde, das sich zur Relativität der Interessen und Wertepräferenzen bekennt und einen

---

12 *Huster*, Die ethische Neutralität des Staates, S. 633ff.

13 *Huster*, Die ethische Neutralität des Staates, S. 635ff.

14 *Detjen*, Die Werteordnung des GG, S. 368.

politischen Willensbildungsprozess voraussetzt, der das Gemeinwohl erst konkretisiert und hervorbringt.[15]

Und hier liegt das Problem des Ansatzes: Im politischen Willensbildungsprozess lässt sich grundsätzlich so gut wie alles als gemeinwohldienlich und legitimen Zweck für Grundrechtseinschränkungen deklarieren; dem Erfordernis der Begründungsneutralität ist so schnell Genüge getan, was im nächsten Schritt unbedingt eine Konsistenzprüfung erforderlich macht.[16] Außerdem ist problematisch, dass bei Huster das Gemeinwohl als Maßstab dient und zugleich als Resultante aus dem politischen Prozess hervorgeht.[17] Das hat einen zirkelschlüssigen Charakter der Argumentation zur Folge: Zulässig und gemeinwohldienlich ist, was gemeinwohldienlich ist.

Eine weitere Schwierigkeit beim Gemeinwohlbegriff stellt sich bei der Rechtfertigung von Grundrechtseinschränkungen. In der Regel steht nicht Partikularwohl (Grundrecht) gegen Gemeinwohl, sondern konkurrierende Gemeinwohlbelange treten in Widerstreit, weil Freiheit ebenfalls ein Gemeinwohlbelang ist. Damit eine Abwägung vorgenommen werden kann, muss das Gemeinwohl konkretisiert werden; steht Gemeinwohl undifferenziert gegen Gemeinwohl, ist eine Abwägung

---

15 *Detjen*, Die Werteordnung des GG, S. 368ff.; *Grimm*, in: Münkler/Fischer (Hg.), Gemeinwohl und Gemeinsinn im Recht, 2002, S. 125: „Resultante eines gesellschaftlichen Prozesses“, S. 126: „Das Gemeinwohl ist insofern pluralisiert.“ Und S. 127: „Das Gemeinwohl ist insofern prozeduralisiert.“; *Hofmann*, in: Münkler/Fischer (Hg.), Gemeinwohl und Gemeinsinn im Recht, S. 25, 30f.; *Anderheiden*, in: FS Kirchhof, Bd. 1, § 5, 45, 53 und 55; kritisch dazu *Isensee*, in: Depenheuer (Hg.), Staat und Verfassung, 33, 36ff. „Die Erfüllung der Kompetenz- und Verfahrensregeln ist eine notwendige, doch keine hinreichende Bedingung zur Verwirklichung des Gemeinwohls. Das Gemeinwohl ist in erster Linie eine materielle Zielvorstellung, indes die Demokratie den Weg bedeutet, der als solcher zieloffen ist. Für den Verfassungsstaat ist der demokratische Weg der einzig mögliche. Doch der Weg selber ist noch nicht das Ziel.“ (S. 38f.) Zum Inhalt des Gemeinwohls in Thesen *Isensee*, in: Depenheuer (Hg.), Staat und Verfassung, 33, 40ff.

16 Vgl. das Eingeständnis von Huster selbst *ders.*, Die ethische Neutralität des Staates, S. 667 und ausführlich oben S. 46ff. Der Schwerpunkt der Prüfung fällt daher nicht auf den legitimen Zweck des Eingriffs, sondern vielmehr auf die Geeignetheit der Maßnahme. Zur Rechtfertigung von Grundrechtseinschränkungen durch Gemeinwohlbelange *Detjen*, Die Werteordnung des GG, S. 375f. und *Grimm*, in: Münkler/Fischer (Hg.), Gemeinwohl und Gemeinsinn im Recht, S. 125, 134ff.

17 Vgl. *Grimm*, in: Münkler/Fischer (Hg.), Gemeinwohl und Gemeinsinn im Recht, S. 125, 127.

nicht möglich.[18] Das Gemeinwohl wird nur in der konkretisierten Form spezifischer Rechtsgüter wie Grundrechte oder andere bedeutende Gemeinschaftsgüter, etwa der staatliche Erziehungsauftrag oder die Funktionsfähigkeit der Rechtspflege, der Abwägung zugänglich sein.[19] Das Verfahren der Normkonkretisierung knüpft daran an und setzt den Prozess der Konkretisierung fort. Wie im zweiten Teil der Untersuchung gezeigt, werden die Rechtfertigungsgründe für die Einschränkung der Glaubensfreiheit mithilfe des Neutralitätsgebotes weiter konkretisiert und so für die Verhältnismäßigkeitsprüfung aufbereitet.

B. Das Neutralitätsgebot in der Grundrechtsprüfung

Im Folgenden soll analysiert werden, wie sich das Neutralitätsgebot als Interpretationsgebot in der Grundrechtsprüfung auswirkt und welchen Prüfungsstandort man ihm zuweisen kann. Dazu sollen die untersuchten BVerfG-Entscheidungen rekonstruiert und das Neutralitätsgebot in die Grundrechtsprüfung integriert werden.

Nach Huster ist das Neutralitätsgebot als Gebot der Begründungsneutralität unmittelbar in den Grundrechten zu verorten, wie diese einen Anspruch auf gleiche Freiheit gewährleisten.[20] Das äußere sich auf Schutzbereichsebene, auf der gewährleistet werde, dass der grundrechtliche Freiheitsschutz nicht von vornherein auf einen bestimmten „richtigen" oder „gewünschten" Freiheitsgebrauch verengt werde.[21] Auch Grundrechtseingriffe müssen diesen Anforderungen gerecht werden, denn, wenn einerseits der Schutzbereich neutral ausgelegt werden müsse, um die gleiche Freiheit aller Bürger zu gewährleisten, wäre es paradox, andererseits Eingriffe zuzulassen, die auf Gründen beruhen, die für die Interpretation des Schutzbereichs unzulässig wären.[22]

Aus dem Neutralitätsgebot ergebe sich weiterhin, dass Freiheitseinschränkungen, die bestimmte, nämlich auf partikularen Überzeugungen beruhende, neutral nicht zu rechtfertigende Ziele verfolgen, von vornherein unzulässig seien, und folglich müsse die Prüfung des Neutralitätsgebotes der Abwägung vorgeordnet werden; die Frage also, ob staatliches Handeln mit dem Neutralitätsgebot vereinbar sei, sei der Prüfungsstation des legitimen Zwecks zuzuweisen. Staatliches Handeln, das neutral nicht begründet werden könne, könne kein legitimes Ziel

18 *Grimm*, in: Münkler/Fischer (Hg.), Gemeinwohl und Gemeinsinn im Recht, S. 125, 135f.

19 *Grimm*, in: Münkler/Fischer (Hg.), Gemeinwohl und Gemeinsinn im Recht, S. 125, 136.

20 *Huster*, Die ethische Neutralität des Staates, S. 652f.

21 *Huster*, Die ethische Neutralität des Staates, S. 653.

22 *Huster*, Die ethische Neutralität des Staates, S. 653f.

darstellen. Auf die Intensität der Grundrechtseinschränkungen komme es folglich nicht an, sondern auf die Gründe.[23] Daher soll untersucht werden, inwieweit sich diese Punkte bei der Anwendung des Neutralitätsgebotes als Interpretationsgebot in der Grundrechtsprüfung unterscheiden. Geprüft wird in Anlehnung an die oben untersuchten BVerfG-Entscheidungen, ob eine Verletzung der Glaubensfreiheit vorliegt.

I. Grundrechtsprüfung: Verletzung des Art. 4 GG durch staatlich verordnetes Aufhängen eines Kreuzes im Klassenzimmer

1. Schutzbereich

Der Schutzbereich der Glaubensfreiheit nach Art. 4 Abs. 1 und 2 GG ist ohne Weiteres eröffnet. Zur Glaubensfreiheit gehört nicht nur die Freiheit, einen Glauben zu haben, sondern auch die Freiheit, sein Leben umfassend nach diesen Glaubensüberzeugungen auszurichten.[24] Die Religionsfreiheit gewährleistet die Teilnahme an kultischen Handlungen; dem entspricht umgekehrt die Freiheit, kultischen Handlungen eines nicht geteilten Glaubens fernzubleiben. Diese Freiheit bezieht sich auch auf Symbole, in denen ein Glaube oder eine Religion sich darstellt.[25]

In einer pluralen Gesellschaft, die unterschiedlichen Glaubensüberzeugungen Raum gibt, gibt es kein Recht des Einzelnen darauf, von einer Konfrontation mit fremden Glaubensbekundungen und religiösen Symbolen verschont zu bleiben. „Davon zu unterscheiden ist allerdings eine vom Staat geschaffene Lage, in der der Einzelne ohne Ausweichmöglichkeiten dem Einfluss eines bestimmten Glaubens (…) und den Symbolen, in denen er sich darstellt, ausgesetzt ist."[26] Insofern entfaltet die Glaubensfreiheit ihre freiheitssichernde Wirkung gerade in öffentlichen Räumen wie der staatlichen Schule.[27]

Hier konstatiert das BVerfG zwar, dass es kein Recht des Einzelnen darauf gibt, von fremden Glaubenssymbolen verschont zu bleiben – einen Konfrontationsschutz gibt es demnach nicht – allerdings unterscheidet sich die Situation danach, ob es sich um einen privaten oder öffentlichen Raum handelt, in dem der Einzelne dem Symbol ausgesetzt ist.[28]

---

23 *Huster*, Die ethische Neutralität des Staates, S. 655f.
24 BVerfGE 93, 1, 15.
25 BVerfGE 93, 1, 15f.
26 BVerfGE 93, 1, 16.
27 BVerfGE 93, 1, 16.
28 Vgl. *Oebbecke*, in: Handbuch des Staatskirchenrechts, Bd. 2, § 41, Rn. 18.

Wenn in einem staatlichen Raum das Kreuz, welches als *das* christliche Symbol schlechthin gilt, auf staatliche Veranlassung angebracht wird, dann ist nicht sein bloßes Vorhandensein das Problem, sondern sein alleiniges Vorhandensein.[29] Der Schutzbereich ist deshalb berührt, weil dieses Verhalten des Staates die nicht christlichen bzw. areligiösen Schüler benachteiligt. In seinen eigenen Räumen trägt der Staat die Verantwortung dafür, dass religiös-weltanschauliche Beeinflussungen so gering wie möglich zu halten sind, insbesondere in den Fällen, in denen eine Anwesenheitspflicht besteht, wie es in der Schule in Gestalt der Schulpflicht der Fall ist. Eine zumindest subtile Beeinflussung lässt sich nicht leugnen. Denn wenn das Kreuz angebracht wird, kann davon ausgegangen werden, dass derjenige, der es hat anbringen lassen, dessen Inhalte für befolgungswürdig hält.[30] Selbst wenn das Kreuz „angesichts der geschichtlichen und kulturellen Prägung" (vgl. Art. 7 Abs. 4 BayEUG) angebracht wird, so lassen sich die christlichen Gehalte, die das Kreuz unzweifelhaft auch verkörpert, nicht hinweginterpretieren.

2. *Eingriff*

Das BVerfG bejaht den Eingriff, weil Schüler aufgrund der allgemeinen Schulpflicht während des Unterrichts ohne Ausweichmöglichkeit gezwungen seien, „unter dem Kreuz" zu lernen.[31] Für diese Begründung maßgeblich sind der Grad an Unausweichlichkeit und der mit Sanktionen durchsetzbare Zwang, den die allgemeine Schulpflicht mit sich bringe; zudem wird auf den Fall des Kreuzes im Gerichtssaal hingewiesen und ausgeführt, dass die Dauer und Intensität der Wirkung von Kreuzen im Klassenzimmer größer seien als bei Kreuzen im Gerichtssaal.[32]

Aufgrund dessen weist das BVerfG dem Kreuz einen appellativen Charakter zu.[33] Der Eingriffscharakter ist auch deswegen zu bejahen, weil in der staatlichen Pflichtschule Schülern ein gewisses Wertefundament und bestimmte Erziehungsziele vermittelt werden, die für das individuelle wie soziale Leben relevant sein sollen. Auch wenn im Unterricht nicht explizit auf eine religiöse Grundierung Bezug genommen wird, wird durch das stete Vorhandensein eines religiösen Symbols eine bestimmte, nämlich christliche Wahrnehmungsperspektive bevorzugt.

---

29 Vgl. *Huster*, Die ethische Neutralität des Staates, S. 181.

30 BVerfGE 93, 1, 19.

31 BVerfGE 93, 1, 18.

32 BVerfGE 93, 1, 18.

33 BVerfGE 93, 1, 20f.

Die Erziehung wird also zumindest teilweise mit einem christlich konnotierten Rahmen verknüpft.[34]

3. *Rechtfertigung*

Es wurde herausgearbeitet, dass lediglich der staatliche Erziehungsauftrag gemäß Art. 7 Abs. 1 GG als kollidierendes Verfassungsgut und Rechtfertigungsgrund in Betracht kommt.[35] Die Kritiker bemängelten, dass das BVerfG in seiner Entscheidung von 1995 die Kulturhoheit der Länder und den staatlichen Erziehungsauftrag nicht genügend berücksichtigt habe.[36] Der staatliche Bildungs- und Erziehungsauftrag sei nicht nur auf die Vermittlung von Wissen beschränkt, sondern solle den Schülern Werte vermitteln, die die „kulturelle Gemeinschaft identitätsstiftend geprägt haben".[37] Dabei dürfen aus verfassungsrechtlicher Sicht auch christliche Elemente in der Erziehung eine Rolle spielen, soweit sie sich auf das Christentum als einen Kultur- und Bildungsfaktor beschränken.[38] Folglich sollen christliche Erziehungsinhalte im Rahmen dieser Grenzen in den Unterricht mit einfließen dürfen. Das Kreuz soll dabei ein solches christliches Element sein, welches bei der Erziehung der Schüler unterstützend wirken soll. Nun stellt sich die Frage, ob das Kreuz, welches in erster Linie ein Glaubenssymbol ist, sich als Mittel überhaupt eignet, um förderlich auf die Erfüllung des staatlichen Erziehungsauftrages einzuwirken.

---

34 *Herbolsheimer/Kukuczka*, ZevKR 63 (2018), 367, 381.

35 Vgl. S. 151f. Das BVerfG bringt den Schulfrieden in unmittelbaren Zusammenhang mit der Erfüllung des staatlichen Erziehungsauftrages und damit mit Art. 7 Abs. 1 GG, vgl. BVerfGE 108, 282, 303. Die Frage, ob das Kreuz im Klassenzimmer möglicherweise durch den Schulfrieden als mit der Glaubensfreiheit in Widerstreit tretendes Verfassungsgut gerechtfertigt werden könne, muss verneint werden. Es ist evident, dass ein Kreuz an der Wand keine wie auch immer geartete förderliche Wirkung auf den Schulfrieden haben kann. Im Gegenteil, es hat sich bereits gezeigt, dass das Kreuz dem Schulfrieden abträglich ist und Gegenstand von Konflikten sein kann, wie an der Entscheidung des BVerfG von 1995 zu erkennen ist. Das staatlich veranlasste Kreuz in der Schule kann also auch nicht auf den Schulfrieden als Rechtfertigungsgrund gestützt werden.

36 Vgl. oben S. 81f.

37 *Geis*, in: Brugger/Huster (Hg.), Der Streit um das Kreuz in der Schule, S. 41, 52; in diesem Sinne auch *Gut*, Kreuz und Kruzifix in öffentlichen Räumen, S. 22f.; keine „wertneutrale Erziehung", so *Link*, NJW 1995, 3353, 3354; *Isensee*, ZRP 1996, 10, 14.

38 *Geis*, in: Brugger/Huster (Hg.), Der Streit um das Kreuz in der Schule, S. 41, 52f.; *ders.*, RdJB 1995, 373, 385; *Link*, NJW 1995, 3353, 3354.

a. Legitimer Zweck

Beim Prüfungspunkt des legitimen Zwecks wird geprüft, ob das verfolgte Ziel verfassungskonform, also legitim ist. Gegen die Erfüllung des staatlichen Erziehungsauftrages nach Art. 7 Abs. 1 GG spricht zunächst nichts. An dieser Stelle muss zuerst gefragt werden, was unter dem Begriff der Aufsicht aus Art. 7 Abs. 1 GG zu verstehen ist und welche Erziehungsziele der Staat verfolgen darf, es bedarf also der Konkretisierung und Interpretation. Hier soll daher das Verfahren der Normkonkretisierung verortet werden, um diese Fragen zu beantworten. Die Erfüllung des staatlichen Erziehungsauftrages umfasst im Rahmen der umfassenden Schulhoheit das eigenständige Formulieren von Bildungs- und Erziehungszielen durch den Staat. In diesem Rahmen wurden neutrale Erziehungsziele erarbeitet und vorgeschlagen: eigenverantwortliche Lebensführung, Bürgertugenden (z. B. politisches Verantwortungs- und Umweltbewusstsein, Zivilcourage und Toleranz) und Gesetzestreue sowie eine Moralerziehung im Sinne einer Kernmoral. Das BVerfG hat zwar im Jahr 1975 in der Entscheidung zur christlichen Gemeinschaftsschule badischer Überlieferung ausgeführt, dass christlich-abendländische Bildungs- und Kulturwerte in der schulischen Erziehung eine Rolle spielen dürfen,[39] dennoch sind diese Inhalte nach dem hier vertretenen Ansatz nicht zulässig. Nun hat man eine ganz konkrete Vorstellung von dem verfolgten legitimen Zweck, bevor die nächste Frage nach der Geeignetheit des eingesetzten Mittels gestellt werden kann.

b. Geeignetheit

Im Rahmen der Geeignetheit der staatlichen Maßnahme wird danach gefragt, ob das eingesetzte Mittel (hier staatliche Anordnung, ein Kreuz an die Wand des Klassenzimmers anzubringen) dazu geeignet ist, das Ziel (Erfüllung des staatlichen Erziehungsauftrages) zu erreichen oder zumindest zu fördern.[40] Die Kritiker der Schulkreuzentscheidung brachten regelmäßig das Argument der Schulhoheit hervor und dass es den Ländern zustehe, eigene Erziehungs- und Bildungsinhalte verbindlich festzulegen und die Umsetzung zu regeln. Dazu gehören auch die Bestimmung konkreter pädagogischer Maßnahmen, Mittel und die Ausstattung der Klassenräume. Das Kreuz habe eine unterstützende Wirkung bei der Vermittlung von Erziehungs- und Bildungszielen, weil es jene Inhalte verkörpere, vgl. Art. 7 Abs. 4 S. 1 und S. 2 BayEUG. Zudem sei das Kreuz ein Symbol der

---

39 BVerfGE 41, 29, 52.
40 Vgl. schon S. 143f.

christlich-abendländischen Tradition und wirke sich somit förderlich auf die schulische Erziehung und Identitätsbildung aus.

Dem muss widersprochen werden. Zunächst sind die christlich-abendländischen Bildungs- und Kulturwerte keine zulässigen Erziehungsziele im Sinne des Art. 7 Abs. 1 GG, zumal das Kreuz als Glaubenssymbol insoweit keine Kultur darstellen kann, sondern eine Glaubensrichtung. Außerdem ist das Kreuz nicht geeignet, neutrale Erziehungsziele zu versinnbildlichen oder auf irgendeine Weise förderlich bei deren Vermittlung einzuwirken. Es ist nicht klar, wie sich ein Kreuz auf die Vermittlung von Bürgertugenden, eigenverantwortlicher Lebensführung oder Gesetzestreue positiv auswirken soll. Ein Symbol, welches zumindest auch religiösen Charakter hat, kann nicht dazu eingesetzt werden, um neutrale Erziehung darzustellen, zu symbolisieren oder zu fördern. Generell kann konstatiert werden, dass religiöse Symbole für die Vermittlung solcher Erziehungsinhalte keinen förderlichen Effekt haben. Vielmehr können die oben genannten Erziehungsinhalte ohne Kreuz an der Wand sehr gut bzw. besser vermittelt und umgesetzt werden.

4. Ergebnis

Die staatliche Anordnung, ein Kreuz an die Wand eines Klassenzimmers anzubringen, verletzt somit die Glaubensfreiheit und ist unzulässig.

II. Grundrechtsprüfung: Verletzung des Art. 4 GG durch staatlich verordnetes Anbringen eines Kreuzes im Gerichtssaal

Zu prüfen ist jetzt, wie die Grundrechtsprüfung bei Kreuzen in Gerichtssälen ausgestaltet ist. In Bayern etwa werden aufgrund eines Erlasses vom 25.06.1958 in den Gerichtssälen grundsätzlich Kreuze aufgehängt.[41] Es wurde bereits ausgeführt, dass das Kreuz im Gerichtssaal unzulässig ist.[42] Zu untersuchen ist, ob die Prüfung erneut bei der Geeignetheit der staatlichen Maßnahme endet.

1. Schutzbereich

Im Wesentlichen kann auf die Ausführungen des Schutzbereichs auf S. 184f. verwiesen werden. Es gibt in einem pluralistischen Gemeinwesen zwar keinen Schutz vor der Konfrontation mit (fremden) religiösen Symbolen; anders zu beurteilen ist die Situation allerdings in einem öffentlichen Raum, in dem es

41 Vgl. *Streinz*, BayVBl 2014, 421, 428.
42 Vgl. oben S. 144ff. und S. 152ff.

keine Ausweichmöglichkeiten gibt. Der Gerichtssaal ist ein solcher Raum, in dem der Betroffene dem Kreuz an der Wand unfreiwillig ausgesetzt wird. Zwar kann im Gegensatz zur öffentlichen Pflichtschule nicht von einer bewussten oder unbewussten Beeinflussung durch das Kreuz ausgegangen werden, weil es in der Situation vor Gericht an einer intendierten Wertevermittlung fehlt.

Dennoch ist auch hier das exklusive Vorhandensein[43] problematisch. Gerade vor Gericht, in dem der Staat klassisch-hoheitlich auftritt und versucht, einen gerechten Ausgleich zwischen den Parteien herbeizuführen, sollte er nicht auf Symbole zum Zwecke der Selbstdarstellung zurückgreifen, die seine Objektivität infrage stellen.

2. *Eingriff*

Das BVerfG hat in der zugrunde liegenden Entscheidung von 1973 ausgeführt, dass die ständige Ausstattung von Gerichtssälen mit Kreuzen den Eindruck einer weitergehenden Bedeutung vermittele. „Denn das Kreuz als Sinnbild des Leidens und der Herrschaft Christi gilt von alters her als symbolischer Inbegriff des christlichen Glaubens. (…) Denn jedenfalls liegt dann, wenn ein Gebäude oder ein Raum mit einem Kreuz versehen wird, auch heute der Eindruck nahe, dadurch solle eine enge Verbundenheit mit christlichen Vorstellungen bekundet werden.“[44] Das Kreuz ist, ungeachtet der anderen vorhandenen Deutungen, auch ein Glaubenssymbol. Natürlich verlangt das bloße Vorhandensein des Kreuzes von den Verfahrensbeteiligten keine eigene Identifikation mit christlichen Inhalten oder sonst ein aktives Verhalten,[45] dennoch liegt ein gewisser Grad an Unausweichlichkeit vor, der die Verfahrensbeteiligten – die sich den Gerichtssaal nicht aussuchen dürfen – dazu zwingt, unter dem Kreuz einen Rechtsstreit zu führen.[46] Und die Glaubensfreiheit gewährleistet die Freiheit von staatlichen oder staatlich veranlassten Zwängen in religiös-weltanschaulicher Hinsicht.[47] Es kommt nicht darauf an, wie stark oder wie lange die Verfahrensbeteiligten dem Anblick des Kreuzes ausgesetzt sind. Maßgeblich ist erneut die Exklusivität, mit der das Kreuz als Instrument der Selbstdarstellung verwendet und so eine bestimmte Religion bevorzugt wird.

---

43 *Huster*, Die ethische Neutralität des Staates, S. 181.
44 BVerfGE 35, 366, 374.
45 BVerfGE 35, 366, 375.
46 BVerfGE 35, 366, 375f.
47 BVerfGE 35, 366, 376.

3. *Rechtfertigung*

Mit der Glaubensfreiheit der Verfahrensbeteiligten treten die staatliche Selbstdarstellung und die Funktionsfähigkeit der Rechtspflege in Widerstreit.[48] In der Entscheidung des BVerfG von 1973 fehlen Ausführungen dazu, welche Verfassungsgüter mit der Glaubensfreiheit der Beschwerdeführer kollidieren, das Gericht stellt lediglich fest, dass eine Verletzung der Glaubensfreiheit vorliegt, weil es für die Beschwerdeführer eine unzumutbare innere Belastung darstelle, unter dem Kreuz einen Rechtsstreit zu führen; dafür hätten sie ernstliche, einsehbare Erwägungen vorgetragen, die aufgrund des Schweigerechts nach Art. 140 GG i. V. m. Art. 136 Abs. 3 WRV nicht dargestellt zu werden brauchten.[49] Folglich war die Intensität im konkreten Einzelfall das Hauptargument, um der Verfassungsbeschwerde stattzugeben; darin könne aber kein allgemeines Verbot von Kreuzen im Gerichtssaal gesehen werden.[50] Denkbar als Rechtfertigungsgründe sind daher die staatliche Identität, die mit der Selbstdarstellung einhergeht, und die Funktionsfähigkeit der Rechtspflege.

a. *Legitimer Zweck*

Es stellt sich nun die Frage, ob die staatliche Selbstdarstellung und die Funktionsfähigkeit der Rechtspflege an sich legitime Zwecke für die Rechtfertigung des Eingriffs darstellen. An dieser Stelle wird erneut die Normkonkretisierung relevant, um zu untersuchen, was unter diesen Begrifflichkeiten zu verstehen ist und ab wann keine zulässige Selbstdarstellung mehr vorliegt. Die Sichtbarmachung bzw. Darstellung bezieht sich auf den konkret verfassten Staat mit seinen tragenden rechtlichen und politischen Prinzipien und Grundideen. Folglich ergibt sich der Inhalt der Begrenzung der Selbstdarstellung aus den grundlegenden, den Staat in seiner konkreten Eigenart bestimmenden Prinzipien und Entscheidungen der Verfassung selbst. Die Grenze des Zulässigen liegt jedenfalls dort, wo die staatliche Selbstdarstellung zu tragenden Verfassungsentscheidungen im Widerspruch steht.[51] Grundsätzlich ist nicht daran zu erinnern, wenn der Staat sich zum Zwecke der Selbstdarstellung bestimmter Symbole bei der Aufgabenerfüllung bedient (z. B. Flaggen), solange das in den Grenzen der Verfassung geschieht.

Nach einem neutralen Verständnis der Funktionsfähigkeit der Rechtspflege setzt diese das Vertrauen der Bevölkerung in die Objektivität und Unabhängigkeit

---

48 Vgl. oben S. 146ff.
49 BVerfGE 35, 366, 373ff.
50 BVerfGE 35, 366, 375f.
51 *Böckenförde*, ZevKR 20 (1975), 119, 126; vgl. S. 147ff.

der Justiz voraus.[52] Dazu gehören die Unparteilichkeit der einzelnen Amtsträger[53] und auch die wahrnehmbare Ausstattung der Gerichtssäle. Die Justiz ist demnach nur Gesetz und Recht unterworfen und nicht religiösen Glaubensvorstellungen. Bei Rechtsverletzungen steht zudem der Rechtsweg offen; das ist nicht nur als formelle Zuständigkeitsregelung zu verstehen, sondern auch im Sinne einer Rechtsschutzgarantie, bei der die Möglichkeit zur Rüge besteht.[54]

Rechtspflege als eine der Grundbedingungen des Rechtsstaates und Bestandteil des Wertesystems des Grundgesetzes[55] setzt also voraus, dass es eine Rechtsschutzgarantie gibt, die von Richtern unter Beachtung von Gesetz und Recht umgesetzt wird. Fraglich ist nun, ob das Kreuz im Gerichtssaal förderlich auf die Funktionsfähigkeit der Rechtspflege wirkt.

b. Geeignetheit

Dass das Kreuz an der Wand (oder als Standkreuz) keinen positiven oder förderlichen Effekt auf die Rechtsprechungstätigkeit oder die dazugehörigen Hilfstätigkeiten hat, ist offensichtlich. Und nach dem hiesigen Verständnis der Funktionsfähigkeit der Rechtspflege ist diese vom Vertrauen der Bevölkerung in die Unabhängigkeit der Justiz abhängig. Das Vertrauen kann aber durch das sichtbare Aufhängen eines Kreuzes beschädigt, durch die Distanzierung von staatlich veranlassten religiösen Symbolen dagegen gestärkt werden. Das Kreuz ist also evident ungeeignet, um förderlich auf die Funktionsfähigkeit der Rechtspflege einzuwirken.[56] Es hat keinen Einfluss auf die Rechtsprechungstätigkeit als solche oder die ordnungsgemäße Erfüllung der Rechtsschutzgarantie. Möchte man die Funktionsfähigkeit der Rechtspflege verbessern, so hat man andere Maßnahmen zu ergreifen, etwa solche, die die überlangen Verfahrensdauern verkürzen oder das Vertrauen in die Justiz stärken. Dazu gehören Kreuze im Gerichtssaal sicherlich nicht.[57]

Das Argument der staatlichen Identität ist zu dem Punkt der Selbstdarstellung des Staates zu zählen. Aus der Selbstdarstellung des Staates folgen seine Grenzen. Die Grenze des Zulässigen liegt dort, wo die Selbstdarstellung zu den tragenden

---

52 Vgl. auch BVerfGE 153, 1, 40f.

53 Vgl. *Friedrich*, NVwZ 2018, 1007, 1009.

54 *Huber*, in: Huber/Voßkuhle, GG Art. 19, Rn. 380.

55 BVerfGE 153, 1, 40.

56 Vgl. S. 148 oben.

57 Etwas anderes gilt für die Schwurkreuze, die auf Verlangen der Eidespflichtigen bereitgestellt werden, wie das BVerfG in seiner Entscheidung von 1973 zu Kreuzen in Gerichtssälen bereits festgestellt hat, vgl. BVerfGE 35, 366, 373f.

Verfassungsentscheidungen, die sie repräsentieren soll, in Widerspruch steht.[58] Die Frage, ob das Kreuz im Gerichtssaal diese Grenzen überschreitet, ist eine Frage der Geeignetheit. Die Frage, die sich folglich stellt, ist, ob das Kreuz die Identität des konkret verfassten Staates repräsentieren bzw. symbolisieren *kann*. Da das Kreuz in erster Linie ein christliches Glaubenssymbol ist, kann es einen säkularen Verfassungsstaat, in dem Regelungen wie das Identifikationsverbot nach Art. 140 GG i. V. m. Art. 137 Abs. 1 WRV und die Gleichbehandlungsgebote, in denen Offenheit und Gleichheit für alle Religionen und Weltanschauungen gelten, nicht angemessen repräsentieren. Vielmehr käme das Aufhängen eines Kreuzes einer Identifikation mit christlich geprägten Inhalten gleich,[59] was gegen die Verfassungsentscheidungen verstößt, die das Kreuz gerade versinnbildlichen soll. Das Kreuz ist folglich nicht geeignet, die staatliche Identität in der Justiz sinnbildlich darzustellen.[60]

4. Ergebnis

Die Anordnung, ein Kreuz an die Wand eines Gerichtssaales anzubringen oder als Standkreuz auf der Richterbank hinzustellen, ist nicht verhältnismäßig und verletzt die Glaubensfreiheit der Verfahrensbeteiligten.

III. Grundrechtsprüfung: Verletzung des Art. 4 GG durch staatlich verordnetes Aufhängen eines Kreuzes in der Behörde

Es wurde bereits erläutert, aus welchem Grund das staatlich veranlasste Kreuz in einer Behörde unzulässig ist.[61] In der Grundrechtsprüfung ist zu untersuchen, ob das Anbringen eines Kreuzes in staatlichen Behörden ebenfalls – genau wie in der Schule und im Gerichtssaal – zum Zwecke der Selbstdarstellung und Funktionsfähigkeit ungeeignet ist. Zurück geht der Kreuzerlass auf eine behördeninterne Anweisung gemäß § 28 BayAGO, wonach im Eingangsbereich eines jeden Dienstgebäudes als Ausdruck der geschichtlichen und kulturellen Prägung Bayerns gut sichtbar ein Kreuz anzubringen ist.

---

58 *Böckenförde*, ZevKR 20 (1975), 119, 126; vgl. S. 115ff.

59 *Feldmann*, Betrifft Justiz 2008, 216, 217; a. A. *Schütz*, Betrifft Justiz 2008, 221, 222.

60 Vgl. S. 147ff.

61 Vgl. S. 149f. und S. 152ff.

1. *Schutzbereich*

Im Rahmen des Schutzbereichs ist problematisch, dass mit dem Kreuz explizit die geschichtliche und kulturelle Prägung Bayerns zum Ausdruck gebracht werden soll, religiös-weltanschauliche Gründe für das Anbringen werden nicht aufgeführt. Deswegen ist fraglich, ob der Schutzbereich der Glaubensfreiheit überhaupt berührt ist. Von der Glaubensfreiheit ist das Recht umfasst, keinen Glauben zu haben und sich dementsprechend auch von religiös geprägten Symbolen fernhalten zu können. In einer pluralistischen Gesellschaft kann es kein Recht auf Verschonung vor (fremden) religiösen Symbolen geben, dennoch ist die Situation anders zu beurteilen, wenn es sich um einen öffentlichen Raum handelt, in dem der Einzelne ohne Ausweichmöglichkeit und von Staats wegen diesen Symbolen ausgesetzt ist.[62]

Damit der Schutzbereich der Glaubensfreiheit eröffnet ist, muss es sich beim Kreuz um ein religiöses Symbol handeln. Problematisch ist, dass nach Ansicht der bayerischen Staatsregierung religiöse Bezüge nicht primärer Deutungsgehalt des Kreuzes sind, sondern gemäß dem ausdrücklichen Wortlaut des § 28 BayAGO geschichtliche und kulturelle Bezüge.[63] Maßgeblich für die Bestimmung des Deutungsgehaltes ist aber nicht der konkrete Betrachter oder die bayerische Staatsregierung, sondern der objektive und verständige Betrachter.[64] Die Umdeutung des Kreuzes durch den Staat von einem (zumindest auch) Glaubenssymbol in ein Kultursymbol ist folglich irrelevant.[65] Auf die Glaubensfreiheit können sich neben Besuchern der Behörden auch die dort beschäftigten Beamten und Angestellten des öffentlichen Dienstes berufen.[66]

2. *Eingriff*

Ein Eingriff in den Schutzbereich liegt vor, wenn eine staatliche Maßnahme ein grundrechtlich geschütztes Verhalten ganz oder zum Teil unmöglich macht, unabhängig davon, ob diese Wirkung final oder unbeabsichtigt, unmittelbar oder mittelbar, rechtlich oder tatsächlich, mit oder ohne Befehl und Zwang erfolgt, sofern die Beeinträchtigung zurechenbar ist und die Bagatellgrenze

---

62 BVerfGE 93, 1, 15f.

63 *Halbig*, NVwZ 2021, 768, 769.

64 BVerfGE 93, 1, 19f.; BayVGH Urt. v. 1.6.2022 – 5 B 22.674, BeckRS 2022, 23724 Rn. 26; *Halbig*, NVwZ 2021, 768, 769.

65 BayVGH Urt. v. 1.6.2022 – 5 B 22.674, BeckRS 2022, 23724 Rn. 25; *Friedrich*, NVwZ 2018, 1007, 1010f.; *Halbig*, NVwZ 2021, 768, 769.

66 *Halbig*, NVwZ 2021, 768, 769.

überschreitet.[67] Zu unterscheiden ist, ob bereits der Erlass der Vorschrift des § 28 BayAGO einen Grundrechtseingriff darstellt oder erst die behördlichen Umsetzungsakte in Gestalt der Anbringung der Kreuze im Behördengebäude. Weil § 28 BayAGO eine Verwaltungsvorschrift und damit eine behördeninterne Regelung ist, entfaltet sie keine unmittelbare Außenwirkung. Auch inhaltlich gesehen betrifft § 28 BayAGO ausschließlich behördeninterne Vorgänge, indem er eine interne Weisung an die einzelnen Behörden enthält, Kreuze in Dienstgebäuden des Freistaates aufzuhängen.[68] Folglich liegt keine unmittelbare, den Bürger betreffende Verpflichtung vor und mangels dieser Wirkung kann die Verwaltungsvorschrift selbst keinen Eingriff in die Glaubensfreiheit darstellen. Erst durch die behördlichen Umsetzungsakte kommen Grundrechtsträger mit dem religiösen Symbol in Kontakt und deshalb entfalten erst die jeweiligen Realakte eine unmittelbare Außenwirkung.[69]

Ein weiterer Problemkreis ist die Intensität der Wirkung, möglicherweise überschreitet sie die Bagatellgrenze nicht aufgrund der Flüchtigkeit der Begegnung. Die Kreuze sollen gemäß § 28 BayAGO zwar gut sichtbar, aber eben nur im Eingangsbereich eines jeden Dienstgebäudes aufgehängt werden. Folglich begegnet man dem Kreuz nur flüchtig beim Betreten und Verlassen des Gebäudes. Fraglich ist dabei, ob nicht bloß eine alltägliche Belastung vorliegt.[70] Diese Frage muss anhand der konkreten räumlichen und sachlichen Begleitumstände beurteilt werden. Zwar verlangt das bloße Vorhandensein eines Kreuzes keine Identifizierung oder ein sonstiges aktives Verhalten, trotzdem müssen der unausweichliche Zwang und die als Identifikation empfundene Ausstattung[71] in einem

67 *Starck*, in: v. Mangoldt/Klein/Starck, GG Art. 1, 7. Aufl. 2018, Rn. 265; *Halbig*, NVwZ 2021, 768, 769.

68 *Halbig*, NVwZ 2021, 768, 769; BayVGH Urt. v. 1.6.2022 – 5 N 20.1331, BeckRS 2022, 23726 Rn. 20 und Rn. 26.

69 *Halbig*, NVwZ 2021, 768, 769; vgl. auch *Starck*, in: v. Mangoldt/Klein/Starck, GG Art. 1, 7. Aufl. 2018, Rn. 265.

70 *Halbig*, NVwZ 2021, 768, 769.

71 Es entsteht der Eindruck, dass der Kreuzerlass bewusst und gewollt mit dem hoheitlichen Verwaltungshandeln in den Behörden verknüpft wird. Denn nach Aussage des bayerischen Innenministeriums ist § 28 BayAGO nur in Behörden mit Verwaltungshandeln verpflichtend umzusetzen, in anderen staatlichen Einrichtungen dagegen, wie beispielsweise Opernhäusern, Theatern und Museen, gilt lediglich eine Empfehlung. Der Eindruck kann wiederum verstärkt werden durch die Anordnung der gut sichtbaren Anbringung der Kreuze im Eingangsbereich, der die Visitenkarte des Gebäudes darstellt, vgl. *Halbig*, NVwZ 2021, 768, 772; a. A.: BayVGH Urt. v. 1.6.2022 – 5 B 22.674, BeckRS 2022, 23724 Rn. 32.

weltlichen Lebensbereich berücksichtigt werden. Unter Umständen kann dies einen Minderheitenschutz bei verhältnismäßig geringfügigen Beeinträchtigungen rechtfertigen.[72]

Für die geringe Intensität dieser Beeinträchtigung spricht einerseits, dass die Behördenbesucher und -beschäftigten dem Kreuz im Eingangsbereich nur flüchtig beim Betreten und Verlassen des Gebäudes begegnen und von ihnen keine Ehrerbietung oder sonstiges aktives Verhalten erwartet wird. Außerdem geht es bei Dienstgebäuden, im Gegensatz zur öffentlichen Schule, in der Regel nicht um die Vermittlung von Grundwerten der Gesellschaft.[73]Andererseits ist zu beachten, dass der Besuch einer Behörde meist nicht freiwillig erfolgt, sondern aufgrund einer Anstellung, einer gesetzlichen Verpflichtung oder der Geltendmachung von Ansprüchen gegen den Staat, die einen Behördenbesuch mit sich bringen.[74] Für denjenigen entsteht eine unausweichliche Lage und aufgrund des appellativen Charakters des Kreuzes kann auch auf die (a)religiösen Ansichten des Betrachters eingewirkt werden.[75] Zudem ist der Eingangsbereich einer Behörde gleichsam seine Visitenkarte und vermittelt den dort vorherrschenden Geist, welcher im Unterbewusstsein fortwirken kann.[76] Das Argument, man könne einfach wegsehen, ist untauglich, weil die Wahrnehmung des Kreuzes aufgrund der Vielzahl der zu besuchenden Behörden sowie aufgrund der geringen Häufigkeit der Besuche in immer derselben Behörde nicht vermieden werden kann und sich nicht zwingend eine Kenntnis des konkreten Standortes des Kreuzes ausbildet.[77]

Und auch hier gilt wieder: „Nicht die Präsenz des Kreuzes als solche ist das Problem, sondern seine exklusive Präsenz."[78] Sowohl für anders- und areligiöse Behördenbesucher als auch beschäftigte ist vor allen Dingen die exkludierende Wirkung belastend, denn das Kreuz ist in erster Linie ein christliches Glaubenssymbol und das ausschließliche Vorhandensein stellt eine Privilegierung dar.[79] Auch angesichts des durch Art. 4 GG gebotenen Minderheitenschutzes kommt dem Kreuz im Eingangsbereich eine Wirkung zu, die die Grenze der

72 Vgl. BVerfGE 35, 366, 375f.; *Halbig*, NVwZ 2021, 768, 769.

73 *Halbig*, NVwZ 2021, 768, 769f. Auf die Flüchtigkeit der Begegnung abstellend BayVGH Urt. v. 1.6.2022 – 5 B 22.674, BeckRS 2022, 23724 Rn. 33.

74 *Halbig*, NVwZ 2021, 768, 770.

75 BVerfGE 93, 1, 20f.; *Halbig*, NVwZ 2021, 768, 770.

76 *Halbig*, NVwZ 2021, 768, 770.

77 *Halbig*, NVwZ 2021, 768, 770.

78 *Huster*, Die ethische Neutralität des Staates, S. 181.

79 So auch *Schulten*, KuR 2019, 161, 178f.

Unerheblichkeit überschreitet.[80] Folglich liegt eine von Staats wegen unausweichliche Konfrontation mit einem religiösen Symbol vor, der sich weder Behördenbesucher noch -beschäftigte entziehen können und die die Eingriffsschwelle überschreitet.[81]

3. *Rechtfertigung*

Gemäß § 28 BayAGO ist im Eingangsbereich eines jeden Dienstgebäudes als Ausdruck der geschichtlichen und kulturellen Prägung Bayerns gut sichtbar ein Kreuz anzubringen. Folglich dient die staatliche bzw. bayerische Identität als Rechtfertigungsgrund für das Anbringen des Kreuzes, welches ebendiese Identität symbolisieren soll. Danach sollen das Christentum und die damit einhergehenden christlichen Bildungs- und Kulturwerte die Identität des Freistaates gespeist haben. Das Anbringen eines religiösen Symbols hat aber evident nichts mit der Funktionsfähigkeit staatlicher Einrichtungen zu tun, welche deswegen als legitimer Zweck dieser Maßnahme ausscheidet.[82]

a. *Vorbehalt des Gesetzes*

Der dem Rechtsstaatsprinzip aus Art. 20 Abs. 3 GG zugrunde liegende Vorbehalt des Gesetzes garantiert, dass alle Eingriffe in Grundrechte auf einer demokratischen Legitimation beruhen müssen.[83] Unter dem Erfordernis einer gesetzlichen Grundlage sind nicht nur formelle Parlamentsgesetze, sondern auch aufgrund von Gesetzen erlassene Rechtsvorschriften und kommunale Satzungen erfasst. Verwaltungsvorschriften genügen nicht dem Gesetzesvorbehalt, weil diese mangels unmittelbarer Außenwirkung keinen Rechtssatzcharakter haben.[84] Verwaltungsvorschriften als behördeninterne Regelungen betreffen allein das Innenverhältnis

80 *Halbig*, NVwZ 2021, 768, 770; *Schulten*, KuR 2019, 161, 178f.

81 *Halbig*, NVwZ 2021, 768, 770; vgl. auch BVerfGE 93, 1, 18; a. A. BayVGH Urt. v. 1.6.2022 – 5 B 22.674, BeckRS 2022, 23724 Rn. 33. Laut des BayVGH werde durch den Kreuzerlass gegen das Neutralitätsgebot verstoßen, weil das Kreuz als Symbol christlich-religiöser Überzeugung und nicht etwa nur als Ausdruck der vom Christentum mitgeprägten abendländischen Kultur anzusehen sei. Den Klägern stehe aber kein Abwehranspruch zur Seite, weil sie nicht in ihrem Grundrecht auf Religions- und Weltanschauungsfreiheit verletzt seien, BayVGH Urt. v. 1.6.2022 – 5 B 22.674, BeckRS 2022, 23724 Rn. 23ff. und Rn. 29ff. Einen Verstoß gegen das Neutralitätsgebot ablehnend BVerwG, Urt. v. 19.12.2023 – 10 C 5.22, NVwZ 2024, 673.

82 Vgl. S. 148.

83 Vgl. *Kotzur*, in: v. Münch/Kunig, GG Art. 20, Rn. 156; *Halbig*, NVwZ 2021, 768, 770.

84 BVerwG NVwZ 2005, 713, 714; *Halbig*, NVwZ 2021, 768, 770.

des Staates und sind für den Bürger nicht verbindlich; eine etwaige mittelbare Außenwirkung, die ihnen durch die behördliche Umsetzung zukommen kann, macht sie noch nicht zu einer Rechtsvorschrift.[85] § 28 BayAGO ist, wie beim Eingriffscharakter erörtert, eine Verwaltungsvorschrift ohne unmittelbare Außenwirkung.[86] Zwar entfaltet § 28 BayAGO durch die Umsetzungsakte in Gestalt des Aufhängens der Kreuze eine Außenwirkung, die allerdings für die Rechtsnatur als Verwaltungsvorschrift unerheblich ist, und deswegen genügt diese Vorschrift nicht dem erforderlichen Gesetzesvorbehalt.[87] Auch der Verweis auf Art. 43 Abs. 1 BV, aufgrund dessen die BayAGO erlassen wurde, ist keine gesetzliche Grundlage, sondern mit seiner Festlegung, dass die Staatsregierung die oberste leitende und vollziehende Behörde des Freistaates ist, lediglich eine generelle Weisungskompetenz im Hierarchieverhältnis.[88] Bereits aus diesem Grund sind die behördlichen Umsetzungsakte mangels gesetzlicher Grundlage verfassungswidrig.

b. Legitimer Zweck

Zu untersuchen ist, ob die staatliche Identität an sich einen legitimen Zweck für den Eingriff in die Glaubensfreiheit der Behördenbesucher und -beschäftigten darstellt. Mithilfe der Normkonkretisierung und des Neutralitätsgebotes kann an dieser Stelle ausgeführt werden, was unter der staatlichen Identität im konkreten Fall zu verstehen ist. Die Sichtbarmachung der Identität bezieht sich auf den *konkret verfassten* Staat mit seinen tragenden rechtlichen und politischen Prinzipien und Grundideen. Die Grenze des Zulässigen liegt also dort, wo die staatliche Selbstdarstellung zu tragenden Verfassungsentscheidungen im Widerspruch steht.[89] Das bayerische Selbstverständnis des Staates ist genau wie das des Grundgesetzes ein säkulares, in dem Offenheit und Gleichheit für alle Religionen und Weltanschauungen herrschen und die individuelle Persönlichkeitsentwicklung als Grundlage des Menschenbildes dient.[90] Insbesondere sind weder der bundesdeutsche noch der bayerische Staat christlich geprägt.

---

85 BVerfGE 2, 237, 242; BayVerfGH BayVBl 2020, 412 Rn. 16b; *Halbig*, NVwZ 2021, 768, 770.

86 Vgl. S. 232ff.; *Halbig*, NVwZ 2021, 768, 770.

87 *Halbig*, NVwZ 2021, 768, 770.

88 BayVerfGH BayVBl 2020, 412 Rn. 15a; *Halbig*, NVwZ 2021, 768, 770.

89 *Böckenförde*, ZevKR 20 (1975), 119, 126; S. 147ff.

90 BVerfGE 108, 282, 300; 115, 118, 158; 153, 182, 286.

c. *Geeignetheit*

Der bayerische Kreuzerlass aus dem Jahr 2018 diente der Versinnbildlichung der (vermeintlich) christlich geprägten Kultur und Identität des bayerischen Staates. Und wieder stellt sich die Frage der Geeignetheit, die auch an dieser Stelle verneint werden muss. Für das Behördenwesen kann nichts anderes gelten als für andere öffentliche Räume, namentlich das Schulwesen und die Justiz. Eine zulässige religiös-weltanschaulich neutrale Selbstdarstellung kann nur im Rahmen der konkreten Verfassungsentscheidungen erfolgen und nicht gegen diese verstoßen. Der bayerische hat genau wie der grundgesetzliche Staat ein säkulares Selbstverständnis, in dem alle religiös-weltanschaulichen Überzeugungen gleichbehandelt werden und der Staat sich nicht mit einer Religion oder Weltanschauung identifizieren darf. Mit dem Aufhängen eines Kreuzes im Eingangsbereich einer Behörde soll aber eine Identifikation mit dem christlichen Erbe vorgenommen werden.[91] Diese Art der Selbstdarstellung verstößt gegen tragende Verfassungsentscheidungen. Das Kreuz als Glaubenssymbol ist kein geeignetes Mittel für die staatliche Selbstdarstellung bzw. kann das oben herausgearbeitete säkulare Selbstverständnis nicht angemessen darstellen. Außerdem ist die staatliche bzw. bayerische Identität zu facettenreich; das Kreuz allein kann all die verschiedenen Elemente der grundgesetzlichen bzw. bayerischen Identität nicht vollumfänglich darstellen.

4. *Ergebnis*

Nach alledem lässt sich festhalten, dass auch das Kreuz im Eingangsbereich einer Behörde, welches auf staatliche Veranlassung dort angebracht worden ist, verfassungswidrig ist und bereits aufgrund fehlender gesetzlicher Grundlage die Glaubensfreiheit der Behördenbesucher und -beschäftigten verletzt.

IV. Grundrechtsprüfung: Verletzung des Art. 4 GG durch ein Kopftuchverbot für Lehrerinnen

Im Folgenden ist die Grundrechtsprüfung im Falle eines Kopftuchverbots für Lehrkräfte an staatlichen Schulen zu untersuchen. Das Kopftuchverbot in der Schule ist unzulässig.[92] Fraglich ist jetzt, worin die Unterschiede zur Grundrechtsprüfung das Kreuz betreffend bestehen. Endet die Prüfung ebenfalls auf der Prüfungsstufe der Geeignetheit? Und welche Schlüsse können aus der Prüfung bzw. den Unterschieden gezogen werden?

---

91 So auch *Ipsen*, Recht und Politik 54 (2018), 265, 267f.; *Halbig*, NVwZ 2021, 768, 771f.

92 Vgl. S. 211ff.

1. Schutzbereich

Die Glaubensfreiheit ist ein einheitlich zu verstehendes Grundrecht. Es erstreckt sich laut BVerfG nicht nur auf die innere Freiheit, zu glauben oder nicht zu glauben, sondern auch auf die äußere Freiheit, den Glauben zu bekunden und zu verbreiten und für seinen Glauben zu werben. Dazu gehört das Recht, das gesamte Verhalten an den Lehren eines Glaubens auszurichten und dieser Überzeugung gemäß zu handeln, folglich glaubensgeleitet zu leben.[93] Bei der Frage, was im Einzelnen als Ausübung von Religion zu werten ist, darf das Selbstverständnis der jeweils betroffenen Religionsgemeinschaft *und* des einzelnen Grundrechtsträgers nicht unberücksichtigt bleiben.[94] Staatliche Organe entscheiden im Wege einer Plausibilitätsprüfung, ob hinreichend substantiiert dargelegt ist, dass sich das Verhalten „tatsächlich nach geistigem Gehalt und äußerer Erscheinung dem Schutzbereich des Art. 4 GG zuordnen lässt, also tatsächlich eine als religiös anzusehende Motivation hat".[95] Dem Staat ist es verwehrt, derartige Glaubensüberzeugungen zu bewerten oder als „richtig" oder „falsch" zu bezeichnen; dies gilt insbesondere dann, wenn dazu innerhalb einer Religion divergierende Ansichten vertreten werden.[96] Die Amtsträgerinnen, die ein islamisches Kopftuch tragen, können sich dafür auch bei der Ausübung ihres Berufs in der öffentlichen Pflichtschule auf den Schutz der Glaubensfreiheit berufen und können in aller Regel eine religiöse Motivation für dieses Verhalten plausibel geltend machen.[97]

2. Eingriff

Die Untersagung des Kopftuchtragens im Schuldienst erweist sich angesichts des als verpflichtend empfundenen religiösen Bedeckungsgebots als schwerwiegender Eingriff in das Grundrecht auf Glaubens- und Bekenntnisfreiheit.[98] Das Verbot berührt außerdem die persönliche Identität der jeweiligen Amtsträgerinnen, sodass ein Verbot für sie sogar den Zugang zum Beruf versperren kann,

---

93 BVerfGE 108, 282, 297; 138, 296, 328f.

94 BVerfGE 138, 296, 329; 108, 282, 298f. In der zweiten Kopftuchentscheidung fällt auf, dass das BVerfG auch auf das Selbstverständnis des einzelnen Grundrechtsträgers abstellt. In der ersten Entscheidung war das noch nicht der Fall, dort war nur das Selbstverständnis der jeweiligen Religionsgemeinschaft maßgeblich.

95 BVerfGE 138, 296, 329.

96 BVerfGE 138, 296, 329.

97 BVerfGE 138, 296, 330.

98 BVerfGE 138, 296, 331; 108, 282, 297ff.

Art. 12 Abs. 1 GG.[99] Dass dadurch faktisch vor allem muslimische Frauen von der qualifizierten beruflichen Tätigkeit der Lehrerin ferngehalten werden, stehe laut BVerfG zugleich in einem Spannungsverhältnis zum Gebot der tatsächlichen Gleichberechtigung von Frauen gemäß Art. 3 Abs. 2 GG.[100] Vor diesem Hintergrund greift das Kopftuchverbot in das Grundrecht auf Glaubensfreiheit trotz seiner zeitlichen und örtlichen Begrenzung auf den schulischen Bereich mit erheblich größerem Gewicht ein, als dies bei einer religiösen Übung ohne plausiblen Verbindlichkeitsanspruch der Fall wäre.[101] Ein Ausweichen auf eine Privatschule kann von den betreffenden Lehrkräften nicht erwartet werden und wäre nicht zumutbar, zumal die Auswahl deutlich geringer ist als bei staatlichen Schulen.

3. *Rechtfertigung*

Das elterliche Erziehungsrecht und die negative Glaubensfreiheit eignen sich als entgegenstehende subjektive Rechtspositionen nicht, um mit der Glaubensfreiheit der Lehrkraft in Widerstreit zu treten. Subjektive Rechtspositionen können nicht sinnvoll gegeneinander abgewogen werden, zumal die Gegenüberstellung dieser Verfassungsgüter faktisch zu einer Bewertung der individuellen Überzeugungen durch den Staat führt.[102]

a. *Staatlicher Erziehungsauftrag*

Der staatliche Erziehungsauftrag scheidet aus, weil sich daraus keine dienstrechtlichen Verhaltenspflichten ableiten lassen, die es Lehrerinnen verbieten, während des Schuldienstes ein Kopftuch zu tragen.[103] Art. 7 Abs. 1 GG, neutral interpretiert, legt ausschließlich fest, welche Erziehungsinhalte neutral und zulässig sind. Er sagt allerdings nichts darüber aus, welche Konsequenzen das für die subjektive

---

99 BVerfGE 138, 296, 332f.; 108, 282, 297.

100 BVerfGE 138, 296, 333. In der dritten Kopftuchentscheidung ist nunmehr eine ablehnende Tendenz erkennbar. Zwar bezieht sich diese Entscheidung auf Amtsträgerinnern in der Justiz und einer Entscheidung bedürfe es laut BVerfG nicht. Allerdings wird betont, dass das hessische Verbot sich nicht nur auf das Kopftuchtragen beschränke, sondern allgemeiner verstanden werden müsse. Soweit man der Norm eine mittelbar diskriminierende Wirkung beimessen wollte, wäre diese aus Gründen zu rechtfertigen, die auch einen Eingriff in Art. 4 GG tragen können, vgl. BVerfGE 153, 1, 51. Ob hierhin eine Wende im Hinblick auf geschlechtsspezifische Diskriminierungen auch im Schuldienst gesehen werden kann, bleibt abzuwarten.

101 BVerfGE 138, 296, 333.

102 Vgl. S. 175f.

103 S. 185–192.

Grundrechtsausübung der Lehrkräfte hat. In dieser Hinsicht ist Art. 7 Abs. 1 GG nicht ergiebig.

Die Geeignetheit des Art. 7 Abs. 1 GG als Rechtfertigungsgrund würde nämlich voraussetzen, dass die Möglichkeit bestünde, dass das Kopftuchtragen die Erfüllung des staatlichen Erziehungsauftrages beeinträchtigte. Das wiederum setzt voraus, dass aus Art. 7 Abs. 1 GG grundsätzlich Anforderungen bzw. Dienstpflichten zu entnehmen sind, die darauf schließen lassen, dass religiös konnotierte Kleidungsstücke von Lehrkräften bei der Erfüllung des Erziehungsauftrages unzulässig sind. Weil Art. 7 Abs. 1 GG in diesem Sinne nicht ertragreich ist, kann auch nicht davon ausgegangen werden, dass das Tragen eines Kopftuchs die Erfüllung des Erziehungsauftrages beeinträchtigt. Im Umkehrschluss bedeutet es, dass ein Verbot nichts zur Erfüllung des Erziehungsauftrages beiträgt; vielmehr besteht überhaupt kein sachlicher Zusammenhang zwischen dem Kopftuchtragen einer Lehrerin und der Erfüllung des staatlichen Erziehungsauftrages.

Auch hier stellt sich die Frage, ob der Schulfrieden ein tauglicher Rechtfertigungsgrund für ein Kopftuchverbot in der Schule ist.[104] Unter dem Aspekt des Neutralitätsgebotes beinhaltet Schulfrieden auch den Frieden hinsichtlich der unterschiedlichen religiösen und weltanschaulichen Überzeugungen, die in der öffentlichen Schule zwangsläufig aufeinanderprallen. Das bedeutet konkret, dass ein Klima der Offenheit und Toleranz zu herrschen hat, damit diese Überzeugungen sich entfalten und Lernen und Austausch störungsfrei erfolgen können. Das größere Konfliktpotenzial wird reduziert durch Gleichbehandlung und Offenheit bzw. durch Einübung von Toleranz als Erziehungsziel, gerade in Konfliktfällen.[105] Dabei sollte die Schule vermeiden, von sich aus den Schulfrieden zu gefährden.[106] Der Schulfrieden stellt somit einen legitimen Zweck für ein Verbot dar.

Fraglich ist jetzt, ob das eingesetzte Mittel (Kopftuchverbot) dazu geeignet ist, den Schulfrieden zu gewährleisten. Eine förderliche Wirkung ist insoweit ausreichend. Dabei stellt sich vor allem die Frage, ob das Verhalten der Lehrerin störend war, denn Voraussetzung für die Geeignetheit ist, dass die Störung der Lehrerin zurechenbar ist oder anders gesprochen: dass umgekehrt das Kopftuch den Schulfrieden beeinträchtigt. Wenn davon ausgegangen wird, dass die Lehrkraft nichts weiter getan hat, außer das Kopftuch zu tragen, und es lediglich Beschwerden durch Dritte gibt, so müssen die eigentlichen Störer in Anspruch genommen

104 Siehe auch für das Kreuz in der Schule S. 225 Fn. 35.

105 Vgl. BVerfGE 138, 296, 342.

106 Dazu BVerfGE 108, 282, 300.

werden.[107] Ist sie darüber hinaus missionierend, beeinflussend oder Schüler wegen ihrer Überzeugungen diskriminierend vorgegangen, so ändert das Verbot nichts an ihrer Gesinnung. Missionieren ist auch ohne Kopftuchtragen möglich. Folglich wären aufgrund dieser verhaltensbezogenen Störung disziplinarrechtliche Schritte angemessen. Auch hier scheitert das Verbot an der Geeignetheit, den Schulfrieden zu gewährleisten. Das Kopftuchverbot in der Schule kann folglich nicht auf den Schulfrieden gestützt werden.

b. *Mäßigung im Dienst*

Obwohl die oben diskutierten Verfassungsgüter das Kopftuchverbot nicht tragen können, so bedeutet es nicht, dass der Glaubensausübung von Staatsbediensteten keinerlei Grenzen gesetzt sind. Der Amtsträger unterliegt bei der Wahrnehmung eines öffentlichen Amtes dem verfassungsrechtlichen Mäßigungsgebot.[108] Die Wahrnehmung eines öffentlichen Amtes dient nicht der Entfaltung der individuellen Freiheit des Amtswalters, sondern der Erfüllung der mit dem Amt verbundenen öffentlichen Aufgabe.[109] Davon ist die Pflicht umfasst, die gebotene Mäßigung und Zurückhaltung zu wahren, die sich aus der Stellung des Amtsträgers gegenüber der Allgemeinheit und aus der Rücksicht auf die Pflichten des Amtes ergeben.[110] Das Mäßigungsgebot kommt grundsätzlich als verfassungsimmanente Schranke für die Glaubensfreiheit der Lehrerinnen in Betracht und könnte das Kopftuchverbot in der Schule rechtfertigen. Allerdings erlaubt es kein generelles Verbot religiöser oder politischer Betätigung im Dienst, sondern zielt auf eine einzelfallabhängige Beschränkung.[111]

c. *Güterabwägung*

Folglich endet in diesem Fall die Prüfung nicht auf Ebene der Geeignetheit. Die Prüfung mit dem verfassungsrechtlichen Mäßigungsgebot läuft auf eine Abwägung unter Berücksichtigung aller Umstände des Einzelfalles hinaus.

---

107 Zur Störerproblematik bei kopftuchtragenden Lehrkräften siehe *Sacksofsky*, DVBl 2015, 801, 806; *Rusteberg*, JZ 2015, 637, 641; *Volkmann*, Jura 2015, 1083, 1086 und *Häberle*, DVBl 2018, 1263, 1264.

108 Siehe S. 192ff.

109 *Brosius-Gersdorf/Gersdorf*, NVwZ 2020, 428, 432.

110 *Brosius-Gersdorf/Gersdorf*, NVwZ 2020, 428, 432; *Graf Vitzthum*, in: Merten/Papier, Handbuch der Grundrechte, Bd. 2, § 48, Rn. 69.

111 *Brosius-Gersdorf/Gersdorf*, NVwZ 2020, 428, 432; *Brosius-Gersdorf*, in: Dreier, GG Art. 33, Rn. 99f.

Das Mäßigungsgebot für Beamte ist ein legitimer Zweck der staatlichen Maßnahme, namentlich des Kopftuchverbots. Denn es verfolgt das Ziel der Mäßigung im Amt, das heißt die ordnungsgemäße Erfüllung öffentlicher Aufgaben durch Amtsträger, die nicht von persönlichen Interessen und Überzeugungen geleitet werden sollen, sondern von der unparteilichen Pflichterfüllung und einem gewissen Amtsethos. Dies soll auch nach außen hin deutlich gemacht werden.

Im Ergebnis zielt das Mäßigungsgebot auf die „Funktionsfähigkeit" des Berufsbeamtentums. Das Kopftuchverbot verfolgt damit einen *legitimen Zweck*. Des Weiteren ist es *geeignet*, dieses Ziel zu erreichen, zumindest hat es eine förderliche Wirkung. Wenn alle Lehrkräfte in der Schule dazu angehalten sind, keine sichtbaren religiösen Symbole zu tragen und damit ihre Bekenntnisse kundzutun, dann liegt eine persönliche Mäßigung der Amtsträgerin vor und diese macht damit – zumindest von außen erkennbar – deutlich, dass sie sich beim Unterrichten nicht von individuellen religiösen Überzeugungen leiten lässt oder den Versuch unternimmt, die Schüler zu bekehren. Natürlich ist das auch ohne Tragen eines Kopftuchs denkbar und letztlich kann der Staat keiner Amtsträgerin in den Kopf sehen, dennoch liegt eine zumindest förderliche Wirkung vor, weil sich die Lehrkraft zum einen selbst diszipliniert und mäßigt und andererseits auf diese Weise Konflikte in der Schule vermieden werden. Das Kopftuchverbot ist außerdem *erforderlich*, weil es kein milderes, gleich effektives Mittel gibt. Es ist bereits zeitlich und örtlich auf den schulischen Bereich beschränkt. Man könnte noch anführen, dass ein Verbot als Ultima Ratio milder wäre, also in den Fällen, in denen die betreffende Lehrerin versucht hat, Schüler zu beeinflussen. Allerdings wäre dann der Schaden in Gestalt einer Pflichtverletzung bereits eingetreten, folglich kann nicht von der gleichen Effektivität der Maßnahme gesprochen werden.

Ist das Kopftuchverbot in der Schule auch *angemessen*? Verbeamtete Lehrkräfte unterliegen dem Mäßigungsgebot; folglich müssen sie sich im Unterricht zurücknehmen, was ihre individuellen politischen oder religiösen Überzeugungen betrifft, und dies gilt auch und gerade bei der Ausübung von Grundrechten. Lehrkräfte erfüllen eine bedeutende gemeinwohlorientierte Aufgabe; sie sind verantwortlich für die Erfüllung des staatlichen Bildungs- und Erziehungsauftrages. Die Schule ist aber ein gesellschaftlicher Raum, der vom Staat lediglich in Obhut genommen worden ist und in dem die unterschiedlichen politischen, ethischen und religiös-weltanschaulichen Strömungen in der Gesellschaft zwangsläufig aufeinandertreffen und dies auch bestimmungsgemäß sollen. Anhand dieser Konfrontation lassen sich die Erziehungsziele erst bzw. besser verwirklichen. So besteht die Möglichkeit zur Einübung von Toleranz. Dieses Ideal muss auch gelebt werden dürfen.[112] Daher ist es zweckdienlich, dieses Erziehungsziel gerade in der Konfrontation mit einer kopftuchtragenden Lehrkraft einzuüben.

Die Lehrerin ist nicht nur Amtsträgerin, sondern angesichts der Tatsache, dass es sich bei der Schule um einen gesellschaftlichen Raum handelt, auch Grundrechtsträgerin und im Gegensatz zur Richterin oder Staatsanwältin kann von einem Gleichgewicht der Funktionen gesprochen werden. Das Individuelle und die Persönlichkeit der Lehrkraft dürfen und sollen bei der Erziehung der Schüler deutlicher hervortreten als in der Justiz, in der auf einheitliche Selbstdarstellung des Staates gesetzt wird. Das Argument des bösen Scheins greift in der Schule nicht, weil es nicht um die klassische Ausübung von Hoheitsgewalt geht. Ein ungestörter Unterrichtsablauf ist auch gut mit Lehrerinnen möglich, die ein Kopftuch tragen. Der pauschale Vorwurf, dass kopftuchtragende Lehrerinnen den Erziehungsauftrag nicht ordnungsgemäß oder schlechter werden erfüllen können, ist objektiv nicht nachvollziehbar, gerade vor dem Hintergrund einer erfolgreich abgeschlossenen Lehrerausbildung. Man muss sogar davon ausgehen, dass diejenigen Eltern, Kollegen oder Schüler, die sich über das Kopftuch der Lehrkraft beschweren, die eigentlichen Störer sind und die Erfüllung des Erziehungsauftrages behindern. Anders gestaltet sich der Fall dann, wenn die Lehrkraft in unzulässiger Weise versucht, die Schüler religiös zu beeinflussen oder zu missionieren.[113] In diesem Fall greifen dann verhaltensbezogene Maßnahmen. Das Tragen eines Kopftuchs im Dienst ist eine autonome Entscheidung der Grundrechtsträgerin und letztlich geht es um die Frage, ob durch die in der Schule wahrzunehmenden Funktionen die grundrechtlich geschützte Rechtsstellung der Amtsträgerinnen gegenüber der ihnen obliegenden Funktionen zurücktreten müsse. Im Falle des Kopftuchverbots in der Schule muss das Grundrecht der Glaubensfreiheit nicht gegenüber dem Mäßigungsgebot zurücktreten.[114]

4. Ergebnis

Der staatliche Erziehungsauftrag hat sich als Rechtfertigungsgrund als untauglich erwiesen und bei der Abwägung mit der Glaubensfreiheit der Lehrerin muss das beamtenrechtliche Mäßigungsgebot zurückstehen. Ein generelles Kopftuchverbot in der Schule wäre damit unverhältnismäßig und verletzt Art. 4 Abs. 1 und Abs. 2 GG. Folglich macht es einen Unterschied, ob der Staat selbst religiöse

112 BVerfGE 138, 296, 342.
113 BVerfGE 138, 296, 335ff.
114 Vgl. S. 211ff.

Symbole veranlasst (Kreuz) oder ob das Vorhandensein eines solchen im öffentlichen Raum auf eine individuelle Grundrechtsausübung eines Amtsträgers zurückgeht.

V. Grundrechtsprüfung: Verletzung des Art. 4 GG durch ein Kopftuchverbot für Richterinnen und Staatsanwältinnen?

Wie schon erläutert, gibt es in dieser Konstellation kein eindeutiges Ergebnis. Es ist sinnvoll, diese Frage dem Gesetzgeber zur Klärung zu überlassen, wobei einiges dafürspricht, das Kopftuch auf der Richterbank zu verbieten.[115]

1. Schutzbereich

Im Wesentlichen kann auf die Ausführungen im Schutzbereich auf Seite 198 verwiesen werden. Rechtsreferendarinnen können sich trotz Eingliederung in den staatlichen Aufgabenbereich im Rahmen eines öffentlich-rechtlichen Ausbildungsverhältnisses auf das Grundrecht der Glaubensfreiheit berufen.[116] Das Gleiche gilt für Beamte[117] und Angestellte im öffentlichen Dienst.[118] Darauf, dass im Islam die Frage nach dem Bedeckungsgebot umstritten ist, kommt es nicht an, weil die religiöse Fundierung des Kopftuchtragens nach geistigem Gehalt und äußerer Erscheinung jedenfalls hinreichend plausibel ist.[119]

2. Eingriff

Die Pflicht, bei Tätigkeiten, bei denen die Amtsträgerin als Repräsentantin des Staates wahrgenommen wird oder wahrgenommen werden könnte, die eigene Zugehörigkeit zu einer Religionsgemeinschaft nicht durch das Befolgen von religiösen Bekleidungsregeln sichtbar werden zu lassen, greift in die Religionsfreiheit ein. Sie stellt die betreffende Richterin oder Staatsanwältin vor die Wahl, entweder die angestrebte Tätigkeit auszuüben oder dem von ihr als verpflichtend angesehenen religiösen Bekleidungsgebot Folge zu leisten.[120]

---

115 S. 209ff.

116 BVerfGE 153, 1, 34.

117 BVerfGE 108, 282, 297f.

118 BVerfGE 138, 296, 328.

119 BVerfGE 153, 1, 34.

120 BVerfGE 153, 1, 33. Vgl. auch BVerfGE 108, 282, 297ff.; 138, 296, 331.

3. Rechtfertigung

a. Funktionsfähigkeit der Rechtspflege

Außer dem Erfordernis, dass Amtsträger ausschließlich nach Maßgabe des Rechts zu entscheiden haben, lassen sich keine weitergehenden Aussagen bzgl. der Grundrechtsausübung und dem Tragen religiöser Symbole im Dienst ableiten. Und das Verwenden eines religiösen Symbols im Dienst ist für sich genommen nicht geeignet, Zweifel an der Objektivität oder Rechtstreue des betreffenden Amtsträgers zu begründen.[121] Folglich lassen sich aus der Funktionsfähigkeit der Rechtspflege keine konkreten Handlungs- oder Dienstpflichten für Amtsträger ableiten, welche durch das Tragen eines Kopftuchs verletzt werden könnten, weshalb die Funktionsfähigkeit der Justiz als Rechtfertigungsgrund für ein Kopftuchverbot genauso wenig angeführt werden kann wie der staatliche Erziehungsauftrag in der Schule. Die Funktionsfähigkeit der Rechtspflege bezieht sich in ihrer Gesamtheit, neutral interpretiert, auf äußere Funktionsbedingungen und kann keine individuellen Grundrechtseinschränkungen für Amtsträger begründen. Wie beim Kopftuchverbot in der Schule kommt für die Rechtfertigung des Kopftuchverbots in der Justiz nur das Mäßigungsgebot in Betracht.[122]

Folglich ist die Funktionsfähigkeit der Rechtspflege nicht geeignet, um die Grundrechte der Richterin und Staatsanwältin zu beschneiden. Die Geeignetheit als Rechtfertigungsgrund setzt voraus, dass zumindest die Möglichkeit besteht, dass das Kopftuchtragen das In-Funktion-Halten der Justiz beeinträchtigt. Das wiederum setzt voraus, dass aus der Funktionsfähigkeit der Rechtspflege grundsätzlich Anforderungen oder Dienstpflichten zu entnehmen sind, die darauf schließen lassen, dass religiös konnotierte Kleidungsstücke von Amtsträgerinnen bei der Erfüllung der justiziellen Aufgaben unerwünscht sind. Weil die Funktionsfähigkeit der Justiz in diesem Sinne, wie oben dargestellt, nicht ergiebig ist, kann auch nicht davon ausgegangen werden, dass das Tragen eines Kopftuchs im Dienst diese beeinträchtigt.

---

121 BVerfGE 153, 1, 44.

122 Vgl. S. 204ff.

b. *Mäßigung im Dienst*

Amtsträger unterliegen bei der Wahrnehmung eines öffentlichen Amtes dem verfassungsrechtlichen Mäßigungsgebot. Die Wahrnehmung eines öffentlichen Amtes dient nicht der Entfaltung der individuellen Freiheit des Amtswalters, sondern der Erfüllung der mit dem Amt verbundenen öffentlichen Aufgabe.[123] Das Mäßigungsgebot gilt für Beamte als hergebrachter Grundsatz des Berufsbeamtentums nach Art. 33 Abs. 5 GG, mit dem auch religiös-weltanschauliche Betätigungen von Beamten im Dienst beurteilt werden.[124] Das Mäßigungsgebot kommt grundsätzlich als verfassungsimmanente Schranke für die Glaubensfreiheit der Richterinnen und Staatsanwältinnen bzw. Rechtsreferendarinnen in Betracht und könnte das Kopftuchverbot in der Justiz rechtfertigen. Allerdings erlaubt es kein pauschales Verbot religiöser Betätigung im Dienst, sondern zielt auf eine einzelfallabhängige Beschränkung. Das Mäßigungsgebot ermöglicht folglich eine umfassende und unter Berücksichtigung aller Umstände des Einzelfalles stehende Güterabwägung ohne prinzipielle Vorrangregel.[125]

c. *Güterabwägung*

Auch hier endet die Prüfung nicht auf Ebene der Geeignetheit, sondern zielt auf eine Güterabwägung im Rahmen der Angemessenheitsprüfung. Das verfassungsrechtliche Mäßigungsgebot ist ein *legitimer Zweck* des Kopftuchverbots. Es verfolgt das Ziel der Mäßigung im Dienst, das heißt die ordnungsgemäße und pflichtgetreue Erfüllung öffentlicher Aufgaben durch Amtsträger, die nicht von persönlichen Interessen und Überzeugungen geleitet werden sollen. Im Ergebnis zielt das Mäßigungsgebot auf die „Funktionsfähigkeit“ des Berufsbeamtentums.[126]

Außerdem ist es *geeignet*, dieses Ziel zu erreichen, wenigstens hat es eine förderliche Wirkung. Wenn Richterinnen und Staatsanwältinnen im Dienst dazu angehalten sind, keine sichtbaren religiösen Symbole zu tragen und damit ihre Bekenntnisse nicht kundzutun, dann liegt eine persönliche Mäßigung der jeweiligen Amtsträgerin vor und diese macht damit – zumindest von außen – deutlich, dass sie sich bei ihrer Tätigkeit nicht von religiösen Glaubensvorstellungen leiten

---

123 *Brosius-Gersdorf/Gersdorf*, NVwZ 2020, 428, 432.

124 *Brosius-Gersdorf/Gersdorf*, NVwZ 2020, 428, 432.

125 *Brosius-Gersdorf/Gersdorf*, NVwZ 2020, 428, 432; *Brosius-Gersdorf*, in: Dreier, GG Art. 33, Rn. 99f. Vgl. für Lehrerinnen S. 241ff.

126 S. 242.

lässt und ihre Aufgaben unparteilich erfüllt. Das wiederum steigert das Vertrauen der Bevölkerung in die Justiz.[127]

Es ist denkbar, dass eine Richterin auch ohne das Tragen eines Kopftuchs parteilich entscheidet und letztlich kann der Staat keiner Amtsträgerin in den Kopf sehen, dennoch liegt zumindest eine fördernde Wirkung des Verbots vor, weil sich die Richterin bzw. Staatsanwältin wie die Lehrerin zum einen selbst diszipliniert und andererseits auf diese Weise Konflikte während des Verfahrens vermieden werden. Das Kopftuchverbot in der Justiz ist auch *erforderlich*, weil es kein milderes, gleich effektives Mittel gibt. Zwar gibt es die Möglichkeit, einen Befangenheitsantrag zu stellen, sollten sich Hinweise darauf ergeben, dass die Richterin nicht ausschließlich nach Maßgabe des geltenden Rechts entscheidet. Allerdings wären dann der Schaden in Gestalt einer Pflichtverletzung und die Beeinträchtigung des Vertrauens in die Justiz bereits irreversibel eingetreten, zumal diese Maßnahme nur auf das konkrete Verfahren beschränkt bliebe.

Zu der *Angemessenheit* des Kopftuchverbots in der Justiz ist grundsätzlich auf die Ausführungen oben zu verweisen.[128] Von im Auswahlverfahren erfolgreichen Juristen kann, wie das BVerfG bereits festgestellt hat, unabhängig von ihrem Glauben Rechtstreue und Sachlichkeit erwartet werden und für gewöhnlich haben sie während des Auswahlverfahrens und in der zuvor abgeschlossenen Ausbildung bereits bewiesen, dass sie fähig und willens sind, einen Rechtsfall unparteilich zu lösen.[129] Es besteht kein Grund, diejenigen unter einen Generalverdacht zu stellen, den Anforderungen nicht gerecht zu werden, die sichtbare religiöse Symbole tragen. Sollten diese Voraussetzungen nicht erfüllt sein oder die Besorgnis der

127 Vgl. etwa BVerfGE 153, 1, 40f.: „(…) Dieses Vertrauen ist unabhängig vom konkreten Streitfall erforderlich und kann durch eine Vielzahl von Umständen gestärkt oder beeinträchtigt werden. Ein ‚absolutes Vertrauen' in der gesamten Bevölkerung wird zwar nicht zu erreichen sein. Dem Staat kommt insofern aber die Aufgabe der Optimierung zu. Diese verfolgt er derzeit unter anderem – wie bereits hervorgehoben – durch strenge Formalisierungsbestimmungen. (…) kann die erkennbare Distanzierung des einzelnen Richters und der einzelnen Richterin von individuellen religiösen, weltanschaulichen und politischen Überzeugungen bei Ausübung ihres Amtes zur Stärkung des Vertrauens in die Neutralität der Justiz insgesamt beitragen und ist umgekehrt die öffentliche Kundgabe von Religiosität geeignet, das Bild der Justiz in ihrer Gesamtheit zu beeinträchtigen, das gerade durch eine besondere persönliche Zurücknahme der zur Entscheidung berufenen Amtsträger geprägt ist."

128 S. 208ff.

129 BVerfGE 153, 1, 44.

Befangenheit bestehen, so sind (prozessrechtliche) Möglichkeiten vorhanden, das Richterverhältnis zu beenden oder den jeweiligen Richter abzulehnen.[130]

Für die Justiz lässt sich dennoch keine abschließende Antwort finden. Das BVerfG lag im Ergebnis richtig, die Entscheidung des Gesetzgebers aus verfassungsrechtlicher Perspektive zu respektieren und die Angemessenheit des Kopftuchverbots in der Justiz zu bejahen, weil keinem der kollidierenden Verfassungsgüter ein derart überwiegendes Gewicht zukommt, dass ein bestimmtes Abwägungsergebnis zwingend gewesen wäre.[131] Wahrscheinlich sprechen mehr Gründe dafür, das Tragen religiöser Symbole zumindest im Justizbereich – anders als in der öffentlichen Pflichtschule – restriktiver zu handhaben aufgrund des staatlichen Anspruchs auf einheitliche Selbstdarstellung und der Funktion der Rechtspflege insgesamt für das Gemeinwesen sowie der Präponderanz der amtlichen Funktion gegenüber dem Individuum.[132]

4. Ergebnis

Bei der Abwägung mit der Glaubensfreiheit der Richterin bzw. Staatsanwältin muss das beamtenrechtliche Mäßigungsgebot diesmal nicht zurücktreten. Ein generelles Kopftuchverbot in der Justiz wäre damit zumindest vertretbar und verletzt Art. 4 Abs. 1 und Abs. 2 GG nicht. Im Ergebnis ist die Mäßigung im Dienst bzw. die Funktionsfähigkeit des Berufsbeamtentums in diesem Fall ein tauglicher Rechtfertigungsgrund. Auch im Rahmen des Kopftuchverbots in der Justiz bestätigt sich die Beobachtung, dass es einen Unterschied macht, ob der Staat die Anbringung religiöser Symbole veranlasst oder ob das Vorhandensein eines solchen im öffentlichen Raum auf eine individuelle Grundrechtsausübung zurückgeht. Außerdem spielt der jeweilige öffentliche Raum und seine Funktion eine tragende Rolle bei der Beantwortung der Frage, ob ein Kopftuchverbot zulässig oder unzulässig ist. Offenbar macht es einen Unterschied, ob das Verbot religiöser Symbole für Amtsträger in der Justiz oder in der Schule gilt. In der Justiz ist das Kopftuchverbot zumindest vertretbar, in der Schule dagegen ist es verfassungswidrig. Fraglich ist nun, welche Schlüsse daraus gezogen werden können.

---

130 BVerfGE 153, 1, 44f.

131 Vgl. BVerfGE 153, 1, 47.

132 Anders *Brosius-Gersdorf/Gersdorf*, NVwZ 2020, 428, 430ff.

VI. Erkenntnisse

1. *Kriterien für die Zulässigkeit religiösen Verhaltens in öffentlichen Räumen*

Nun können einige erste Erkenntnisse aus den Grundrechtsprüfungen gezogen werden. Bei Anwendung des Neutralitätsgebotes in der oben beschriebenen Weise ergibt sich, dass die Prüfung im Fall des Kreuzes regelmäßig auf Ebene der Geeignetheit endet, unabhängig vom jeweilig entgegenstehenden Verfassungsgut. Im Ergebnis ist das Kreuz in öffentlichen Räumen stets unzulässig. Im Fall des Kopftuchs endet die Prüfung ebenfalls bei der Geeignetheit, wenn die objektiven Verfassungsgüter der Funktionsfähigkeit der Rechtspflege und des staatlichen Erziehungsauftrages der Glaubensfreiheit der Amtsträgerin gegenübergestellt werden.

Sowohl in der Schule als auch in der Justiz tritt dann das Mäßigungsgebot mit der Glaubensfreiheit in Widerstreit. Dennoch kommt die Prüfung zu unterschiedlichen Ergebnissen, obwohl es sich in beiden Fällen um eine individuelle Grundrechtsausübung handelt. Bei der Richterin bzw. Staatsanwältin muss die Glaubensfreiheit nach einer Abwägung zurücktreten, bei der Lehrerin dagegen muss das Mäßigungsgebot der Religionsfreiheit weichen.

Deswegen liegt der Schluss nahe, dass es bei einem religiösen Symbol (bzw. einem religiös konnotierten Kleidungsstück), welches auf eine individuelle Grundrechtsausübung zurückzuführen ist, auf den öffentlichen Raum und seine Funktion ankommt; bei einem staatlich veranlassten religiösen Symbol wie dem Kreuz ist der öffentliche Raum bzw. seine Funktion dagegen irrelevant. Maßgeblich für die Beurteilung der Zulässigkeit religiöser Symbole und religiöser Verhaltensweisen sind folglich zwei Fragen: Erstens die, ob das infrage stehende Verhalten staatlich veranlasst oder auf eine Grundrechtsausübung zurückzuführen ist, und zweitens, wenn Letzteres bejaht wird, welche Funktion der öffentliche Raum erfüllt, in dem das Symbol sich bewegt.

2. *Freiheitserweiternde Wirkungen*

Wie wirkt sich das Neutralitätsgebot in der Prüfung auf das Grundrecht der Glaubensfreiheit aus? Beim staatlich veranlassten Kreuz werden die entgegenstehenden Verfassungsgüter (staatlicher Erziehungsauftrag, staatliche Identität und Funktionsfähigkeit staatlicher Einrichtungen) unter dem Gesichtspunkt des Neutralitätsgebotes konkretisiert; dabei fällt auf, dass das eingesetzte Mittel (Kreuz) im Hinblick auf das zu erreichende Ziel regelmäßig ungeeignet ist und dass das Neutralitätsgebot auf diese Weise den staatlichen Handlungsspielraum einschränkt und dadurch zugunsten der (negativen) Glaubensfreiheit eine freiheitserweiternde Wirkung vorliegt.

Das gleiche Ergebnis erzielt man im Fall des Kopftuchs einer Lehrerin. Dort wird der staatliche Erziehungsauftrag im Hinblick auf konkrete Dienstpflichten untersucht, die beinhalten sollen, eine Lehrerin dürfe im Dienst keine religiösen Symbole tragen. Weil derartige Dienstpflichten daraus nicht abzuleiten sind, kann das Kopftuchverbot in der Schule nicht auf Art. 7 Abs. 1 GG gestützt werden. Nach der Abwägung mit dem beamtenrechtlichen Mäßigungsgebot, welches hinter die Religionsfreiheit der Lehrerin zurücktritt, ist festzustellen, dass das Kopftuchverbot in der Schule unzulässig ist. Auch hier liegt eine freiheitserweiternde Wirkung vor, weil die Anwendung des Neutralitätsgebots als Interpretationsmittel dafür sorgt, dass der Erziehungsauftrag nicht leichtfertig als Rechtfertigungsgrund herangezogen werden kann und die daraus resultierende Anwendung des Mäßigungsgebots dazu zwingt, keine oberflächliche Prüfung des Verbots vorzunehmen.

Die gemeinhin als Rechtfertigungsgründe herangezogenen Verfassungsgüter haben sich nach eingehender Untersuchung als untauglich erwiesen. Das Neutralitätsgebot hilft folglich, die Genauigkeit jedes einzelnen Schrittes in der Grundrechtsprüfung zu verbessern und die Abwägung – sofern es zu einer kommt – vorzustrukturieren, die häufig an mangelnder Nachvollziehbarkeit leidet. So scheiden mithilfe des Neutralitätsgebots Verfassungsgüter aus, die der Glaubensfreiheit vermeintlich entgegenstehen. Das Kopftuchverbot in der Schule kann somit nicht auf *irgendeinen* beliebigen Rechtfertigungsgrund gestützt werden; die Anforderungen für ein Verbot sind vergleichsweise gestiegen. Die gleiche Wirkung hat das Neutralitätsgebot auch beim Kopftuchverbot in der Justiz. In beiden Fällen bleibt nur das Mäßigungsgebot, welches bei der kopftuchtragenden Lehrkraft hinter ihre Glaubensfreiheit zurücktreten muss, bei der Richterin bzw. Staatsanwältin tendenziell nicht. Der Unterschied liegt in der Funktion des jeweiligen öffentlichen Raums begründet. In der Schule darf Individuelles bewusst stärker hervortreten als in der Justiz, in der der Staat auf eine einheitliche Selbstdarstellung bei der Ausübung von Hoheitsgewalt bedacht ist.

Sowohl beim staatlich veranlassten Kreuz als auch beim Kopftuchverbot in Schule und Justiz hat das Neutralitätsgebot als Interpretationsmittel demnach freiheitserweiternde Wirkung. Beim Kreuz endet die Prüfung bereits bei der Geeignetheit und dem staatlichen Handlungsspielraum sind in diesem Bereich deutliche Grenzen gesetzt. Beim Kopftuchverbot sind die „typischen" Rechtfertigungsgründe unzulässig und im Rahmen der Prüfung mit dem Mäßigungsgebot ist eine Abwägung vorzunehmen, in der der Glaubensfreiheit unter

Zugrundelegung aller Umstände des Einzelfalls angemessen Rechnung zu tragen ist. Selbst bei einem Kopftuchverbot in der Justiz kann unter Umständen von der Unzulässigkeit ausgegangen werden. In diesem Sinne wirkt das Neutralitätsgebot so, wie es soll – den Staat beschränkend, die Freiheit der Bürger erweiternd oder mit anderen Worten: Der Staat ist zugunsten der Grundrechtsausübung seiner Bürger im religiös-weltanschaulichen Bereich enthaltsam und gewährt ihnen so den erforderlichen grundrechtlichen Betätigungsraum; die religiös-weltanschauliche Selbstdarstellung des Staates soll vermieden werden.

3. *Personalität vs. Apersonalität*

Beim Kopftuchverbot geht es um unterschiedliche Funktionen in einer Person, nämlich die Funktion als Grundrechtsträger und die Funktion als Amtsträger. Diesen Konflikt gilt es aufzulösen. Beim Kreuz in öffentlichen Räumen spielt sich die Problematik dagegen *außerhalb* des Individuums ab; da geht es nicht um unterschiedliche Funktionen einer Person, sondern vielmehr um das Verhältnis des Staates zur Religion.

Der Konflikt um das Kopftuch hat im Gegensatz zur Kreuzproblematik personalen Charakter, was mit dem Differenzierungskriterium individuelle Grundrechtsausübung einerseits und staatliche Veranlassung andererseits einhergeht. Die Frage nach dem konkreten religiösen Symbol spielt für die Frage der Zulässigkeit eine untergeordnete Rolle; es ist nur insofern relevant, als dass geklärt werden muss, ob das jeweilige Verhalten (Tragen eines Kopftuchs/Anbringen eines Kreuzes) staatlich oder individuell veranlasst ist. Man kann das Kopftuch etwa als religiös konnotiertes Kleidungsstück nicht als solches als unzulässig erklären und es dann in allen staatlichen Räumen verbieten. Vielmehr kommt es darauf an, ob eine individuelle Grundrechtsausübung zugrunde liegt und in welchem öffentlichen Raum mit welcher Funktion sich die Grundrechtsträgerin bewegt. Zum jeweiligen Verständnis des Symbols ist der objektive Empfängerhorizont maßgeblich.[133]

133 Vgl. etwa BVerfGE 35, 366, 374; 93, 1, 19f.; BayVGH, BeckRS 2022, 23724 Rn. 26 und BVerfGE 138, 296, 330; 153, 1, 34.

4. *Der öffentliche Raum und seine Funktion als Differenzierungskriterium*

Beim staatlich veranlassten Kreuz spielt es keine Rolle, in welchem öffentlichen Raum sich das Kreuz befindet, es ist stets unzulässig.[134] Beim Kopftuch einer Amtsträgerin macht es einen Unterschied, in welchem öffentlichen Raum sie sich bewegt und welche Funktion er innehat. Welche Gründe rechtfertigen diese unterschiedliche Behandlung?

Dem Staat soll es verwehrt sein, sich religiös-weltanschaulich darzustellen, und bei der Grundrechtsausübung von Amtsträgern soll es auf die jeweilige Funktion des öffentlichen Raums ankommen; in der Schule ist ein Verbot unzulässig, weil es sich um einen gesellschaftlichen Raum handelt, den der Staat lediglich in seine Obhut genommen hat und in dem eine einheitliche Selbstdarstellung nicht notwendig ist. In der Justiz kann ein Kopftuchverbot unter Umständen zulässig sein wegen des Vertrauensbedürfnisses der Rechtspflege und der Tatsache, dass die Amtsträgerfunktion in der Person der Grundrechtsträgerin überwiegt. Die Richterin bzw. die Staatsanwältin tritt nicht als Individuum auf, sondern nur oder vorwiegend als Repräsentantin des Staates in Amtstracht.[135] Anders als im Bereich der Schule, in der sich die religiös-pluralistische Gesellschaft widerspiegelt, tritt der Staat dem Bürger in der Justiz klassisch-hoheitlich und mit größerer Beeinträchtigungswirkung gegenüber. Das gilt auch dann, wenn die Verwendung des religiösen Symbols – wie im Fall des Kopftuchs – auf der individuellen Entscheidung des für den Staat handelnden Amtsträgers beruht.[136] Folglich liegt eine größere „Staatsnähe“ und Vergleichbarkeit zu der Situation mit dem staatlich veranlassten Kreuz vor und die Grundrechtsausübung tritt in den Hintergrund, was zu einer Zulässigkeit des Kopftuchverbots in der Justiz führt.

5. *Steuerungsfunktion und Widerspruchsfreiheit*

Des Weiteren fällt auf, dass das Neutralitätsgebot in der Normkonkretisierung entweder im Rahmen der Einheit der Verfassung oder im Rahmen der Normbereichsanalyse zur Anwendung kommen kann. Das deutet auf eine systematisierende, die Einheit bzw. Widerspruchsfreiheit der Verfassung fördernde Wirkung hin.

---

134 Anders *Böckenförde*, ZevKR 20 (1975), 119, 127ff., der zwischen Schule und Justiz unterscheidet. Demnach sei die Ausstattung von Gerichtssälen mit Kreuzen nicht erlaubt, die Ausstattung von Klassenzimmern hingegen schon. In diese Richtung auch *Streinz*, BayVBl 2021, 577ff.

135 Vgl. auch BVerfGE 153, 1, 39 und 42; *Häberle*, DVBl 2018, 1263, 1266; *Eckertz-Höfer*, DVBl 2018, 537, 543f.; *v. Schwanenflug/Szczerbak*, NVwZ 2018, 441, 444f.

136 BVerfGE 153, 1, 42.

Als Interpretationsgebot hat das Neutralitätsgebot somit eine Steuerungsfunktion. Es steuert die Anwendung der Verfassungsnormen durch materielle Vorgaben und ist in seiner steuernden Funktion akzessorisch, weil es zu der jeweiligen Verfassungsnorm hinzutritt und sie im konkreten Fall um bestimmte Inhalte ergänzt bzw. diese ausfüllt.[137]

Aus dem Neutralitätsgebot ergibt sich die interpretatorische Vorgabe, dass Verfassungsnormen nicht in einem Sinne ausgelegt werden dürfen, der diesem Gebot widerspricht; beispielsweise darf der staatliche Erziehungsauftrag nicht Erziehungsinhalte umfassen, die der gleichen Freiheit oder dem Identifikations- und Diskriminierungsverbot widersprechen. Zugleich sagt die Norm des Art. 7 Abs. 1 GG aufgrund ihrer abstrakten Formulierung nichts darüber aus, welche Bildungs- und Erziehungsziele konkret verfassungskonform sind, ist mithin ausfüllungsbedürftig. Das Neutralitätsgebot tritt gleichsam als „ausfüllende" Hilfestellung daneben und gibt im Wege der Interpretation Impulse an den Landesgesetzgeber, welche Erziehungsziele denkbar wären. Auf diese Weise werden Widersprüche in der und zur Verfassung vermieden. Die Steuerungsfunktion bestätigt sich auch, wenn die Rechtspositionen, die der Glaubensfreiheit der kopftuchtragenden Amtsträgerin gegenübertreten, abgelehnt werden, etwa die Funktionsfähigkeit der Rechtspflege oder der staatliche Erziehungsauftrag. Dort steuert das Neutralitätsgebot die Anwendung dieser Verfassungsnormen insofern, dass deren mangelnde Relevanz für die weitere Lösung verneint und auf das beamtenrechtliche Mäßigungsgebot verwiesen wird.

6. *Gemeinwohlkonkretisierungen*

Als Interpretationsgebot wird das Neutralitätsgebot bei der Konkretisierung von verfassungsrechtlichen Begriffen verwendet, die objektive Verfassungsgüter umschreiben, etwa in der Kreuzproblematik den staatlichen Erziehungsauftrag, die staatliche Identität oder Funktionsfähigkeit staatlicher Einrichtungen. In den Kopftuchfällen wurden der Erziehungsauftrag und die Funktionsfähigkeit der Rechtspflege nach der Normkonkretisierung als taugliche Rechtfertigungsgründe abgelehnt. Als entgegenstehende Rechtsposition war dann das Mäßigungsgebot einschlägig, welches letztlich auf die Funktionsfähigkeit des Berufsbeamtentums abzielt. Auch beim Kreuz waren bei generalisierender Betrachtung die Aufrechterhaltung der Institution Schule und die Erhaltung der Funktionsfähigkeit von Behörden und Justiz beabsichtigt. Folglich stehen der Glaubensfreiheit regelmäßig objektive Verfassungsgüter entgegen, die – abstrakt betrachtet – auf die

137 *Reimer*, Verfassungsprinzipien, 2001, S. 312 und S. 315.

Funktionsfähigkeit staatlicher Einrichtungen abzielen und damit auf die Verwirklichung des Gemeinwohls.

Oben genannte Verfassungsgüter sind Gemeinwohlkonkretisierungen. Der Gemeinwohlbegriff muss regelmäßig konkretisiert werden, denn er ist an sich noch zu weit, um in die Prüfung eingebracht zu werden.[138] Folglich enthält das Gemeinwohl ein Optimierungsgebot und ist damit ein Prinzip im Sinne Alexys; es lässt sich nicht durch bestimmte Maßnahmen vollkommen und endgültig realisieren.[139] Das Neutralitätsgebot kommt also besonders bei der Konkretisierung von objektiven Gemeinwohlbelangen zum Tragen. Es gibt folglich einen spezifischen Zusammenhang zwischen dem Neutralitätsgebot und dem Gemeinwohl. Das Neutralitätsgebot wird zur Konkretisierung dieser Belange eingesetzt, um diese für die weitere Verhältnismäßigkeitsprüfung fruchtbar zu machen. Weiß man auf Ebene des legitimen Zwecks, was etwa unter dem staatlichen Erziehungsauftrag genau zu verstehen ist und welche Erziehungsinhalte verfassungskonform wären, so ist die nächste sich stellende Frage die nach der Konsistenzprüfung. Also die Frage, ob das eingesetzte Mittel diesem legitimen Zweck gerecht werden kann. Dieser Prüfungsschritt wird in der Regel stiefmütterlich behandelt, um sich dann auf eine Abwägung zu stürzen, die dann abstrakt vollzogen wird, ohne dass die Bedeutung und Gewichtung der Belange rational nachvollziehbar sind.

Der Gemeinwohlbegriff steht im gesetzgeberischen Gestaltungsspielraum und wird regelmäßig von diesem konkretisiert.[140] Es gibt folglich einen unmittelbaren Zusammenhang zwischen der Legitimität des Zwecks für einen Grundrechtseingriff und der Gemeinwohlverpflichtung des Staates.[141] Weil die Konkretisierung des Gemeinwohls im gesetzgeberischen Gestaltungsspielraum steht und er auf diese Weise so gut wie jeden Zweck als gemeinwohlförderlich bzw. legitim

---

138 Vgl. oben S. 220ff. m. w. N.

139 Siehe zum Gemeinwohlbegriff *Isensee*, in: Depenheuer (Hg.), Staat und Verfassung, 33, 40ff. und zum Begriff des Prinzips *Alexy*, Theorie der Grundrechte, S. 71ff.

140 Siehe dazu BayVerfGHE 58, 212ff.; *Hohnerlein*, Der Staat 56 (2017), 227. Der Gemeinwohlbegriff wird nicht nur durch den Gesetzgeber konkretisiert, sondern auch durch die Verfassung, was sich durch die verfassungsimmanenten Schranken äußert, denn Verfassungsbelange sind Gemeinwohlbelange, vgl. *Grimm*, in: Münkler/Fischer (Hg.), Gemeinwohl und Gemeinsinn im Recht, S. 125, 127ff.

141 BVerfGE 100, 313, 359 und 375f.; *Hohnerlein*, Der Staat 56 (2017), 227, 240 und *Grimm*, in: Münkler/Fischer (Hg.), Gemeinwohl und Gemeinsinn im Recht, S. 125, 131. Die Legitimität eines Eingriffsziels setzt voraus, dass es nicht ausschließlich Konformität in der Gesellschaft erzwingen, sondern beispielsweise die Funktionsfähigkeit staatlicher Organe erhalten will, sprich: den Schutz von Rechtsgütern und damit die Förderung des Gemeinwohls. Vgl. dazu *Hohnerlein*, Der Staat 56 (2017), 227, 246ff.

begründen kann, verschiebt sich der Schwerpunkt der Prüfung auf die Geeignetheit.[142] Das Neutralitätsgebot ist ein Konkretisierungsmechanismus in der Verfassungsinterpretation, der eine freiheitserweiternde Wirkung für die Glaubensfreiheit hat.[143] Damit lässt sich feststellen, dass das Neutralitätsgebot in dem hiesigen Sinne auch eine gemeinwohlförderliche Wirkung hat, denn Grundrechte sind Gemeinwohlbelange. Eine Anmerkung sei hinzugefügt: Durch die Anwendung bei subjektiven Verfassungsgütern käme es zu einem Zirkelschluss. Das Neutralitätsgebot wurde unter anderem aus Grundrechten entwickelt. Würde man das Neutralitätsgebot zur Normkonkretisierung bzw. Interpretation bei Grundrechten einsetzen, so wäre das faktisch eine Schutzbereichsbestimmung. Ein Gebot, das unter anderem aus Grundrechten entwickelt worden ist, kann nicht dazu eingesetzt werden, um wiederum deren Schutzbereiche zu definieren.[144]

C. Dogmatische Verortung des Neutralitätsgebotes

Für eine umfassende Analyse muss noch aufgezeigt werden, was bei der Anwendung des Neutralitätsgebotes in juristisch-dogmatischer Hinsicht passiert, um Inhalt und Wirkung eines bestimmten Neutralitätsverständnisses zu erfassen. Vier Fragestellungen sind dabei besonders wichtig. Erstens: Hat das Neutralitätsgebot eigenständige Rechtsqualität? Zweitens: Auf welche Weise wird es bei der Lösung von konkreten Fällen verwendet, also welche Struktur weist es auf? Drittens: Stellt es nach hiesigem Verständnis ausschließlich einen objektivrechtlichen Verfassungsgrundsatz dar oder hat es (auch) einen subjektivrechtlichen Charakter? Viertens: Wie verhält sich das Neutralitätsgebot zu anderen Grundsätzen des Religionsverfassungsrechts, zu den Gleichheitsrechten und zu anderen Neutralitätsgeboten?

I. Normstruktur des Neutralitätsgebotes

Ausgangspunkt der vorliegenden Untersuchung zur religiös-weltanschaulichen Neutralität war die Feststellung, dass mithilfe dieses Begriffs das Verhältnis von Staat und Religionen bzw. Weltanschauungen beschrieben wird. Rechtstechnisch wurde dieses Verständnis als Interpretationsgebot in der Grundrechtsprüfung eingesetzt. Nach alledem kann jetzt entschieden werden, ob das Gebot

---

142 Vgl. einräumend *Huster*, Die ethische Neutralität des Staates, S. 664ff., insbesondere S. 667.

143 Vgl. oben S. 249ff.

144 Zur drohenden Zirkularität vgl. auch *Bornemann*, Die religiös-weltanschauliche Neutralität des Staates, S. 119f.

eigenständige Rechtsqualität besitzt, welche Funktion es in der Verfassung hat und welche Struktur das Neutralitätsgebot aufweist.

1. (Un-)Selbstständiges Gebot?

Zunächst stellt sich die Frage, ob das Neutralitätsgebot ein eigenständiges Gebot ist oder ob es lediglich eine unselbstständige Zusammenfassung von Gehalten darstellt, die sich bereits aus den zugrunde liegenden Normen ergeben.[145] Wie im ersten Teil der vorliegenden Untersuchung dargestellt, verfügt das Neutralitätsgebot über einen eigenständigen Gehalt, der über die sachlichen Gehalte der Normen, aus denen es entwickelt worden ist, hinausgeht.[146]

Es wird auch die Ansicht vertreten, dass das Neutralitätsgebot nur ein „verfassungstextlich begründetes verfassungs*theoretisches* Konstrukt" sei und keinen neuen, eigenständigen und über den Inhalt jener Normen hinausgehenden Inhalt begründe.[147] Diese Gegenposition kann in einem gemäßigten als auch in einem starken Sinne verstanden werden. In ihrer gemäßigten Version wird darauf hingewiesen, dass aus dem Begriff der Neutralität allein keine Inhalte ermittelt werden können, sondern es der Rückbindung an die Verfassung bedarf, weil sich mit dem Begriff der Neutralität ganz unterschiedliche Vorstellungen verbinden lassen.[148] Das ist jedoch – wie man beim Rechtsstaatsprinzip sehen kann – nicht unüblich bei verfassungsrechtlichen Grundsätzen mit hohem Abstraktionsgrad; diese sind regelmäßig unterschiedlichen Konkretisierungen zugänglich und bedürfen deswegen der Rückbindung an den Verfassungstext.[149] Sollte mit der Behauptung eines unselbstständigen Charakters dieses Gebotes gemeint sein, dass es in seinem Gehalt von den Grundrechten abhängt, so ist dagegen in der Sache nichts einzuwenden.[150] Schließlich wurde das Neutralitätsgebot unter anderem aus Grundrechten hergeleitet. Der Unterschied ist, dass diese nur die Grundlage darstellen und das Gebot darüber hinaus einen eigenständigen säkularen Gehalt hat.

In der starken Version der Position, die den eigenständigen Gehalt des Neutralitätsgebots ablehnt, wird als Folge daraus die Existenz dieses Gebots grundsätzlich bestritten. Wenn es sich aber beim Neutralitätsgebot tatsächlich nur um eine

145 *Huster*, Die ethische Neutralität des Staates, S. 40.

146 S. 55ff.

147 So etwa *Kukuczka/Herbolsheimer*, DÖV 2020, 724, 725 m. w. N.; *Herbolsheimer/Kukuczka*, ZevKR 63 (2018), 367, 378f. und *Jestaedt*, in: HStR VII, § 156, Rn. 71.

148 *Huster*, Die ethische Neutralität des Staates, S. 41 m. w. N.

149 *Huster*, Die ethische Neutralität des Staates, S. 41; *Nolte*, JöR n.f. 48 (2000), 87, 111f.

150 *Huster*, Die ethische Neutralität des Staates, S. 662.

unselbstständige Zusammenfassung der jeweiligen Einzelgewährleistungen handelte, so könnten die verfassungsrechtlichen Handlungsmaßstäbe ausschließlich diesen Einzelgewährleistungen entnommen werden. Das Neutralitätsgebot wäre dann überflüssig.[151] Die Tatsachen, dass noch keine zufriedenstellenden Lösungen allein mithilfe dieser Einzelgewährleistungen für religiös-weltanschauliche Konflikte gefunden worden sind, die das Neutralitätsgebot unnütz erscheinen lassen, und dass das BVerfG das Gebot in seiner religionsverfassungsrechtlichen Rechtsprechung regelmäßig als zentrales Argument einsetzt, sprechen allerdings für seine Existenzberechtigung.

2. Prinzip oder Regel?

In der bisherigen Darstellung wurde bewusst in Anlehnung an die Rechtsprechung des BVerfG vom „Neutralitätsgebot" oder „Neutralitätsgrundsatz" gesprochen und auf den Begriff des „Neutralitätsprinzips" verzichtet. Oft werden diese Bezeichnungen synonym verwendet, weil der Bezeichnung „Prinzip" keine besondere Bedeutung beigemessen wird, außer jener, dass es sich bei der religiös-weltanschaulichen Neutralität um eine bedeutende und abstrakte Festsetzung des Verfassungsrechts handelt.[152]Zuweilen wird der Begriff des Prinzips aber bewusst gewählt, weil damit eine bestimmte Normstruktur des Neutralitätsgebotes gekennzeichnet werden soll.[153] Das BVerfG spricht dagegen von einem „Gebot", einem „Grundsatz" oder einer „Verpflichtung" zu staatlicher Neutralität.[154] Der Verzicht auf den Prinzipienbegriff liegt nahe, weil ihm in der verfassungsrechtlichen Dogmatik mittlerweile eine bestimmte Bedeutung zugeschrieben wird. Als Prinzipien werden nur diejenigen Normen bezeichnet, die Optimierungsgebote enthalten und im Gegensatz zu Regeln einer Abwägung mit gegenläufigen Prinzipien zugänglich sind.[155]

Für das Neutralitätsgebot ist diese Unterscheidung von erheblicher Bedeutung. Wird das Gebot als Prinzip aufgefasst, dann enthält es lediglich eine Prima-facie-Verpflichtung zu staatlicher Neutralität, die im konkreten Fall durch

---

151 *Huster*, Die ethische Neutralität des Staates, S. 41f.

152 Diese Feststellung ist auch bei *Bornemann*, Die religiös-weltanschauliche Neutralität des Staates, S. 106 und bei *Huster*, Die ethische Neutralität des Staates, S. 38 zu finden.

153 Vgl. etwa *Müller*, in: Krüper/Merten/Morlok (Hg.), An den Grenzen der Rechtsdogmatik, S. 43, 57ff.

154 Siehe u.a. BVerfGE 24, 236, 246f.; 30, 415, 421f.; 93, 1, 16; 99, 100, 126.

155 *Huster*, Die ethische Neutralität des Staates, S. 38; grundlegend dazu *Alexy*, Theorie der Grundrechte, S. 71ff.

entgegenstehende Interessen überwunden werden kann.[156] In diesem Fall wäre es möglich, das Neutralitätsgebot mit den religiös-weltanschaulichen Interessen der jeweiligen Mehrheit abzuwägen und die staatliche Neutralitätsverpflichtung auf diese Weise zu relativieren.[157]

Wenn das Neutralitätsgebot als strikte Regel aufgefasst wird, die eine staatliche Parteinahme in bestimmten Fragen untersagt, dann ist eine relativ enge Fassung seines sachlichen Gehalts erforderlich, wenn das Handeln des Staates nicht in weiten Teilen verfassungsrechtlich blockiert werden soll.[158] Dies ist vergleichbar mit dem Verhältnismäßigkeitsgrundsatz, der ungeeignete, nicht erforderliche und unangemessene Grundrechtseingriffe verbietet, ohne dass der Grundsatz seinerseits einer Abwägung unterworfen werden kann oder eine Abstufung möglich wäre.[159]

Ob das Neutralitätsgebot ein Prinzip im normtheoretischen Sinne darstellt, ist abhängig davon, wie man es versteht. In der vorliegenden Untersuchung wird es als Interpretationsgebot verstanden. Bezieht man das Neutralitätsgebot folglich auf die Interpretation von verfassungsrechtlichen Begriffen, so beantwortet sich die Frage nach seiner Normstruktur von selbst. Interpretationsgebote bzw. „Interpretationsprinzipien“ – wie etwa die Einheit der Verfassung oder der Grundsatz der verfassungskonformen Auslegung – sind keine Prinzipien im normtheoretischen Sinne. Sie sind keine Rechtsgüter bzw. beziehen sich nicht unmittelbar auf ein inhaltliches Rechtsgut, das mit anderen Rechtsgütern kollidieren kann, sondern stellen auf einer anderen Ebene strukturelle oder modale Vorgaben für die Verfassungsinterpretation auf.[160] Folglich gilt das Neutralitätsgebot absolut, währenddessen ein Prinzip im eigentlichen Sinne stets nur annäherungsweise und relativ nach dem rechtlich und tatsächlich Möglichen zu verwirklichen ist.[161] Die Interpretation einer Verfassungsnorm kann nicht „optimiert“ werden; entweder die Norm kann neutral interpretiert werden oder eben nicht, genau wie die

---

156 *Huster*, Die ethische Neutralität des Staates, S. 38f.

157 *Müller*, in: Krüper/Merten/Morlok (Hg.), An den Grenzen der Rechtsdogmatik, S. 43, 57ff.

158 *Huster*, Die ethische Neutralität des Staates, S. 39.

159 *Huster*, Die ethische Neutralität des Staates, S. 39; *Herbolsheimer/Kukuczka*, ZevKR 63 (2018), 367, 378.

160 Vgl. *Huster*, Die ethische Neutralität des Staates, S. 659ff.

161 *Huster*, Die ethische Neutralität des Staates, S. 660. Den Prinzipiencharakter des Neutralitätsgebotes ebenfalls ablehnend *Herbolsheimer/Kukuczka*, ZevKR 63 (2018), 367, 378 und *Czermak*, Religiös-weltanschauliche Neutralität, S. 122f.; *ders.*, Religiös-weltanschauliche Neutralität – ein unverstandener Schlüsselbegriff, DÖV 2024, 511, 517.

verfassungskonforme Interpretation eines Gesetzes. Das Gebot der „Auslegungsneutralität“ kann somit entweder beachtet oder verletzt werden.[162]

Nach alledem muss gesagt werden, dass es das „Neutralitätsprinzip“ nicht gibt und man diesen Begriff allenfalls in einem unspezifischen Sinne verwenden kann, wobei das aufgrund der Missverständlichkeit besser vermieden werden sollte. Besonders wichtig ist die Erkenntnis, dass man das Neutralitätsgebot bzw. mit dem Neutralitätsgebot nicht abwägen und es insofern kein Kollisionsgut im Rahmen der Abwägung sein kann.[163] Es ist eine modale Vorgabe, ein Maßstab für die Verfassungsinterpretation und hat insoweit Steuerungsfunktion.

3. *Funktion des Neutralitätsgebotes*

Des Weiteren lohnt ein Blick auf die Funktion des Neutralitätsgebotes. Die mögliche Differenzierung nach Inhalt und Gewicht der getroffenen Regelungen erweist die Verfassung als eine gegliederte Einheit. Dennoch ändert die Verschiedenartigkeit der sachlichen Bedeutung der einzelnen Verfassungsrechtssätze für die staatliche und politische Ordnung nichts am gleichen Rang aller Verfassungsrechtssätze hinsichtlich Geltung, Vorrang und erschwerter Abänderbarkeit.[164] Die Einteilung folgt der Bindungswirkung, die der einzelnen Verfassungsnorm für Gesetzgebung, vollziehende Gewalt und Rechtsprechung zukommt.[165] Je nach Art und Maß normativer Verbindlichkeit lassen sich laut Badura drei Hauptgruppen von Verfassungsrechtssätzen bilden: *Verfassungsgrundsätze* (staatsleitende Grundsätze), *Verfassungsbefehle* (insbesondere Gesetzgebungsaufträge) und *Gewährleistungen* (vor allem Rechtszuweisungen).[166] Die Verfassungsgrundsätze stellen danach die Leitlinien der Staatsgestaltung, der Staatsform und der Staatsorganisation auf und legen zugleich Direktiven für die Ausübung der Staatsgewalt und das sonstige Verhalten des Staates fest. Dazu gehören die verfassungsgestaltenden Grundentscheidungen oder sogenannten Staatsstrukturprinzipien, beispielsweise die Rechtsstaatlichkeit, die Staatszielbestimmungen und sonstigen Aufgabennormen, etwa der Sozialstaatssatz, als auch die Handlungsdirektiven, wie der rechtsstaatliche Grundsatz der Verhältnismäßigkeit.

162 Für die Begründungsneutralität vgl. *Huster*, Die ethische Neutralität des Staates, S. 660.

163 *Huster*, Die ethische Neutralität des Staates, S. 660.

164 *Badura*, in: HStR VII, 1. Aufl. 1992, § 159, Rn. 7.

165 *Badura*, in: HStR VII, § 159, Rn. 8.

166 *Badura*, in: HStR VII, § 159, Rn. 9ff. Siehe dazu auch *Isensee*, in: HStR IV, 3. Aufl. 2006, § 73; *Lerche*, AöR 90 (1965), 341ff.; *Uhle*, Freiheitlicher Verfassungsstaat und kulturelle Identität, S. 376ff. und *Brämer*, Der moderne Staat, seine Werte und das Christentum, 2019, S. 33ff.

Verfassungsbefehle fordern ein nach Art und Zeitpunkt bestimmtes Tätigwerden des Staates, um eine Einrichtung zu schaffen oder einen Auftrag zu erfüllen, zum Beispiel die Anpassung des dem Art. 3 Abs. 2 GG entgegenstehenden Rechts durch Gesetz (Art. 117 Abs. 1 GG). Gewährleistungen sichern die Existenz, Funktionsfähigkeit und Grundgestaltung gemeinschaftswichtiger Rechtseinrichtungen, beispielsweise das Berufsbeamtentum nach Art. 33 Abs. 4 und 5 GG oder schützen Freiheiten und Rechte des Einzelnen und von Gruppen, vor allem Grundrechte.[167]

Die nach Badura geschilderte Einteilung ist eine Unterscheidung nach den Rechtswirkungen, die den Verfassungsnormen zukommen, wobei Überschneidungen möglich sind. Ein Großteil der Verfassungsgrundsätze ist nicht oder nicht seinem ganzen Inhalt nach ausdrücklich durch Verfassungsrechtssätze positiviert, sondern durch Auslegung und gefestigte Praxis aus einzelnen Vorschriften oder aus dem Zusammenhang der Verfassung gewonnen, beispielsweise das Gebot der Bundestreue oder das Gebot der rechtsstaatlichen Bestimmtheit von Gesetzen.[168]

Für die vorliegende Untersuchung sind die Verfassungsgrundsätze von besonderer Bedeutung. Wie man am Beispiel des Rechtsstaatsprinzips sehen kann, kann ein Verfassungsrechtssatz durch die Vielfalt seiner normativen Wirkungen allen genannten Kategorien zuzurechnen sein.[169] Das Rechtsstaatsprinzip ist sowohl eine verfassungsgestaltende Grundentscheidung als auch eine Staatszielbestimmung, durch Gesetz, Gesetzesvollzug und richterliche Wahrung und Durchsetzung des Rechts Gerechtigkeit, Ordnung, Frieden und Rechtssicherheit für jeden Rechtsunterworfenen zu gewährleisten. Aus diesem Prinzip leiten sich Handlungsdirektiven ab, etwa die Gesetzmäßigkeit der Verwaltung, der Verhältnismäßigkeitsgrundsatz oder die Beachtung schutzwürdigen Vertrauens.[170] Größtenteils werden Verfassungsgrundsätze durch Auslegung der Verfassung gewonnen, wie am Rechtsstaatsprinzip gezeigt werden kann, zum Teil sind sie auch ausdrücklich geregelt, wie in den Vorschriften der Art. 20 und Art. 38 Abs. 1 GG.[171] Verfassungsgrundsätze und ihre normativen Wirkungen sind der Entwicklung, Festigung und kritischen Durchdringung durch Staatspraxis (wesentlich bestimmt durch die Rechtsprechung des BVerfG) und Staatsrechtslehre zugänglich, wobei dem konkreten Verfassungszustand und den Eigentümlichkeiten des Grundgesetzes Rechnung zu tragen ist.[172]

---

167 *Badura*, in: HStR VII, § 159, Rn. 9 und Rn. 35.
168 *Badura*, in: HStR VII, § 159, Rn. 10.
169 *Badura*, in: HStR VII, § 159, Rn. 10.
170 *Badura*, in: HStR VII, § 159, Rn. 36.
171 *Badura*, in: HStR VII, § 159, Rn. 37.
172 *Badura*, in: HStR VII, § 159, Rn. 37.

Das Neutralitäts- als Interpretationsgebot ist eine Verstehensbedingung und ein Maßstab für den Interpretationsvorgang. Somit ist es der Kategorie der Verfassungsgrundsätze zuzuordnen, denn als Interpretationsmaßstab stellt es eine Direktive für die Interpretation der Verfassung dar ohne Rechtsnorm[173] zu sein, ähnlich dem Verhältnismäßigkeitsgrundsatz, der ebenfalls einen Maßstab für staatliches Handeln und eine Handlungsdirektive darstellt. Das Neutralitätsgebot ist nicht ausdrücklich in der Verfassung geregelt, sondern durch Auslegung der Verfassung gewonnen und vom BVerfG im Wege einer Zusammenschau entwickelt und durch ständige Rechtsprechungspraxis gefestigt worden.

Im Unterschied zum Rechtsstaatsprinzip lässt es sich nicht zugleich den Kategorien der Staatszielbestimmung oder der verfassungsgestaltenden Grundentscheidung zuordnen. Verfassungsgestaltende Grundentscheidungen werden durch Verfassungsrechtssätze positiviert, die den zentralen Gestaltungsprinzipien Geltung verschaffen, die die Staatsordnung bestimmen und legitimieren.[174] Folglich setzt es eine vollständige oder zumindest teilweise Positivierung voraus. Hätte der Verfassungsgeber gewollt, dass die Neutralität des Staates eine der zentralen Gestaltungsprinzipien wäre, so hätte er diesem Grundsatz Geltung verschafft, indem er ihn (zumindest ansatzweise) in Art. 20 GG oder in einem anderen Verfassungsrechtssatz niedergeschrieben hätte. Man mag sich aber auch auf den Standpunkt stellen, dass es sich doch um eine verfassungsgestaltende Grundentscheidung handelt, wenn man bedenkt, dass das Neutralitätsgebot ein Wesensmerkmal des modernen Religionsverfassungsrechts ist[175] und seine teilweise Positivierung gerade in den Vorschriften gefunden hat, aus denen es entwickelt worden ist.

Auch der fehlende Prinzipiencharakter spricht gegen die Funktion als verfassungsgestaltende Grundentscheidung. Die Staatsstrukturprinzipien Rechtsstaat, Sozialstaat, Bundesstaat, Demokratie und Republik sind Prinzipien im normtheoretischen Sinne und einer Abwägung zugänglich. Das Neutralitätsgebot dagegen ist absolut und kann nicht als Kollisionsgut optimiert oder überwunden werden.

Es ist auch nicht den Staatszielbestimmungen oder sonstigen Aufgabennormen zuzuordnen. Staatszielbestimmungen sind Verfassungsnormen mit rechtlich bindender Wirkung, die der Staatstätigkeit die fortdauernde Beachtung oder Erfüllung bestimmter sachlich umschriebener Aufgaben vorschreiben. Sie umreißen ein bestimmtes Programm der Staatstätigkeit und sind dadurch eine Richtlinie für das staatliche Handeln, auch für die Auslegung von Gesetzen und sonstigen

---

173 Vgl. dazu S. 268ff.

174 *Badura*, in: HStR VII, § 159, Rn. 38.

175 Vgl. *Walter*, in: Handbuch des Staatskirchenrechts, Bd. 1, § 18, Rn. 1.

Rechtsvorschriften.[176] Im Regelfall wendet sich eine Staatszielbestimmung an den Gesetzgeber, in dessen politischer Gestaltungsfreiheit es liegt, wie und zu welchem Zeitpunkt er die ihm eingeschärfte Staatsaufgabe normativ erfüllt; Rechte oder Pflichten Einzelner werden dadurch nicht begründet.[177] Da die Staatszielbestimmung nach Maßgabe ihres Inhalts eine verfassungsrechtliche Bindung bewirkt, ist ein Gesetz oder eine sonstige Rechtsvorschrift, die sie missachtet, verfassungswidrig. Das prominenteste Beispiel für eine Staatszielbestimmung des Grundgesetzes ist der Sozialstaatssatz, der in Art. 20 Abs. 1 GG verankert ist.[178] Zwar liegt in der Steuerungsfunktion eine Gemeinsamkeit, doch das Neutralitätsgebot als Interpretationsgebot ist kein normatives Programm oder ein Aufgabenbereich, den der Gesetzgeber durch Konkretisierung zu erfüllen verpflichtet ist. Das Neutralitätsgebot in dem hier verstandenen Sinne bezieht sich auch nicht auf einfache Gesetze oder sonstige Rechtsvorschriften, sondern kommt bei der Verfassungsinterpretation zur Anwendung. Wenn eine Verfassungsnorm nicht neutral interpretiert wird, dann wird nicht das Neutralitätsgebot selbst verletzt, sondern das zur Prüfung stehende Grundrecht.[179]

4. *Objektives Gebot oder subjektives Recht?*

Es muss noch die Frage aufgeworfen werden, ob das Neutralitätsgebot ein objektivrechtlicher Grundsatz ist oder subjektivrechtlichen Charakter hat. Diese Frage ist zumindest auf den ersten Blick leicht zu beantworten. Man ist geneigt, das Neutralitätsgebot aufgrund seiner Funktion als Verfassungsgrundsatz sofort als objektivrechtlichen Grundsatz[180] aufzufassen, doch diese Frage ist bei näherem Hinsehen nicht ganz so leicht zu beantworten.

---

176 *Badura*, in: HStR VII, § 159, Rn. 15.

177 *Badura*, in: HStR VII, § 159, Rn. 15.

178 *Badura*, in: HStR VII, § 159, Rn. 15f.

179 Vgl. im Folgenden die Erläuterung auf S. 264f.

180 In der Rechtsprechung des EGMR etwa besitzt das Neutralitätsgebot eine objektive Dimension, wird aber als objektive normative Anforderung unmittelbar aus der Religionsfreiheit abgeleitet, s. EGMR NVwZ 2011, 737, 739 Rn. 60 (Lautsi/Italien) und dazu *Walter*, in: FS Kirchhof, Bd. 2, § 133, 1447, 1455f. Der BayVGH sieht es als objektivrechtliches Verfassungsprinzip, das als solches keine einklagbaren subjektiven Rechte begründet, s. BayVGH, BeckRS 2022, 23724 Rn. 28 und BayVGH, BeckRS 2022, 23726 Rn. 36. Ebenfalls für eine objektiv-rechtliche Dimension *Müller*, in: Krüper/Merten/Morlok (Hg.), An den Grenzen der Rechtsdogmatik, S. 43, 64 und für einen objektiven Verfassungsgrundsatz haltend *Vosgerau*, Freiheit des Glaubens und Systematik des Grundgesetzes, S. 204f.

Grundrechte sind ein wesentliches Element des Normbestandes, aus dem das Gebot abgeleitet wird.[181] Möglicherweise können sich deswegen Neutralitätsgebot und subjektive Grundrechte nicht strikt voneinander trennen lassen.[182] Als ein objektivrechtlicher Grundsatz, der gegenüber den Grundrechten eigenständig ist, ließe es sich zumindest dann betrachten, soweit neutralitätsrechtliche Teilgehalte in weiteren, nicht grundrechtlichen Verfassungsnormen zum Ausdruck kommen.[183] In der vorliegenden Untersuchung ist das der Fall. Hier wurde das Neutralitätsgebot *auch* aus dem Verbot der Errichtung einer Staatskirche gemäß Art. 140 GG i. V. m. Art. 137 Abs. 1 WRV abgeleitet, das einer institutionellen und ideellen Verflechtung von Staat und Religion entgegenwirkt. Insoweit ist das Neutralitätsgebot ein objektivrechtliches Gebot. Allerdings ist es als Interpretationsgebot – genau wie die Interpretationsprinzipien der Einheit der Verfassung und der verfassungskonformen Auslegung – kein Gebot, wogegen verstoßen bzw. welches unabhängig vom subjektiven Grundrechtsschutz zur Anwendung gebracht werden könnte. Es kann also nicht, wie etwa das Rechtsstaatsprinzip, ein selbstständiger Prüfungsgegenstand eines Verfahrens vor dem BVerfG sein, in dem der Verstoß gegen objektives Verfassungsrecht geprüft wird.[184]

---

181 *Huster*, Die ethische Neutralität des Staates, S. 39. Laut Bornemann ist diese Einordnung möglicherweise überflüssig, weil das Neutralitätsgebot, selbst wenn es als ausschließlich objektiver Verfassungsgrundsatz verstanden wird, über die allgemeine Handlungsfreiheit nach Art. 2 Abs. 1 GG subjektiv operationalisiert werden kann, vgl. *Bornemann*, Die religiös-weltanschauliche Neutralität des Staates, S. 108.

182 Diese Frage stellt sich auch *Huster*, Die ethische Neutralität des Staates, S. 39. In der BVerfGE 105, 279 vom 26.06.2002, in der staatliche Sektenwarnungen auf ihre Verfassungsmäßigkeit überprüft wurden, wurde aus Art. 4 Abs. 1 und 2 GG ein Recht der Glaubensgemeinschaften auf neutrale Behandlung durch den Staat abgeleitet. Insoweit hat das BVerfG die Neutralitätsverpflichtung subjektiviert, weil es sie als Kehrseite der Glaubensfreiheit unmittelbar in dem Grundrecht verankert hat. Bei Verstoß gegen diese Verpflichtung läge zugleich ein Eingriff in Art. 4 GG vor, vgl. insbesondere BVerfGE 105, 279, 299ff. Problematisch an diesem Ansatz ist eine gewisse Zirkularität. Zunächst wird aus der Glaubensfreiheit ein Recht bzw. eine Verpflichtung des Staates abgeleitet, welche zugleich bei einem Verstoß einen Eingriff in ebendieses Grundrecht begründet.

183 *Huster*, Die ethische Neutralität des Staates, S. 664.

184 Das gilt auch im Rahmen einer Verfassungsbeschwerde, in der das BVerfG aufgrund eines umfassenden Prüfungsmaßstabs den gerügten hoheitlichen Akt unter jedem in Betracht kommenden verfassungsrechtlichen Gesichtspunkt auf seine Verfassungsmäßigkeit überprüft, vgl. BVerfGE 42, 312, 325f.; 45, 63, 74. Dazu auch *Nolte*, JöR n.f. 48 (2000), 87, 105.

Vielmehr ist zu beobachten, dass bei einer nicht-neutralen Auslegung das zu prüfende Grundrecht selbst verletzt wird. Ein Beispiel soll dies verdeutlichen: Im Fall des Kreuzes in der öffentlichen Schule, welches auf staatliche Anordnung angebracht worden ist, wird der staatliche Erziehungsauftrag gemäß Art. 7 Abs. 1 GG auf eine nicht-neutrale Weise interpretiert. Das bedeutet konkret, dass Erziehungsinhalte zulässig sein sollen, die nicht neutral sind, beispielsweise christliche Inhalte oder das Ehrfurchtsgebot. Wenn diese Prüfung fortgeführt wird, dann gelangt man zu dem Ergebnis, dass das Kreuz als eingesetztes Mittel durchaus geeignet ist, diese Erziehungsziele bildlich darzustellen und so förderlich auf die Erfüllung des Erziehungsauftrages in dem hier verstandenen Sinne einzuwirken. Die Erforderlichkeit und Angemessenheit der Anordnung sind ebenfalls gegeben, weil insbesondere die Intensität der Wirkung des Kreuzes an der Wand nicht allzu hoch ist und kein aktives Verhalten erfordert. Die Anordnung, ein Kreuz anzubringen, wäre verhältnismäßig und der Eingriff in die Glaubensfreiheit könnte gerechtfertigt sein.

Das Problematische daran ist, dass die Glaubensfreiheit sehr wohl verletzt ist, wenn ein Kreuz auf staatliche Veranlassung im Klassenzimmer einer staatlichen Schule angebracht wird.[185] Dass das Kriterium der neutralen Interpretation je nach Einhaltung oder Nichteinhaltung zu zwei entgegengesetzten Ergebnissen führt, macht zwei Punkte deutlich. Erstens: Dass es für die Grundrechtsprüfung wesentlich auf die neutrale Interpretation der Schranken ankommt und dass sie unerlässlich ist. Es gibt keinen vernünftigen Grund, die Schranken auf eine Weise auszulegen, die gegen die Gehalte der Verfassung verstößt. Zweitens: Durch das nicht-neutrale, ja fehlerhafte Interpretieren wird eine tatsächlich vorhandene Grundrechtsverletzung übersehen bzw. verneint. Das wiederum vertieft die Grundrechtsverletzung. Das führt zu der Schlussfolgerung, dass die nicht-neutrale Interpretation einer Verfassungsnorm zwar nicht zur Verletzung des Neutralitätsgebots, aber zu einer Verletzung des zu prüfenden Grundrechts – in der Regel Art. 4 GG – führt. Ein gewisser subjektivrechtlicher Charakter ist auch deshalb gegeben, weil die Anwendung des Neutralitätsgebotes als Interpretationsgebot in der Grundrechtsprüfung verankert ist.

Jedenfalls ist das Neutralitätsgebot als Interpretationsgebot kein einklagbares subjektives Recht, genauso wenig wie die Interpretationsmaximen der Einheit der Verfassung und der verfassungskonformen Auslegung. Es kann kein Recht des Einzelnen auf eine bestimmte Art der Verfassungsinterpretation geben. Letztlich kann die Frage „Objektives Gebot oder subjektives Recht?“ nicht auf eine Weise

185 Vgl. S. 143f.

eindeutig beantwortet werden, dass man sich für eine der Alternativen endgültig entscheidet. Es kommt darauf an, ob sich der Fokus auf den theoretischen Begründungszusammenhang richtet oder die Anwendungsperspektive in der Grundrechtsprüfung in den Blick genommen wird.[186]

5. *Vergleich mit den Interpretationsprinzipien der verfassungskonformen Auslegung und der Einheit der Verfassung*

a. *Verfassungskonforme Auslegung*

Nach dem Grundsatz der verfassungskonformen Auslegung ist ein Gesetz nicht für nichtig zu erklären, wenn es im Einklang mit der Verfassung ausgelegt werden kann.[187] Dieser Einklang kann auf zweierlei Weise hergestellt werden: einerseits, wenn das Gesetz ohne die Heranziehung verfassungsrechtlicher Gesichtspunkte eine Auslegung zulässt, die mit der Verfassung vereinbar ist; andererseits, wenn ein mehrdeutiger oder unbestimmter Inhalt des Gesetzes durch Inhalte der Verfassung bestimmt wird. Im Rahmen verfassungskonformer Auslegung sind Verfassungsnormen demnach nicht nur Prüfungsnormen, sondern auch *Sachnormen*

186 In den BVerfGE 123, 267, 328ff. und BVerfG NJW 2011, 2946, 2947ff. wurde zum Beispiel das Demokratieprinzip über Art. 38 Abs. 1 S. 1 GG subjektiviert und ein Anspruch des Einzelnen auf demokratische Selbstbestimmung, auf freie und gleiche Teilhabe an der ausgeübten Staatsgewalt sowie auf Einhaltung des Demokratiegebots und Achtung der verfassungsgebenden Gewalt des Volkes begründet; das Sozialstaatsprinzip und die Staatlichkeit der BRD wurden ebenfalls auf dieser Grundlage subjektiviert. Kritisch dazu *Sachs*, in: FS Stern, 597ff. Danach sei nach der Schutznormlehre erforderlich, dass die Norm neben der objektiv begünstigenden Wirkung für den Normadressaten auf diese Begünstigung *abzielt* und die Möglichkeit intendiert, sie durchzusetzen. Das ist beim Neutralitätsgebot wohl auszuschließen, zumal es an einer Vergleichbarkeit der Normen fehlt. Das Demokratieprinzip ist im Gegensatz zum Neutralitätsgebot ein Prinzip im normtheoretischen Sinne und enthält ein Optimierungsgebot. Der Optimierungsgedanke ist nicht weit vom Anspruchsdenken zu verorten. Der Staat hat die Aufgabe, das Demokratieprinzip im Rahmen des rechtlich und tatsächlich Möglichen zu verwirklichen, und das kann unter Umständen auch dem einzelnen Bürger zugutekommen. Das Neutralitätsgebot als Interpretationsvorgabe hat dagegen weder Optimierungs- noch Begünstigungscharakter. Man mag dabei möglicherweise an den verwaltungsrechtlichen Anspruch auf ermessensfehlerfreie Entscheidung denken, doch fehlt es hier an der Vergleichbarkeit.

187 *Müller/Christensen*, Juristische Methodik, Bd. 1, S. 133ff.; *Hesse*, Grundzüge des Verfassungsrechts, § 2, S. 31. Siehe auch *Starck*, in: v. Mangoldt/Klein/Starck, GG Art. 1, 7. Aufl. 2018, Rn. 326ff.

zur Inhaltsbestimmung einfacher Gesetze.[188] Der Grundsatz verbindet somit Normtextauslegung mit Normenkontrolle.[189] Der Gedanke, den dieser Grundsatz zur Geltung bringt, ist nur bedingt der der Beachtung der grundgesetzlichen Wertordnung bei der Interpretation einfachrechtlicher Gesetze; der Grundsatz findet seine Wurzel vielmehr in dem Prinzip der Einheit der Rechtsordnung. Um dieser Einheit willen müssen Gesetze, die unter der Geltung des Grundgesetzes erlassen worden sind, verfassungskonform ausgelegt werden.[190]

Verfassungskonforme Auslegung ist von wesentlicher funktionellrechtlicher Bedeutung. Das gilt vor allem für das Verhältnis von Verfassungsgerichtsbarkeit und Gesetzgebung. Die Gültigkeit eines Gesetzes soll möglichst aufrechterhalten werden, daher kennzeichnet sich der Grundsatz funktionellrechtlich als ein Prinzip richterlicher Zurückhaltung gegenüber dem Gesetzgeber und als ein Prinzip des Vorrangs des Gesetzgebers bei der Konkretisierung der Verfassung. Dem BVerfG ist es verwehrt, dem Gesetzgeber diesen Vorrang streitig zu machen und damit eine Verschiebung verfassungsrechtlich zugewiesener Funktionen herbeizuführen. Je mehr das Gericht den Gesetzgeber korrigiert, desto mehr nähert es sich den funktionellrechtlichen Grenzen verfassungskonformer Auslegung. Folglich ist verfassungskonforme Auslegung nicht gegen Wortlaut und Sinn bzw. gegen das gesetzgeberische Ziel möglich.[191]

Verfassungskonforme Auslegung stellt nicht nur die Frage nach dem Inhalt des zu prüfenden Gesetzes, sondern auch die Frage nach dem Inhalt des Grundgesetzes. Sie erfordert sowohl Gesetzes- wie Verfassungsinterpretation. Weil in der Regel versucht wird, das zu prüfende Gesetz nicht für nichtig zu erklären, wird verfassungskonforme Auslegung die zu interpretierende Verfassungsnorm möglichst in dem Sinne auslegen, in dem der Gesetzgeber sie konkretisiert hat. Sie ist daher in ihrer Rückwirkung auf die Verfassungsinterpretation *gesetzeskonforme* Auslegung der Verfassung. Diese Wirkung bestätigt die enge Wechselbezogenheit von Verfassung und Gesetz.[192]

---

188 *Müller/Christensen*, Juristische Methodik, Bd. 1, S. 133f.; *Hesse*, Grundzüge des Verfassungsrechts, § 2, S. 31. Vgl. dazu auch BVerwG NJW 2004, 3581, 3584 und BVerfGE 11, 168, 190; 41, 65, 86; 59, 336, 350ff.

189 *Müller/Christensen*, Juristische Methodik, Bd. 1, S. 133.

190 *Hesse*, Grundzüge des Verfassungsrechts, § 2, S. 31.

191 *Hesse*, Grundzüge des Verfassungsrechts, § 2, S. 31f.

192 Vgl. *Hesse*, Grundzüge des Verfassungsrechts, § 2, S. 33 und zu diesem Aspekt auch BVerfGE 12, 45, 53ff.

b. Einheit der Verfassung

Eine maßgebliche Bedeutung für die Problemlösung und die Interpretation von Verfassungsnormen kommt den Prinzipien der Verfassungsinterpretation zu, etwa dem Prinzip der Einheit der Verfassung.[193] Die einzelnen Verfassungsnormen sind nicht jede für sich allein, sondern in einem Gesamtzusammenhang zu betrachten, weil die einzelnen Elemente der Verfassung eine Interdependenz aufweisen, sprich: Alle Verfassungsnormen sind so zu interpretieren, dass Widersprüche zu anderen Verfassungsnormen vermieden werden. Nur eine solche ganzheitliche Verfassungsinterpretation verspricht eine sachgemäße Problemlösung und sorgt dafür, dass Interpretationsergebnisse auch im Einklang mit den Grundentscheidungen der Verfassung stehen.[194]

c. Gemeinsamkeiten und Unterschiede

Bei genauerer Betrachtung liegt folgende Gemeinsamkeit zwischen dem Neutralitätsgebot als Interpretationsgebot und dem Grundsatz verfassungskonformer Auslegung vor, die auch als Ausgangspunkt für die weiteren Überlegungen dient: Das Neutralitätsgebot fungiert als Sachnorm im oben beschriebenen Sinne. In der vorhergehenden Untersuchung wurden unbestimmte Begriffe von Verfassungsnormen durch Inhalte der Verfassung bestimmt bzw. ergänzt. Beispielsweise war nicht klar, was genau unter dem Begriff der „Aufsicht" in Art. 7 Abs. 1 GG zu verstehen war; mithilfe des Neutralitätsgebotes wurden (im Rahmen des Verständnisses als staatlicher Erziehungsauftrag) mögliche Erziehungsziele herausgearbeitet, die den Grundgedanken der Verfassung nicht widersprechen.

Diese Vorgehensweise hat systematischen Charakter, weshalb auch eine Gemeinsamkeit zum Interpretationsprinzip der Einheit der Verfassung vorliegt. Folgende Parameter sollen dazu dienen, die Wirkungsweise, die Gemeinsamkeiten und Unterschiede zwischen den Interpretationsprinzipien der verfassungskonformen Auslegung und der Einheit der Verfassung und dem Neutralitätsgebot als Interpretationsgebot zu untersuchen. Aufgrund der Erkenntnisse aus dem Vergleich lassen sich Schlussfolgerungen zur Normstruktur des Neutralitätsgebotes ziehen. Die Parameter sind: die Anwendungsebenen,

---

193 *Hesse*, Grundzüge des Verfassungsrechts, § 2, S. 27; *Ehmke*, VVDStRL 20 (1963), 53, 77ff. Vgl. grundlegend dazu *Smend*, Verfassung und Verfassungsrecht, S. 128ff. Auch in der Rechtsprechung des BVerfG kam das Prinzip zur Anwendung: BVerfGE 1, 14, 32f.; 6, 55, 82; 19, 206, 220; 101, 361, 385f.; 105, 1, 10f. Vgl. sonst S. 66ff.

194 *Hesse*, Grundzüge des Verfassungsrechts, § 2, S. 27; kritisch *Müller/Christensen*, Juristische Methodik, Bd. 1, S. 404ff.

Inhalt und Rechtsnormqualität, Selbstständigkeit, funktionellrechtliche Bedeutung, Rückwirkung, Rangfolge und das Verhältnis zu den herkömmlichen *canones*, Prinzipien- oder Regelcharakter sowie die Frage, ob es sich um ein objektives Gebot oder um ein subjektives Recht handelt.

aa. Anwendungsebenen

Die Frage nach der verfassungskonformen Auslegung stellt sich nur, wenn es zwei Ebenen unterschiedlichen Ranges gibt. Das Prinzip der verfassungskonformen Gesetzesauslegung kommt dann zur Anwendung, wenn einfaches Gesetzesrecht auf seine Verfassungsmäßigkeit überprüft werden soll. Mithilfe der herkömmlichen Auslegungsregeln werden mögliche Deutungen herausgearbeitet und unter diesen methodisch vertretbaren Bedeutungsvarianten wird diejenige ausgewählt, die verfassungskonform ist. Folglich handelt es sich um eine Vorzugsregel für die Entscheidung zwischen verschiedenen Interpretationsergebnissen.[195] Beim Prinzip der Einheit der Verfassung und bei der Anwendung des Neutralitätsgebotes als Interpretationsgebot spielt sich dagegen alles auf einer Ebene, der Verfassungsebene, ab. Dort stellt sich nicht die Frage, ob einfaches Recht den Inhalten der Verfassung entspricht, sondern ob die Interpretation einer Verfassungsnorm zu Widersprüchen mit anderen verfassungsrechtlichen Gehalten führt.

bb. Inhalt und Rechtsnormqualität

Nach dem Grundsatz der verfassungskonformen Gesetzesauslegung ist eine Gesetzesnorm so auszulegen, dass sie mit den Grundsätzen der Verfassung im Einklang steht. Bei mehreren Deutungsvarianten soll diejenige maßgeblich sein, bei der die gesetzliche Regelung mit der Verfassung konform geht. Verfassungsnormen können somit als Kontroll- als auch als Sachnormen zur Bestimmung des Inhalts von Gesetzesvorschriften fungieren.[196] Wenn Verfassungsvorschriften als Sachnormen eingesetzt werden, so liegt hierin eine Gemeinsamkeit mit dem Prinzip der Einheit der Verfassung. Da sollen Verfassungsnormen in einem Gesamtzusammenhang betrachtet und dementsprechend so interpretiert werden, dass Widersprüche zu anderen Verfassungsgehalten vermieden werden. Dieser Vorgang setzt voraus, dass man sich über die Bedeutung und den Inhalt dieser anderen Verfassungsgehalte, die als Vergleichsobjekt dienen, im Klaren ist. Wenn also die fragliche Verfassungsvorschrift widerspruchsfrei interpretiert werden soll,

---

195 *Müller/Christensen*, Juristische Methodik, Bd. 1, S. 133ff.

196 *Müller/Christensen*, Juristische Methodik, Bd. 1, S. 133.

dann fließt die Bedeutung der korrespondierenden Verfassungsnorm automatisch mit in die Konkretisierung ein.

Um die Einheit der Verfassung zu wahren, wird die korrespondierende Norm dementsprechend als Sachnorm eingesetzt und so der unbestimmte Inhalt der zu konkretisierenden Verfassungsnorm ergänzt. In beiden Fällen wird eine Verfassungsnorm als Sachnorm zur Inhaltsbestimmung eingesetzt, bei der verfassungskonformen Auslegung auf verschiedenen Ebenen und im Rahmen der Einheit der Verfassung nur auf Verfassungsebene.

Auf die gleiche Weise fungiert das Neutralitätsgebot. Es wird als „Sachnorm" bei der Interpretation anderer Verfassungsvorschriften eingesetzt. Hier liegt die erste bedeutende Gemeinsamkeit zwischen den Prinzipien der verfassungskonformen Gesetzesauslegung, der Einheit der Verfassung und dem Neutralitätsgebot als Interpretationsgebot: Verfassungsnormen können und werden als Sachnormen zur *Inhaltsbestimmung anderer Normen* eingesetzt. Folglich liegt allen dreien der Einheitsgedanke zugrunde. Rechts- bzw. Verfassungsnormen sollen so interpretiert werden, dass Widersprüche innerhalb der Rechts- und Verfassungsordnung vermieden werden. Der Unterschied ist, dass das Neutralitätsgebot selbst die Sachnorm darstellt, währenddessen bei der verfassungskonformen Auslegung und der Einheit der Verfassung andere Verfassungsnormen diese Aufgabe erfüllen. Der Grund hierfür ist, dass weder die verfassungskonforme Gesetzesauslegung noch die Einheit der Verfassung eigenständige Rechtsnormen sind, sondern lediglich Interpretationsprinzipien.

Ist aber das Neutralitätsgebot eine Rechtsnorm? Der Begriff der Sachnorm wurde oben nicht zufällig in Anführungszeichen gesetzt, denn die Eigenschaft als Sachnorm setzt die Eigenschaft voraus, selbst Rechtsnorm zu sein. Nach Esser setzt der moderne Rechtssatz Anwendbarkeit voraus, das heißt, in seinem Bereich und seiner Wirkungsweise muss er durch Kriterien festgelegt sein, die man in nachprüfbarer Weise als gegeben oder nicht gegeben feststellen kann.[197] Eine Rechtsnorm bedarf eines Tatbestandes, der, wenn er erfüllt ist, eine bestimmte Rechtsfolge auslöst. Das Neutralitätsgebot hat keinen Tatbestand im eigentlichen Sinne, der entweder gegeben oder nicht gegeben ist, und es löst keine Rechtsfolgen oder Verhaltenspflichten aus. Es verfügt zwar über einen eigenständigen Gehalt, der ihn von den zugrunde liegenden Verfassungsnormen emanzipiert, dennoch ist das Gebot als Interpretationsbehelf zu sehen. Durch seinen Einsatz werden Verfassungsnormen ihrem Inhalt nach konkretisiert und ergänzt, um Widersprüche innerhalb der Verfassungsordnung zu vermeiden. Bei diesem Verfahren

197 *Esser*, Grundsatz und Norm, 4. Aufl. 1990, S. 51.

werden die einzelnen Gehalte des Neutralitätsgebotes nicht wie Tatbestandsmerkmale einzeln auf ihr Vorhandensein überprüft, um dann eine bestimmte Rechtsfolge herbeizuführen. Vielmehr hat das Neutralitäts- als Interpretationsgebot schöpferischen und damit heuristischen Charakter.[198] Es beinhaltet modale Vorgaben, *wie* Verfassungsnormen zu interpretieren sind. Folglich ist es keine Sachnorm im technischen Sinne. Gemeinsam ist den drei Interpretationsfiguren, dass diese auf eine Inhaltsbestimmung von Normen durch Verfassungsgehalte abzielen. Der Unterschied liegt in der Frage begründet, ob die Figuren selbst als inhaltsausfüllende „Sachnorm" eingesetzt werden. Da das Neutralitätsgebot auf einer Zusammenschau von Verfassungsnormen beruht und eigene Inhalte aufweist, kann es selbst diese Funktion im Gegensatz zur verfassungskonformen Auslegung und der Einheit der Verfassung erfüllen. Insoweit passt die Bezeichnung inhaltsausfüllender bzw. -ergänzender Sachgehalt besser.

In dieser Eigenschaft strebt Neutralität durch Aufklärung folglich eine einheitliche Rechtsanwendung an und ist zwar nicht ohne Rückhalt in der Rechtsordnung, aber eben selbst nicht Norm und Rechtsbegriff, sondern Hilfs- und Interpretationsmittel zur Erkenntnis von Normen und deren Inhalt.[199] Neutralität steht, so Schlaich, dem Prinzip der Einheit der Verfassung als einem Prinzip der Interpretation und dem Prinzip der Harmonisierung als einem Gebot aller Verfassungsauslegung nahe.[200] Auch die Einheit der Verfassung ist ein eigenständiger Maßstab der Verfassungsinterpretation, ohne Rechtsnorm zu sein.

cc. Selbstständigkeit

Der Grundsatz verfassungskonformer Auslegung ist ein selbstständiger Aspekt der systematischen Auslegung, denn er geht insofern darüber hinaus, als nicht nur formsystematisch bzw. sachsystematisch korrespondierende Verfassungsnormen herangezogen werden sollen, sondern als die Frage nach der Verfassungsmäßigkeit der zu konkretisierenden Gesetzesvorschrift im Hinblick auf eine durchgehende Verfassungskonformität in die Konkretisierung eingebracht werden soll, sprich: Die Verfassungskonformität ist ein eigenständiges und spezielles Ziel der systematischen Interpretation.[201] Insbesondere der Aspekt, dass im Rahmen der

---

198 Vgl. auch *Esser*, Grundsatz und Norm, S. 87 und S. 103; *Schlaich*, Neutralität als verfassungsrechtliches Prinzip, S. 230.

199 *Schlaich*, Neutralität als verfassungsrechtliches Prinzip, S. 231.

200 *Schlaich*, Neutralität als verfassungsrechtliches Prinzip, S. 232f.

201 *Müller/Christensen*, Juristische Methodik, Bd. 1, S. 133.

verfassungskonformen Auslegung Verfassungsnormen als Sachnormen herangezogen werden sollen, begründet den eigenständigen Charakter.[202]

Das Prinzip der Einheit der Verfassung ist ebenfalls ein Gesichtspunkt systematischer Interpretation, aber dieser Grundsatz hat laut Müller insoweit selbstständigen Charakter, als dass er fordert, Verfassungsrecht so zu interpretieren, dass Widersprüche zu anderen Verfassungsnormen und verfassungsrechtlichen Grundentscheidungen vermieden werden; als ein Leitbild verfassungsrechtlicher Methodik solle die Einheit der Verfassung sowohl als Ausgangspunkt als auch als Ziel der Interpretation dienen „und dem Interpreten das Ganze der Verfassung als ein zwar nicht spannungsloses und in sich ruhendes, wohl aber als ein sich sinnvoll zusammenschließendes Normengefüge vor Augen stellen".[203] Die Eigenständigkeit dieses Prinzips ist zu befürworten, weil die Gesamtheit der Verfassung auf eine spezifische Weise in den Blick genommen wird, die die systematische Auslegung selbstständig ergänzen kann.[204]

Und wie verhält es sich mit dem Neutralitätsgebot? Als Interpretationsgebot stellt es die Anforderung, dass verfassungsrechtliche Begriffe neutral ausgelegt werden müssen. Die Frage ist, ob und inwieweit das ein selbstständiger Aspekt der systematischen Auslegung ist. Man könnte die Ansicht vertreten, dass dies ein unselbstständiger Gesichtspunkt der Gesamtbetrachtung der Verfassung sei und nur die Frage untersucht würde, ob Widersprüche zu anderen verfassungsrechtlichen Grundentscheidungen vorliegen, genau wie bei der Einheit der Verfassung. Manch einer könnte gewillt sein, die neutrale Interpretation somit als einen Gesichtspunkt der Einheit der Verfassung aufzufassen. Dennoch spricht folgender Grund dafür, das Neutralitätsgebot als eigenständigen Gesichtspunkt der Verfassungsinterpretation zu begreifen: Zwar kommt es im Rahmen der Normkonkretisierung beim Normbereich oder gegebenenfalls im Rahmen der Einheit der Verfassung zur Anwendung, doch aber nur, weil sich das vom Prüfungsstandort logischerweise anbietet, dennoch kann es als eigenständig betrachtet werden. Denn das Ganze der Verfassung wird nicht abstrakt in den Blick genommen und geprüft, ob eine Norm den Grundentscheidungen der Verfassung widerspricht, sondern ganz konkret die Frage untersucht, ob eine Norm

202 Vgl. *Müller/Christensen*, Juristische Methodik, Bd. 1, S. 137f.

203 *Müller/Christensen*, Juristische Methodik, Bd. 1, S. 404f. Als Unterfall der systematischen Interpretation ohne selbstständigen Charakter bei *Starck*, in: HStR XII, § 271, Rn. 20. Dennoch sieht Müller dieses Prinzip kritisch und ist der Auffassung, dass es vollständig aufgegeben werden sollte, vgl. *Müller/Christensen*, Juristische Methodik, Bd. 1, S. 406f. und S. 34f. m. w. N.

204 Siehe S. 66ff. m. w. N.

mit den religionsverfassungsrechtlichen Entscheidungen des Grundgesetzes konform geht. Folglich rückt nicht das Ganze der Verfassung in den Mittelpunkt der Betrachtung, sondern ganz speziell das Neutralitätsgebot und die Frage, ob die Norm in einem Sinne ausgelegt werden kann, die diesem Gebot gerecht wird. Weil es dabei um spezifisch religiös-weltanschauliche Konflikte und deren Lösung durch Interpretation geht, geht die Anwendung des Neutralitätsgebotes über eine systematische Auslegung im üblichen Sinne hinaus. Durch das Neutralitätsgebot als Interpretationsgebot wird ein ganz bestimmter Aspekt der Widerspruchsfreiheit und Einheitlichkeit der Verfassung geprüft, daher stellt es auch einen selbstständigen Gesichtspunkt der systematischen Auslegung dar.

Eine weitere Überlegung stellt sich für alle drei Institute, welche allerdings theoretischer bzw. logischer Natur ist: Wie kann sich die Selbstständigkeit begründen, wenn die Anwendung eines der drei oben genannten Institute stets das Ergebnis vorwegnimmt? Wären sie dann nicht überflüssig? Im Falle des Neutralitätsgebotes führt etwa die an diesem Gebot ausgerichtete Auslegung einer Verfassungsnorm zwangsläufig zu einer verfassungskonformen Interpretation. Da stellt sich dann schon die Frage, wie die Selbstständigkeit zu begründen ist, wenn die bloße Anwendung regelmäßig zum gewünschten Ergebnis führt. Gibt es das gleiche Problem bei der verfassungskonformen Gesetzesauslegung und der Einheit der Verfassung? Oder sind auch Fälle denkbar, in denen eine neutrale, verfassungskonforme und einheitsstiftende Interpretation nicht mehr möglich ist?

Es ist allgemein bekannt, dass Gesetze auch schon für nichtig erklärt worden sind, die durch eine verfassungskonforme Auslegung bzw. Reduktion nicht mehr zu erhalten waren.[205] Sprich: In diesem Fall kann von einer Überflüssigkeit des Rechtsinstituts nicht gesprochen werden, weil es durchaus Konstellationen gibt, in denen die Anwendung nicht das gewünschte Ergebnis vorwegnimmt. Auch im Rahmen der Einheit der Verfassung sind Konstellationen denkbar, in denen eine Harmonisierung nicht möglich ist. Ein Beispiel wäre etwa die Wiedereinführung der Todesstrafe und somit die Änderung oder Abschaffung des Art. 102 GG; in diesem Fall wäre eine Interpretation nicht denkbar, die mit der Verfassung konform geht, weil dies ein eklatanter Widerspruch zu den Grundentscheidungen des Grundgesetzes darstellte.

Im Fall einer neutralen Interpretation einer Verfassungsnorm stellt sich die gleiche Frage: Sind Konstellationen denkbar, in denen eine Norm nicht neutral interpretiert werden kann? Die Antwort muss Ja lauten, wenn man etwa an das Erziehungsziel „Ehrfurcht vor Gott" denkt. In der vorliegenden Untersuchung

205 Vgl. etwa BVerfGE 138, 296, 350ff.

wurde festgestellt, dass bei neutraler Auslegung des Art. 7 Abs. 1 GG das Erziehungsziel „Ehrfurcht vor Gott" nicht zulässig ist.[206] Das Ehrfurchtsgebot gehört nicht in ein dem Neutralitätsgebot gerecht werdendes Bildungs- und Erziehungsprogramm der Schule. Und umgekehrt kann das Ehrfurchtsgebot selbst auch nicht neutral interpretiert werden, weil es bei jedem Auslegungsversuch andere theistische oder nicht theistische Glaubensrichtungen und Weltanschauungen ausschließt. Diese Exklusionswirkung kann umgangen werden, wenn man das Ehrfurchtsgebot auf eine bloße Transzendenzmetapher reduziert, was jedoch dazu führen würde, dass nichts mehr von der ursprünglichen Bedeutung und Intention übrig bliebe. Vieles spricht also dafür, das Ehrfurchtsgebot abzuschaffen.[207] Alles in allem kann festgehalten werden, dass alle drei Institute der Interpretation ihren guten Sinn haben und die Ergebnisse durch ihre bloße Anwendung nicht vorwegnehmen.

dd. Funktionellrechtliche Bedeutung

Der Grundsatz verfassungskonformer Gesetzesauslegung spielt funktionellrechtlich insofern eine Rolle, als die Grenzen des Verfahrens funktionellrechtlicher Art sind. Diese betreffen das Verhältnis der Verfassungsgerichtsbarkeit zu den übrigen Gerichtsbarkeiten und zur Gesetzgebung. Mit dem Grundgedanken, durch Vermutung der Verfassungsmäßigkeit demokratisch zustande gekommener Gesetze deren Nichtigerklärung nach Möglichkeit zu vermeiden, betont das Verfahren den Vorrang des Gesetzgebers bei der Konkretisierung der Verfassung und verlangt dementsprechend richterliche Zurückhaltung.[208] Die Grenzen ergeben sich aus dem geltenden Recht, also aus der Funktionsverteilung und der Kompetenzzuweisung.[209] Die Anwendung des Neutralitätsgebotes als Interpretationsgebot hat insoweit funktionellrechtliche Bedeutung, als dass sichergestellt werden muss, dass durch die Interpretation von Verfassungsnormen der Gestaltungsspielraum des Gesetzgebers nicht in unzulässiger Weise eingeschränkt wird. Durch die Interpretation des Art. 7 Abs. 1 GG etwa wurden beispielhaft neutrale und zulässige Erziehungsinhalte herausgearbeitet. Das soll nicht im Sinne eines festen Kanons verstanden werden, an dem sich die Landesgesetzgeber bei der Ausgestaltung des staatlichen Erziehungs- und Bildungsauftrages zwingend orientieren müssen. Dies soll lediglich eine Richtung vorgeben und veranlassen,

206 S. 137ff.

207 Vgl. S. 139 m. w. N.

208 *Müller/Christensen*, Juristische Methodik, Bd. 1, S. 135. Vgl. S. 266.

209 *Müller/Christensen*, Juristische Methodik, Bd. 1, S. 136.

dass unzulässige Erziehungsziele, etwa das Ehrfurchtsgebot, aus dem Lehrplan herausgenommen werden.

ee. Rückwirkung

Verfassungskonforme Auslegung erfordert sowohl Gesetzes- wie Verfassungsinterpretation. Da der materiell- wie funktionellrechtliche Zusammenhang in die Richtung einer Erhaltung des Gesetzes weist, wird verfassungskonforme Auslegung die zu interpretierende Verfassungsnorm möglichst in dem Sinne auslegen, in dem der Gesetzgeber sie konkretisiert hat.[210] Verfassungskonforme Auslegung von Gesetzen hat daher eine gewisse Rückwirkung auf die Verfassungsinterpretation und wird deswegen „gesetzeskonforme Auslegung der Verfassung" genannt.[211] Im Rahmen dessen müssen die als Kontroll- wie als Sachnormen heranzuziehenden Verfassungsvorschriften mithilfe aller zur Verfügung stehenden Gesichtspunkte konkretisiert werden.[212] Folglich beinhaltet das Verfahren der verfassungskonformen Gesetzesauslegung einen Teil, in dem die als Kontroll- oder Sachnorm verwendete Verfassungsvorschrift selbst interpretiert wird. Das ist logisch nachvollziehbar, denn wenn die Verfassungsnorm die Funktion als Prüfungs- oder Sachnorm erfüllen soll, muss klar sein, wie sie zu verstehen ist.

Diese Art der Rückwirkung ist bei der Einheit der Verfassung ebenfalls zu finden. Auch da wird die herangezogene Verfassungsnorm (Vergleichsnorm) als Sachnorm zur Inhaltsbestimmung angewendet und um die Frage beantworten zu können, ob ein Widerspruch zwischen den Verfassungsvorschriften besteht, muss geklärt werden, was die Verfassungsnormen jeweils bedeuten. Dies setzt Interpretation voraus. Hier ist ebenfalls eine Rückwirkung zu beobachten, weil die Sachnorm möglichst in dem Sinne ausgelegt werden soll, in dem die zu prüfende Verfassungsnorm verstanden wird, um Widersprüche innerhalb der Verfassung zu vermeiden. Eine ähnliche Wirkung wird erzielt, wenn das Neutralitätsgebot als Interpretationsgebot eingesetzt wird. Damit eine Verfassungsnorm mithilfe des Neutralitätsgebotes konkretisiert werden kann, muss zunächst bestimmt werden, was unter dem Neutralitätsgebot zu verstehen ist. Eine Rückwirkung in dem Sinne, dass die zu interpretierende Verfassungsnorm das Verständnis des Neutralitätsgebotes ebenso beeinflusst, ist zwar nicht gegeben, aber eine

---

210 *Hesse*, Grundzüge des Verfassungsrechts, § 2, S. 33.

211 So *Hesse*, Grundzüge des Verfassungsrechts, § 2, S. 33; vgl. oben S. 266. Siehe auch *Kotzur*, in: v. Münch/Kunig, GG Art. 20, Rn. 25; *Starck*, in: v. Mangoldt/Klein/Starck, GG Art. 1, 7. Aufl. 2018, Rn. 326.

212 *Müller/Christensen*, Juristische Methodik, Bd. 1, S. 134.

Wechselbezogenheit zwischen der zu interpretierenden Norm und dem Neutralitätsgebot ist auch hier vorhanden.

ff. Verhältnis zu herkömmlichen Auslegungsregeln

Es wurde bereits dargestellt, dass der Grundsatz verfassungskonformer Gesetzesauslegung methodisch eines unter mehreren Konkretisierungskriterien ist, welche nicht in eine Rangfolge mit den herkömmlichen *canones* gebracht werden kann. Er kommt erst dann zur Anwendung, wenn sich mithilfe der herkömmlichen Hilfsmittel der Konkretisierung verschiedene mögliche Deutungsvarianten der fraglichen Norm herausgestellt haben. Folglich ist der Grundsatz der verfassungskonformen Auslegung eine Vorzugsregel, die zwischen den möglichen alternativen Ergebnissen das verfassungskonforme bestimmen soll.[213] Alle drei Institute sind selbstständige Aspekte der systematischen Auslegung.[214] Laut Müller gehen im Zweifel die grammatische und systematische Interpretation den anderen Konkretisierungselementen vor, weil aus rechtsstaatlichen und methodenrelevanten Gesichtspunkten heraus das Schwergewicht bei den Interpretationselementen liegt, die Normtexte bearbeiten, also den Wortlaut der zu konkretisierenden Vorschrift und die Wortlaute systematisch herangezogener Vorschriften.[215]

gg. Keine Prinzipieneigenschaft

Beim Neutralitätsgebot – verstanden als Interpretationsgebot – handelt es sich um kein Prinzip.[216] Das Gleiche gilt für den Grundsatz verfassungskonformer Gesetzesauslegung und das Interpretationsprinzip der Einheit der Verfassung. Beide sind keine Prinzipien im normtheoretischen Sinne, weil sie weder optimierbar noch der Abwägung zugänglich sind. Alle drei Institute sind Maßstäbe, die „über" den Normen stehen und denen die Interpretation entsprechen muss; mit ihnen wird nicht abgewogen. Vielmehr stellen sie modale Vorgaben für die Interpretation auf und, inhaltlich betrachtet, kann es keine Abstufungen geben. Diese drei Interpretationsmaßstäbe gelten absolut, denn entweder das Gesetz kann verfassungskonform, die Verfassungsnorm widerspruchslos oder neutral interpretiert werden oder eben nicht.

---

213 *Müller/Christensen*, Juristische Methodik, Bd. 1, S. 133ff. Vgl. S. 268 und *Starck*, in: v. Mangoldt/Klein/Starck, GG Art. 1, 7. Aufl. 2018, Rn. 328.

214 Vgl. S. 270ff.

215 *Müller/Christensen*, Juristische Methodik, Bd. 1, S. 502f.

216 Vgl. S. 257ff. m. w. N. und grundlegend zur Unterscheidung zwischen Regeln und Prinzipien *Alexy*, Theorie der Grundrechte, S. 71ff. In diese Richtung auch *Herbolsheimer/Kukuczka*, ZevKR 63 (2018), 367, 378; *dies.*, DÖV 2020, 724, 726.

hh. Objektivrechtlicher oder subjektivrechtlicher Charakter?

Genau wie beim Neutralitätsgebot lässt sich diese Frage für die verfassungskonforme Auslegung und die Einheit der Verfassung nicht abschließend beantworten.[217] Als Direktiven der Verfassungsinterpretation[218] stellen sie jedenfalls keine subjektiven Rechtspositionen eines Einzelnen dar; es kann kein durchsetzungsfähiges Recht auf eine bestimmte Art der (Verfassungs-)Interpretation geben. Insoweit haben sie „objektiven" Charakter, dennoch kann ein eigenständiger, vom Grundrechtsschutz unabhängiger Verstoß gegen sie nicht geprüft werden, wenn etwa nicht neutral oder nicht verfassungskonform ausgelegt wird. Vielmehr werden in diesem Fall dann die jeweiligen Prüfungsnormen verletzt.

d. Schlussfolgerungen

Das Neutralitätsgebot weist in der Form, in der es hier entwickelt wurde, Ähnlichkeiten mit dem Grundsatz der verfassungskonformen Auslegung und der Einheit der Verfassung auf. Anhand dieser Parallelen wurde der dogmatische Status des Neutralitätsgebotes und seine Struktur erläutert. Im Folgenden sollen die Ergebnisse noch einmal zusammengefasst und der Frage nachgegangen werden, welche Erkenntnisse daraus gezogen werden können.

Die verfassungskonforme Gesetzesauslegung, das Prinzip der Einheit der Verfassung und das Neutralitätsgebot sind Interpretationsmaßstäbe, die vorgeben, dass die Normauslegung verfassungskonform erfolgen und sich widerspruchsfrei in die Rechtsordnung einfügen soll. Dabei werden Verfassungsvorschriften als Sachnormen[219] zur Inhaltsbestimmung der Normen eingesetzt, die interpretiert werden sollen. Das Ziel der Interpretation ist es, die Einheit der Rechtsordnung nicht zu berühren und die Normanwendung und -auslegung widerspruchsfrei zu gestalten; dabei wird die Sachnorm ihrerseits interpretiert, was eine gewisse Rückwirkung auf die Verfassungsinterpretation zur Folge hat.

---

217 S. 262ff.

218 Laut Müller handelt es sich bei der verfassungskonformen Auslegung um ein primär funktionellrechtliches Interpretationsprinzip und bei der Einheit der Verfassung um ein primär materiellrechtliches Interpretationsprinzip, s. *Müller/Christensen*, Juristische Methodik, Bd. 1, S. 156.

219 Im Falle des Neutralitätsgebotes wird der Begriff der Sachnorm mangels Rechtsnormqualität in einem untechnischen Sinne verwendet, vgl. S. 268ff.

Jeder dieser drei Interpretationsmaßstäbe ist ein selbstständiger Aspekt der systematischen Auslegung. Diese sind keine der Abwägung zugänglichen Prinzipien; mit dem Neutralitätsgebot oder der verfassungskonformen Auslegung wird folglich nicht abgewogen. Sie stehen als Maßstab gleichsam über den Normen. Ähnlichkeiten haben sie daher mit dem Grundsatz der Verhältnismäßigkeit, der als Maßstab für Grundrechtseingriffe dient und der ebenfalls nicht als Kollisionsgut in die Abwägung eingestellt werden kann.

Die verfassungskonforme Auslegung, die Einheit der Verfassung und das Neutralitätsgebot weisen ähnliche, aber unterscheidbare Schutzrichtungen auf, die sich gegenseitig ergänzen. Das Prinzip der verfassungskonformen Gesetzesauslegung möchte verhindern, dass die verfassungsrechtliche Kompetenzverteilung insbesondere zwischen Gesetzgeber und BVerfG gestört wird und dass es Widersprüche zwischen einfachem Recht und höherrangigem Verfassungsrecht gibt, während die Einheit der Verfassung und das Neutralitätsgebot Brüche innerhalb der Verfassung bzw. der Verfassungsinterpretation vermeiden wollen. Letztlich haben sie den Schutz der Verfassung und die Einheit der Rechtsordnung zum Ziel. Dennoch haben sie je für sich ihre ganz eigene Existenzberechtigung. Man könnte sagen, dass die verfassungskonforme Auslegung Schutz vor „funktionell“ verfassungswidriger Interpretation bietet und sowohl die Einheit der Verfassung als auch das Neutralitätsgebot vor „materiell“ verfassungswidriger Interpretation schützen.[220]

II. Verhältnis zu verwandten Rechtsinstituten

Die Schwierigkeit dieser Frage besteht darin, dass die Ansichten in der wissenschaftlichen Literatur nicht nur bezüglich der Verhältnisbestimmung als solche, sondern bereits hinsichtlich der Zusammensetzung des Kanons religionsverfassungsrechtlicher Grundsätze voneinander abweichen. Neben dem Neutralitätsgebot sind das Paritäts- und Toleranzgebot die bekanntesten, darüber hinaus wird von einem Trennungsprinzip, von einem Grundsatz der Nichtidentifikation und einem Grundsatz der Freiheit der religiösen Betätigung gesprochen.[221] Man mag nun die Ansicht vertreten, dass dies lediglich ein Streit um Worte sei, doch im Rahmen einer wissenschaftlichen Untersuchung des

220 Vgl. insoweit *Müller/Christensen*, Juristische Methodik, Bd. 1, S. 156.

221 Siehe *Bornemann*, Die religiös-weltanschauliche Neutralität des Staates, S. 109f. m. w. N.

Neutralitätsgebotes ist es hilfreich, das Verhältnis zu den anderen Grundsätzen anzusprechen, weil für die Verhältnisbestimmung von Staat und Religion neben dem Neutralitätsgebot häufig auf diese anderen Begriffe Bezug genommen wird. Im Folgenden sollen die zwei prominenteren religionsverfassungsrechtlichen Grundsätze – Toleranz und Parität – vom Neutralitätsgebot abgegrenzt werden. Zu dem Identifikationsverbot ist in dieser Untersuchung hinreichend Stellung bezogen worden.[222]

1. Toleranz

Diese Überlegungen beziehen sich ausschließlich auf die religiöse und nicht beispielsweise auf die politische Toleranz. Unter Toleranz wird nach dem allgemeinen Sprachgebrauch die Mitte zwischen Distanz und Nähe zu einer anderen religiösen Auffassung bezeichnet. Derjenige, der toleriert, steht auf einem eigenen Standpunkt gegenüber dem anderen, dem Tolerierten, der allerdings nicht als gleichwertiger Standpunkt anerkannt, sondern lediglich ertragen und geduldet wird.[223] Das ist der Unterschied zur Anerkennung, bei der der fremde Standpunkt, die andere religiöse Auffassung, als gleichwertig akzeptiert wird.[224] Toleranz setzt also einen eigenen Standpunkt voraus.[225]

2. Parität

Das Paritätsgebot ist unmittelbar im Grundgesetz verankert, nämlich in den entsprechenden Sondervorschriften des Staatskirchenrechts, insbesondere Art. 140 GG i. V. m. Art. 137 Abs. 1 WRV, und in Art. 3 Abs. 3 GG und Art. 33 Abs. 3 GG. Es hat eine andere Blickrichtung als das Toleranzgebot. Toleranz bezeichnet die Haltung desjenigen, der Duldung gewährt, Parität bezeichnet dagegen das individuelle Recht eines jeden auf religiöse Gleichbehandlung.[226] Dabei führt die Gleichbehandlung der Religionen über eine bloße Toleranz hinaus; Toleranz als Duldung bedeutet noch nicht Gleichbehandlung mit dem eigenen religiösen Standpunkt. Mit der Gewährung der Freiheit der Religionsausübung

---

222 Vgl. S. 55ff.

223 *de Wall*, in: Unger (Hg.), Fundamentalismus und Toleranz, S. 100, 102; *Heinig*, Säkularer Staat – Viele Religionen, S. 72.

224 *de Wall*, in: Unger (Hg.), Fundamentalismus und Toleranz, S. 100, 102.

225 Vgl. BVerfGE 108, 282, 310.

226 *de Wall*, in: Unger (Hg.), Fundamentalismus und Toleranz, S. 100, 107. Vgl. zum Paritätsgebot auch *Mückl*, in: HStR VII, § 159, Rn. 73ff.

ist noch nicht notwendig die Gleichbehandlung aller Religionen verbunden, beispielsweise ist es mit dem Toleranzgebot vereinbar, dass die Glaubensfreiheit in abgestuften Formen gewährleistet wird.[227] Damit sind gewisse Ungleichbehandlungen der jeweiligen Religionsgemeinschaften bzw. die Privilegierung der religiösen Mehrheit verbunden; von einer Gleichbehandlung der Religionen kann also – trotz der Gewährleistung von Toleranz und der Glaubensfreiheit – nicht gesprochen werden.[228]

3. *Abgrenzung*

Aus der Glaubensfreiheit und der religiösen Gleichheit in Zusammenschau mit den Vorschriften der Weimarer Reichsverfassung (insbesondere dem Verbot der Staatskirche nach Art. 137 Abs. 1 WRV) wird das Gebot der religiös-weltanschaulichen Neutralität des Staates hergeleitet.[229] Der Staat darf nicht nur keine Religionen bevorzugen oder benachteiligen, ihm stehen generell keine Maßstäbe zur Verfügung, um Religion oder Weltanschauung zu bewerten. Die Religionsfreiheit findet ihre Grenzen in den Bestimmungen, die die Gesetze zum Schutz anderer Verfassungsgüter errichten. Insoweit kann und darf der Staat religiös motiviertes Verhalten beschränken und bewerten, nicht jedoch die religiösen Inhalte und Überzeugungen an sich.[230]

Der Unterschied zur Toleranz besteht darin, dass der Staat keinen eigenen religiös-weltanschaulichen Standpunkt besitzt. Daher ist er nach der geltenden Verfassungsrechtslage nicht tolerant, denn Toleranz setzt eine eigene religiöse Auffassung voraus, während die fremde lediglich geduldet wird.[231] Insgesamt geht das Grundgesetz mit der Gewährleistung der Glaubensfreiheit, der religiösen Gleichheit und dem Gebot der religiös-weltanschaulichen Neutralität über eine bloße Toleranzordnung hinaus.[232] Toleranz ist eine staatsbürgerliche Tugend, die in der Schule durch Erziehung vermittelt werden soll, und keine

227 *de Wall*, in: Unger (Hg.), Fundamentalismus und Toleranz, S. 100, 107. Zur abgestuften Parität *Campenhausen/de Wall*, Staatskirchenrecht, 4. Aufl. 2006, § 41, S. 370.

228 *de Wall*, in: Unger (Hg.), Fundamentalismus und Toleranz, S. 100, 107.

229 Vgl. S. 50ff. und S. 55ff.

230 *de Wall*, in: Unger (Hg.), Fundamentalismus und Toleranz, S. 100, 108.

231 *de Wall*, in: Unger (Hg.), Fundamentalismus und Toleranz, S. 100, 108; *Czermak*, Religiös-weltanschauliche Neutralität, S. 77.

232 *de Wall*, in: Unger (Hg.), Fundamentalismus und Toleranz, S. 100, 109; *Heinig*, Säkularer Staat – Viele Religionen, S. 74.

staatliche Pflicht.[233] Das Neutralitätsgebot geht auch weiter als das Paritätsgebot; Letzteres geht in der Neutralität auf.[234] In der Neutralität ist nicht nur der Gedanke der Gleichbehandlung der Religionen enthalten, sondern darüber hinaus die Freiheit des Glaubens und die institutionellen Bestimmungen des Staatskirchenrechts.[235]

233 Vgl. S. 134 insbesondere S. 104 und *Heinig*, Säkularer Staat – Viele Religionen, S. 74ff.; *Czermak*, DÖV 2024, 511, 515.

234 *Müller*, in: Krüper/Merten/Morlok (Hg.), An den Grenzen der Rechtsdogmatik, S. 43, 68; *Schlaich*, Neutralität als verfassungsrechtliches Prinzip, S. 24. Laut Czermak sollte der Klarheit wegen ganz auf den Paritätsbegriff verzichtet werden, siehe *ders.*, Religiös-weltanschauliche Neutralität, S. 75; *ders.*, DÖV 2024, 511, 515.

235 Walter spricht von einer Überlagerung des Paritätsgrundsatzes durch das Neutralitätsgebot, was ein Zeichen für die allmähliche Anpassung des Religionsverfassungsrechts an gewandelte gesellschaftliche Rahmenbedingungen sei, s. *Walter*, in: Handbuch des Staatskirchenrechts, Bd. 1, § 18, Rn. 1. Tatsächlich hat der Paritätsgrundsatz mittlerweile erheblich an Bedeutung verloren; in Rechtsprechung und Literatur wird beinahe nur noch auf die Neutralität Bezug genommen.

Schlussüberlegungen

Am Ende einer solchen Arbeit ist es sinnvoll, die wesentlichen Erkenntnisse noch einmal zusammenzufassen. Ausgehend von der These, dass das Neutralitätsgebot des Grundgesetzes als ein Interpretationsgebot zu verstehen ist, wurden klassische religionsverfassungsrechtliche Konfliktfelder untersucht. In der Rechtsprechung des BVerfG zu Kreuzen in öffentlichen Räumen und zum Kopftuch von Amtsträgerinnen fällt auf, dass das Neutralitätsgebot zwar stets ein zentrales Argument in der Entscheidungsbegründung darstellt, sein Gehalt, Umfang und seine Funktionsweise aber nicht näher erläutert werden. Es gibt auch nur wenige Werke in der Literatur, die sich vertieft mit diesen Fragen auseinandersetzen. Die höchstrichterlichen Entscheidungen, die in diesen Fällen ergangen sind, enden zumeist mit einer Abwägung, in der die Glaubensfreiheit mit anderen Verfassungsgütern abgewogen wird. Das Neutralitätsgebot fungiert dabei als abwägungsfähiges Verfassungsgut, welches mit der Religionsfreiheit kollidiert. Diese Vorgehensweise leidet an mangelnder Nachvollziehbarkeit, die das BVerfG bisher nicht durch Erläuterungen, warum es das Neutralitätsgebot auf diese Weise verwendet, beseitigt hat, und schafft Rechtsunsicherheit.[1]

Wenn das Neutralitätsgebot als Interpretationsgebot im Rahmen der Normkonkretisierung zur Anwendung kommt, dann werden diese Unsicherheiten reduziert. Ein absolut richtiges Ergebnis oder hundertprozentige Vorhersehbarkeit der Ergebnisse werden nicht zu erzielen sein; das ist in der Rechtsanwendung weder möglich noch wünschenswert, zumal sich das BVerfG als Organ der Rechtspflege eine gewisse Flexibilität im Umgang mit seinen ihm vorgelegten Fällen vorbehalten muss. Es ist allerdings eine Frage der methodengerechten Interpretationsarbeit an der Verfassung und der Argumentation. Die genannten Unsicherheiten werden reduziert, indem die mit der Glaubensfreiheit kollidierenden Verfassungsgüter exakter interpretiert werden, bevor sie in die Waagschale der Abwägung eingestellt werden. In dieser Untersuchung wurden unter anderem der staatliche Erziehungsauftrag und die Funktionsfähigkeit der Rechtspflege näher beleuchtet. Diese Verfassungsgüter werden schnell als Rechtfertigungsgründe herangezogen, um die Anbringung eines Kreuzes in öffentlichen Räumen und um Kopftuchverbote in Schule und Justiz zu rechtfertigen.

Dabei fällt die oberflächliche Prüfung dieser Güter auf. Bei näherem Hinsehen, genauer gesagt durch neutrale Interpretation der ihnen zugrunde liegenden

1 Vgl. die Einführung S. 20ff. und S. 24f. m. w. N.

Verfassungsnormen, wird deutlich, dass weder der staatliche Erziehungsauftrag noch die Funktionsfähigkeit der Rechtspflege taugliche Rechtfertigungsgründe darstellen, sie sind schlicht ungeeignet. Die neutrale Interpretation dient der problembezogenen Offenlegung und Sinnerhellung von Verfassungsnormen.[2] Bevor also eine Abwägung vorgenommen werden kann, muss man sich erst im Klaren darüber sein, was die Verfassungsgüter, die miteinander abgewogen werden sollen, konkret bedeuten.

Durch die Untersuchung dieser Fälle ist deutlich geworden, dass die meisten gemeinhin verwendeten Gründe für das Kreuz in öffentlichen Räumen und für Kopftuchverbote ungeeignet sind. Im Fall des staatlich veranlassten Kreuzes etwa greift keiner der Rechtfertigungsgründe; es ist stets unzulässig, sofern es staatlich veranlasst und in einem öffentlichen Raum angebracht worden ist. Hier endet die Prüfung bereits bei der Geeignetheit der staatlichen Maßnahme und die Unwägbarkeiten einer Angemessenheitsprüfung werden vermieden. Die Kopftuchverbote in Schule und Justiz lassen sich auch nicht durch den staatlichen Erziehungsauftrag oder die Funktionsfähigkeit der Rechtspflege rechtfertigen. In diesen Fällen ist das beamtenrechtliche Mäßigungsgebot einschlägig, welches auf eine Abwägung mit der Glaubensfreiheit der Amtsträgerin abzielt.

Durch genaue Interpretationsarbeit ist es möglich, in komplexen grundrechtlichen Konfliktlagen Verfassungsgüter sinnvoll einander zuzuordnen und erzielte Ergebnisse verfassungsrechtlich und methodengerecht zu begründen, ohne dass sie an mangelnder Nachvollziehbarkeit leiden oder verfassungstheoretisch aufgeladen sind.

Was sind nun die Konsequenzen für die Neutralitätsdebatte? Mit dieser Untersuchung sollte ein Beitrag zur Lösung religionsverfassungsrechtlicher Spannungsfelder geleistet und ein Ansatz vorgestellt werden, der zur Beantwortung der noch offenen Fragen zum Neutralitätsgebot dient. Dabei wurde die Bedeutung des Neutralitätsgebotes für die Verfassungsinterpretation herausgearbeitet. Man könnte nun einwenden, dass diese ohnehin schon vielschichtige und umfangreiche Debatte nicht noch eines weiteren Ansatzes bedarf, aber der Mehrwert und praktische Nutzen dieser Arbeit besteht darin, das Neutralitätsgebot als Lösungsmechanismus für heutige, noch umstrittene religionsverfassungsrechtliche Konflikte fruchtbar zu machen und den Fokus von der Abwägung auf die Verfassungsinterpretation zu lenken. Im Folgenden sollen die wesentlichen Thesen dieser Untersuchung noch einmal übersichtsartig zusammengefasst werden.

---

2 Vgl. *Schlaich*, Neutralität als verfassungsrechtliches Prinzip, S. 230.

Leitgedanken

1. Die Toleranz- bzw. Hierarchisierungsmodelle, die das Neutralitätsgebot als Toleranzgebot verstehen und auf eine unterschiedliche Behandlung der Religionen und Weltanschauungen je nach Gemeinwohlbeitrag abzielen, sind nicht mit der Verfassung vereinbar. Sie verstoßen gegen die Gleichbehandlungsgebote und das Identifikationsverbot.

2. Die Verabschiedung des Neutralitätsgebotes ist nicht zu befürworten, weil Neutralität als eine eigenständige positive Verpflichtung einer konkreten Verfassung zu verstehen ist, als konstanter Bestandteil der Rechtsprechung des BVerfG und als Schlüsselbegriff des Religionsverfassungsrechts nicht mehr hinweggedacht werden kann.

3. Weitere Ansätze zur Begründung des Neutralitätsgebotes sind abzulehnen. Das Konzept der Begründungsneutralität Stefan Husters führt wie die Hierarchisierungsmodelle zu der Konsequenz, dass dem Grundgesetz ein distanziertes Neutralitätsverständnis zugrunde gelegt wird. Denn durch die Differenzierung nach der Gemeinwohldienlichkeit als auch durch die Möglichkeit für den Gesetzgeber, aus ethisch neutralen Gründen (z. B. dem Konfliktpotenzial bestimmter Religionen) Religionen aus dem öffentlichen Raum zurückzudrängen, wird Religion nur dann gefördert, wenn sie bestimmte Anforderungen erfüllt. Dem Grundgesetz liegt aber ein offen-kooperatives Verständnis zwischen Staat und Religion zugrunde.

4. Erforderlich ist eine stärkere Rückbindung des Neutralitätsgebotes an die Verfassung. Aus der Zusammenschau der Art. 4 Abs. 1, Art. 3 Abs. 3 S. 1, Art. 33 Abs. 3 GG, der Art. 140 GG i. V. m. Art. 136 Abs. 1 und 4 und Art. 137 Abs. 1 WRV lassen sich folgende Gehalte aus dem Neutralitätsgebot entnehmen: gleiche Freiheit, das Verbot glaubensbezogener Ungleichbehandlungen, das Identifikationsverbot und ein säkulares Moment als eigenständiger Gehalt, wodurch das Neutralitätsgebot ein selbstständiges verfassungsrechtliches Gebot ist, welches sich von den zugrunde liegenden Verfassungsvorschriften emanzipiert hat. Es ist somit nicht nur ein unselbstständiges verfassungsdogmatisches Konstrukt und nicht entbehrlich.

5. Das Neutralitätsgebot des Grundgesetzes ist als ein Interpretationsgebot zu verstehen („Interpretationsneutralität"). Es stellt die Anforderung auf, verfassungsrechtliche Begriffe neutral zu interpretieren. Die neutrale Interpretation von Verfassungsnormen erfolgt im Wege der Normkonkretisierung.

6. Im Streit um das Schulkreuz scheidet die positive Glaubensfreiheit als Rechtfertigungsgrund aus, weil es nicht um Grundrechtskonkurrenzen und ihre Auflösung geht, sondern um die Frage, ob und inwieweit es einer staatlichen Schule erlaubt ist, religiöse Bezüge im Unterricht herzustellen. Unterschiedliche Parteien berufen sich dabei auf dasselbe Grundrecht und es ist nicht möglich, Religionsfreiheit gegen Religionsfreiheit sinnvoll abzuwägen. Die Gegenüberstellung von positiver und negativer Glaubensfreiheit beantwortet die oben gestellte Frage nicht.

7. Als Rechtfertigungsgrund kommt der staatliche Erziehungsauftrag in Betracht. Der Aufsichtsbegriff des Art. 7 Abs. 1 GG wird im Wege der Normkonkretisierung interpretiert. Dieser ist als umfassender Bildungs- und Erziehungsauftrag des Staates zu verstehen und mithilfe des Neutralitätsgebotes ist es möglich, den zulässigen Umfang des Erziehungsauftrages bzw. verfassungskonforme, neutrale Erziehungsinhalte zu bestimmen. Beispiele hierfür sind eigenverantwortliche Lebensführung, Bürgertugenden, Gesetzestreue und Moralerziehung im Sinne einer Kernmoral. Das landesverfassungsrechtliche Erziehungsziel „Ehrfurcht vor Gott" ist nicht mit dem Grundgesetz vereinbar.

8. Die Interpretation des Art. 7 Abs. 1 GG kommt in der Grundrechtsprüfung im Rahmen der Rechtfertigung zum Tragen. Das legitime Ziel wird näher konkretisiert und in einem nächsten Schritt wird die Geeignetheit der staatlichen Maßnahme geprüft. Die Anordnung, ein Kreuz in einem staatlichen Klassenzimmer anzubringen, ist nicht geeignet, um oben genannte Erziehungsinhalte zu symbolisieren, deren Vermittlung oder überhaupt die Erfüllung des staatlichen Erziehungsauftrages zu fördern. Diese Anordnung ist verfassungswidrig.

9. Kreuze in Gerichtssälen und Behörden sind nicht zulässig. Die positive Glaubensfreiheit eignet sich auch hier nicht zur Rechtfertigung. Weder die konkrete Funktion des öffentlichen Raumes noch die hoheitliche Selbstdarstellung und Funktionsfähigkeit staatlicher Einrichtungen können das Anbringen eines Kreuzes rechtfertigen. Das Kreuz in öffentlichen Räumen ist stets verfassungswidrig, wenn es auf staatliche Veranlassung angebracht worden ist. Dem Kreuz kann nach objektivem Empfängerhorizont die Eigenschaft eines religiösen Symbols nicht abgesprochen werden.

10. Als Rechtfertigungsgründe für ein Kopftuchverbot in Schule und Justiz kommen zunächst der staatliche Erziehungsauftrag und die Funktionsfähigkeit der Rechtspflege in Betracht, die mithilfe des Neutralitätsgebotes interpretiert werden müssen. Andere Rechtfertigungsgründe wie die negative Glaubensfreiheit, das elterliche Erziehungsrecht, die Sicherung des religiös-weltanschaulichen Friedens oder das Gebot der richterlichen Unparteilichkeit scheiden aus.

11. Bei der Konkretisierung des Art. 7 Abs. 1 GG stellt sich die Frage, ob sich aus der Erfüllung des staatlichen Erziehungsauftrags Dienst- oder Verhaltenspflichten ableiten lassen, die darauf schließen lassen, dass das Tragen eines Kopftuchs eine beeinträchtigende Wirkung hat und somit verboten werden darf. Aus Art. 7 Abs. 1 GG lassen sich allerdings keine derartigen Pflichten ableiten. Art. 7 Abs. 1 GG, neutral interpretiert, bestimmt ausschließlich, dass Erziehungsinhalte neutral sein müssen. Er sagt nichts darüber aus, welche Konsequenzen das für die Grundrechtsausübung der Lehrkräfte hat bzw. ob sie während des Dienstes ein Kopftuch tragen dürfen. Der staatliche Erziehungsauftrag ist kein geeigneter Rechtfertigungsgrund für ein Kopftuchverbot in der Schule. Vielmehr kommt als der Glaubensfreiheit der Lehrerin entgegenstehendes Verfassungsgut das beamtenrechtliche Mäßigungsgebot in Betracht.

12. Das Gleiche gilt für die Funktionsfähigkeit der Rechtspflege. Die Funktionsfähigkeit der Rechtspflege bezieht sich in ihrer Gesamtheit auf die äußeren Funktionsbedingungen und kann daher keine individuellen Verhaltens- und Grundrechtseinschränkungen für Amtsträger begründen. Wie beim Kopftuchverbot für Lehrerinnen kommt für die Rechtfertigung des Kopftuchverbots in der Justiz nur das Mäßigungsgebot in Betracht.

13. Die Anwendung des Mäßigungsgebotes zielt auf eine Abwägung mit der Glaubensfreiheit der Amtsträgerin ab. Im Fall der kopftuchtragenden Lehrkraft gelangt die Abwägung zu dem Ergebnis, dass ein Kopftuchverbot unzulässig ist. In der Justiz gibt es kein zwingendes Abwägungsergebnis, wie das BVerfG bereits in seiner dritten Kopftuchentscheidung 2020 festgestellt hat. Allerdings sprechen bestimmte Gründe, etwa Vertrauensgesichtspunkte, für die Zulässigkeit eines Verbots in der Rechtspflege.

14. Aus den Grundrechtsprüfungen lassen sich folgende Erkenntnisse ziehen: Die Prüfung endet auf Ebene der Geeignetheit. Nur im Fall des Kopftuchs von Amtsträgerinnen wird die Prüfung mit dem Mäßigungsgebot fortgesetzt, bei der die Abwägung mit der Glaubensfreiheit zu unterschiedlichen Ergebnissen gelangt. Folglich sind für die Beurteilung der Zulässigkeit religiöser Symbole und religiöser Verhaltensweisen in öffentlichen Räumen zwei Kriterien maßgeblich. Erstens, ob das infrage stehende Verhalten staatlich veranlasst oder auf eine Grundrechtsausübung zurückzuführen ist, und zweitens, wenn die Grundrechtsausübung bejaht worden ist, welche Funktion der öffentliche Raum erfüllt, in dem der Grundrechtsträger sich bewegt.

15. Sowohl beim staatlich veranlassten Kreuz als auch beim Kopftuchverbot in Schule und Justiz hat das Neutralitätsgebot als Interpretationsmittel

freiheitserweiternde Wirkung. Beim Kreuz endet die Prüfung bei der Geeignetheit und dem staatlichen Handlungsspielraum sind in diesem Bereich deutliche Grenzen gesetzt. Beim Kopftuchverbot sind die „typischen" Rechtfertigungsgründe unzulässig und im Rahmen der Prüfung mit dem Mäßigungsgebot ist eine Abwägung vorzunehmen, in der der Glaubensfreiheit unter Zugrundelegung aller Umstände des Einzelfalls angemessen Rechnung zu tragen ist. In diesem Sinne wirkt das Neutralitätsgebot so, wie es soll – den Staat beschränkend, die Freiheit der Bürger erweiternd. Der Staat ist zugunsten der Grundrechtsausübung seiner Bürger im religiös-weltanschaulichen Bereich enthaltsam und gewährt ihnen den erforderlichen grundrechtlichen Betätigungsraum. Die gemeinhin als Rechtfertigungsgründe herangezogenen Verfassungsgüter haben sich nach eingehender Untersuchung als untauglich erwiesen. Das Neutralitätsgebot hilft, die Genauigkeit jedes einzelnen Schrittes in der Grundrechtsprüfung zu verbessern und die Abwägung – sofern es zu einer kommt – vorzustrukturieren.

16. Beim Kopftuchverbot geht es um unterschiedliche Funktionen in einer Person, nämlich die Funktion als Grundrechtsträgerin und die Funktion als Amtsträgerin. Beim Kreuz in öffentlichen Räumen spielt sich die Problematik dagegen außerhalb des Individuums ab; da geht es nicht um unterschiedliche Funktionen einer Person, sondern um das Verhältnis des Staates zur Religion. Der Konflikt um das Kopftuch hat im Gegensatz zur Kreuzproblematik personalen Charakter, der Kreuzkonflikt apersonalen.

17. Als Interpretationsgebot hat das Neutralitätsgebot eine Steuerungsfunktion und eine systematisierende, die Einheit und Widerspruchsfreiheit der Verfassung fördernde Wirkung. Es steuert die Anwendung der Verfassungsnormen durch materielle Vorgaben und ist in seiner steuernden Funktion „akzessorisch", weil es zu der jeweiligen Verfassungsnorm hinzutritt und sie im konkreten Fall um bestimmte Inhalte ergänzt bzw. diese ausfüllt.

18. Der Glaubensfreiheit stehen regelmäßig objektive Verfassungsgüter entgegen, die – abstrakt betrachtet – auf die Funktionsfähigkeit staatlicher Einrichtungen abzielen und damit auf die Verwirklichung des Gemeinwohls. Der Gemeinwohlbegriff muss konkretisiert werden, denn er ist an sich noch zu weit, um in die Prüfung eingebracht zu werden. Das Neutralitätsgebot kommt also besonders bei der Konkretisierung von objektiven Gemeinwohlbelangen zum Tragen. Weil die Konkretisierung des Gemeinwohls im gesetzgeberischen Gestaltungsspielraum steht und er auf diese Weise so gut wie jeden Zweck als gemeinwohlförderlich bzw. legitim begründen kann, verschiebt sich der Schwerpunkt der Prüfung auf die Geeignetheit.

19. Das Neutralitätsgebot ist ein selbstständiges Interpretationsgebot, welches die Funktion einer Direktive erfüllt. Es gilt seinem Inhalt nach absolut und ist kein Prinzip im normtheoretischen Sinne. Es ist keine Rechtsnorm. Die Frage, ob es einen objektiv- oder subjektivrechtlichen Charakter besitzt, kann nicht mit endgültiger Bestimmtheit beantwortet werden. Jedenfalls ist es als Interpretationsgebot kein einklagbares subjektives Recht.

20. Das Neutralitätsgebot weist in der Form, in der es hier entwickelt wurde, Ähnlichkeiten mit dem Grundsatz der verfassungskonformen Auslegung und der Einheit der Verfassung auf. Die verfassungskonforme Gesetzesauslegung, das Prinzip der Einheit der Verfassung und das Neutralitätsgebot sind Interpretationsmaßstäbe, die vorgeben, dass die Normauslegung verfassungskonform erfolgen und sich widerspruchsfrei in die Rechtsordnung einfügen soll. Diese weisen ähnliche, aber unterscheidbare Schutzrichtungen auf, die sich gegenseitig ergänzen.

21. Der Staat ist nach der geltenden Verfassungsrechtslage nicht tolerant, denn Toleranz setzt eine eigene religiöse Auffassung voraus, während die fremde lediglich geduldet wird. Insgesamt geht das Grundgesetz mit der Gewährleistung der Glaubensfreiheit, der religiösen Gleichheit und dem Gebot der religiös-weltanschaulichen Neutralität über eine bloße Toleranzordnung hinaus. Toleranz ist eine staatsbürgerliche Tugend, die in der Schule durch Erziehung vermittelt werden soll, und keine staatliche Pflicht. Das Neutralitätsgebot geht auch weiter als das Paritätsgebot; Letzteres geht in der Neutralität auf.

Literatur

Alexy, Robert, Theorie der Grundrechte, 3. Aufl., Frankfurt am Main 1996.

Anderheiden, Michael, § 5 Gemeinwohl, in: Hanno Kube (Hg.), Leitgedanken des Rechts. Band I: Staat und Verfassung. Festschrift für Paul Kirchhof zum 70. Geburtstag, Heidelberg u.a. 2013, S. 45–55.

Anschütz, Gerhard, Die Verfassung des Deutschen Reichs vom 11.08.1919: Ein Kommentar für Wissenschaft und Praxis, Darmstadt 1965.

Augsberg, Ino, Ist religiöse Identität ein Problem für das Recht?, in: Andreas Anter/Verena Frick (Hg.), Politik, Recht und Religion, Tübingen 2019, S. 31–45.

ders., Noli Me Tangere – Funktionale Aspekte der Religionsfreiheit, Der Staat 48 (2009), S. 239–258.

Azevedo Palu, Guilherme Augusto, Grundrechte, Spielräume und Kompetenzen: Eine Untersuchung formeller Prinzipien vor dem Hintergrund der Prinzipientheorie, Baden-Baden 2019.

Bader, Johann, Zur Verfassungsmäßigkeit des obligatorischen Ethikunterrichts, NVwZ 1998, S. 256–258.

Badura, Peter, § 159 Arten der Verfassungsrechtssätze, in: Josef Isensee/Paul Kirchhof (Hg.), Handbuch des Staatsrechts der Bundesrepublik Deutschland. Band VII: Normativität und Schutz der Verfassung – Internationale Beziehungen, 1. Aufl., Heidelberg 1992, S. 34–55.

Baer, Susanne/Wrase, Michael, Staatliche Neutralität und Toleranz in der „christlich-abendländischen Wertewelt“, DÖV 2005, S. 243–252.

dies., Staatliche Neutralität und Toleranz: Das Kopftuch-Urteil des BVerfG, JuS 2003, S. 1162–1166.

Baldus, Manfred, Die religiös-weltanschauliche Neutralität des Staates. Bedeutung, Begründung, Aktualität, in: Andreas Anter/Verena Frick (Hg.), Politik, Recht und Religion, Tübingen 2019, S. 219–232.

Bielefeldt, Heiner, Religiös-weltanschauliche Neutralität des säkularen Rechtsstaats – Verständnisse und Missverständnisse eines Verfassungsprinzips, Neue Gesellschaft, Frankfurter Hefte 2011, S. 24–27. [zitiert als: FH 2011]

Blanke, Hermann-Josef, Religiöse Symbole im öffentlichen Raum, in: Michael Sachs/Helmut Siekmann (Hg.), Der grundrechtsgeprägte Verfassungsstaat. Festschrift für Klaus Stern zum 80. Geburtstag, Berlin 2012, S. 1249–1280.

Böckenförde, Ernst-Wolfgang, Der säkularisierte Staat: sein Charakter, seine Rechtfertigung und seine Probleme im 21. Jahrhundert, München 2007.

ders., Kreuze (Kruzifixe) in Gerichtssälen? Zum Verhältnis von staatlicher Selbstdarstellung und religiös weltanschaulicher Neutralität des Staates, ZevKR 20 (1975), S. 119–147.

Bornemann, Elias, Die religiös-weltanschauliche Neutralität des Staates, Tübingen 2020.

Brämer, Georg, Der moderne Staat, seine Werte und das Christentum: Eine Betrachtung am Rechts- und Sozialstaat, Hamburg 2019.

Britz, Gabriele, Der Einfluß christlicher Tradition auf die Rechtsauslegung als verfassungsrechtliches Gleichheitsproblem? Zu den praktischen Grenzen religiöser Neutralität im säkularen Staat, JZ 2000, S. 1127–1133.

Brosius-Gersdorf, Frauke/Gersdorf, Hubertus, Kopftuchverbot für Rechtsreferendarin: Unanwendbarkeit des Neutralitätsgebots. Zur Differenzierung zwischen dem Neutralitätsgebot für den Staat und dem Mäßigungsgebot für Amtsträger, NVwZ 2020, S. 428–432.

Brosius-Gersdorf, Frauke (Hg.), Dreier-Grundgesetz-Kommentar. Band I: Präambel, Vorbemerkungen, Art. 1–19. 4. Aufl., Tübingen 2023.

Campenhausen, Axel, Freiherr v., Zur Kruzifix-Entscheidung des Bundesverfassungsgerichts, AöR 121 (1996), S. 448–464.

Campenhausen, Axel, Freiherr v./de Wall, Heinrich, Religionsverfassungsrecht: Eine systematische Darstellung - ein Studienbuch, 5. Aufl., München 2022.

dies., Staatskirchenrecht: Eine systematische Darstellung des Religionsverfassungsrechts in Deutschland und Europa - ein Studienbuch, 4. Aufl., München 2006.

Czermak, Gerhard, Das bayerische Kruzifix-Gesetz und die Entscheidung des BayVerfGH vom 1.8.1997 – Religionsverfassungsrecht im Spannungsverhältnis von Bundesrecht, Landesrecht und Verfassungskultur, DÖV 1998, S. 107–114.

ders., Der Kruzifix-Beschluß des Bundesverfassungsgerichts, seine Ursachen und seine Bedeutung, NJW 1995, S. 3348–3353.

ders., Kopftuch, Neutralität und Ideologie. Das Kopftuch-Urteil des BVerfG im ideologischen Streit, NVwZ 2004, S. 943–946.

ders., Religiös-weltanschauliche Neutralität – ein unverstandener Schlüsselbegriff, DÖV 2024, S. 511–518.

ders., Religiös-weltanschauliche Neutralität. Zur rechtsdogmatischen Klärung und zur deutschen Realität, Baden-Baden 2023.

ders., Zur Unzulässigkeit des Kreuzes in der Schule aus verfassungsrechtlicher Sicht, in: Winfried Brugger/Stefan Huster (Hg.), Der Streit um das Kreuz in der Schule. Zur religiös-weltanschaulichen Neutralität des Staates, Baden-Baden 1998, S. 13–40.

Czermak, Gerhard/Hilgendorf, Eric, Religions- und Weltanschauungsrecht: Eine Einführung, 2. Aufl., Berlin 2018.

de Wall, Heinrich, Das Deutsche Staatskirchenrecht und die Religionsfreiheit in: Hans-Georg Ziebertz (Hg.), Religionsfreiheit: Positionen – Konflikte – Herausforderungen, Würzburg 2015, S. 35–51.

ders., Das Grundrecht auf Religionsunterricht: Zur Zulässigkeit der Verfassungsbeschwerden gegen das Brandenburgische Schulgesetz, NVwZ 1997, S. 465–467.

ders., Das Recht als Garant des gesellschaftlichen Zusammenhalts? Über die Neutralität des Staates und die Toleranz seiner Bürger, in: Bernadette Schwarz-Boenneke (Hg.), Ankommen in einer Gesellschaft der Vielfalt: Eine Querschnittsaufgabe für Bildung, Kultur und Integration, Freiburg 2014, S. 78–89.

ders., Neutralität in der Schule – Das Beispiel des Kopftuchs der Lehrerin, in: A. Katarina Weilert/Philipp W. Hildmann (Hg.), Religion in der Schule: Zwischen individuellem Freiheitsrecht und staatlicher Neutralitätsverpflichtung, Tübingen 2018, S. 141–151.

ders., Religionsfreiheit und Religionsverfassungsrecht in Deutschland, in: Heinrich de Wall/Peter Antes (Hg.), Religions- und Weltanschauungsfreiheit: Verfassungsrechtliche Grundlagen und konfessionelle Perspektiven, Stuttgart 2018, S. 9–15.

ders., Religionsrechtliche Überlegungen zur Toleranz, in: Tim Unger (Hg.), Fundamentalismus und Toleranz, Hannover 2009, S. 100–118.

ders., Verfassungsfragen des Ethikunterrichts öffentlicher Schulen, Theologische Literaturzeitung 1994, S. 291–302.

Debus, Anne, Das Verfassungsprinzip der Toleranz unter besonderer Berücksichtigung der Rechtsprechung des Bundesverfassungsgerichtes, Frankfurt am Main u.a. 1999.

Depenheuer, Otto, § 36 Das öffentliche Amt, in: Josef Isensee/Paul Kirchhof (Hg.), Handbuch des Staatsrechts der Bundesrepublik Deutschland. Band III: Demokratie – Bundesorgane, 3. Aufl., Heidelberg 2005, S. 88–130.

Detjen, Joachim, Die Werteordnung des Grundgesetzes, Wiesbaden 2013.

Dietlein, Johannes/Suerbaum, Joachim (Hg.), BeckOK Kommunalrecht Bayern. Gemeindeordnung. 16. Edition, Stand: 01.11.2022, München 2022.

Dreier, Horst (Hg.), Grundgesetz. Band I: Präambel, Art. 1–19. 3. Aufl., Tübingen 2013.

ders., Grundgesetz. Band II: Art. 20–82. 3. Aufl., Tübingen 2015.

ders., Recht und Religion: Zur (Un-)Möglichkeit religiös-weltanschaulicher Neutralität des Staates, in: Friedrich Wilhelm Graf/Jens-Uwe Hartmann

(Hg.), Religion und Gesellschaft: Sinnstiftungssysteme im Konflikt, Berlin/Boston 2019, S. 49–81.

ders., Säkularisierung und Sakralität – Zum Selbstverständnis des modernen Verfassungsstaates, Tübingen 2013.

ders., Staat ohne Gott: Religion in der säkularen Moderne, 2. Aufl., München 2018.

ders., „Staat ohne Gott" – Eine Antwort auf kritische Einwände, ZfL 2020, S. 1–17.

Dübbers, Robert/Dlovani, Zemfira, Der „Kopftuchstreit" vor dem Bundesverfassungsgericht – ein Zwischenspiel, Arbeit und Recht 52 (2004), S. 6–11.

Dürig, Carolin Elisabeth, Die negative Religionsfreiheit und christlich geprägte Gehalte des Landesverfassungsrechts, Baden-Baden 2018.

Dürig, Günter/Herzog, Roman/Scholz, Rupert, Grundgesetz. Kommentar, begründet von Theodor Maunz und Günter Dürig, herausgegeben von Roman Herzog, Matthias Herdegen, Rupert Scholz und Hans H. Klein. Band I: Art. 1–5. Loseblatt, Stand: 104. Ergänzungslieferung April 2024.

dies., Grundgesetz. Kommentar, begründet von Theodor Maunz und Günter Dürig, herausgegeben von Roman Herzog, Matthias Herdegen, Rupert Scholz und Hans H. Klein. Band II: Art. 6–16a. Loseblatt, Stand: 104. Ergänzungslieferung April 2024.

Eckertz-Höfer, Marion, Kein Kopftuch auf der Richterbank?, DVBl 2018, S. 537–545.

Ehlers, Dirk, § 130 Staatskirchenrecht, in: Hanno Kube (Hg.), Leitgedanken des Rechts. Band II: Staat und Bürger. Festschrift für Paul Kirchhof zum 70. Geburtstag, Heidelberg u.a. 2013, S. 1417–1425.

Ehmke, Horst, Prinzipien der Verfassungsinterpretation, VVDStRL 20 (1963), S. 53–102.

Emmerich-Fritsche, Angelika, Verfassungsrechtliche Fragen nationaler Identität und Homogenität sowie einer Leitkultur, Der Staat 58 (2019), S. 575–619.

Ennuschat, Jörg, § 43 Das Verhältnis des staatlichen Bildungs- und Erziehungsauftrages zur Religion, in: Dietrich Pirson et al. (Hg.), Handbuch des Staatskirchenrechts der Bundesrepublik Deutschland. Band II, 3. Aufl., Berlin 2020, S. 1751–1797.

Enzensperger, Daniel, Verfassungsmäßigkeit eines pauschalen Kopftuchverbots für Lehrkräfte an öffentlichen Schulen, NVwZ 2015, S. 871–873.

Esser, Josef, Grundsatz und Norm in der richterlichen Fortbildung des Privatrechts: Rechtsvergleichende Beiträge zur Rechtsquellen- und Interpretationslehre, 4. Aufl., Tübingen 1990.

Fateh-Moghadam, Bijan, Die religiös-weltanschauliche Neutralität des Strafrechts: Zur strafrechtlichen Beobachtung religiöser Pluralität, Tübingen 2019.

Feldmann, Ralf, Religiöse Symbole in Gerichten und Gerichtsverfahren. Vom Verfassungsunrecht in deutschen Gerichtssälen, Betrifft Justiz 2008, S. 216–219.

Flume, Werner, Das „Kruzifixurteil" und seine Berichtigung, NJW 1995, S. 2904–2905.

Franzius, Claudio, Vom Kopftuch I zum Kopftuch II – Rückkehr zur Verhältnismäßigkeitsprüfung?, Der Staat 54 (2015), S. 435–452.

Freudenberg, Tobias, Bajuwarischer Regelungseifer, ZRP 2018, S. 124.

Friauf, Karl Heinrich/Höfling, Wolfram, Berliner Kommentar zum Grundgesetz, begründet von Karl Heinrich Friauf, herausgegeben von Wolfram Höfling, Steffen Augsberg und Stephan Rixen, Loseblatt, Stand: 2004.

Friedrich, Lutz, Über Kreuz mit der Verfassung? Das Gebot religiöser Neutralität des Staates am Beispiel der neuen „Kreuzpflicht" für Dienstgebäude des Freistaats Bayern, NVwZ 2018, S. 1007–1013.

Funke, Andreas, Integratives Verwaltungsrecht?: Analyse und Kritik des Bayerischen Integrationsgesetzes, Erlangen 2017.

ders., Parallelweg: Menschenwürde und Menschenbild. Zur Entweltlichung des Menschen in der Menschenwürdeinterpretation, in: Rolf Gröschner/ Stephan Kirste/Oliver W. Lembcke (Hg.), Wege der Würde. Philosophenwege – Rechtswege – Auswege, Tübingen 2022, S. 83–116.

Geis, Max-Emanuel, Geheime Offenbarung oder Offenbarungseid? Anmerkungen zum „Kruzifix-Beschluß" des Bundesverfassungsgerichts, RdJB 1995, S. 373–386.

ders., Zur Zulässigkeit des Kreuzes in der Schule aus verfassungsrechtlicher Sicht, in: Winfried Brugger/Stefan Huster (Hg.), Der Streit um das Kreuz in der Schule. Zur religiös-weltanschaulichen Neutralität des Staates, Baden-Baden 1998, S. 41–58.

Germann, Michael, § 7 Das System des Staatskirchenrechts in Deutschland, in: Dietrich Pirson et al. (Hg.), Handbuch des Staatskirchenrechts der Bundesrepublik Deutschland. Band I, 3. Aufl., Berlin 2020, S. 261–329.

Goerlich, Helmut, Art. 141 GG als zukunftsgerichtete Garantie der neuen Länder und die weltanschauliche Neutralität des Bundes, NVwZ 1998, S. 819–822.

ders., Art. 141 GG und staatliche Neutralität in „neuem Licht"? – eine Anmerkung, NVwZ 2000, S. 898–899.

Graf Vitzthum, Wolfgang, § 48 Der funktionale Anwendungsbereich der Grundrechte, in: Detlef Merten/Hans-Jürgen Papier (Hg.), Handbuch der Grundrechte in Deutschland und Europa. Band II: Grundrechte in Deutschland: Allgemeine Lehren 1, Heidelberg 2006, S. 1080–1127.

Gregor, Philipp, Das Kreuz im „Kruzifix-Beschluß“ des Bundesverfassungsgerichts, Münster 1999.

Grimm, Dieter, Gemeinwohl in der Rechtsprechung des Bundesverfassungsgerichts, in: Herfried Münkler/Karsten Fischer (Hg.), Gemeinwohl und Gemeinsinn im Recht: Konkretisierung und Realisierung öffentlicher Interessen, Berlin 2002, S. 125–139.

Grzeszick, Bernd, Verfassungstheoretische Grundlagen des Verhältnisses von Staat und Religion, in: Hans Michael Heinig/Christian Walter (Hg.), Staatskirchenrecht oder Religionsverfassungsrecht?: Ein begriffspolitischer Grundsatzstreit, Tübingen 2007, S. 131–154.

Gusy, Christoph, Die Weimarer Reichsverfassung, Tübingen 1997.

Gut, Walter, Kreuz und Kruzifix in öffentlichen Räumen – Eine Auseinandersetzung mit Gerichtsentscheiden über Kreuze und Kruzifixe in kommunalen Schulzimmern, Zürich 1997.

Häberle, Lothar, Vor einer „Kopftuch III“-Entscheidung des Bundesverfassungsgerichts. Nach der öffentlichen Schule nun in der Justiz – oder in beidem?, DVBl 2018, S. 1263–1268.

Häberle, Peter, Die offene Gesellschaft der Verfassungsinterpreten – Ein Beitrag zur pluralistischen und „prozessualen“ Verfassungsinterpretation, JZ 1975, S. 297–305.

ders., Verfassungsprinzipien als Erziehungsziele, in: Hans Huber (Hg.), Recht als Prozess und Gefüge. Festschrift für Hans Huber zum 80. Geburtstag, Bern 1981, S. 211–239.

Halbig, Anna, Kreuzerlass in bayerischen Dienstgebäuden – identitätsstiftend oder verfassungswidrig?, NVwZ 2021, S. 768–773.

Halfmann, Ralf, Der Streit um die „Lehrerin mit Kopftuch“ – Die Religionsfreiheit von Beamten im Konflikt mit dem religiös-weltanschaulichen Neutralitätsgebot des Staates, NVwZ 2000, S. 862–868.

Häußler, Ulf, Leitkultur oder Laizismus?, ZAR 2004, S. 6–14.

Hecker, Wolfgang, Das BVerfG, das Kopftuchverbot im Justizbereich und die Folgen für die öffentliche Verwaltung, NVwZ 2020, S. 423–427.

ders., Das Kopftuchverbot für Lehrerinnen nach dem Berliner Neutralitätsgesetz, NZA 2021, S. 480–483.

ders., Der Streit über das Kopftuchverbot nach dem Berliner Neutralitätsgesetz, NVwZ 2019, S. 1476–1482.

Heckmann, Dirk, Eingriff durch Symbole? Zur Reichweite grundrechtlichen Schutzes vor geistiger Auseinandersetzung, JZ 1996, S. 880–889.

Heinig, Hans Michael, Gerichtliche Auseinandersetzungen um Kreuz und Kopftuch im öffentlichen Raum – Thesen und Beobachtungen, in: Hans Michael Heinig (Hg.), Die Verfassung der Religion: Beiträge zum Religionsverfassungsrecht, Tübingen 2014, S. 162–171.

ders., Ordnung der Freiheit – das Staatskirchenrecht vor neuen Herausforderungen, ZevKR, 53 (2008), S. 235–254.

ders., Säkularer Staat – Viele Religionen. Religionspolitische Herausforderungen der Gegenwart, Hamburg 2018.

ders., Verschärfung der oder Abschied von der Neutralität? Zwei verfehlte Alternativen in der Debatte um den herkömmlichen Grundsatz religiös-weltanschaulicher Neutralität, JZ 2009, S. 1136–1140.

ders., Verschleierte Neutralität, JZ 2010, S. 357–360.

Heinig, Hans Michael/Morlok, Martin, Von Schafen und Kopftüchern – Das Grundrecht auf Religionsfreiheit in Deutschland vor den Herausforderungen religiöser Pluralisierung, JZ 2003, S. 777–785.

Heinold, Alexander, Die Prinzipientheorie bei Ronald Dworkin und Robert Alexy, Berlin 2011.

Herbolsheimer, Volker/Kukuczka, Christian, Der bayerische Kreuz-Beschluss im Neutralitätskonflikt, ZevKR 63 (2018), S. 367–389.

Hesse, Konrad, Grundzüge des Verfassungsrechts der Bundesrepublik Deutschland, 20. Aufl., Heidelberg 1995.

Hillgruber, Christian, § 15 Verfassungsinterpretation, in: Otto Depenheuer/Christoph Grabenwarter (Hg.), Verfassungstheorie, Tübingen 2010, S. 505–534.

ders., Der deutsche Kulturstaat und der muslimische Kulturimport: Die Antwort des Grundgesetzes auf eine religiöse Herausforderung, JZ 1999, S. 538–547.

ders., Der Staat des Grundgesetzes – nur „bedingt abwehrbereit"? Plädoyer für eine wehrhafte Verfassungsinterpretation, JZ 2007, S. 209–218.

ders., Staat und Religion: Überlegungen zur Säkularität, zur Neutralität und zum religiös-weltanschaulichen Fundament des modernen Staates, Paderborn u.a. 2007.

Höfling, Wolfram, § 57 Erziehung, in: Hanno Kube (Hg.), Leitgedanken des Rechts. Band I: Staat und Verfassung. Festschrift für Paul Kirchhof zum 70. Geburtstag, Heidelberg u.a. 2013, S. 621–625.

Hofmann, Hasso, Verfassungsrechtliche Annäherungen an den Begriff des Gemeinwohls, in: Herfried Münkler/Karsten Fischer (Hg.), Gemeinwohl und Gemeinsinn im Recht: Konkretisierung und Realisierung öffentlicher Interessen, Berlin 2002, S. 25–41.

Hohnerlein, Jakob, Legitime Ziele von Grundrechtseingriffen – Konformitätspflichten zwischen Staatsverständnissen und Dogmatik, Der Staat 56 (2017), S. 227–254.

Holzke, Frank, Die „Neutralität" des Staates in Fragen der Religion und Weltanschauung, NVwZ 2002, S. 903–913.

Hong, Mathias, Ein Gericht oder zwei Gerichte? Der Kopftuch-Beschluss, das Plenumsverfahren und der Grundsatz „stare decisis", Der Staat 54 (2015), S. 409–434.

ders., Rechtswissenschaft für Igel bei Smend und Dworkin, in: Ulrich Jan Schröder/Antje von Ungern-Sternberg (Hg.), Zur Aktualität der Weimarer Staatsrechtslehre, Tübingen 2011, S. 59–99.

Huber, Peter M., Rechtsgewinnung aus Bildern – Kurzintervention, in: Julian Krüper/Heike Merten/Martin Morlok (Hg.), An den Grenzen der Rechtsdogmatik, Tübingen 2010, S. 91–92.

Huber, Peter M./Voßkuhle, Andreas (Hg.), Grundgesetz. Band I: Präambel, Art. 1–19. 8. Aufl., München 2024.

dies., Grundgesetz. Band II: Art. 20–82. 8. Aufl., München 2024.

Huster, Stefan, Das Prinzip der religiös-weltanschaulichen Neutralität des Staates – Gehalt und Dogmatik, in: Julian Krüper/Heike Merten/Martin Morlok (Hg.), An den Grenzen der Rechtsdogmatik, Tübingen 2010, S. 5–41.

ders., Der Grundsatz der religiös-weltanschaulichen Neutralität des Staates – Gehalt und Grenzen: Vortrag, gehalten vor der Juristischen Gesellschaft zu Berlin am 19.05.2004, in: Schriftenreihe der Juristischen Gesellschaft zu Berlin. Band 176, Berlin u.a. 2004, S. 5ff.

ders., Die Bedeutung des Neutralitätsgebotes für die verfassungstheoretische und verfassungsrechtliche Einordnung des Religionsrechts, in: Hans Michael Heinig/Christian Walter (Hg.), Staatskirchenrecht oder Religionsverfassungsrecht?: Ein begriffspolitischer Grundsatzstreit, Tübingen 2007, S. 107–130.

ders., Die ethische Neutralität des Staates. Eine liberale Interpretation der Verfassung, 2. Aufl., Tübingen 2017.

ders., Gleichheit statt Freiheit. Die Verschiebung der Argumentationsgewichte im Religionsverfassungsrecht unter Bedingungen des Pluralismus, in: Hans Michael Heinig/Christian Walter (Hg.), Religionsverfassungsrechtliche Spannungsfelder, Tübingen 2015, S. 203–230.

ders., Neutralität ohne Inhalt? Zu Hans Michael Heinig JZ 2009, 1136ff., JZ 2010, S. 354–357.

Ipsen, Jörn, Das Kreuz in der Behörde, Recht und Politik 54 (2018), S. 265–270.

Isensee, Josef, § 190 Grundrechtsvoraussetzungen und Verfassungserwartungen an die Grundrechtsausübung, in: Josef Isensee/Paul Kirchhof (Hg.),

Handbuch des Staatsrechts der Bundesrepublik Deutschland. Band IX: Allgemeine Grundrechtslehren, 3. Aufl., Heidelberg 2011, S. 265–410.

ders., § 73 Staatsaufgaben, in: Josef Isensee/Paul Kirchhof (Hg.), Handbuch des Staatsrechts der Bundesrepublik Deutschland. Band IV: Aufgaben des Staates, 3. Aufl., Heidelberg 2006, S. 117–159.

ders., Bildersturm durch Grundrechtsinterpretation – Der Kruzifix-Beschluß des BVerfG, ZRP 1996, S. 10–15.

ders., Das Dilemma der Freiheit im Grundrechtsstaat – Grundrechte zwischen Privatwillkür und Gemeinwohlerwartung, in: Otto Depenheuer (Hg.), Staat und Verfassung. Gesammelte Abhandlungen zur Staats- und Verfassungstheorie, Heidelberg 2018, S. 139–170.

ders., Konkretisierung des Gemeinwohls in der freiheitlichen Demokratie, in: Otto Depenheuer (Hg.), Staat und Verfassung. Gesammelte Abhandlungen zur Staats- und Verfassungstheorie, Heidelberg 2018, S. 33–51.

ders., Menschenwürde: Die säkulare Gesellschaft auf der Suche nach dem Absoluten, AöR 131 (2006), S. 173–218.

Jarass, Hans D./Pieroth, Bodo (Hg.), Grundgesetz für die Bundesrepublik Deutschland. 18. Aufl., München 2024.

Jestaedt, Matthias, § 156 Schule und außerschulische Erziehung, in: Josef Isensee/Paul Kirchhof (Hg.), Handbuch des Staatsrechts der Bundesrepublik Deutschland. Band VII: Freiheitsrechte, 3. Aufl., Heidelberg 2009, S. 521–595.

Kägi, Werner, Die Verfassung als rechtliche Grundordnung des Staates: Untersuchungen über die Entwicklungstendenzen im modernen Verfassungsrecht, Zürich 1945.

Kalb, Herbert/Potz, Richard/Schinkele, Brigitte, Das Kreuz in Klassenzimmer und Gerichtssaal, Freistadt 1996.

Kirchhof, Paul, Die Freiheit der Religionen und ihr unterschiedlicher Beitrag zu einem freien Gemeinwesen, Essener Gespräche zum Thema Staat und Kirche 39 (2005), S. 105–122.

Klatt, Matthias (Hg.), Prinzipientheorie und Theorie der Abwägung, Tübingen 2013.

Klein, Tonio, Das Kopftuch im Klassenzimmer: Konkrete, abstrakte, gefühlte Gefahr?, DÖV 2015, S. 464–470.

Korioth, Stefan, Wie lassen sich religionspolitische Konflikte rechtlich regeln?, in: Andreas Anter/Verena Frick (Hg.), Politik, Recht und Religion, Tübingen 2019, S. 11–29.

Korioth, Stefan/Augsberg, Ino, Neue Religionskonflikte und staatliche Neutralität – Erfordern weltanschauliche und religiöse Entwicklungen Antworten des Staates?, JZ 2010, S. 828–834.

Krausnick, Daniel, Staatliche Integration und Desintegration durch Grundrechtsinterpretation: Die Rechtsprechung des Bundesverfassungsgerichts im Lichte der Integrationslehre Rudolf Smends, in: Roland Lhotta (Hg.), Die Integration des modernen Staates: Zur Aktualität der Integrationslehre von Rudolf Smend, Baden-Baden 2005, S. 135–162.

Kreth, Elisabeth, Die richterliche Unabhängigkeit: Wahrung einer sich nicht selbst erfüllenden Aufgabe, DRiZ 2009, S. 198–201.

Kriele, Martin, § 188 Grundrechte und demokratischer Gestaltungsraum, in: Josef Isensee/Paul Kirchhof (Hg.), Handbuch des Staatsrechts der Bundesrepublik Deutschland. Band IX: Allgemeine Grundrechtslehren, 3. Aufl., Heidelberg 2011, S. 183–222.

Krings, Günter, Zuwanderung und Leitkultur, ZAR 2019, S. 315–322.

Krüger, Herbert, Allgemeine Staatslehre, 2. Aufl., Stuttgart u.a. 1966.

Krüper, Julian, Die grundrechtlichen Grenzen staatlicher Neutralität. Zum Inhalt eines Verfassungsprinzips – aus Anlass des „Kopftuchstreits“, JöR n.F. 53 (2005), S. 79–110.

Kukuczka, Christian/Herbolsheimer, Volker, Von der zunehmenden Dogmatisierung verfassungstheoretischer Postulate, DÖV 2020, S. 724–730.

Kunig, Philip, Rechtsfragen ethischer und religiöser Erziehung in der Schule, in: Gottfried Adam/Friedrich Schweitzer (Hg.), Ethisch erziehen in der Schule, Göttingen 1996, S. 301–312.

Künkler, Mirjam/Stein, Tine, Das Verhältnis von Recht, Religion und Politik im politischen Denken Ernst-Wolfgang Böckenfördes, in: Andreas Anter/Verena Frick (Hg.), Politik, Recht und Religion, Tübingen 2019, S. 137–155.

Ladeur, Karl-Heinz, Das islamische Kopftuch in der christlichen Gemeinschaftsschule. Zur zweiten Kopftuch-Entscheidung des BVerfG vom 27.1.2015 – 1 BvR 471/10, 1181/10, JZ 2015, S. 633–637.

Ladeur, Karl-Heinz/Augsberg, Ino, Der Mythos vom neutralen Staat, JZ 2007, S. 12–18.

dies., Toleranz – Religion – Recht. Die Herausforderung des „neutralen“ Staates durch neue Formen von Religiosität in der postmodernen Gesellschaft, Tübingen 2007.

Lautsch, Eva Ricarda, Die offene Gesellschaft der Verfassungspatrioten?, DÖV 2019, S. 441–447.

Leitmeier, Lorenz, Das Kopftuchverbot für Rechtsreferendarinnen, NJW 2020, S. 1036–1038.

Lerche, Peter, „Funktionsfähigkeit“ – Richtschnur verfassungsrechtlicher Auslegung, BayVBl 1991, S. 517–522.

ders., Das Bundesverfassungsgericht und die Verfassungsdirektiven – Zu den „nicht erfüllten Gesetzgebungsaufträgen“, AöR 90 (1965), S. 341–372.

Leven, Benedikt, Zu (des-)integrativen Wirkungen des Rechts – Oder: (Keine) Integration auf bayerisch: „Mia san (ned) mia!“, ZAR 2018, S. 339–345.

Lindner, Josef Franz, Die Neutralitätspflicht des Beamten, Bonn 2020.

Link, Christoph, „LER“, Religionsunterricht und das deutsche Staatskirchenrecht, in: Joachim Bohnert (Hg.), Verfassung – Philosophie – Kirche. Festschrift für Alexander Hollerbach zum 70. Geburtstag, Berlin 2001, S. 747–770.

ders., Stat Crux? Die „Kruzifix“-Entscheidung des Bundesverfassungsgerichts, NJW 1995, S. 3353–3357.

Maier, Hans (Hg.), Das Kreuz im Widerspruch: Der Kruzifix-Beschluss des Bundesverfassungsgerichts in der Kontroverse, Freiburg u.a. 1996.

Mangoldt, Hermann v./Klein, Friedrich/Starck, Christian (Hg.), Grundgesetz. Band I: Präambel, Art. 1–19. 7. Aufl., München 2018.

Marx, Reinhard, § 129 Kirche und Staat, in: Hanno Kube (Hg.), Leitgedanken des Rechts. Band II: Staat und Bürger. Festschrift für Paul Kirchhof zum 70. Geburtstag, Heidelberg u.a. 2013, S. 1407–1415.

Mehrle, Gebhard, Art. 141 GG in „neuem Licht“?, NVwZ 1999, S. 740–743.

Michael, Lothar, Tragen eines islamischen Kopftuchs im Schuldienst, JZ 2003, S. 256–258.

Mick-Schwerdtfeger, Anne, Kollisionen im Rahmen der Religionsausübung: Eine Analyse am Beispiel ausgewählter Fallkonstellationen, Aachen 2008.

Möllers, Christoph, A Tale of two Courts, Verfassungsblog v. 14.03.2015, abrufbar unter: https://verfassungsblog.de/a-tale-of-two-courts/.

ders., Religiöse Freiheit als Gefahr?, VVDStRL 68 (2009), S. 47–93.

Muckel, Stefan, Kopftuchverbot bei Gericht? Das geplante Justizneutralitätsgesetz des Landes Nordrhein-Westfalen wirft verfassungsrechtliche Fragen auf, NWVBl 2020, S. 224–230.

ders., Religionspolitik im Namen der Neutralität? Das Berliner Neutralitätsgesetz auf dem Prüfstand des Grundgesetzes, DÖV 2021, S. 557–565.

ders., Religiöse Freiheit und staatliche Letztentscheidung: Die verfassungsrechtlichen Garantien religiöser Freiheit unter veränderten gesellschaftlichen Verhältnissen, Berlin 1997.

Mückl, Stefan, § 159 Grundlagen des Staatskirchenrechts, in: Josef Isensee/Paul Kirchhof (Hg.), Handbuch des Staatsrechts der Bundesrepublik Deutschland. Band VII: Freiheitsrechte, 3. Aufl., Heidelberg 2009, S. 711–788.

Müller, Friedrich/Christensen, Ralph, Juristische Methodik. Band I: Grundlegung für die Arbeitsmethoden der Rechtspraxis, 11. Aufl., Berlin 2013.

Müller, Markus H., Neutralität und Parität als dogmatikleitende Rechtsprinzipien des Religionsverfassungsrechts – eine Intervention, in: Julian Krüper/Heike Merten/Martin Morlok (Hg.), An den Grenzen der Rechtsdogmatik, Tübingen 2010, S. 43–74.

Müller, Markus, Religion im Rechtsstaat: Von der Neutralität zur Toleranz, Bern 2017.

Müller-Volbehr, Jörg, Positive und negative Religionsfreiheit – Zum Kruzifix-Beschluß des BVerfG, JZ 1995, S. 996–1000.

Münch, Ingo v./Kunig, Philip, Grundgesetz. Band I: Präambel bis Art. 69. 7. Aufl., München 2021.

Neumann, Johannes, Rechts- oder Glaubensstaat?, ZRP 1995, S. 381–386.

Nolte, Achim, Das Kreuz mit dem Kreuz – Hintergründe und Kritik am Urteil des Bundesverwaltungsgerichts vom 21.04.1999, JöR n. F. 48 (2000), S. 87–116.

Oebbecke, Janbernd, § 41 Religiöse Symbole im öffentlichen Raum, in: Dietrich Pirson et al. (Hg.), Handbuch des Staatskirchenrechts der Bundesrepublik Deutschland. Band II, 3. Aufl., Berlin 2020, S. 1647–1667.

Palm, Julia, Berechtigung und Aktualität des Böckenförde-Diktums. Eine Überprüfung vor dem Hintergrund der religiös-weltanschaulichen Neutralität des Staates – Möglichkeiten des Staates zur Pflege seiner Voraussetzungen durch Werterziehung in der öffentlichen Schule, Frankfurt am Main u.a. 2013.

Payandeh, Mehrdad, Das Kopftuch der Richterin aus verfassungsrechtlicher Perspektive, DÖV 2018, S. 482–488.

Portocarrero Quispe, Jorge A., Der autoritative Charakter der Grundrechtsabwägung: Eine Untersuchung über die Rolle der formellen Prinzipien in der Grundrechtsinterpretation, Baden-Baden 2014.

Rathke, Carola, Öffentliches Schulwesen und religiöse Vielfalt: Zugleich ein Beitrag zur Dogmatik von Art. 4 Abs. 1 und 2 GG, Art. 7 Abs. 1 GG und der staatlichen Pflicht zu weltanschaulich-religiöser Neutralität, Berlin 2005.

Reimer, Franz, Verfassungsprinzipien – Ein Normtyp im Grundgesetz, Berlin 2001.

Reis, Hans, Rechts- oder Glaubensstaat? – Eine Erwiderung, ZRP 1996, S. 56–60.

Renck, Ludwig, Ethik- und staatlicher Bekenntnisunterricht in Berlin, LKV 2006, S. 210–212.

ders., Positive und negative Bekenntnisfreiheit und Glaubens- oder Rechtsstaat, ZRP 1996, S. 205–206.

ders., Über positive und negative Bekenntnisfreiheit, NVwZ 1994, S. 544–547.

ders., Zum rechtlichen Gehalt der Kruzifix-Debatte, ZRP 1996, S. 16–20.

Ress, Georg, Die freiheitliche Gesellschaft und das Zeichen des Kreuzes – Das religiöse Symbol in der Kultur des säkularen Staates, in: Christoph Böhr (Hg.), Die Verfassung der Freiheit und das Sinnbild des Kreuzes – Das Symbol, seine Anthropologie und die Kultur des säkularen Staates, Wiesbaden 2016, S. 45–67.

Reus, Andreas/Mühlhausen, Peter, Mit dem Kopftuch in den Gerichtssaal? – Zur Zulässigkeit im juristischen Vorbereitungsdienst, VR 2019, S. 73–82.

Rottenwallner, Thomas, Die Präambel des neuen Bayerischen Integrationsgesetzes – Über den kleinlichen Schutz staatlicher Scheinidentität, KJ 50 (2017), S. 364–379.

Rubin, Hannah, Die Integration religiöser Vielfalt in der staatlichen Schule: Für eine integrationssensible Auslegung und Anwendung des Grundrechts der Religionsfreiheit, Berlin 2022.

Rusteberg, Benjamin, Kopftuchverbote als Mittel zur Abwehr nicht existenter Gefahren – Zur zweiten Kopftuch-Entscheidung des BVerfG vom 27.1.2015 – 1 BvR 471/10, 1181/10, JZ 2015, S. 637–644.

Sachs, Michael (Hg.), Grundgesetz. 10. Aufl., München 2024.

ders., Grundrechtsschutz der Staatlichkeit und der Staatsstrukturprinzipien?, in: Michael Sachs/Helmut Siekmann (Hg.), Der grundrechtsgeprägte Verfassungsstaat. Festschrift für Klaus Stern zum 80. Geburtstag, Berlin 2012, S. 597–612.

Sacksofsky, Ute, Die Kopftuch-Entscheidung – Von der religiösen zur föderalen Vielfalt, NJW 2003, S. 3297–3301.

dies., Kopftuch als Gefahr – Ein dogmatischer Irrweg, DVBl 2015, S. 801–808.

dies., Religiöse Freiheit als Gefahr?, VVDStRL 68 (2009), S. 7–46.

Sandhu, Aqilah, Der „Anschein der Neutralität" als schützenswertes Verfassungsgut, Verfassungsblog v. 09.01.2017, abrufbar unter: https://verfassungsblog.de/der-anschein-der-neutralitaet-als-schuetzenswertes-verfassungsgut/.

Schlaich, Klaus, Neutralität als verfassungsrechtliches Prinzip – Vornehmlich im Kulturverfassungs- und Staatskirchenrecht, Tübingen 1972.

Schmitt-Kammler, Arnulf, Elternrecht und schulisches Erziehungsrecht nach dem Grundgesetz, Berlin 1983.

Schönenbroicher, Klaus, Der Rechtsfrieden als rechtsförmlich relevantes Rechtsgut – Am Beispiel der zweiten Kopftuchentscheidung des Bundesverfassungsgerichts, VBlBW 2015, S. 329–331.

Schulten, Markus, Religion oder Tradition? Religionsverfassungsrechtliche Aspekte zur aktuellen Diskussion um das Kreuz in öffentlichen Einrichtungen, KuR 2019, S. 161–183.

Schütz, Carsten, Zeichen gegen die vermeintliche Unfehlbarkeit. Kreuze können und sollten hängen bleiben – Ein Zwischenruf, Betrifft Justiz 2008, S. 221–222.

Schwanenflug, Noreen v., Anmerkung zu BVerfG, Beschl. v. 14.1.2020 – 2 BvR 1333/17 Kopftuchverbot für Rechtsreferendarinnen verfassungsgemäß, NVwZ 2020, S. 474–475.

Schwanenflug, Noreen v./Szczerbak, Simone, Das Tragen eines Kopftuches im Lichte des Neutralitätsgebots im Öffentlichen Dienst, NVwZ 2018, S. 441–447.

Schwarz, Kyrill-A., Das christlich-abendländische Fundament des Grundgesetzes als Topos der Verfassungsinterpretation, in: Rainer Grote et al. (Hg.), Die Ordnung der Freiheit. Festschrift für Christian Starck zum 70. Geburtstag, Tübingen 2007, S. 419–434.

Seiler, Christian, Auslegung als Normkonkretisierung, Heidelberg 2000.

Sieckmann, Jan-Reinard, Regelmodelle und Prinzipienmodelle des Rechtssystems, Baden-Baden 1990.

Sinder, Rike, Das Kopftuchverbot für Richterinnen – Ein Plädoyer für die Aufrechterhaltung der Allgemeinheit der Grundrechtsdogmatik, Der Staat 57 (2018), S. 459–476.

Smend, Rudolf, Verfassung und Verfassungsrecht, München u.a. 1928.

ders., Verfassung und Verfassungsrecht, in: Rudolf Smend, Staatsrechtliche Abhandlungen und andere Aufsätze, Berlin 1955, S. 119–276.

Starck, Christian, § 271 Maximen der Verfassungsauslegung, in: Josef Isensee/ Paul Kirchhof (Hg.), Handbuch des Staatsrechts der Bundesrepublik Deutschland. Band XII: Normativität und Schutz der Verfassung, 3. Aufl., Heidelberg 2014, S. 613–657.

Steinberg, Rudolf, Religiöse Symbole im säkularen Staat – Kann das multireligiöse Deutschland von der französischen Laicité lernen?, Der Staat 56 (2017), S. 157–192.

Streinz, Rudolf, Das Kreuz im öffentlichen Raum, BayVBl 2014, S. 421–430.

ders., Religiöse Symbole in der Öffentlichkeit – Aktuelle Entwicklungen im Spannungsfeld zwischen der Neutralität des Staates und kollidierenden Grundrechten, BayVBl 2021, S. 577–582.

Thiel, Markus, Der Erziehungsauftrag des Staates in der Schule: Grundlagen und Grenzen staatlicher Erziehungstätigkeit im öffentlichen Schulwesen, Berlin 2000.

Tischbirek, Alexander, Wo ein Kläger, da kein Richter? Zu den „Kreuzerlass"-Urteilen des Bayerischen Verwaltungsgerichtshofes, Verfassungsblog v. 07.09.2022, abrufbar unter: https://verfassungsblog.de/wo-ein-klager-da-kein-richter/.

Traub, Thomas, Abstrakte und konkrete Gefahren religiöser Symbole in öffentlichen Schulen, NJW 2015, S. 1338–1341.

Uhle, Arnd, Freiheitlicher Verfassungsstaat und kulturelle Identität, Tübingen 2004.

Volkmann, Uwe, Darf der Staat seine Bürger erziehen?, Vortrag vom 09.11.2011, in: Horst Dreier/Dietmar Willoweit (Hg.), Würzbürger Vorträge zur Rechtsphilosophie, Rechtstheorie und Rechtssoziologie, Heft 44, Baden-Baden 2012, S. 5–49.

ders., Dimensionen des Kopftuchstreits, Jura 2015, S. 1083–1094.

ders., Grundzüge einer Verfassungslehre der Bundesrepublik Deutschland, Tübingen 2013.

ders., Leitbildorientierte Verfassungsanwendung, AöR 134 (2009), S. 157–196.

ders., Rechtsgewinnung aus Bildern – Beobachtungen über den Einfluss dirigierender Hintergrundvorstellungen auf die Auslegung des heutigen Verfassungsrechts, in: Julian Krüper/Heike Merten/Martin Morlok (Hg.), An den Grenzen der Rechtsdogmatik, Tübingen 2010, S. 77–90.

Vosgerau, Ulrich, Freiheit des Glaubens und Systematik des Grundgesetzes: Zum Gewährleistungsgehalt schrankenvorbehaltloser Grundrechte am Beispiel der Glaubens- und Gewissensfreiheit, Berlin 2007.

Waldhoff, Christian, Neue Religionskonflikte und staatliche Neutralität – Erfordern weltanschauliche und religiöse Entwicklungen Antworten des Staates?, Gutachten D zum 68. Deutschen Juristentag, München 2010.

ders., Das Kreuz als Rechtsproblem, KuR 2011, S. 153–174.

Walter, Christian, § 133 Religionsfreiheit, in: Hanno Kube (Hg.), Leitgedanken des Rechts. Band II: Staat und Bürger. Festschrift für Paul Kirchhof zum 70. Geburtstag, Heidelberg u.a. 2013, S. 1447–1457.

ders., § 18 Die religiöse und weltanschauliche Neutralität des Staates, in: Dietrich Pirson et al. (Hg.), Handbuch des Staatskirchenrechts der Bundesrepublik Deutschland. Band I, 3. Aufl., Berlin 2020, S. 727–760.

Weber, Hermann, Änderungsbedarf im deutschen Religionsrecht?, NJW 2010, S. 2475–2480.

Weilert, A. Katarina, Kruzifix und Kopftuch in der Schule im Spiegel der Rechtsprechung. Das deutsche Recht und der nationale Spielraum in Europa, in: Christian Danz/André Ritter (Hg.), Zwischen Kruzifix und Minarett: Religion im Fokus der Öffentlichkeit, Münster u.a. 2012, S. 95–112.

Wiedemann, Richard, Der Streit um das Schulkreuz in Deutschland und Italien: Weltanschaulich-religiöse Neutralität und laicità des Staates im Vergleich, Berlin 2012.

Wolff, Heinrich Amadeus, Ungeschriebenes Verfassungsrecht unter dem Grundgesetz, Tübingen 2000.

Wrege, Wolf Reinhard, Zum Religionsunterricht in den neuen Ländern (Art. 7 III 1, 141 GG), LKV 1996, S. 191–193.

www.ingramcontent.com/pod-product-compliance
Ingram Content Group UK Ltd.
Pitfield, Milton Keynes, MK11 3LW, UK
UKHW021839290926
8980IPUK00004B/540

9 783631 926932